我们需要怎样的电影
上海国际电影节论坛对话录

第❷辑

唐丽君 主编
沈 旸 执行主编

我们需要怎样的电影节

捧着论坛的书稿，字里行间散发的气息已很是熟识，隐隐的墨香，超然的心态，却是不曾有过的享受。黄浦江畔，高峰论剑，业界精英的良言隽语令人叹为观止。那份随意中的通达和犀利，如今读来也不禁击掌叫绝。

一转眼上海国际电影节电影论坛九岁了。九九归一，是一个轮次的终结，也是一个新循环的开始。

我们曾在第14届上海电影节主席论坛上，给当届主席吴宇森先生出题：我们需要怎样的电影。这个议题后来直接做了那年论坛对话录一书的书名。其实这是提给全行业的电影人的，也是上海电影节论坛多年来一直在追问的核心问题。而作为上海电影节的运作团队，一直不敢或忘自己的职责所在、梦想所致：我们需要怎样的电影节？

这个问题一直追问到了2004年，当意识到上海电影节的原生性弱势地位短期内难以改变，在中国的电影创作、人才及市场没有达到国际水准之前，中国电影人同样肩负着振兴本国电影保护本国市场的重任。这似乎令上海电影节凸显尴尬。但我们不会因此抱怨大生态的违和，因为尴尬本身也意味着突破机会来临。由此，电影论坛应运而生，它将平台伸向更广泛的业界，把脉产业核心，力图对症下药。论坛开办首年，思想密集气韵万千，令业界同仁和观众大呼千金难买。

我们始终坚持将电影论坛做成一个公益客观的平台，论坛的议题主线也始终聚焦于中国电影的成长，国内外精英纵论破局，青年英才接受启蒙。每届论坛既有宏观建构，又有方法指导，其专业性、实用性和亲和性，令上海电影节的电影论坛成为全世界独一无二的电影节子平台。

我们对"国际"二字做了合理降解。上海电影节有自己的追求和野心，但不会为了"国际"去做好大喜功掩耳盗铃之事。我们需要在"国际"之前，先强调自己的中国身份、亚洲身份，由此建立自己的国际地位。于是我们在论坛下创办了"亚洲新人奖",丰富和加重金爵奖的成色,也尝试建立在亚洲的龙头地位。9年来,从亚洲新人奖走出了宁浩、万马才旦、张猛等中国电影新生力量,也扶持了一批亚洲电影崛起国家的年轻英才,彰显其对亚洲电影创造力的整合力、推动力。

2006年是上海电影节转型之年,也是其"十一五规划"启动之年,此时恰逢中国电影初显资本端倪,巨大的影迷基数之上出现了大量的电影创意项目和电影人,倘若电影节能建立一个资本、制作公司与电影新项目的直接交流平台,将会是一件功德无量的好事,"合拍片项目洽谈"在合拍片论坛下应运而生。第二年更明确定位,果断推出电影市场,并将"中国电影项目创投"和"合拍片项目洽谈"一同纳入,之后则一发不可收,它为电影节,也为中国电影提供了一个项目孵化基地。

由论坛衍生出的子平台,每个子平台都有着自己的向度及对各自领域的实质性扶持手段,它们夯实了论坛母平台,也共同体现了我们对中国电影的关注、思考和支持,它们由虚而实,由宏观到具体,是我们每年为中国电影产业及电影本身递送的一份心意。

历经努力,电影论坛已然成为电影节与主竞赛单元平行的核心品牌。有人可能会质疑一个国际电影节上大范围讨论和推动东道国电影的做法,但当你发现这个国家的人口占全球四分之一,这个民族的电影在国际上将建立其举足轻重的地位,不论是作品、市场、技术、文化乃至审美,也将会发挥四分之一的影响力、甚至更多时,我们从"去国际"始,必将在推动中国电影的国际影响力的同时,推动上海电影节的主竞赛平台回到"国际"二字,令其成为真正有国际影响的电影节。

我们需要怎样的电影节?我们通过论坛这个核心平台,正逐步解答。令人欣慰的是,如今再作盘点,我们的初衷始终没有偏离,愿望则已初步达成,不枉团队血战一场……

我们需要怎样的电影节?犹如懵懂少年的我们,在内心还有太多的潜抑和勃发。上海这座城市保留了太多有关电影的记忆,为了电影和"金爵"的尊严,我们崇尚契约,恪守自尊,我们搏命!我们从不担心失去自己的气质,因为我们始终将前瞻和务实放在第一,我们要求自己向最先进的行列迈进。

因为六月的电影节,我们练就了梧桐和黄梅雨季的情怀,这种电影节情怀已然烙印在髓，嵌入血液。我们的情感不能代表历史，而历史却隐藏在梧桐的变迁以及黄梅雨伴随的六月，因为在我们心中，那永远是一年中最美的时光。

唐丽君
2013 年 6 月

目录
Contents

我们需要怎样的电影节　1

Part 1　主席讲坛

泛媒体时代精英创作　2
　　巴瑞·莱文森 / 休·赫德森 / 王全安 / 德瑞克·艾利

跨文化合作的可能　14
　　宁瀛 / 阿米尔·纳得瑞 / 萨布 / 黄建新 / 让－雅克·阿诺 /
　　王全安

Part 2　产业论坛

向世界讲述中国故事　38
　　何平 / 周黎明 / 冯小刚 / 加里·库尔茨 / 刘震云 / 迈克·麦德
　　沃 / 尼古拉斯·梅耶 / 任仲伦 / 威廉·莫纳汉

远东电影"梦基地"：中国电影产业升级未来方向　62
　　宗明 / 艾里善 / 唐季礼 / 张天 / 安德鲁·摩根 / 马科·奥德斯
　　凯 / 李耀汉 / 任仲伦 / 冯伟 / 克罗德·加依 / 黄荣楠 / 彼得·维
　　斯特贝卡 / 丹妮尔·达迦尼

当新浪潮遭遇航空母舰：华语片的救赎　90
　　何平 / 贾樟柯 / 娄烨 / 王小帅 / 张元 / 陆川 / 管虎 / 乌尔
　　善 / 王庆锵 / 庞洪 / 覃宏 / 江志强 / 克里斯蒂安·热纳

寻找新模式：当电影和新媒体第二次联姻　116
　　王冉 / 龚宇 / 于冬 / 刘春 / 朱辉龙 / 顾颉 / 古尔图·马维斯 /
　　金宇

资本时代的电影梦想 140

张丕民 / 鲁伯特·默多克 / 吉姆·吉那布利斯 / 任仲伦 / 托马斯·图尔 / 迈克·麦德沃 / 邓文迪 / 阎焱 / 刘炽平 / 王中军 / 王于冬 / 熊晓鸽 / 王冉

制造合拍DNA 162

张丕民 / 克里斯托弗·多德 / 朱利安·埃扎诺 / 岩井俊二 / 菲利普·弥勒 / 张之亮 / 施南生 / 任仲伦 / 丹·密茨 / 罗异 / 张昭 / 班尼特·沃尔斯 / 何平 / 迈克·麦德沃 / 朱永雷

影院革命：数字时代的影院角色 180

张宝全 / 覃宏 / 江志强 / 叶宁 / 斯图尔特·鲍林 / 王小帅 / 徐焕堂 / 赵军 / 高军 / 尹鸿 / 肖亮

发现蓝海：新媒体新疆域 200

赵海城 / 马中骏 / 古永锵 / 刘春 / 王斌 / 刘春宁 / 周黎明

Part 3 电影大师班

张彻与电影大工厂的时代 218

徐克 / 王晶 / 李仁港 / 文隽 / 陈观泰 / 魏君子 / 本来老六

寻找心中的银幕 232

吴宇森 / 冯小刚

电影工业中的导演角色 244

休·赫德森 / 比利·奥古斯特 / 周黎明 / 格瑞格·莱特

Part 4 电影新浪潮

品牌娱乐营销的"万有引力" 264

戴二卫 / 鲍勃·萨布尼 / 魏江雷 / 唐纳德·德·莱恩 / 邰寿

智 / 凯西·范德林 / 郝义 / 朱峥嵘 / 凯文·阿诺德 / 马里·格斯·罗比诺

新生产力：明星制片 298

黄斌 / 黄晓明 / 文隽 / 乔青山 / 金依萌

硬币的两面：好莱坞合作模式备忘 317

戢二卫 / 萨拉·斯切科特 / 艾秋兴 / 迈克尔·安德林 / 裘华顺 / 张昭 / 高军 / 吴鹤沪

高票房炮制过程全解码 341

姜伟 / 张晗 / 于冬 / 刘嘉 / 马珂 / 吴鹤沪 / 派特里克·弗拉特

她们说：多元时代的女性制作力量 362

欧宁 / 玛莉亚·嘉西亚·古欣娜塔 / 黄真真 / 阎柔怡 / 许鞍华 / 张婉婷 / 崔宝珠

发现下一个电影类型 389

马家辉 / 杨子 / 宋光成 / 伍士贤 / 张京华 / 文隽 / 贾樟柯 / 许知远 / 张一白

Part 1
主席讲坛

泛媒体时代精英创作

我们处于一个最好的时代——因为我们有最便捷的感知工具和方式，娱乐与媒体形式是最丰富的时代；但我们又处于一个最纠结的时代——因为有如此多的感知渠道，电影越来越脱离了它诞生时的本来面貌。无论是电影形式还是故事方式都发生了很多改变，电影可以变得很庞大——像巨幕（IMAX）3D电影；电影也可以变得更缤纷——像一台时事拼贴的综艺晚会；电影还可以变得更小更琐碎——为了适应多种新媒体的传播。

但仍然还是有很多大师们在坚持一种独特的精英式创作，他们坚守故事的独创性、坚持自己对世界的观察方式、坚信电影的精神力量，这个时代，精英式的创作方式是否仍然必须？为了精英式的创作又得在哪些方面坚守并给予创作的环境以改变，以致以电影影响人们的观念，而不是影响人们口袋里的货币。

本届金爵奖评委主席将与几位大师对话泛媒体时代的精英创作。

■ 嘉宾简介

巴瑞·莱文森（Barry Levinson），导演
休·赫德森（Hugh Hudson），导演、制片人、编剧
王全安，导演
德瑞克·艾利（Derek Elley），影评人

主持人： 各位来宾，大家上午好，非常感谢大家冒着大雨来到我们第十四届上海国际电影节论坛，我们请到了著名导演巴瑞·莱文森先生，以及参加本次论坛的嘉宾导演休·赫德森和王全安先生，我们向他们表示热烈的欢迎。

艺术教育的普及，数字技术的成熟和广泛应用，大大降低了电影艺术的门槛，使更多的导演制作电影成为可能。我们处于一个最好的时代——因为我们有最便捷的感知工具和方式，最丰富的娱乐与媒体形式；但我们又处于一个最纠结的时代——因为有如此多的感知渠道，电影越来越脱离了它诞生时的本来面貌。无论是电影形式还是故事方式都发生了很多变化，电影可以变得很庞大——像巨幕3D电影；电影也可以变得更缤纷——像一台实时拼贴的综艺晚会；电影还可以变得更小更琐碎——从而适应多种新媒体的传播。但仍然有很多大师们在坚持一种独特的精英式创作，他们坚守故事的独创性、坚持自己对世界的观察方式、坚信电影的精神力量。这个时代，精英式的创作方式是否仍然必需？为了精英式的创作又得在哪些方面坚守并改变创作的环境，从而使电影影响人们的观念，而不是影响人们口袋里的货币？

今天我们所要讨论的题目是在目前的条件下如何坚持精英式的创作，并得到与之相应的环境。下面我们有请德瑞克·艾利先生。

德瑞克·艾利： 欢迎大家来到上海国际电影节的论坛，今天我们请到的嘉宾有三位，谈的主题是精英式创作是否还有可能。首先欢迎今年的评审团主席巴瑞·莱文森先生，请大家和我一起欢迎巴瑞·莱文森先生，他是今天的主讲嘉宾。

巴瑞·莱文森： 我觉得今天的议题非常有趣。在不久之前，很少人可以掌握摄影机，并以拍电影的方式来讲述故事，现在有很多小型摄影机，每个人都可以拍电影讲故事，这个故事是任意形式的，但问题是这会带来正面的影响，还是负面的影响？从电影产业的起始，我们讲述故事这个目的其实一直没有改变，现今在数字时代，这个概念是不是有所改变，是不是发生了一些变化？相信我们今天的讨论将会关注到这些问题。

德瑞克·艾利：下面我们欢迎中国著名导演王全安，他曾执导过很多著名的电影，比如说《图雅的婚事》。还有来自于英国的著名导演和制作人休·赫德森先生。

我们都知道今天讨论的主题，那就首先把技术抽出来单独讲一下。我们现在所面临的变革仅仅是由技术变化所造成的，还是我们有一些融资方面的问题，使创作电影变得越来越难？

巴瑞·莱文森：是的，我们都可以拍一个片子来讲故事，虽然是电影，但很少能够在电影院放映。因此，越来越多人拍电影，但是很少能够走向大银幕，我觉得这种情况在今后几年不会发生大的变化。

休·赫德森：我们看到现在的电影都用讲故事的手法来拍摄，感觉好像是用一些低质量的设备。比如有一位英国导演，他们剧组在北岛上拍了一个电影，看上去像一个新闻片或纪录片，其实是一个故事片。现在技术发展正在把我们的电影往这个方向推，不仅仅是要画面好看，还要用戏剧性的表现方法，这是一个趋势，可能以后会发生改变。还有现在电影的成本变得越来越高，而且上涨的非常快，给我们拍电影造成了很大的影响。

德瑞克·艾利：王全安先生，你是一个导演，拍摄过小制作的电影，之后慢慢地拍摄了其他的基本上是半纪录片的电影，现在你开始做一些大成本的电影制作。你觉得在拍这种高质量的、大成本的大片的时候，你个人有什么样的经验？

王全安：我觉得电影是技术的产物，现在更多的技术出现了，电影表现形式随着技术变化而变化。我非常同意主席先生所说的，我们是用电影来讲故事，这是从电影诞生的时候开始的，现在依然没有变化。摄影机变多了，讲故事的方式到底会发生什么变化？我个人觉得讲故事的意义在于我们要表达一个情感，而不是技术——这是一个核心。我觉得技术会越来越容易，但是有意识来讲的故事依然非常少，更多是在于拍摄者本人，就是电影导演，真正的镜头应该是导演自己的眼睛。

德瑞克·艾利：作为一个导演，你看了很多大型的高成本的中国电影，你会不会感受到了一些威胁，因为中国的电影变得越来越民主化。

王全安：我没有这种感觉，我们很少人用摄影机的时候，摄影师很少。当我们人手一台摄影机的时候，好的摄影师也很少。不是说每人有一个摄影机，他们就都是摄影师，最重要是对个人价值的发现。

德瑞克·艾利：我们今天台上有很多导演，现在在中国为电影筹资似乎不是那么困难，不管是什么类型的电影，就算是高成本的。我们台上导演所执导的一些片子，在西方为电影找到融资变得越来越困难，而在中国为电影找到钱似乎很容易。你在20世纪80年代、90年代要宣传你的电影是不是变得越来越困难？

巴瑞·莱文森：在美国现在要拍关于人的电影，的确是难度加大了，比如说人与人的关系，如果里面没有武打，没有超级英雄，人们就不太喜欢这个电影。电影公司是流水线，只想拍人们想看的片子。好的电影的确可以赚钱，因为里面有很多保证它成为热门片的因素，但是有些电影一开始看上去它不会赚钱，但是在上映之后人们会非常喜欢。在80年代的时候，比如说我的《雨人》这部电影，它就是这样，当时这部电影并不被看好，它的制作成本是2100万美元，但是之后它的票房是5亿。但是现在我们制作电影的时候，越来越倾向于只做一些超级英雄的电影，只做一些人们会觉得流行的电影。

德瑞克·艾利：所以你觉得要拍摄一些那样的电影是不可能的了？

巴瑞·莱文森：不完全是。我们到一些电影制作公司谈项目，他们觉得好就开始拍——现在是有很多的人，比如营销、发行，所有的这些人都要参与进来。所以拍摄变得越来越困难。

休·赫德森：现在我们看到技术发展很快，但是要获得融资变得非常困难。

巴瑞·莱文森：某种类型的电影被拍出来，比如说《贫民窟的百万富翁》，一开始大影院不愿意上映，后来因为巧合在某些地区上映，有些观众非常喜欢，之后它才被大规模上映。

我们有一些创新人士，他们想拍电影，就会先拍一些电视的产品，这些导演首先必须是很好的编剧，电视对他们来说是讲故事的媒体。

有些电影在电视上播出后获得很大的成功，比如HBO去年播了一个电影，它有两小时长，而且没有广告，我们发现有些电影在电视上播放也会受到欢迎。

德瑞克·艾利：90年代的时候，到底电影行业的情况是怎样的？当时电影行业是不是发生了巨大的转变，出现了一批新的制片人，一批新的导演，我想了解一下整个电影行业到底发生了什么，让我们拍摄电影变得越来越困难？

巴瑞·莱文森：开始很多新的导演有一些直觉。他们认为这是一个好故事，那就来拍摄电影，但是90年代有一些转变，有一些人并不知道人们希望看到什么样的电影。比如说电脑行业的苹果公司，它是整个创新方面的领头羊，因为他们公司的核心（史蒂夫·乔布斯）还活着，他有很多新的想法，可以说他对整个公司的发展负起了很大的责任。

可以说在80年代起着作用的电影人消失了，当时很多人并不清楚到底应该拍摄怎样的电影，他们不知道观众会喜欢什么样类型的电影，对某种类型的电影会有什么反映。

休·赫德森：那个时候也出现了一些新的电影观众，主要是一些年轻人，他们看了很多MTV，受此影响，他们希望电影可以同样地讲故事。除了要讲一些人性的故事，你还需要其他一些拍摄的手法，来制作年轻人喜欢的电影，所以导演必须寻找到一些可行的资源，我觉得将来拍摄电影会变得越来越难。

德瑞克·艾利：我想问王全安导演，我想知道你们过去电影制片厂的体系是如何运作的，在过去的8到10年，我们发现中国越来越市场化，但是你们还是有很多大的制片公司。你正在拍《白鹿原》，《白鹿原》是一个历史全景大片，你之前拍摄的都是小成本的制作，你是不是要向制作方推荐这个电影？你如何解决这个项目的融资问题，来确保拍摄高质量大场面的影片？

王全安：中国的情况是钱比较多，融资比较方便，很多盲目的钱也比较多。两位同行谈到的这种状况：融资成为一种困境，听起来他们可以到中国来融资，然后拿到美国去放映，因为中国有很多投资人是比较盲目的。中国现在处于一个很混乱的阶段，同时很有生机，很有张力。这个时候有很多经验是自己建立的，没有一种固定的方式，不管是投资人还是导演，都在摸索的阶段，这可能是一个我觉得最有意思的阶段。比如说我来拍像《白鹿原》这样在中国艺术片最大的制作，没有人说一定会成功，基于文化水准还是商业来负责，如何使这样的问题获得平衡，谁都没有经验。

我个人还是希望能保证拍电影的前提，就是我自己希望电影是什么样的，假如说和电影不吻合，我争取说服对方，如果不能说服，我会放弃。

德瑞克·艾利：为这个项目融资困难吗？

王全安：不困难。因为这个小说比较吸引人，里面有很尖锐的政治问题，有很多比较吸引人的东西，真的为这个电影买账的人很多。

德瑞克·艾利：你认为中国的投资人和电影制片厂，他们对于中国现在拍摄的电影类型是不是更加开放？

王全安：中国现在这个状况，我觉得它是比较单一的，不管怎么说，它过去也是在比较单一的教育背景下，以前是完全注重于宣传的电影，现在更注重商业，这是主题，所以现在电影生存变得很困难。我觉得艺术片在中国的处境也是很困难的，以前面对是是体制，现在面临是物质。现在你在跟环境做斗争的时候，你还要跟物质做斗争，因为你要拍商业片。

德瑞克·艾利：巴瑞·莱文森导演，您所拍这种类型的电影，能够吸引到一些年轻的观众吗？

巴瑞·莱文森：我觉得我们还是可以看到这种类型的电影。大部分电影投资都投到那些专门为年轻人打造的电影中，在过去还有一些针对儿童所拍的电影，从而牺牲了其他70%的观众，这并是一个很好的模式。我前面提到在HBO所拍的电影，我并不认为这是一个负面的现象，我们在将来可以看到实实在在的好处。我们现在所看的一些电影都是有超级英雄、带来很多反响的电影。我觉得我们要超越现在所看到的一些电影，要考虑到不仅是在院线放映，还有其他的方式，比如说DVD。

德瑞克·艾利：您认为对于那些很差的片子，观众会不会因此受到不好的影响？

巴瑞·莱文森：当然电影也有教育启蒙的作用。我觉得还是要从积极的角度来看待这个问题，不管拍什么样的片子，我们总会有这样的观众。比如说《雨人》这个电影在有线电视放映，它有很高的收视，在它放映的时候，HBO也有这样的电影。我们要关注它对观众所产生的影响，电影不仅可以在大银幕上放，而且可以在其他的屏幕上放。很多的经典电影我都是在电视上看的，这并没有减少我对电影的喜爱，只是在另外一种渠道上看到。我认为从未来看还是非常积极的。

休·赫德森：我觉得我们要看到正面的影响，当然我们在影院看是很好的。有的时候我们去电影院看电影，有人在看手机或者抽烟，这是不好的影响，也是去电影院看电影的劣势。

巴瑞·莱文森：我们现在在大银幕上看影片是一个很好的经历，但是大家在家里面看看喜爱的影片，也是很好的形式，比如我的孩子们在家里面看电影，他们就会觉得很开心。

德瑞克·艾利：以前我们看电影只是坐在那里被动地接受，不管电影怎么放，我们都必须要看，但是现在观众对媒体的控制力是越来越强大了。

巴瑞·莱文森：的确如此，我们小时候会很开心地去看电影，有时我们去晚了，没有看到开头，但是我们还会继续往下看。

休·赫德森：和家人看电影，电影本身不是最重要的，这只是一种经历。而且现在电影票价都是三四十元，加上买爆米花就要五十元了，还是在家里看便宜一点。

王全安：中国的电影票比较而言应该是贵的。

德瑞克·艾利：对你来说，你拍摄电影应该想让观众到电影院去看的，你会不会担心人们不去影院看你的电影，而是在家里面用电脑看？

王全安：随着技术的到来，我们会选择使用技术，首先是对技术的好奇，比如说各家各户都在自己看电影。到一定时候，他们又感觉单调了，这是一种循环的过程，就像一个导演总是看自己的东西也会受不了。然后我们又会回到被动的状态，比如说听收音机。电影也是这样，慢慢地，很多观众又回到电影院去了。原因是在电影院里面，很多人可以在一起看电影。这就是孤独和交流的问题，电影本身是情感的交流。我自己就爱去电影院看电影，前两天看《功夫熊猫》，我连着看两场，看电影是一种享受，和很多人一起看电影，既是看电影也是看人。

巴瑞·莱文森： 就像王全安所说的，很多人一起看电影是一个很好的经历，要不然我们就得独自一个人。人们也是很喜欢和其他人到电影院一起笑、一起哭，这是人们所需要的。

休·赫德森： 我们知道现在有很多人不再上Facebook了，就像人们对生活越来越厌倦了。

巴瑞·莱文森： 我拍过电视，做过小制作的长片或者是高成本的长片，这完全取决于自己的兴趣，我会把预算、整个故事情节都考虑进去。有的时候你会对一个故事非常感兴趣，这完全取决于你对这个故事的信心有多少，你觉得你是不是可以吸引大量的观众到电影院来观看电影。

休·赫德森： 我觉得用18天来拍摄一个恐怖片，真的是一个奇迹，我是不可能做到这一点的。我觉得电视是一个非常好的媒介，我们可以深入地去分析很多人物，我们可以看到有很多的大片里面都是超级英雄拯救世界，没有深度的东西，这真是悲剧。有一部电影，是一个纪录片的导演所拍的，他其实是把全世界每个人的某一天的经历集合在一起，变成一个长片，我觉得是非常有意思的方法。

我觉得在多个平台进行展示，这样的情况中国也有，而且加上在中国融资又没有问题，我可以到中国拿到投资。

现场对话

提问： 我讲一下刚才听了那么多之后的想法。陈可辛是中国的导演，他以前是拍爱情喜剧的，两年之前他拍摄了一部大片，叫做《十月围城》，因为他想吸引观众到电影院看电影。前面谈到了现在拍摄越来越多的纪录片，在中国、亚洲和欧洲的观众中，他们对于电影的品位是非常不同的。那么在欧洲拍电影的时候，或者是在其他地方拍电影的时候，如何来迎合中国的观众？

德瑞克·艾利： 在亚洲，大家都喜欢传统模式的电影，比如说悲喜剧，而欧洲的观众喜欢看对社会的批评。

休·赫德森： 以前有一些电影在欧洲很受欢迎，在亚洲并不是如此，在亚洲受欢迎的还是大成本的电影。

巴瑞·莱文森：我觉得电影是一种语言，而语言一直在变化，电影对中国来说还是一种新生事物，对中国观众来说还是一种新的东西。随着时间的流逝，我们发现电影在发生新的变化。在法国曾经发生过新浪潮运动，就是把三四十年代的电影进行转变，拍摄了一些新的电影给法国的观众看，随着很多新的电影人越来越成熟，观众以后可能会看到越来越多新的电影。他们的电影风格也会发生转变，可以说电影文化也是在慢慢变化的。我相信随着中国观众看到越来越多的电影，中国导演会拍摄出越来越独特的影片。

德瑞克·艾利：王全安导演，你当时的电影偶像是谁？

王全安：我在北京电影学院受教育，我们当时的偶像主要是欧洲电影大师，是大师电影教育出来的一代。对我个人影响大的有费里尼导演。

德瑞克·艾利：有中国的电影导演吗？

王全安：中国三四十年代的电影导演对我影响比较大。当然也有我师哥的影响，这是一种最直观的感觉。

德瑞克·艾利：我再问一下休·赫德森导演，对您影响最大的是哪些人？有没有英国的导演？

休·赫德森：大卫·里恩，他早期的电影非常出色，很多电影是从小说改编的。

德瑞克·艾利：后来发现这些电影需要观众很强的理解能力。

休·赫德森：我认为所有的电影都可以很艺术，为什么会有专门的艺术电影出现，我觉得这是很难理解的，有很多电影人都很困惑于艺术电影。

德瑞克·艾利：有的电影对观众要求非常高，很难吸引到普遍大众。

巴瑞·莱文森：我想起了保罗拍摄的一部电影，我觉得他过去的任何一部电影今天来拍拍不出来了。很多的西部片也是如此，之前可能人们并不觉得这样类型的电影有什么特别。

德瑞克·艾利：很多人也许只能到电影院看电影，没有办法在电视上看电影。

巴瑞·莱文森：我认为最主要的是电视，电视是我们一个主要的渠道。对于电影来说，如果我们要加入30分钟的广告片，是非常困难的。我们发现很多的电影都非常复杂，而且制作规模非常大，所以很多人到影院里看，并且不愿意接受30秒的广告时间，而电视不同，电视可以吸引到很多的广告。

提问： 对于年轻一代的导演，你们有什么特别心得要讲？

巴瑞·莱文森： 我认为未来的电影讲故事要非常精采才能吸引到观众。我认为我们所谓的电影制片体系要发生相应的变化，如果不发生变化，可能会导致整个电影体系发生变化，比如说像美国的汽车行业，过去可以说是最成功的行业，但是它非常固执，它不愿意发生变化，可以说美国的汽车行业拖垮了美国的经济，现在美国汽车行业赚不到钱了。人们总是不愿意接受一些新的变化，对于电影行业也是如此，很多时候我们就是要生产出一款受大众喜欢的汽车，如果有这样的车，就会引起人们的兴趣，让人们有这样的直觉去买这样的车，现在美国的电影制片公司不太了解他们的消费者，但实际上他们内心还像美国汽车行业的人，他们非常爱他们行业，他们如果能够把激情发挥出来，就可以吸引大部分观众。我认为美国的电影行业会发生很大的变化，未来会有各种不同类型的电影。

休·赫德森： 我觉得你这个比喻非常好，很多人喜欢古董车，实际上这是一个非常大的行业。

德瑞克·艾利： 王全安导演，你对中国未来电影行业的前途是不是非常担忧？比如说近几年生产的电影从过去 500 多部增长了一倍，在电影生产的数量上有很大的增加，您预测一下未来 10 年中国电影的发展，会不会出现电影制作方面的简化，或者是朝更多的方向发展？

王全安： 中国未来 10 年应该是有很大发展空间的，这得益于中国电影之前没怎样发展过。正是因为它基础比较弱，所以它各个空间发展比较大。中国电影观众数量比较大，所以无论中国电影怎样好都是可以理解的。现在最主要的问题是缺少方向性，很盲目地发展，就像中国的经济一样，属于一种比较急功近利的开发，如果我们拍一部《功夫熊猫》的话，就会出现 50、60 部类似这样的电影。随着电影的发展，就会慢慢进入到市场细化的阶段，我个人是非常愿意看到这种状况。当然也可能出现变坏的情况，我还是有一些担忧。

当我们在追求物质的时候，其实我们已经不是在追求电影了，我们只是在追求钱而已。我在中国对这个职业的感受是钱越来越多，但是乐趣越来越少。

德瑞克·艾利： 每个产业都会经历这样疯狂制作的阶段，比如中国前几年有很多的爱情片。也许将来 5 到 10 年当中，电影主题并不一定是最重要的，你觉得今后坚持拍电影会越来越困难？

王全安： 有可能，其实导演这个行业一直挺难的，如果你选择导演，你就要面对难题。如果说你想拍你所喜欢的电影，那就更困难了，你要意识到这是一个自然状况，是你这个职业所要承担的一部分，我自己衡量它的一个很大的标准：我是不是为我喜欢的东西而工作。它的这个价值非常重要。

在中国越来越不觉得这个东西有价值的时候，其实我们就面临了这个讨论的主要问题：我们到底在追求什么，中国电影到底在追求什么——大部分是把钱拿过来，赚更多的钱。这个电影节更多的是教拍电影的人怎么去拿钱，然后我们怎么从观众那里拿钱，比较少关注观众本身，关注电影本身。只有钱是主题的时候，我觉得其实是哪里已经出现问题了。

德瑞克·艾利： 您觉得中国的审查制度有什么标准？他们也没有什么成文的规定，而无论是在中国还是其他的国家都有审查的问题。

王全安： 在国际上最永恒的问题就是审查制度的问题，这是一个经典的问题，我也回答过很多次了，我也经历过几次审查的过程，我个人感觉中国确实有着一个不太让人满意的地方，主要是它没有什么标准。有的时候决定一件事情比较随意，这个跟中国社会的变化是有关系的，它的价值观本身在变化。从官员的职业角度考虑，他会选择一种比较保守的方式，就像刚才两位说的那样，作为对中国比较了解的中国人，我觉得电影在哪里都会受到审查。在美国也不容易，美国的制片人在某种程度上讲，比中国更厉害，主要是导演对自己的职业要有认识，得到好的电影是最困难的。美国没有中国这样的电影剧本，英国也没有中国这样的电影剧本。当我们面对中国不太完善、有待改进的现实审查困难的同时，也要意识到我们要回到自己的职业里面去，我是谈给中国同行听的，我们还是回到电影里面去。

德瑞克·艾利： 我觉得中国的审查制度，并没有那么阻碍电影的发展，我们有一个评级制度，中国目前还没有这样一个分级制度，这可能是一个原因。其他国家也有相类似的制度，中国是不是要引入电影分级制度来做一个改变？这样电影人在拍暴力电影或者恐怖电影的时候会有一个更大的空间。

巴瑞·莱文森： 我非常同意你刚才所说的，电影的质量并不是完全由审查制度来决定，当然改变是需要的，但是审查制度本身让我们电影制作人不能够拍我们所要拍摄的片子，我们要取得平衡，一个是经济上的，还有是观众接受度上的。比如说我们拍摄一部电影，在这个过程中有很多的冲突，有很多的问题需要解决。其实拍电影这种艺术形式，本来成本就是很高的，因为它拍摄过程当中接触到了很多的人，不像一个画家，他们只要画自己想画的东西就可以了。

最关键的就像你刚才所说的，你不能够出卖你创作的动力，仅仅是为了赚钱去拍电影，而且我们要考虑观众的一些喜好，如果我们能够在商业价值和自己的创意当中找到平衡，那是最好的。

德瑞克·艾利：我觉得这是对我们今天上午讨论一个最好的总结，我要感谢我们今天台上的三位嘉宾，对你们的参与表示感谢。

跨文化合作的可能

文化差异是每个国际合作项目都要面临的核心问题，每个国家都有源于社会深层结构的特有文化，它决定了不同的价值取向，因此跨文化的合拍电影往往不能同时赢得两个完全不同文化的市场。或许只有好莱坞电影以其普世价值征服了全球电影市场，全球电影从业人员在赞叹其商业推广之道时，仍不免怀疑普世价值的真实性。

那么，是否存在一种跨文化的合拍电影，既满足了多元文化的诉求，表现了不同文化的差异性，最后是以差异化的个性赢得市场普遍的认同？今年的金爵奖评委会主席让-雅克·阿诺就是这样一位在跨文化合作中屡屡成功的导演，亚洲新人奖主席阿米尔最近的作品也是一部跨文化的成功之作。

在当下好莱坞电影全面获胜，电影多元化风貌日渐被消弭，跨文化合拍越来越艰难的全球电影工业背景下，他们的实践对整个行业是一种启示，尤其在中国电影工业拾步寻求非美合拍以求拓展的当下，阿诺与阿米尔的经验与创作者的身份定位对中国更具有模式启发效应。

■ 嘉宾简介

宁瀛，导演

阿米尔·纳得瑞（Amir Naderi），导演、编剧

萨布（SABU），导演

黄建新，导演、编剧、监制

让-雅克·阿诺（Jean-Jacques Annaud），导演

王全安，导演

主持人： 各位来宾大家上午好！我们今天上午要开始论坛的"主席讲坛"。我们论坛的分布区域也特别的广，昨天还在展览中心，今天又移到了这里。从2008年我们上海国际电影节开设主席讲坛以来吸引了越来越多的业界人士对这个论坛的关注。我们今天要讨论的是"跨文化合作的可能"。因为一直以来文化差异是各个国际电影合作项目都要面临的一个核心问题，因此跨文化的合拍很难兼顾两个文化背景完全不同的市场。是否存在一种跨文化的可能，既能满足多元文化的诉求，同时又能体现出文化的差异性，这就是我们上海国际电影节正在推广的一个方向。参与今天主席讲坛的嘉宾，他们每一位几乎都有跨文化合作的经验。比如让-雅克·阿诺先生是在跨文化合作当中屡屡成功的导演。阿米尔·纳得瑞也是。黄建新导演，大家知道，他跟好莱坞有非常多的合作。中国导演王全安在国际上面屡屡获奖。日本导演萨布在这方面也有很多设想，阿米尔·纳得瑞拍摄的日本电影也引起了他的很多共鸣。我想这样的组合对于探讨今天这样的话题是非常有意义的，今天的主持人宁瀛导演，参与过《末代皇帝》的制作，以及现在正筹备《功夫侠》的制作，相信今天他们的探讨会为我们留下精彩的记忆。

现在我们用热烈的掌声请出我们今天的嘉宾主持。宁瀛导演！有请！

宁瀛： 大家早上好！我先跟大家说一声，我是第一次做主持人，又面对在座这么多我非常尊重和敬仰的导演和成功的年轻导演朋友，所以我非常希望我作为主持能给大家提供一个我理想中的论坛——不是问答式的，不是平时在新闻媒体上面看到的一个简单的对答，而是希望提供一个机会，让他们每一个人从自己创作和经历的深度去谈一下跨文化合作当中的一些具体碰到的问题和每人面临的现实。

今天论坛分两个部分，第一个部分先请阿米尔·纳得瑞导演和日本导演萨布上台。第二部分再请王全安、黄建新和让-雅克·阿诺先生上台。

阿米尔·纳得瑞： 谢谢！看到这么多不同的人，看到这么多的合作，所以我非常高兴能够有机会跟大家见到，我希望尽自己的全力让国际电影节变得非常美好。

宁瀛：萨布，要不要和大家先简单谈一下上海，不是第一次来了吧？

萨布：第二次。

宁瀛：谈一下对上海的印象，作为一个电影人。

萨布：我觉得这次电影节规模盛况空前，我也非常感谢主办方邀请我。

阿米尔·纳得瑞：我觉得今天我们进行这个主席讲坛，谈的是跨文化，谈的是国际合作，非常有价值。日本、美国、加拿大、意大利的国际电影节我们都有参与，这些使我们觉得，我们到这里主要是给大家提供一些信息，我的同事说了，是由我们的经验得出的想法，如果有一些问题的话，我还是非常乐意来回答的。

宁瀛：我知道从伊朗到美国，您有很多的经验，从美国再到日本，也有很多的经验，但我还是非常好奇，想知道你如何能够在日本拍出一个日本的作品，可以想象它的困难程度。请讲一下如何渡过这些困难、然后实现你的目标的呢？

阿米尔·纳得瑞：我过去有20多年的时间生活在伊朗，然后又在纽约生活了18年，还有在拉斯维加斯生活了5年，所以我在那边做了两部影片。之后我到了日本。之所以到日本做电影，是因为过去20年我在教日本电影艺术，包括美国的，所以我们认识了许多日本知名电影人。

首先，我一开始就知道自己想在日本做一部电影，因为它是一个非常有意义、有价值的国家。但他们的文化也比较特别，他们更多的是倾听，而不是去说和表达，所以我想我首先应该去美国。因为美国的文化更容易进入。在美国，毕竟政治环境对伊朗不太有利，我们很难和那些外国的演员进行交流，很难表达我的想法、我的感情，然后把我的情节讲给一些核心演员，再和那些新人进行交流。所以，我长期以来都是在纽约做电影的编辑。然后我有机会和约翰·卡索维茨合作，通过这样的方式才真正了解，做纽约电影，不仅仅做美国电影。

以前开过一些讲座，专门谈日本电影艺术，经常去参与日本的那些电影节，作为评委会的成员，来分析、评估一些当时的入围电影。在日本获得融资不是很难，但是要想在日本创建出一个你自己的电影团队，让这个团队无缝衔接并不是很容易的。对于我来说，我的要求也很高。我想做一个电影，不只是一个

风光片的电影。我一直有一个梦想，我的梦想就是进入到日本人民的心灵中间，经过我在美国的这些经历以后，我发现我以往的这些操作方法并不一定成功，因为在美国每个人都在表达自己，一上来就说自己，从个人出发和别人来进行竞争，每个人都想成为第一名。但是在日本，每个人都在说团队，都在说规则，每个人都想尽好自己的责任，不超越自己的角色。如果你要什么，别人就会给你一些什么。如果你要和这些剧组进行交流的话，不是很容易。

总体来说，并不是我改变了自己，但我适应了当地的文化。我逐步学会了如何和这些外国朋友交流，他们也都知道，我一直在教日本电影艺术，还有那些黑白电影艺术等等。但是在日本对我来说还有一个难点，那就是我一直试图和那些非专业的演员来合作。比如说在酒吧里面、在酒馆里面与这些普通人合作，让他们成为一个演员，这一直以来是我追求的生活与工作方式之一。

宁瀛：您的工作方式是通过翻译进行交流的吗？

阿米尔·纳得瑞：在美国不需要，但是在日本的确有一个日文翻译来帮助我进行交流。

我感觉，就是刚刚说的，在美国和别人说话比较简单一些，美国人都愿意去尝试新的东西，他们会非常积极主动地多想一步。但是在日本，我用从美国学到的那些技法去讲述电影故事，无论作为编剧还是导演，这在日本并不一定有用。因为在日本，首先每一个角色都是非常复杂的，你不能百分之一百地跟日本的演员进行直面交流，他们也不会把把自己的想法对你和盘托出，绝大多数的想法他们会保留下来，这还是较好的情况，更多的情况是倾听你。在纽约的时候，我想做一个有关约翰·卡索维茨的电影，他的人生非常悲惨，可以说是现代电影艺术家中最为悲惨的一个，我一直研究他的生活，想就此做一部电影。他的这种性格，始终非常坚强，即使失败了以后，他还是会不断尝试，试图取得成功。

不久之前我到了日本，作为一个电影节的评委之一，我见到一个非常年轻、有天分的日本导演，我们成为了朋友，他的英文虽然不是很好，但他在学英文，因为希望和一些像我这样的海外导演进行交流。我和他说了我的一个项目，我的日本电影院，他说他愿意参与，然后我们共同交流了关于如何进行的想法。我从美国带来了一些融资，从法国、韩国也带来了一些融资，当然，也有一些来自于日本的投资。但我和日本的一些演员进行交流并非易事，他们都很专业，他们每年每天都会拍电影、电视，拍各种各样的项目，非常忙。我和他们交流的方式和我在伊朗、美国的方式完全相反。我们试图把他们变为非专业的演员，这很困难。但是他们非常专业，他们肯听我说话，所以最后他们能够使我们的项目成功。

有一点，我很高兴，我很满意，这个电影项目结束之后，不管这个片子拍得怎么样，日本的观众接受了这一点，去年在日本的电影节，给我一个非常好的奖励，我现在已经做好准备，期待着在日本再做一部电影，因为我想做一个三部曲。第一部是有关电影艺术的电影，现在我还在做这个剧本，讲的是一千年前的日本。第二部谈二战的，我希望有一天能够在日本做历史性题材的电影。

这就是我在日本的经历。谢谢！

宁瀛： 听了阿米尔·纳得瑞非常精彩的经验之谈，想问一下萨布，从日本电影人的角度讲一讲跨国合作间有一些什么样的经验或者大家有一些什么样的理解、认识？

萨布： 我觉得阿米尔导演非常了解日本电影界的人和事，日本人的确是比较善于倾听。跟我接触的一些工作人员，和阿米尔也有过一起工作的经验，他们非常享受和阿米尔导演一起工作的经历。我本人有海外合作的经验，包括德国、包括韩国。但是现在也不能说进展得非常顺利，还没有最终的作品出现。我本人现在住在日本，所以能够有像今天这样的机会来到上海电影节，如果可能的话，我也想宣传一下我的构思，希望能找到一些合作机会。

阿米尔·纳得瑞： 我特别想提到日本的朋友，日本人认为尊重很重要，我相信在中国也是这样，你不能和他们大声说话。在美国我们经常大声说话，但对日本同事不能这样，尊重很重要。你需要和每一个演员分开说，非常轻、非常注意地和每一个人说，有时候和他们说英语，有时候通过翻译。然后我注意到日本的这些演员互相之间非常了解，不能把他们放在一个房间里面，大家坐在一起来谈。我把每个人放在单独的房间，正式开拍一块进入片场的时候，大家互相之间会非常想念，而且和他们说话的时候不能大声说，要很慢、很清晰，用家庭的感觉来拍摄。

我觉得日本的文化和规则很大程度上在强调家庭，这种感觉和伊朗也很像，这也是我在日本合拍片项目取得成功的原因之一。而且我发现日本人觉得人是分层次的，他们对自己上一层次的人非常尊重，有时候你会知道这并不容易，比如谁先进房间、谁后进房间等等，人和人说话的方式也分上下级，是不一样的。首先我要学会和他们对话，然后再学会拍电影，拍电影不是非常难的一件事，而建立信任和交流是最困难的，这是第一步，有这么多细节和规则要学。每一套东西所有人几乎都需要学，不可能有任何一个人去做二次创作，甚至不可能在现场把台词改掉，这样整个过程就会变得混乱。他们需要把每一个细节都弄清楚，比如午餐之前有哪些设备要准备好等等，不能就手头的东西自作主张地进行发挥。我们以前经常是发挥的元素很多，基于那一幕，基于手头有的这些资源来进行拍摄，但是我们发现在日本千万不要这么做，有排练，连排练也是很认真的，之后严格按照排练的方式再现。我们注意到这一点：发挥是不对的。

我有一部分的投资，就是把自己工资拿出来多买了两个摄影机。我这样做能够不断地教日本电影艺术。这是我从别人那学来的做法，剪辑以及镜头的移动是我从其他日本人身上学到的。你要不断地向别人学习，我会用镜头表现不同的演员，如果我的角色比较老的话，我会用一个比较老的摄影机来拍摄；我也教人剪辑，从一开始我就知道，我要自己来剪辑，我非常注重声音和图像；我也要向我的搭档和演员解释，到底要怎么拍，如果他们接受的话，我就觉得自己能够和日本合作融洽。

萨布：他所提到的一些在日本的摄制经验，我也非常赞同。他的预算，我想也许不是很能满足他原先的要求，我不知道他这个作品做的时候预算能否达到他原先的设想？还是说有充足的预算，或者说在有限预算当中想办法克服的呢？还有一个问题，日本的演员，有一些是非常努力的。您对此有什么想法吗？

阿米尔·纳得瑞：我认为，如果有 50 万预算的话，我们可以一起合作，我会向演员解释我要做哪些事。我可能要更多的钱，这样做是比较难的，然后拍了一部分电影之后，我会接触到很多的投资人，一些私人的企业家，包括一些法国人，他们会带一些资金，让我继续拍下去。我从一开始可能就知道我的预算，比如说是一百万，可能低一点，因为这是一个独立的影片，但是对方可能会慢慢地给我钱，他们相信我，然后不断地往前进，不断地接着拍，我的预算不是固定的。

伊朗是非常不同的，这是我的经验。在伊朗，钱不是问题，可以说在我的国家，钱太多了，他们的钱可以用在很多的用途，比如说可以搞教育、搞电影，也有人给钱，让年轻人拍电影。在过去的几十年，重要导演的很多片子不是进电影院放映的，他们可能就是拍给年轻人看，让我们学习怎样拍电影。因为这样的原因，通过几十年的努力，我们现在有一些导演冒出来了，我们伊朗有很多电影去电影节参展，世界上有很多电影不是在伊朗电影院放的，十部当中只有三四部是。导演一般都不担心钱，但是会担心我们的审查制度。其实我们的审查制度也是能够推动创新的，因为我们去找审查员，问他们我们要做什么，他们说没有女性，不能有床戏，不能有接触，这样的要求也是挺好的，我们对此没有什么意见，不用触碰这些问题。新的电影人，包括我，还有其他的人，我们就只能拍孩子的电影，这并不是说我们想拍孩子，而是因为审查制度让我们有机会讨论这个。这也让我们有新的表达、新的内容。所以伊朗有很多电影都是讲儿童的。

在过去的 15 年、20 年里，有一代新人，他们会讲很多的故事。当然伊朗人不担心钱，在日本和美国，找钱真是难得不行。在日本，你要和别人沟通，让别人站在你这一边，而在伊朗这个事情就比较容易了，我不知道是怎么回事。在我们革命前后都是这样子，我们能够拿到很多钱来拍电影，然后会去很多电影节参展，人们会给我们钱来拍片子，在不同的国家参加电影节，我已经拍了六个关于童年的电影了。我在不断进入新的国家，学习新的情况，学习新的语言，然后拍新的电影，这也是我新的经历。

宁瀛：对于《一次别离》，最近奥斯卡获得最佳外语片奖的那个片子，你有什么想法？

阿米尔·纳得瑞：从我的经验来说，我不知道中国的情况，我在中国的经验也不是很多，对于中国新一代电影人不太了解。在伊朗非常重要的一点就是人们是一起合作的，大家非常尊重我们伊朗的大师。一些非常有经验的人也和很多新人在拍电影，他们以前都是我的学生，或者是跟我一起合作的，受到我或者其他很多老电影人的影响，这样就有一种连续性。他们学习怎样拍电影，学习怎样表达他们自己，后来就拍了这个《一次别离》，出了这样的电影，我们一点都不惊讶。我们参加了很多电影节，也从不感到惊讶。

昨天我也讲了，伊朗电影、中国电影、日本电影、韩国电影，它们都基于自己的文化、历史。过去在伊朗，我们有地毯的文化，音乐、诗歌也都有自己的文化，还有新一代的艺术，就是电影。我们有很好的历史，所以新一代可以更好地表达他们自己。《一次别离》这个电影，就是基于我们的文化，和欧洲不一样。它是一部非常明智的电影，我觉得它的剧本写得非常好，很好地描述了它的角色，而且演员的演技以及摄影也非常好，还有描述是非常生动的，各方面结合得非常好。

在伊朗，我想大家都希望看到自己喜欢的电影，我们有机会可以去电影院看日本、意大利、法国等很多国家的电影。有时候我们也会去一些使馆，比如法国使馆，它会放一些法国的电影。我们通过这样的方式来学习电影，然后把我们的收获、知识和别人进行分享。所以像《一次别离》这样的电影就能够冒出来。

这是我想说的。

宁瀛：《一次别离》这个电影，在伊朗的观众当中是什么印象？和国际观众的反映是一样的吗？

阿米尔·纳得瑞：我听到有一些政府的人不想提到它，当然也有一部分人会去提到它。有一些人在晚上走到大街上，然后会庆祝、尖叫，会为它欢笑起舞。

过了一两天，这样的激情就会褪去。现在大家包括新一代的电影人对于这个电影都感到非常的高兴。我觉得这是最受欢迎的商业电影之一。我不知道在中国的情况，不知道中国人去不去电影院看，我知道日本人是带着家人去电影院看的，因为他们在电影当中看到了自己。希望大家都能从电影当中看到自己的问题，可以说电影与人生有很多相通之处。

宁瀛：这部电影也有了商业成功。

阿米尔·纳得瑞：非常成功。

宁瀛：艺术片的观众也有很多吗？

阿米尔·纳得瑞：在伊朗，如果有一百个电影院，其中会有一部分是放独立电影的，就是艺术片，另一部分电影院就会放一些其他的电影，它们是分开的，有分工的。

宁瀛：关于这部电影呢？是在哪些电影院放的？

阿米尔·纳得瑞：一开始作为一部艺术电影，后来放的电影院越来越多，看的人越来越多。对我来说，这与在美国的情况是非常不一样的，有很多年轻的美国电影人拍了电影之后，就没有地方放。每年美国有两千部电影，有一些拍不完，有一些拍完之后只能到电影节参参展，有一些电影不能放映，被束之高阁。

宁瀛：最后一个问题，你的电影，是在美国或日本拍的，它们是不是能够在伊朗上映呢？

阿米尔·纳得瑞：说实话，很多人都想买我们的电影，我也不知道我能否解释清楚，在我的国家有很多政治上的情况，大家都很熟悉了。我从来都不能百分之百确定我拍的电影能够被接受。有一些艺术家被关进监狱了，有一些艺术家有其他的问题，还有一些艺术家不能拍电影了，我都是听说的。我想说，如果我拍了一部电影，然后卖到伊朗，那我就要了解这个情况。但是有很多伊朗的事情，我不想参与，因为大家都给了我很多钱来拍电影，给了我很高的预算。伊朗也有人请我拍电影，我想说的是：不。因为有很多制片商跟我说不要在伊朗放我的电影。在伊朗这个国家，有很多人非常有才华，但也得跟政府做一些接触。

并不是说我反对政府或者不反对政府，我不是有一个政治想法的人。

宁瀛：萨布，我想问问你，因为你做合拍片少，但是你自己的片子在国际上也获得了很大的荣誉，也很受欢迎，包括《星期一》在柏林受到好评，作为一个纯粹的日本电影，拿到国际上面并获得欢迎、获得沟通。对此你有什么样的感受？

萨布：我觉得电影的魅力是无穷的，我本身是一个演员出身的导演，如果没有电影的话，我的很多经历是无法得到的。所以，应该说国际性的电影节也是一个非常好的舞台，我们能够见到许多国际著名的制片人、导演、演员以及编剧等等，我觉得通过这种思想的碰撞可以得到很多新的灵感。所以，我对本次电影节也充满了期待。

宁瀛：我想知道，如果是与朋友私下聊的话，你觉得自己想表达的东西，真的完全被理解了？还是你觉得其间存在了一定的文化差异？有一些地方，或者一些国家在放你电影的时候，观众得到的反映是不一样的。在这个合作里面，从根本上来说，是不是有这些文化差异的情况存在？

萨布：我觉得我的电影是把焦点对准了这个角色或者人性，所以基本上应该说，受众的感觉到的共同点比较多。还有一些电影可能是充满喜剧色彩的。所以我从剧本创作的阶段开始就没有感到有太多文化差异的障碍。

宁瀛：我特别好奇。我也拍过纯粹基于中国现实的电影，然后使用很多幽默的成份，但是我经常发现，去国际电影节的时候，在这个国家，一三五场他们会笑，去那个国家，他们是二四六场笑，可能到了国内，他们笑点又不一样，所以我不知道这样的情况是否也发生在你的影片上？当你带着你的影片出去的时候，如果你做的是幽默的电影，基于对生活的观察，得到的反映是不是都是一样的？

萨布：我觉得是有这样的现象。我拍的《星期一》就是这样，比如一个醉汉喝得醉醺醺地回去，跟跟跄跄地走着，然后酩酊大醉地倒在地上，我觉得如果文化相近的话，有人会发出笑声。在日本，对于醉汉，很多人是抱着比较友善的态度，不太会觉得醉汉是可怕的。但我好像没有像宁导演这样明显地感受到差异——就是这种笑点的差异。

阿米尔·纳得瑞：我的经验有点不一样，我觉得日本人根本就不怎么笑，最多也就是稍微笑一下。我不是日本人，如果我试图跟日本的观众沟通，那么这个影片所打的字幕就非常重要了。有时候我们有一个玩笑，但人们不能够很好地理解，有时候幸运的话，观众可以理解。但是，如果我的影片在日本之外的国家或其他影展上放，人们就更能够理解。但是在日本就不能。我的影片在日本放了整个月或者几个月，我就会去日本不同的影院感受，有时候人们会笑，但是我的体验跟萨布先生非常不一样，我想我的经验可能会对大家有所帮助。

在整整一个月当中，我去了日本不同的影院，坐在日本的影院当中，拿了关于这个影片的手册，这是日本观众都会拿的，它是一个传统。我会一一地做记录，拍这些观众的照片，跟他们交流，给他们发邮件，他们会给我反馈。通过这样的接触，我结识了一万两千名的朋友，很多人都说日本人一般不会轻易地发邮件，除非你是他的家人或者朋友。所有我影片的手册，我都帮他们签名了，而且我坐在影院里面和他们交流，甚至坐到晚上 11 点钟。我想萨布先生可能会知道，通过这样的方法，我的影片在日本越来越受欢迎，因为我是在影院和日本的观众面对面沟通的。

日本是一个比较特殊的国家，我在日本的这种沟通方式让我的影片非常成功，我结识了很多的朋友，而且我也发现日本的一些导演也开始学习我的方法，因为他们以前不是这么沟通的。所以我觉得一些独立的影片，如果想表达自己的话，就应该和观众面对面的沟通。

宁瀛：谢谢今天这么精彩的讲话，让我们了解他很多创作中的细节和具体的情景。今天没有听到萨布更多的谈话，因为时间有限，说明萨布还需要更多的来到上海电影节，讲述合拍片当中的经验。下面我们就请二位跟大家暂时的告别，请下面三位嘉宾上台。

阿米尔·纳得瑞：非常感谢！

宁瀛：现在有请让－雅克·阿诺先生、黄建新导演、王全安导演，下半场我们请来了三位大家非常期待的嘉宾，我觉得就不用详细地介绍了。我也经常会看一些节目，所以，开始前我就在说，不希望嘉宾谈话只聚焦在一个话题上面，因为实际上今天这个话题非常大，要谈起来的话，可能每人只能从自己的创作出发，如果深入谈的话，可以就谈其中的一点。所以，在座各位嘉宾可以完全从个人创作出发谈电影合作间的文化差异和价值观的问题。我想先问一下王全安，因为97年的时候非常惊讶地看到他的第一部戏《月蚀》，后来看到《图雅的婚事》，有非常大的改变。王全安，你这些年做自己影片创作的时候，有没有感觉到一些变化，包括合作项目有没有一些什么变化？

王全安：首先，你说得很好。很高兴有机会在这见到两位尊敬的同行、（评委会）主席还有建新老师。今天这个话题是一个很大的话题，但是还好啦，我记得我上次有一点抱怨，电影节老叫人怎么拿钱。好在今天能谈到这种电影交流合作的可能性上面，我觉得在这样一个时间来谈，有这个机会，好像挺不容易的。

我觉得不是可能性的问题，其实跨文化合作这件事早就是这样了。我想人长一个嘴，除了吃饭以外，总得说话，有交流的愿望。电影也是这样，电影要放给世界不同的人，如果有交流愿望的话，这种合资其实早就成为一个事实了。我拍电影的时候，剧组里面，各国的人都有。

你说到这个变化，我倒觉得确实有一个很明显的变化，中国电影跟国际的交流，确实有变化。我觉得这个变化比较明显的是经济危机以后，比如说欧洲，因为受困于经济危机的影响，开始更多地关注自身的问题，相对来说，感觉在心理上有一些封闭。中国由于自身经济的发展，对于国际交流，主题好像不在文化上面，更多是在商业上面。所以现在就处在这么一个困境中。

我个人切身的感受是，在这个困境里面，好像中国确实在经济上面有很大变化，有钱了。但是在文化上面，你没有像期待的那样在世界各地受到重视。但我们不可能就这样等待下去，所以合作的形式，包括我自己拍电影也会有很多变化。最近我公司在做一个项目，比如给欧洲这些比较著名的导演提供拍摄资金，其中谈了德国的文德斯导演，把中国的资金介入到他们的拍摄中，我想这也是一种形式。

宁瀛：监制是吗？

王全安：是的。这样在合作的方式上面，较以往是一个延伸。

宁瀛：这种合作当中碰到一些什么问题呢？

王全安：问题肯定有的，随着事情的开始，问题肯定就来了。不同的要求，不同的东西要往一块合的时候，是注定要出现问题的。比如说在这个合作项目中，会问具体要求是什么，对于电影方向有没有什么要求。

宁瀛：想请黄建新，我不知道该怎么称呼，因为以前很简单。我最初知道黄导是很早以前，那时候刚从国外留学回来，先听到外国人和我说，说你看过《黑炮事件》吗？说这是一个非常幽默的电影。我看了以后吓了一大跳，竟然能在中国电影里面看到黑色幽默，真的是特别黑色，还特别幽默，说的都是我们现存的一些问题，又让你能开怀大笑，那部影片，后来甚至成了我创作当中的一个很重要的灵感来源。后来黄导做了很多非常随性的创作，他想做什么就做什么，微笑地把电影一部接着一部往下拍，他的电影在国内非常受欢迎，也去过很多国际电影节。有一次我们在柏林碰见，我感觉他好像也不太在意别人是否能完全看懂他的电影，是否接受他的电影，还是说有什么地方看不懂，因为他拍得非常深入，他拍中国的体制和在这种体制下生活的人们所面临的具体困境和问题。后来黄导发展成巨片的导演和监制人，非常成功，在这里他是最有资格从非常宏观的角度——既从一个导演的个人创作，又从监制人的角度，讲这种跨文化的合作以及合作当中价值观的碰撞以及可能性。

黄建新：很高兴能够参加这个论坛，我觉得这个论坛挺有意义的，因为最近在中国电影界，特别是在投资界最常说的一个词就是"合拍"，而且他们把合拍目标集中在对好莱坞的投资上，这是一个挺有意思的事。博纳的老板于冬紧张过一段时间，他有一天跟我聊，说希腊要大选了，怕出事。我说为什么？如果希腊大选后退出欧元区，欧洲经济会受到巨大的损害，会影响美国的经济，而他的公司在美国上市。过了两天，希腊大选完了，好像没有退出欧元区，要限制通胀的那一派占了主流，这样于冬就松了一口气。

我举这个例子，是要说中国电影目前有两个力量在起到特别重要的作用，一个是由于中国经济在一个急速发展期的调整之后，资本没有出入，转向了文化。所以我觉得这个转向是被动的，而不是号召的，是在其他行业找不着出路才转的。文化里面最通俗的一个口是影视，涌向影视的钱是最多的。资本有一个本性是无法消除的，就是趋利。这个热钱涌向你的时候，出现的第一个本能就是要赚钱，所以就会去抢演员、抢明星、抢题材、抢大导演，使一个行业在两年之内发生了巨大的变化，这个变化，所有人都知道，使我们制作成本在飞速增长。

这个资本投入给中国电影业带来繁荣的同时也带来了巨大的危机，因为这个资本跟全世界已经黏在一起了。

第二个由于中国电影业的发展，中国电影的创作出现了前所未有的混乱局面。每一个导演其实都被各种见解搞得昏头转向。因为我是导演出身，又做了监制，也做过一些跨国的合作，一些导演喜欢跟我聊天。我经常看到的就是，导演困惑了，不知道要干什么，因为导演身上的压力和责任变得极为复杂。原因是中国并没有建立电影工业，职业人的特征在中国电影所有的环节里面并没有完全建立，这样就把一些独立制片的习惯带进了中国电影的流程里面，使导演承担了过多的责任。这对中国电影的原创是一个巨大的伤害。

因此我现在经常处在一个很矛盾的状态里，因为监制的本质就是所有合作投资方雇佣的CEO，要对这个资本负责。但是我也看到导演在现在电影环节当中的苦恼。有一次在会议上，由于导演们的发言，跟国内的发行、院线都产生了冲突，那个冲突是自然的，那一次我也表达了意见。因为中国政府跟美国最近的一个文化协定里面，从美国又多引进了十几部电影，特别是3D的大电影，这个放宽松了，而中国今年又是一个生产的小年，上半年基本没有什么大电影，一年之内中国电影票房出现了谁都始料不及的瞬间变化。

但其实有一个二律背反存在其中：中国电影的票房急剧下降和电影总票房的急剧增长，是相反的两个东西。这时候电影院线和电影院是高兴的，因为他们赚钱了。一方面，因为电影的创作者和制作者由于收益降低了，感到空前的压力。而受到压力的第一个人就是导演，他一定会发表见解，要求题材更加开放，需要得到一个共同的平台，希望行业能够更加规范，能有更多的条件建立电影工业的体系，导演从那个错综复杂的体系里面来扩声。另一方面，院线认为中国电影的情况目前特别好，因为电影票房在不断地增加。这就出现了一个冲突。

其实我们面临的是共同的问题，我个人认为全世界都会遇到这样的问题。我们知道电影发明国——法国和美国，这两个国家发明的电影急速地在两个不同的层面、不同道路上创作了不同的电影。由于美国是一个新生的国家，对于新生价值观最容易推崇，并为其建立最新的习惯，没有历史负担。这样美国电影和法国电影的发展就出现了两个不同的形态。由于美国是一个移民国度，全世界最优秀的人都想方没法去那里。其实美国电影工业是一个全球人才集合的工业，电影创作也由全球人才共同进行，很多全世界最优秀的电影人，在当地取得成就以后，都被好莱坞挖去了，构成了世界最大的创作团体。

法国走了一条遵从历史、人类感觉、人类本质追求的道路，更加艺术化。还有一个定位是很有意思的，我很早注意到这个，美国把电影放在娱乐界，放在娱乐范围。我们很多国家放在一个文化的范围。这两个价值体系的不同使电影出现的状态不同。这样作为产品输出和消费的时候，美国人在几十年间迅速占领了上风，用他们的方法，在蚕食全世界的电影市场。

我们现在面临的，其实是全世界面临的所有问题的一个终端，伊朗没有遇到，因为伊朗对美国电影不开放。我们其实遇到了，从过程论的角度来讲，我们走了一个全部的过程，你逃不掉，必须从跑道上面的这个起点跑，跑到一百米，跑得早、跑得晚都得跑。由于我们几十年迅速的发展，30年走了世界经济发展100年的路，所有的问题都会浓缩。

在这个状态里面的合拍，就表现出特别独特的一个方式。由于中国还有一个特别的现象，就是人多，这个基数大到了只要有人看电影就会创造奇迹。举一个例子：3D版《泰坦尼克号》，卡梅隆在北京一次记者会上说了，很吃惊，中国一个国家的票房比全世界票房加起来还要多。这就说明了中国有一个潜在的市场，这个市场是全世界不可忽视的。合拍在最近变得特别活跃。一方面我们的资本希望打进北美的投资，打进好莱坞主流的投资，另一方面全世界都希望到这边来拍。这时候文化的合作其实出现了一个差异。

我两个月以前跟一个很大的国际公司谈合作，他要求用英文来演这个纯中国的戏，后来我们拒绝了。这里面其实出现了文化的冲突，我们都知道，母语的语境决定了人的行为。比如说，我们知道日本的女孩子看起来比较静，美国的女孩子永远在动，这是语言习惯和她生活的文化习惯对于行为的影响。其实中国人普遍英文程度不高，如果我们用英文做一部戏，对于我们现在真实的生活，会产生一个变性，这会对中国人的心理产生一个特别扭曲的打击，这是我们遇到的一个新的现象。

我还有一个经验，电影合拍可能有三种现象，一种是国家之间的文化契约——两国文化交流行为促成的电影，这种电影其实就是去找一个共同的文化故事或者一个传说来构建，而且不以商业为目的，这时候文化冲突和商业干涉变得最小，但这种电影常常是影响力最小的合拍电影。第二种电影是一个历史的现象构成了一个全人类的关注点,这样的合拍是好的,大家共同融资,拍摄这样一个电影。还有一种电影是以商业为目的的电影,比方说《木乃伊3》,我介入了一些,它到中国来拍摄,其实真的有一个很重要的商业目的。大家知道美国片被引进中国的时候,在当时分帐是17%,如果直接跟中国合拍,在中国得到的分账是43%,这个差距非常大,那么这就是一个商业的目的。他们把《木乃伊3》拿到中国来合拍,我们也合拍了。我为什么说在以商业为目的的时候,它在文化问题上面会做退让?最早他们设计一条龙的形象是中国龙,但这事我们不能同意,我们说中国龙是中国的图腾,文化的图腾,是不可以写到那样的故事中的。所以我们说这个形象必须改,美方也同意了,改成了西方的龙,这个改动感觉是一个小事,其实是一个文化本位的问题。为了商业目的,这些都不是原则,这是第三类合拍的情况。

我觉得最好的一种合作方式,就是能够找到共同的价值观,能够激起导演对于这个创作的自由的表达,然后也能够引起观众的共鸣,就是普世价值观,这是最好的。

宁瀛:非常精彩。我想其实今天在座的每一个人经历都不一样,黄导正是基于他的经历,从这么宏观的角度,讲得这么透彻。下面是阿诺先生。我觉得您是特别的,我们有那么多共同的朋友,他们都在中国开始了第一批的跨文化合作项目,比如说去年9月份就有合拍片,我真的很想了解你个人一些体验、经历,你拍了很多电影,比如《火之战》是80年代初的片子,那时候我们只有一小部分人才可以看得到,每个人都受到巨大的震撼。直到今天我们还在说能否再拍一部《火之战》这样的片子。记得在80年代我刚到欧洲留学的时候,大家很少会说到美国的电影制作模式。那些老的艺术家,他们只关注自己的一套想法、经验及愿望来拍摄,非常自由地进行创作的一些想法。

请你在这里给大家介绍一下欧洲进行合拍片的经验是怎样的?

让-雅克·阿诺:非常高兴来到上海,前面几个同事已经说到了美国和法国两个大国发明了电影。我好多年都用英语了,我也和大片厂做了大概至少十部电影,和哥伦比亚、二十世纪福克斯、派拉蒙、环球影业、华纳兄弟都合作过,已经国际化了。为什么我要拍合拍片?主要是为了钱啦,商业原因。我很多时候不可能只为一个国家拍一个片子。当然一开始我拍的是法国的片子,但是找不到足够的钱，这时候一个意大利发行商给我们投资了，又和福克斯公司签协议了，我以为可能会有许多外部的影响，其实不是的，最后这个片子还是由我来决定的，是我想要的概念和理念。比如我想让康纳利演，但是我的合伙人不想上康纳利的电影，他们把这个合同撕掉了，那我就不找这家公司合作。

合拍片有什么优势呢？如果足够聪明的话，合拍片能给你更多的自由，而不是限制。你不会被那些大片厂锁住的，它们都一样，已经不再制片了。他们是银行家，想快速得到回报，他们不在乎艺术的价值了。如果你有几个制片人，他们之间会进行斗争，他们斗的时候，你就自由了，这一点很重要。制片人越多，你就越自由。还有其他优势，有时候你的片子里面会有三四个国家的人，我的另一部片子《熊的故事》就是这样的情况，如果你只是为中国人拍一部中国电影，拿到英国的时候大家看起来这还是一个中国电影，但如果是中英合拍的话，可能就会有几个技术人员是英国人，那么中国人会觉得这是一个中国故事，英国人也会觉得有一些亲切感，所以这就是合拍片的一大好处。中国要和法国签一个协议，那中国电影人就可以获得欧洲的电影市场，不仅仅在影院里面放，因为院线这些人他们有自主选择权。还可以把这些片子放在电视上。中法或者法中合拍片，通过配额的系统，可以在电视上面放，这样就不是国外的电影，而是中欧合拍的电影在法国电视台放，这也是一大好处，不受配额限制。

我在很多不同的国家拍过片子，比如阿根廷、"象牙海岸"科特迪瓦等。在德国最近拍了一个片子，是美国派拉蒙提供的融资，整个剧组有很多英国人和法国人。在我来看，拍合拍片非常简单，你能得到来自不同国家最好的演员，而且可以得到最好的剧组。而且在片场里面是没有沟通问题的，因为我们在片场都用同样的语言说话，那就是电影语言，没有不同声音。我不需要那些法文专家、英文专家参与，从低到高（手势），大家都理解的意思，这个动作大家都可以看得懂，不用翻译的。

我还在法国交税，但我这一辈子跑了好多国家，和各国的演员成为好朋友，我也从未觉得有什么文化压力，相反它给了我更大的动力和自由。所以我很愿意回答你们的问题，没有一个问题是傻的，不管是个人的问题、宽泛性的问题或者大问题，我都很愿意和大家交流。

我最早拍的一部电影，其实有一些问题，叫做《高歌胜利》，把法国描述得非常不好。因为那是反殖民运动最活跃的时候，当时在法国全境遭禁，所有法国驻非洲的使领馆都在和我个人做斗争，因为那部片子是非常反法国。《情人》那个片子，法国人一点不喜欢，他们不喜欢看到一个年轻的法国女人在一个比她老很多的中国男人的怀里，法国人不高兴，那没有办法，遗憾了，我不可能让所有人都满意。你只能满足一部分人的要求，没有办法满足所有人的要求。

宁瀛：你最新的片子《狼图腾》要在中国拍，能跟我们讲一下你是怎样发现了这部小说的吗？你现在怎样做准备工作？

让-雅克·阿诺：我朋友的朋友找到我，告诉我作家姜戎写了《狼图腾》，他可能觉得我是拍这个片子比较合适的导演。然后我看了这本书，发现他所有的主题都是我所关心的、所为之斗争的，我对这本书感到非常兴奋，很高兴能够做这个跟我非常契合的小说，而且能够来中国拍这部片子。我很高兴能来到这里，我一直有这样的想法，就是更好地了解中国。我小时候就希望了解中国，11 岁的时候就对中国文化很感兴趣，我也非常喜欢听传统的中国音乐，我一直非常关注中国，现在有这个机会，我觉得很好。

这本小说，它的主题和我想在电影中所要表现的主题是非常相近的，否则我就不会拍这部电影。

我还想讲一下《情人》这部电影，这部电影的主要问题在于演员。我希望能够找到一个年轻的法国女孩，或者一个年轻的能讲法语的亚洲演员，我希望她是非常纯真的，而且是非常坚强的。但是没有找到这样的演员，在全世界都找不到。我找到了一位演员，能说一点点的英语。我想讲非常重要的一点。

在世界最重要的一些国家，电影中的语言都是要和大家讲的语言一致，法语的电影如果要获得成功，可能会给德国观众配上德语，西班牙观众配上西班牙语，在意大利放的时候要有意大利语配音，这个时候语言问题就没有了。我的同事讲得非常对，你一定要非常小心，美国人的走路方式，不能出现在以 18 世纪欧洲为背景的电影里面，那个时候大家可能会拿手杖，这个问题我碰到过很多次。所以说，要找到合适的演员。

就是在美国，我和英美演员拍戏的时候，我会和他们说，只有 12% 的人，世界的观众会听到你的原音。在大多数的国家，大多数的时候，观众首先会在电视上面看你的电影，即便你的电影非常成功，更多的人还是在电视上面看你的电影，有一些电影的频道，大多都是配音的。在这个行业，我们需要认识到语言的问题，如果中国的电影要在美国成功的话，要有英文，即使是以中文拍的。当然也有一些例外的，李安的电影《卧虎藏龙》就是。

　　电影一定要以当地的语言来播放，对于我的电影，我会收集不同配音的碟片，芬兰语、丹麦语、印尼语、马来语等，我们不光要关注艺术的问题，对于语言问题也要很小心。我的电影《兵临城下》，讲了德国人和俄罗斯人之间的斗争。我觉得坏人要由美国人来演，好人由英国人来演，艾德·哈里斯演德国人，我和美国派拉蒙一起合作，他们对这点非常同意。

　　宁瀛：关于这个角色，原来拍的时候是讲什么语言的？

　　让－雅克·阿诺：原著是一本意大利的书，在合同里面就写了电影要是英文。大家讲英语的时候都有自己的口音。片中有一个修道院，相当于当前的大学，里面有各种各样的人，西班牙、意大利、法国的演员，还有德国、苏格兰、美国的年轻演员，有着各种各样的口音，也带给我们一种魅力。但是，在美国这个电影就不太成功，因为大家觉得这个口音不好听。只有在美国，这个电影失败了。

　　宁瀛：《狼图腾》会用中国话拍吗？

　　让－雅克·阿诺：我们是用普通话拍的，因为有蒙古的背景，有一些地方会用蒙古语。

　　宁瀛：因为今天黄导和王全安导演难得在一起，所以你们二位有没有什么问题互相之间提一下。

　　黄建新：《狼图腾》这本小说我看过，变成一部电影是非常困难的，有改成电影的好基础，但的确是不容易的事。在电影剧本创作阶段，跟中方编剧会有冲突吗？关于电影的理解上面会有冲突吗？这是一个必然的过程，怎么解决这样的问题？

　　让－雅克·阿诺：写剧本，一般要花一年半的时间，但现在还没有冲突，当然以后可能会有冲突。为什么会有冲突呢？为什么一定要有冲突呢？我们可以进行沟通。但我的工作就是要设定一个方向，然后我的朋友们就会和我一起合作，一起努力，朝着同样的方向前进。即使在一些方面有分歧，但总归会有办法的，我一直有这样的经验，和不同国家的编剧都合作过，我从来没有觉得这会有问题。

黄建新：我们在一些合拍片里面，剧本阶段的分歧一直就很大。因为中国五千年文化对于人的影响根深蒂固。基于对文化的理解，越到接近拍摄的时候，发生的分歧越大。当然阿诺导演没有碰到，那太好了，太幸运了。我本来是想了解他是怎么解决的，因为这是一个经验，他是著名的跨国导演，做了那么多优秀的电影，这个经验对我们来说很重要。

王全安：我想就这个提问说一下我觉得跨国合作会带来的问题。一个是多元文化背景的合作，会导致很纯粹的东西变得模糊化了。在这种合作里面拓展了我们更多的看法，但也可能会损失掉一些很具体、很纯粹、很独特的东西，这可能是跨国合作里面的一个矛盾。我有时候很担心，常常在想怎么来取舍这个问题，比如说法国人看上去只是像法国人，而不是说就是法国人，就是这种跨国合作带来的问题。

让－雅克·阿诺：你一定要非常小心，作为导演，作为编剧，你一定要为电影服务。我的想法就是表现这个故事，在中国的故事，在中国北方蒙古的故事，要用中国的演员、中国的角色。我会尽最大的努力来描述一个中国的年轻人，我要和我的英雄在中国人中找到共鸣，要发自内心地做这个电影然后呈现给大家。所谓呈现给大家，当然要包括中国的观众，而且他们是我的第一观众，我要真诚地表现我对角色的看法。在我拍别的电影的时候，比如说《兵临城下》，我不是德国人，也不是俄罗斯人，当时演员都是英国人，我要描述两种不同的文化，没有人跟我说当时的德国人不像德国人，他们有着自己的文化。我知道在中国放过这个电影，别的国家也放过这个电影。

我觉得在合拍的时候，你要把不同的因素融合起来，要体现你自己，要服务这个电影，服务这个电影的本性，这就是关键。如果你觉得有一些细节不符合你的想法，比如有时候你把一些东西强加给了意大利的演员，但这是一个香港的故事，你就不应该这么做，应该放弃。你一定要有合适的组合，如果有一个意大利的摄影师的话，拍一个香港的故事，比如说20世纪30年代的故事，你一定要让一个了解当时情况的人来拍，要让你方和你的合拍很好地匹配，并且给你带来最好的结果。

王家卫会和英国的演员合作，但是他的电影看上去并不像英国电影，而像王家卫特色的电影。我们如果觉得有一些东西不符合我们内心的想法，不管是中国电影还是合拍片，都是一样不要去做，不喜欢就不要去做。

宁瀛：这是阿诺导演的回答。我还有一个小问题，我们在创作当中面临的具体问题，比如说现在这个小说改编，你请的是芦苇老师和你一起做编剧，你是让他完全自由地做，还是先在框架上做一些方向性或者根本性的改动？具体是什么？包括时间上面，哪一段历史讲到哪一段历史，是怎样的设置？

让－雅克·阿诺：我的工作方法都是一样的，就是在和编剧合作的时候要互相理解，我们会不断地交流想法，有时候甚至都不记得这个想法到底是谁想出来的，这没有关系，前提是我们要和谐，要有一致的观点。和芦苇合作的时候，方式有一些不同，我们会和作家一起进行几天的交流。在我拍电影的时候，他有可能跟我们不在一起，碰不了头，我会给他一个故事的梗概，然后花一个礼拜讨论一下，他会跟我讲一下故事的结构，然后给我一个更新过的剧本结构，我再讲我的想法。有些时候我们会打电话，好比乒乓球，来回弹来弹去，这就需要想法的碰撞。最后是由我来决定这个剧本到底是怎样的。

我是导演，在我和美国人拍电影的时候，最后也是我来决定这个电影是怎么样的，我很幸运能有这样的权利。有一些公司可能不希望这样，他们会说自己来剪辑，我就不会接受这样的项目。我都是按照自己的想法来拍我的电影，我不会有导演剪辑版的DVD，我的版本是一定要在电影院放的。

宁瀛：你每次跟制片人谈合同的时候，这是一个先决的条件吗？一定要有最终的剪辑权和完全的创作自由？这个权利是如何得到的？一开始就是这样吗，每一部影片都这样跟对方谈？

让－雅克·阿诺：这是非常简单的，我19岁的时候就做导演了，一开始做的是商业片，如果客户不喜欢我的版本，我拿包就走人了，我一生都是这样的，如果我不喜欢这个电影，我就不拍了。如果有一些制片希望让他的女朋友来做主角的话，我就走人，我就说你再找个导演吧，我一辈子都是这样，这是非常简单的。有一些时候可能会带来经济上紧张的问题，但我一直都是这样做的，我发现这很简单。

现场对话

提问：我是英国的一个导演，刚才大家有很多的对话，说了我们怎样在跨文化的情况下，在镜头前一起合作。我之前在香港拍了一个电影，里面有上海的文化；在上海拍的一些电影里，会把上海和美国的文化结合在一起；现在，我会把中国、香港、美国、英国和伊朗的文化融合在一起。我想问一下，在跨文化、多文化的情况下，怎样让不同背景的演员在镜头前一起合作？对我来说，和他们的文化不一样，就不知道该怎样更好地合作。

让－雅克·阿诺：我想你不应该问自己这样一个问题，你想怎么做就怎么做。因为你是主导者，不要考虑别人在想什么，你就追随自己内心的想法，你的品位、你的本能。如果人们说这并不是他们想要的方式，你就说，我是导演，我想要这样的风格。你要遵从你本人的想法，你有你的优势，一方面你有亚洲人的血统，而且你在西方生活。

我认为首先导演很重要，但最重要的是人，不管你说的是法语还是英语。我从来不觉得我是一个法国人，我在英国生活了很多年。我生活在伦敦的时候，我是不是要认为自己是一个法国人呢？没有。在我导演的时候，我有没有考虑到我以前是在法国郊区成长起来的小男孩呢？没错，这不需要我想，我就是这样的综合体。我也希望我在中国的时候，即便我不会说中文，但是我能真正理解中国人的内心世界，以我的品位去导演，导出来的作品是有中国元素的，也就是我眼中的中国元素，所以这个问题总是很复杂的。

我们一开始有太多的问题要解决，因此我的建议是，当别人问你这些问题时候，要么你说你不知道，要么就遵从你第一个想法，这是最简单的，你的第一个想法就是你本身的想法。如果你问别人说你怎么想的，那你就迷失了自己。

这就好比一个英国人，他的父亲是意大利人，母亲是法国人，这样就很混乱了。你要追随自己内心的想法，不知道就不知道，怎么想就怎么想。

宁瀛：谢谢！他给我们的回答就是做你自己，虽然这是不容易做到的，但是阿诺做到了。这是我们努力的方向，希望我们都能做自己。

王全安：中国特别需要阿诺这样的导演，以一个导演的身份面对问题，而不是一个社会学家面对自己的职业问题，我觉得这个非常珍贵。

宁瀛：今天我们这个主席论坛只能到这，因为时间已经很长了，感谢在座的各位，感谢台上的几位嘉宾。

Part 2
产业论坛

向世界讲述中国故事

"找一个好故事"是电影导演或电影公司甚至投资商首先挂在嘴边的一句话，它证明了故事或内容创意在电影这一娱乐产品中的重要性。一个好故事的能量在于，可以让投资人掏钱，让电影公司运作，让影院排上尽可能多的银幕，让观众买票进场，让尽可能多的人为之唏嘘和讨论，进而成为一次人类的精神盛宴。

今天的中国，资本、观众、市场等各项硬件配置已经空前完备，但国产电影的表现仍远未达到与之相匹配的高度，其关键在于内容创意的相对滞后，在于好故事的稀缺。那么，好故事在哪里？尤其是一个全世界能看懂的电影究竟应该如何表现？

回答这个问题，或许得从另一个问题开始——为什么没有好故事？这些问题，可能不单是电影人自己能回答的。在检讨机制、人才等各方面技术原因之外，跨门类艺术家之间的交流可以促成有关这一问题的视野更广泛的探讨，可以从创作习惯、创作规律甚至当今审美倾向等方面去寻找当今中国电影的想象力。本届电影论坛将首次邀请享有盛名的戏剧家、小说家等，与最成功的中国电影导演进行对话，并邀请国际上擅长跨文化合作的编剧及制片人一道，共同寻找感动全世界的中国故事。

■ 嘉宾简介

何平，导演

周黎明，影评人

冯小刚，导演

加里·库尔茨（Gary Kurtz），制片人

刘震云，作家，编剧

迈克·麦德沃（Mike Medavoy），制片人、凤凰影业公司总裁
尼古拉斯·梅耶（Nicholas Meyer），编剧、导演
任仲伦，上海电影集团董事长、总裁
威廉·莫纳汉（William Monahan），编剧

主持人：各位来宾大家早上好！从今天开始在为期八天的时间当中，上海国际电影节将围绕着电影市场、电影展映，还有电影论坛等等展开概200多场主题活动。今天是我们电影论坛的第一场，我们谈的是"向世界讲述中国故事"。"讲一个好故事"已经成为许多电影导演或者电影公司，甚至投资商一直挂在嘴边的一句话，即我们所讲的"内容为王"。一个好故事的能量可以让投资人掏钱，让电影公司运作，让观众能够买票进场。好的故事究竟在哪里，尤其是一个全世界的观众都能看得懂的故事究竟应该怎么样表现，我想今天论坛可以给大家一些启发。

这些问题不仅是电影人自己想回答的，我们还可以更广泛地探讨，可以从创作习惯、创作规律出发，寻找当今中国电影发展的想象力。非常高兴的是为大家请来了诸位重量级的演讲嘉宾，他们是著名导演冯小刚先生；著名制片人加里·库尔茨；著名作家刘震云先生；著名的制作人，也是昨天晚上获得了电影成就奖的迈克·麦德沃先生；知名编剧尼古拉斯·梅耶先生。我们感到非常有意思的是，今天邀请到的美国嘉宾都是有着中国情结的电影人。在今天这样的场合要特别感谢我的同事沈旸，大家都知道我们电影节运作团队人手非常有限，沈旸不是代表她个人，而是代表了电影节运作团队，充满对中国电影产业的思考，和对中国电影美好未来的憧憬以及真挚的祝福。

跟大家介绍一下今天的两位主持，第一部分的主持人是中国著名电影导演何平先生；第二部分的主持人将由著名的影评人周黎明担任。请何平上台主持。

何平：非常感谢上海国际电影节，我已经第四次主持上海国际电影节的论坛了，我觉得这么多年我们谈了很多的话题跟产业、投资等等都有很多的关系，但我们谈到内容创作的时候似乎比较少，上海国际电影节把"如何讲故事、如何关心创作"问题放在论坛的第一场，我觉得非常好。下面有请非常会讲故事的，尤其是非常会对中国人讲故事的导演冯小刚以及跟冯小刚导演有过很多合作的著名作家刘震云先生上台，今天主要是我们三个来给大家展开第一个话题。

我们说到电影的创作，实际上最重要的是我们发现一个什么样的故事值得去投资,或者说值得把这个故事讲给大家听。其中有很多的经验,比如说,好莱坞电影人会把他们身边的故事讲给全世界人听,有一些人认为很多中国的导演或编剧很多时候会把自己身边的故事讲给自己听,这可能就会使电影创作在市场方面或社会影响力方面发生了一些问题。所以,我们就跟大家分享一下冯小刚导演和刘震云老师的创作经验,看他们是如何选择故事的。小刚,你先讲,你拍了这么多观众非常喜欢的电影,最初的故事动意是怎么诞生的,你是以什么思路觉得这个故事我们可以把它拍给观众看?

冯小刚:这个是每个导演都会面临的非常头疼的问题——怎么能够想到一个好的故事。有一个渠道是从小说里面来,我跟刘震云合作了三个片子:《一地鸡毛》从小说里面来,《手机》是先拍的电影后写的小说。《手机》这个电影拿起来又放下,都成不了形,然后我再把刘震云叫到工作室聊,其实在论证另外一个故事,那个故事我印象中叫《老吴太太》,它是一篇散文,我看了之后觉得那个散文很动人,想把它变成电影。在想把它变成一个长剧本的时候,我发现它实际上只是一个情绪,它的内容都要陷入到情绪里去编。这个故事为什么成不了形?它写待在美国的东北老太太——是随着国民党转移去了台湾,然后又去美国。后来又一个留学生,是个从沈阳去的小伙子,两个人老在租录像带的商店见面,便有了这种老乡的情感交流,想把它变成电影的时候需要充实的东西特别多,因为没有那个生活所以我们充实不起来。在这种情况下,在工作室和老刘谈这个故事成立不成立的时候,大概有六七个人参加讨论,其间不断有人接手机,而每个接手机的人都要躲到角落里去鬼鬼祟祟地接电话。于是,突然间刘震云就说,不用再找别的故事,可以写手机。其实《手机》拍的也不是手机,《手机》写的是人心。但是你会发现这个东西里头有无数的细节,主要是你得设计一个人物关系,人物关系在当中不断地产生变化,张三和李四、李四和王五,这种关系的变化再加上"手机"。

这个故事当时为什么成立?当时跟王中军说,他都没有听就觉得这个故事是可以的。因为手机是一个时代的象征,中国进入到这么一个时代,每个人都在用手机,每个民工手里都有一个手机,我觉得中国是手机最多的一个国家。每个手机里面藏着每个人很多的秘密,这里头和谎言有关系。我们跟老刘想每个人一天要说多少句谎话,这个也非常有意思。然后觉得手机变得很不安全,因为它知

道了你太多的秘密,所以有时候它更像一个手雷,随时可以爆炸。就这样一个故事,无论它对观众还是对创作者,通常我认为他们写一个剧本之后很少会想把它做成小说,但是对刘震云来说,他觉得这个东西值得写成小说。这个故事就是这样形成的。

何平:《手机》我们还是很熟悉的。那时候做《大腕》的后期,小刚在拍一部戏的时候讨论,讨论的时候又有其他的事件发生,他很有发现的能力,他经常跟工作人员讨论的时候会有一些其他的设计和方案,他会把这些方案捕捉到。刘老师参加了很多的创作,《手机》刚开始是电影,我第一次听到《手机》的故事是我们讨论《大腕》修改的时候,他们俩在讨论另一部电影就是《手机》。作家的发现和导演的发现又是不同的,我们可能更多地从电影的形态上,对某一类题材有欲望,作家发现题材的角度跟电影导演不同,他们更多从人的角度上,从社会的角度上考虑怎么能够引起人们的关注,所以刘老师你来介绍一下经验。

刘震云:我看到背板上的题目,刚才跟小刚说"向世界讲述中国故事",这一定是一个弱小民族发出来的声音——要把我们的故事讲给我们之外的人听。

刚才何平导演说把美国人的故事讲给了全世界的人听，其实我想美国的作者还有导演首先想的是讲给美国人听，美国人之外其他民族的人是跟着听，这是民族电影之间的区别。还有，寻找一个好故事，这是一个特别让人焦虑的问题，不管是作者、导演，每天都在寻找这样一个适合他写作和适合他拍摄的故事。但是我想有比寻找故事更重要的东西，那就是见识。

一个作者、一个导演能否写出好的作品和拍出好的作品，首先是能否讲述一个好的故事，然后比这个更大的问题就是见识。一个人看事情看到十天、十年，和看一百年，他做事的出发点和达到的目的，包括他做事的方式肯定是非常不一样的。如果一个人有见识就一定能够寻找到一个适合他见识的故事。另外，寻找到这个故事之后，他的见识一定能够使这个故事往一定的方向发展，它的膨胀和饱满的程度，它的宽度和深度一定跟他的见识联系在一起。

我觉得比这个更重要的是，作为一个作者和一个导演，他是否寻找到一个好的故事。是否在电影当中有见识是第二位，第一位是他在生活中是否有见识。一个人对生活的态度、对朋友的态度、对生活中每一个细节的态度一定反映了他的胸怀和见识，他的胸怀和见识一定会被带到他的作品里。如果一个在生活中不懂得尊重朋友、尊重生活、尊重每一个细节，他就很难尊重他作品中的人物，我们看到好多作品，对于不管是小说还是电影来讲，对这个作品的人物都是一种利用，而不是像生活中的好朋友一样相处、对待他，跟他一起有那么多的悲欢离合。所以我觉得一个人在生活中的态度和见识是衡量他是不是一个好的作者、好的导演特别重要的标志，你跟这个人相处五分钟你就知道他是什么样的人。所以在生活中不用认识那么多人，认识十个有见识的人，你的生活就一定很愉快了。我们的论坛有多长时间，不会到下午吧？

何平：不会，大家都很爱听。

刘震云：我再讲两分钟。说到见识这个事，我常想，我生活的这个民族，我看到我们这个民族中焦虑的人特别多，有焦虑的作者、焦虑的导演，有焦虑的生意人，当然也有焦虑的政治家、大学教授。中国不缺人，它是世界上人口最多的民族，它也不缺钱，现在全世界所有的奢侈品店都靠中国人支撑，你到世界的每一个角落去，到一个奢侈品店，马上有一个中国的导购员出来迎接你，但它缺的是见识。我们修一条马路，第二年一定会像拉链一样拉开，可能前一年施工的时候有一些珠宝落在里面了。我们修一个桥，使用时间肯定不会超过20年。我前一阵看新闻，长江大坝里面不是钢筋，是柳条，我知道坝里面的下水道是19世纪修建的。

有时候我坐飞机，在别的国家像欧洲、北美，包括韩国和日本下降的时候发现他们的田园如锦绣一样，当坐飞机再回到北京的时候，发现北京好像建筑在沙漠上。谁的问题？我觉得是所有人的问题，虽然不是所有人的问题都反映在"见识"两个字上，但远见对我们这个民族，对我们民族每个人、各行各业都很重要。虽然生活在这么一个弱小的民族里，但我感到并不孤单，因为我的身边确实有几个有见识的朋友，比如说小刚和何平，他们就坐在我身边。别着急我还没说完，我说完了咱们就结束了。

比如说《1942》这部影片，小刚跟我打一个电话，说要利用上海电影节，在下午开一个新闻发布会。如果大家看过《1942》的话，可以在小说里面找故事，会发现《温故1942》里面是没有故事，在没有故事的小说里面找出一个电影，我敢说在中国很少有人这么做，我不敢说只有一个人，但起码不会超过三个人，在一个没有故事的地方寻找故事，这就叫见识。怎么寻找出故事，我觉得今天下午的新闻发布会，就是我跟冯导演要说的另外一个故事，谢谢。

何平：谢谢，震云非常幽默，讲的非常好。说到《1942》，有时候我们觉得很多导演、制片人，对于他们要拍的电影，故事在他的心里已经存放了很多很多年，像非常好的酒一样经过了常年的发酵和储藏。这个故事虽然它诞生得很早，但是它未必在今天没有意义。我最早听到小刚要拍《温故1942》的时候是很多年前了，我觉得确实像震云老师讲的，那真是一个你不知道怎么讲的故事。我觉得小刚要跟大家分享一下，十几年以后为何又要把这个故事，这个梦——你要讲《1942》的梦，把它变成银幕上的现实，这个跟大家交流一下，分享一下。

冯小刚：为什么要"贼心不死"拍《1942》，我觉得《1942》最有价值的是什么？——通过看这个电影，让我们知道我们是从哪来的。我父亲是湖南人，我母亲是石家庄人，我以为我是从湖南来的，其实看完那电影就会知道我们都是谁？我们都是灾民的后代。往回倒我们这个民族就是一个灾难深重的民族，我们知道了我们从哪来，我们才好知道接下去往哪走。我们其实非常缺乏对自己的认识，很多时候我们对自己没有足够的认识，也不愿意去认识自己，这个电影逼着大家认识自己，它在撕开历史给大家看的时候，仍然让你看到掉到深渊里面的人们，他们人性里的那种很温暖的东西。如果这里头没有希望这么黑暗的话，我们这个民族早就万劫不复了。

蒂姆·罗宾斯看完这个剧本说了一句话，我觉得特别好，他说："这是我看到人性最黑暗的剧本，也是我看到的在黑暗里看到最大希望的剧本。"所以他说，这么少的戏我也来演，拍这个电影就简单四个字"温故知新"。在拍这个戏之前我们找不到故事，有一天我们坐在办公室请来了很多导演，大家一起讨论，把小说给大家，导演们看完小说以后，觉得没有办法变成电影，它是调查体的小说，它罗列了很多数字。它写了几个部分：一个是灾民，一个是国民党政府对灾民的态度，一个是美国人对灾民的态度——《时代周刊》的记者白修德，一个在中国的西方传教士想利用这个灾难传教。它方方面面错综复杂，当然还有日本人，而且日本人是用灾民的心这种非常毒辣的方式去攻击，这么多人交织在一起，怎么把它变成电影的东西？这东西它就适合写小说，不适合拍电影。大家都得出这个结论后就走了，把我和震云剩在那儿，震云说你弄不弄？我说弄，怎么弄？老刘说了一句话非常好，他说剧本有两类：一类是一帮非常聪明的人坐在宾馆里面头脑风暴刮出来的，你一言我一语，想了很多招；还有一种剧本是在路上走出来的，是几个笨人想的事。他说，我和你是两个笨人，我们不可能蹲在办公室门口便能想出这个故事来，我们只能按照小说里涉及的所有省份、县市去走，于是我们组成了一个小组，带上摄像机、录音笔就上了路，大概去了河南全境，加上陕西、加上山西，然后去了重庆。

在路上这个故事在不断地生长，我们走到巩义的一个教堂，有一个90岁的老太太，叫刘和平。老太太说她经历过灾荒："我家里有一个亲戚饿死在路边，奄奄一息还没咽气，过来另外一个灾民在他屁股上割了一块肉。"老太太说自从那场灾荒以后她就进了教堂，老太太一直在哭，后来一个神父让她把手放在《圣经》上，"主，让我不要再泪流"。从那以后她再也没有流过泪，也没有再吃过肉。我说刘和平你信上帝，你说说天堂是什么样？她说天堂好，"玉石铺面黄金街、喝口凉水也不饿"，这是一个灾民对天堂的想象。为什么能想像出喝口凉水都不饿呢？人在没有粮食的情况下喝一口水就能不死。这些都不是我们坐在办公室、坐在宾馆里面几个聪明人能想出来的。

然后我们到了重庆看黄山官邸，就是蒋委员长住在重庆的一个别墅，大大出乎我和老刘的意料，它十分简陋，我都觉得它不能叫别墅，没有一个窗台，也没有一个窗套。你想想那时候的延安，再看1942年重庆，中国委员长住的官邸。我跟老刘说，我发现中国的革命和反革命住得都特别简陋，这也不是几个聪明人坐在宾馆里面想出来的。因为时间的关系我不能一一地说，在这个路上我就发现这个故事在不断地丰满，每个人物沿着自己的轨迹在生长，当一个人物写出来之后，你就发现他有自己的轨迹，然后他自己在生长，《1942》每个人物都是这样生长出来的。

这个剧本老刘写了七万多字，全部剪出来是四个半小时，最后我们会剪成2个小时20分钟，大家就说为什么当初写那么多。我同意震云的一句话，文学跟电影确实很不同，文学需要枝繁叶茂，一棵大树枝繁叶茂的同时必须要有枯枝败叶在里面，不都是干干净净的叶子、漂亮的枝蔓、干净的树干。我觉得一个导演和一个作家合作写剧本的时候，务必不要让作家制作这么一棵干干净净的树，你一定要让他给你种一棵枝繁叶茂，同时里面有枯枝败叶的树。震云有一个收获，小说需要枝繁叶茂，因为读者有从容的时间回过去看，放到这儿抽支烟、吃顿饭、接两个电话，然后又打开继续阅读，它有一个回味。电影不行，电影是大树上结的果实，所以它容不得里面的枯枝败叶，因此电影很难像小说那样有那么多的涵养，电影就要一个果实，每一场戏就是一个果实。

《1942》的小说怎么变成剧本？怎么能够在1942这个年份里寻找一个一个的果实？剪辑的时候姜文有一次看这个片子，他说剪辑是文言文，他说，我觉得要用文言文的方式去剪辑，就是能说一句话不说两句话。他说他在弄《让子弹飞》的时候，每天悬赏给工作人员两千块钱，只要谁能剪掉一分钟而且不丧失含量，后来谁给剪掉5秒钟就给他两千块钱，最后谁给剪掉一秒钟……后来我跟震云聊天，他说姜老师说得非常好，我们要按照唐诗的方式来剪。老刘说到见识，我就是认识何平、王朔几位长了很多见识，我觉得我们的导演应该和作家有紧密的合作，从他们身上长一些见识。

而且说到这个故事我特别同意老刘刚才说的，现在很强调我们要向世界怎么样，它延续了1942年蒋介石的想法。我们想找一个民国31年的总统文稿，找到了之后我们发现中国什么时候对日本宣战的，是在1941年。抗日战争打了很多年了，到1941年才正式向日本宣战。因为在1941年日本轰炸了珍珠港，美国12月7日向日本宣战了，中国是12月8日向日本宣战的，这是多么弱小的民族，我们总误会中华民族是一个大民族，其实它很弱小，为什么？在蒋总统的文稿里面反复强调过去是以我们一个民族对日本这个民族，现在不同了，今年（1941）是转折，日本招惹四个大哥了，它得罪了美国、它得罪了英国、它得罪了苏联，它也得罪了我们中国。现在是我们哥四个打它了，我们终于有希望了。蒋总统的文稿大概就是这么个意思，战争到了转折阶段，我们的民族存亡有了希望。这个希望寄托在谁身上？寄托在人家身上。

我觉得震云说得非常对，好莱坞讲故事的时候绝对没有考虑到一定要让你们中国人听得懂，我就是让美国人听得懂，听不懂是你的问题，不是我的问题。我们也想跟老外这么说。我们拍了一个故事，老外很多时候说看不懂，不是看不懂，是不愿意看懂。老刘我伤你的自尊心吗？因为你是一个弱小民族、是一个少数民族，你的语言、你的所有东西我不关心，或者说我关心猎奇的部分，我不关心你真正的生活。有人说冯小刚的电影在海外没有市场，请问哪个导演的作品在海外有市场？除了吴思远导演的动作片，这个不需要更多语言的门槛，除此之外我们中国谁在海外有市场？谁也没有市场，谁也别笑话谁，因为你是一个弱小民族。

我在去年上海电影节就说过，我们经常误认为我们自己很重要，但是你确实不重要。你是一个充满了造假的民族，假奶粉、假足球、假票房、偷票房、盗版。我印象很深，在首都体育馆有过一个反盗版大会，杨澜和张国立主持的。有一个环节我去上台，在一万八千人的体育馆里头，我上台之后，国立那天很激动，他突然间问观众："观众朋友我特别想听到你们的声音，盗版对我们有什么危害，你们看不看盗版？"国立特别高估了我们的民族，一万八千人发出了震耳欲聋的声音："看！"。同志们，反盗版大会……为什么不看？便宜！

所以，这样的一个民族，凭什么你的电影出去，你讲给人家听，人家就要听。跑了题了，主要是这个题目给弄的。所以不是我们能否讲懂一个故事给世界听，而是世界有没有兴趣听我们的故事，我觉得是这样。

何平：我往回拽一下，实际上我觉得听了二位的演讲，有几点是非常重要的：首先，什么是好的故事？怎样才能诞生出好的故事？是要在行走的过程中，不是酒店、宾馆，坐在家里的沙发上就一定能够想出好的故事。所以我们听到那些很生动的细节和段落会发现它有很深的生活现实的基础放在我们面前。其实在我们的整个观影经验中，我们发现真正能够打动自己的在现实中都有很深的基础。小刚讲得非常好，当一个人物的诞生很结实的时候，这个人物的命运你无法左右，它有自己的生命力，你想改变这个人的轨迹是不可能的。这样的故事才结实，才是好的故事，因为任何故事里面都会有很多人物来支撑这么一株枝繁叶茂的树。一定要到现实中、到历史中去找。

冯小刚：我补充一个，故事必须要酝酿，我和震云的几次合作，包括跟王朔的合作，其实想故事的时间很长。几年前反复提到，这个故事不断地在你心里生长，然后才开始动笔。现在可能很多编剧都是临时接了一件事，老板说给我写一个故事，把几个元素放一起，后来几个编剧回去写了，写出来的都是化学勾兑的，不是酿出来的。怎么讲故事很难说，但是绝对不可能随便写剧本，剧本不可能一下写好，它一定是长期积累酝酿出来的。何平你接着说。

何平：对，尤其是今年的前半年，可能很多关心电影、爱电影的人都知道，对美国的进口影片放松以后，中国受到的冲击非常厉害。如何让中国电影人和制片人把更好的故事讲给中国人听，其实是市场的需求，除了创作人自己的追求以外，更多是市场需要有讲更好故事的导演，能够把自己的作品奉献给观众。我觉得小刚还有震云老师讲我们要有见识，这个见识确实非常非常重要，它是一个生命力，如果一个故事很短不是好的故事，那就要发酵，要有一个好的成长过程。最后震云是不是再给我们讲讲你的经验。

刘震云：还有多长时间。

何平：给你 10 分钟。

刘震云：下一次办论坛最好别安排一个上午，最好安排一天。《1942》里面确实用了两个好莱坞的影帝，在山西我跟他们朝夕相处一段日子，我发现他们确实是世界上最好的演员之二，两个人。刚才听罗宾斯说的，这个电影是人性最黑暗的电影也是人性最光明的电影，他对整个电影的认识是非常深入和广阔的，包括布洛迪。我在山西跟小刚吃饭的时候就讨论，他们身上有两个特点非常值得我们中国演员学习：第一他们酒量很好；第二他们在饰演一个角色的时候，绝对不是只考虑自己角色的戏，更注重别的角色的戏，他们以一个人物考虑到与其他人物的关系。布洛迪跟我有一个特别好的习惯是相通的,他永远身上装着一个笔和小本,他思考的东西永远马上记下来。

刚才小刚导演说《1942》人物自己生长,作为创作者对于自己剧中人物要怀有尊重的态度,看了《1942》你们就会知道。比这个更重要的是态度,因为世界上的灾难片已经非常多了,但是不同的民族面对灾难的态度也是不同的,比如说第二次世界大战欧洲的民族,当他们临死的时候一定要知道谁让自己死的,有一种追问的态度。但是我们这个民族临死的时候给世界留下的是幽默,他们面对灾难是幽默的态度,比如说我要被饿死了,我饿死的时候我不想是谁把我饿死的,我想到的是小刚,因为小刚两天前已经饿死了,我比小刚多活两天,我值了。一个民族面对灾难太多的时候,如果它用严峻对待严峻,就像鸡蛋和铁一样。现在小刚导演已经剪出来一个两小时十五分钟的版本,我看了,首先是两个字:好看,把一个灾难片拍的那么饱含幽默,幽默里面饱含辛酸,还没有过。

我另外想说一个跑题的话,有一个人鬼鬼祟祟地问我,你是不是签到了华谊,我明确地说没有,我跟华谊谈过几次特别好的恋爱,但是没结婚,未婚待嫁,我希望有公司考虑这个,签我的公司一定是好的公司,对长远的发展一定有好处的,谢谢。

何平:非常感谢,我们今天谈了第一个论坛的前半部,非常有意思,我们再次感谢冯小刚导演和刘震云先生。大家不要散场,我们下面展开第二个单元的讨论,我们有请主持人周黎明教授。

周黎明:我们知道讲一个好故事是很不容易的,尤其是讲一个中国故事,我们现在更难得把中国故事讲给中国以外的观众听。今天几位嘉宾不光是好莱坞的制片人或编导,他们同时也参与了一些跨文化的项目,所谓跨文化,是说他们做的影片里面不光在讲美国故事,他们也参与了很多中国故事的项目。

首先我们请加里·库尔茨来回答,你一开始是做小成本电影的,在做小成本电影的时候,你觉得你的受众目标是谁?

加里·库尔茨:我的电影那时候大部分是实验电影,低成本的电影,可能在一周或者两周的时间内就拍完了。

周黎明:受众有没有什么特点?

加里·库尔茨：后来的电影有更多的动作、追车、打斗，这些东西会让高中生比较感兴趣。这些电影过去几年在中国还是非常受欢迎的，比如说《变形金刚》。

周黎明：《美国风情画》、《星球大战》等受众就非常广了，你是怎样转变的？

加里·库尔茨：不管你拍什么样的电影，首先你要让自己喜欢。因为我们在拍电影之前事实上不知道受众有多大，如果我本人喜欢的话可以从个人的视角出发。比如说《美国风情画》，编剧和我，我们在高中的时候都经历过这种事，然后我们把它整合在一起，就结合成了一个故事，展现在四个人物的身上，这个时候你和故事就有一种私人的关系。《星球大战》靠的也是其中的人物来推动这个故事，里面的故事情节不是那么多。

周黎明：和卢卡斯在一起做《星球大战》的时候，有没有想到会有科幻电影的影迷？

加里·库尔茨：那时候大家对这个不感兴趣，唯一被福克斯公司接受了，当时成本也不是很高。我们一开始是和环球影业做的《美国风情画》，我们没有标准的科幻迷，但是他们都来看了。

周黎明：问一下尼古拉斯·梅耶的意见。

尼古拉斯·梅耶：我同意加里·库尔茨的意见，在写故事的时候唯一想要满足的人是我自己，我从来不会讲一个我自己都觉得不好笑的故事——没准你会觉得好笑。而且我也没有办法猜其他人的想法。我们的故事在不断变化，观众也在不断变化，有几个原因：首先，当我们电影产业比较年轻的时候没多少竞争，当时9000万的美国观众都会去看电影，现在有了DVD，接下来又出了手机，然后有了短消息。我们大家集中注意力的时间越来越短，因为现在有越来越多的东西来分散我们的注意力，我们总是在手机上发短信，所以电影院特别要求大家把手机关上。我们大家都成为了多面手，受到了很大的侵蚀，这个时候我们的故事要发生转变才能够抢占人们的注意力，所以电影越来越大，越来越响，镜头越来越短，一个电影里面要讲很多的故事。也就是说我们不能花很多的时间去关注人，我们就开始做类型，还有其他的一些因素。比如说我们经济上比较困难，大家也不愿意看个人苦难的故事，我这里讲的是大众，大众想看的故事是能帮他们脱离现实的，比如说动画片，所以我们现在的故事五花八门，什么老人、小孩要一块去冒险，这必须是动画片大家才会去看。

好莱坞一度很擅长讲普通人的故事，但是现在我们不讲普通人的故事了。现在像做玩具一样，他们做故事也是给中国人消费、给全世界消费。像糖果一样，很多的动作大家都能看懂，现在是一个非常有挑战的时刻。基本上是一个男孩碰到女孩，然后陷入爱河，接着发生一些问题，最后是一个团圆的美满结局，结果人们就说这个罗密欧、朱丽叶不能老以圆满结局收场……因此我们在想怎么向世界讲中国故事，我们要理解现在的故事发生了变化，这确实是非常艰难的斗争，就像你要顶风逆行。刚才也提到了从小说当中借鉴故事，从一些思路当中发展故事，可是我们如果把好莱坞作为范本的话，这种范本已经发生很大的变化。

中国电影在美国碰到的可能是字幕或者是配音的问题，它们都会影响到演员的表演。所以说动作就变得很重要，这个时候你要想你是给谁做电影，你的目的是什么？如果你的目的是要赚钱的话，你也不需要什么特别的故事，做一个饱眼福的东西就可以了。如果要超越赚钱这一目的的话，那你必须要抗争了。

周黎明：你好像对大片评价不高，你觉得《变形金刚》这个故事好吗？我觉得它没有故事。你们两位都谈到一个电影首先要让自己感动。

尼古拉斯·梅耶：无论差故事还是好故事都一样，一个好的中国故事在美国应该也很容易被人理解和欣赏，当然不一定这个受众很广。而且好的故事是全球的，好的故事是大家都看得懂的。

周黎明：我知道你在上海出生的，你也出品了《谍海风云》，想再拍一部中国电影。我想问一下迈克·麦德沃先生，拍上海的电影会不会打动中国以外的观众呢？

迈克·麦德沃：首先我想说电影是一个国际语言，是一个全球通用的语言，在电影当中看到的是同样的东西，人都是充满喜剧化，所谓的喜剧化可能是幽默的，这是人们每天都会碰到的问题。美国和英国人讲同一种语言，但是却分割两地，我觉得所有人都有这个情况。总生活在过去是困难的，我们要吸取过去的经验教训，但是我们要活在当下，我们这个世界在过去20年当中发生了天翻地覆的变化，互联网技术让现在的人们可以有各种各样的娱乐方式，所有的一切都发生了改变。对我而言，这种革命相当于广岛的核弹，我觉得我们现在经历的变化像这些变化的意义一样重大，恐怕这种变化还会继续。

美国的产业有一个传统，已经维系了75到100年，这种传统也发生了变化。其中的经济因素现在正处于一个十字路口，一个重要的关口，它在想电影接下来往何处走？是有这个趋势：为了赚钱才拍电影，其他的都不重要了。电影也是一种艺术形式，那么这种艺术形式在发生什么变化？现在往最低的标准里靠近了，人们去电影院就是为了能够很快地解决问题，而且现在观众也分化得很厉害，以前美国主要有三大电视网，现在有海量的频道，观众也分成了越来越小的不同群体。我觉得我们这个世界也正因此变得更加有意思。我在美国告诉很多人这样一个故事：我记得《黑天鹅》在中国首映的时候，我看到有1300人，票价大概是10到15美元，我觉得真够贵的，我问看电影的人多吗？他们说不太多。对我们来说够多了，中国的票房非常厉害，中国现在是大家比较重视的力量。

现在有越来越多的钱流到中国，好莱坞总是在寻求合作伙伴，我在这里讲的这个伙伴是什么样的关系，我不想预先设定。大制作的频率也比以前高得多，以前大概夏天一部大片，圣诞节一部大片，现在每年一个电影制片厂可以出6到7部大片。这些集团成为了大的财团，而不是只做发行，他们的业务非常广泛，成了大家集团，包括不同的娱乐行业，甚至非娱乐的行业也有所涉及，我觉得正是这种产业结构使我们看到数字上升，我们也看到有一些大的集团有剧院。我记得没错的话，我们一开始放《星球大战》的时候，大概在35个影院里放映，现在我们在4到5个星期的一个非常短的放映期内，就可能在四五千个影院上映，来决定这部电影的命运。一个电影要进入院线需要6500万美元，这个时候这些大的制片厂就要追逐电影的票房了。

为什么中国电影好像不能和其他电影一样在全球受到欢迎，首先是有文化上的差异。比如说我们美国电影在英国卖得就不如在美国好，英国电影在美国或者其他地方也不一定有在英国或者澳大利亚卖得好，但是好电影就是好电影，要说是好电影首先你要看它有什么重要的特征。我拍电影的时候是20世纪60年代，好莱坞也在经历着另外一场革命，这个革命是要找到新的先锋，我当时并不是在最受关注的那一组人当中，当时最关注的那些人比较重现三四十年代的经典影片。但是他们要融入一些新的因素，因为我们知道60年代有越战，华盛顿也在经历着很多的变化。当时的美国人也在寻求灵感，他们要从他们懂的故事当中获取灵感，是个人的故事或者是他们独到的东西。他们当时对世界其他范围知之甚少，根本就不知道中国，我跟他们说我在上海出生，但他们对上海不了解，甚至不愿意了解上海这个地方，上海是一个大都市，是一个世界级的城市，和其他的一些世界城市一样的好，这里的观众也非常关注娱乐，但是还是有很大的区别，特别是在文化的方面。不要再去考虑政治上的问题，即便是不考虑政治差异，文化差异也已经早就存在了。

作为一个中国的制片人或者说电影人并不是什么弱点，而是一个优势，这个是跟我对天才的定义相关的，天才是会用不同的方式讲述故事的，真正要做的时候你会发现真的就应该是这样，这个就是我们要找的东西。这说明了为什么我们之间有区别，但是区别并不是那么大，因为我们都是人，都要吃、喝、睡觉，但是有时候方式不一样，我觉得差异并不是很大。

再说到上海的问题。不论算不算有幸，我把《谍海风云》的版权卖掉了，他们一直喜欢这个剧本，也给我付了很多的钱。然后当他们决定要拍这个电影的时候，我主要作为顾问，在我做咨询服务之前到电影拍完的这段过程当中，我没有做出任何的决策。如果让我做决策的话，可能会不一样，但是他们遇到了政治上的问题。

再谈谈我接下来要做的这个电影，也是以上海为主题的。我是一直想回来做一个电影，主要把上海作为背景，这个是我的灵感来源。我对于这本书做了很多的改变，我认为这本书本身不能适应全球观众的口味，它讲的是非常甜美又非常痛苦的爱情故事，时间跨度从1941年到从1980年，所以大家知道这段故事会非常长。它是一段爱情悲剧，跟《泰坦尼克号》的故事差不多，是一个波兰的俄罗斯人与中国女孩之间的爱情故事。他们俩人陷入了爱河，那个时候德国人决定要轰炸列宁格勒，当时他们就逃到了上海，作为一个安全港来避难。大家知道我父亲也是从俄罗斯逃到上海的，那是1943年的事情了。我希望全球的观众都能看到这部电影，我希望能给大家带来一些启示，更重要的是这是一个爱情故事——是四段爱情故事，这四个人都相爱，其中有两个人是真正相爱。

周黎明：我们这个论坛还有一个嘉宾，是上影集团的任仲伦先生，欢迎。任总非常忙，我知道任总在筹备很多合拍的项目，您觉得在这些电影里面是需要强化中国元素还是弱化中国元素，才能够让国外的观众更容易看懂我们的故事？我们现在先不说他们愿不愿意看懂。

任仲伦：一部影片应该中国元素多一点还是世界元素多一点？我觉得每部影片都不一样，我们现在跟迈克·麦德沃合作的《魔咒钢琴》，毫无疑问充满了中国的元素。这个小说是上海作家创作的，故事主要的场景在上海，二战期间有犹太难民逃到上海跟上海人生活在一起，它骨子里面肯定是一部中国电影。

为什么我和麦德沃先生合作？我特别看中他的经验，以及对国际市场的理解，特别是他下面有一批比较精干的制作团队，跟我们上影集团的团队结合起来，让大家能够理解这个故事。从这个话题出发，我很难讲要弱化什么、强化什么，而是它本身具有什么，我们希望现有的因素能让观众理解。

周黎明：主要的话题是爱情，四个人之间的情感，我们知道情感是最能够跨越文化差异的部分。在处理这个题材的时候，你们希望做的更像爱情片还是更像历史片？

任仲伦：我跟麦德沃这几年一直在探讨和商量，我们的定位比较一致：在历史大背景下的爱情故事。它脱离不了这个背景，没有这样一个大的背景——二战期间德国法西斯的行为，就没有这批难民流离失所，然后开始流亡到上海，同时上海又在日本人侵占期间，这个背景也少不了。在这个背景之下我们比较注重的是写一个爱情故事。我记得麦德沃两次送书给我，有一次送的是关于《乱世佳人》那部电影整个策划、创作完成的过程，那本书是给我印象最深刻的话是"战争背景下的爱情故事"。

上个月我去他家里，跟他交换意见，我们还是坚持这一条。当然怎么样在大的历史背景下关注一个爱情故事，同时又是两个相当鲜明的爱情故事。比如说犹太文化和中华文化，比如说犹太音乐家和上海女孩。我们聚焦在人物身上，让这两个人物有独特的个性，再寻找这部电影的独特个性。

周黎明：即便像爱情这种很有世界性的话题，在表达方面每个民族还是不太一样的，以前的中国很少有人在公众场合接吻，是因为我们中国传统习俗跟西方不太一样。在讲中国故事的时候肯定是有很多很多方面是中国特有的东西，这些东西带得过多的话，很显然会影响到不懂中国历史的观众的理解。

我接下来想问一下《赤壁》的问题，我知道您已经看过这个电影，我知道美国观众并不是很喜欢这部电影，因为有太多中国独特的元素了，您怎么看这个问题？

加里·库尔茨：如果核心的故事足够全面的话，其实这个背景是没有什么关系的。刚刚迈克说了，人物特点是非常重要的，而背景、色彩等当然也会有一些受历史环境影响的因素，但是对于现在的观众来说，他们已经不记得二战了，特别是年轻人。所以说他们必须要去了解那一段时间的背景，与此同时人物的刻画要非常得鲜明，我们看到的是中国500年的历史，西方人对中国历史并不了解，对他们来说《赤壁》就是一部奇幻电影，在一个非常异域的环境之下。如果人物刻画很鲜明，那么背景就不是那么重要了，对于历史不了解的人也可以去看。

比如说《色·戒》、《花样年华》这些电影都是非常当代的，但是它们的人物个性刻画的非常好，非常到位，其实你不太需要了解这个历史环境，我觉得这一点非常重要。如果人物性格鲜明，而且人物之间的关系说得非常清楚的话也没什么问题，法国人、澳洲人都非常擅长刻画人物。

周黎明：但是在《赤壁》当中很多人物都是历史人物，很多中国人很了解，西方人不了解，这个需要平衡了。

加里·库尔茨：只有对这个历史了解的人才会真正去了解和欣赏，很难去进行一个定量的确定，要确保主要的人物不能够太过于历史化。

周黎明：我再来问问尼古拉斯·梅耶。

尼古拉斯·梅耶：其实所有的戏剧都有一个范式，你一开始就问一个问题，然后观众继续看，希望找到答案，罗密欧是不是最终可以得到朱丽叶？所以你需要的不论是历史背景还是当代的背景，要在一开始给他们足够的信息，让他们了解内容是什么。我们发现哈姆雷特的父亲变成了幽灵，跟他说你必须要杀掉我的兄弟，因为他谋杀了我，然后我们就会想哈姆雷特会不会杀他？所以这个是观众想知道的。刚刚像迈克所说的，故事讲的是波兰的俄罗斯人和上海女孩子，他们最终是不是可以走到一起，他们是不是可以得到永恒，这些历史的信息也是需要的，可能就是历史事件使他们分离的。但是这些信息都是帮助观众去理解的，不管怎么样，这个人物是和历史不可分的。作为一个观众，他想了解这个电影的话，至少要了解这是什么样的历史背景，要知道这个人是坏人还是好人。这就是一种展示，一种信息的铺垫。

加里·库尔茨：您刚刚谈到冲突，大家看电影的时候知道冲突是什么吗？我相信你们不想让大家觉得很无聊，我觉得现在讲40年代的故事可能更难。所以说你要讲这个故事，但是不能够过多依赖于历史的背景，你不能够说谎，你一说谎大家都知道，所以你要告诉他们真实的故事，你一说大家就都知道了。但是你还是要引起大家的注意，最大的问题就是你如何让大家进电影院看电影，这是全球性的问题，因为你每天和其他东西进行竞争，比如说欧洲杯、迪斯尼动画，现在美国的孩子们到周末的时候至少每天会花7个小时的时间来打电子游戏，或者去听MP3，电脑占据了他们大部分的时间。我的小孩只有14岁，他能帮我解决所有技术问题，我任何时候有技术问题，我的电脑或者IPAD搞不定的时候，我会问我的儿子，他帮我做新系统。我成长的时候跟他不一样，他是一个技术的"本国人"，而我是一个技术的"移民"，但是我却有一些他们没有的东西，那就是历史的智慧，我是因为年纪大而少许有一些智慧。

每个人都会犯错，问题是我们在错误当中学到什么，我大部分的时间在学习，在回顾过去的时候，我的妈妈跟我讲过这么一个故事，我现在想要跟大家分享：我的外公住在马里兰州，他住院了大概三个礼拜，就打电话让我妈妈把他接回家。然后我外公回家了，两个女儿给他梳头，外公就说了，我一辈子都在学习，我觉得生活就是一个学习的过程。他说，你明天再过来把我叫起来，我们来谈谈生活的其他部分，后来他再也没有醒来，这个就是他的遗言。生活是什么？生活之所以有意思就是不断去学习，电影也是这样，我在很多电影公司工作过，很多电影公司老板问我为什么你不拍大片，答案是我不能，如果你想找拍大片的人就别找我了。

周黎明：你拍了很多大片，不要谦虚。你讲在美国看电影的人，可能对20世纪40年代的故事不太感兴趣。事实上我做过一些市场调研，我问过很多美国人，我跟他们说，我跟你们讲一个故事吧，同一个故事，这个故事的背景在中国现代城市当中或者在古代中国，你会喜欢哪个？大部分美国人说喜欢古代发生的中国故事。为什么这样？

尼古拉斯·梅耶：讲以前发生的事情，你可以天马行空，在历史的背景下让你的观众充分发挥想象力，想怎么想象就怎么想象。如果故事编得够好，会让人沉浸到故事当中，这样就是一个好电影了，你可以在里面学到东西，人不可能去世界的各个地方，经历各个国家的情况，如果可以从电影当中学习，肯定是很好的。

加里·库尔茨：我觉得最成功的中国电影是奇幻电影，但是我觉得如果你不断强调奇幻的话，人们会觉得厌倦。那些电影之所以吃香，是因为让人们感觉吃惊，人们没有见过这些东西。这些电影在非常小众的观众当中比较受欢迎。之前没有人预计到，事实上大部分电影确实都是这样的，在我所了解的电影世界当中，我觉得在70年代的背景下，电影制作的方法或程序和现在完全不一样，但是到80年代，电视就大爆炸了。到80年代末之后我们就看到录像带、DVD这些东西了。如果光从经济角度看的话，之所以现在还拍电影，是大家觉得还能赚钱。但是因为现在的电影成本激增，如果你今天在拍电影的时候犯了一个错误的话，可能一个公司会损失2亿美元或者更多的钱，在这样一个背景下，如果你亏了2亿，还要付其他的演员费，那就比较困难了，资金就非常紧缺了。

刚才你说你做过一个调研，问过美国人要看古代中国还是现代中国发生的故事，你说他们更喜欢看古代中国。这样的态度还是要看电影本身的，如果你做《卧虎藏龙》当然放在中国古代了，如果你拍其他类型的电影，如果还放在古代中国背景下肯定不会有很多人看的。如果过度地借助历史背景，我比较担心在美国这样一种教育的体制下确实是不太好的。美国年轻人没有受过足够的历史教育，这对他们来说是蛮困难的，他们基本上什么都不懂，对于历史一知半解。

尼古拉斯·梅耶：事实上美国的教育体系在崩盘，一个非常好的影评人曾经讲过，如果一个人无知的话，你教他什么都教不进去的，所以对大部分人来讲，美国小孩在成长的过程当中对过去是没有了解的。有人讲过不知历史教训的人，肯定会重犯历史错误。所以，我觉得在这样一种教育背景下，电影会变成非常类型化。

加里·库尔茨：从我们角度来讲，魔鬼、坏人、好人是非常类型化的角色。大家知道拍电影比较方便的方法是好人、坏人分明，因为戏剧化会非常强，很显然坏人要下地狱的，要死、要失败的。在中国文化当中非常讲究的一点是要讲面子，但我不是说讲面子有什么问题，我觉得讲不讲面子在中国文化当中非常关键，所谓善有善报、恶有恶报，这个本身没有问题，但是我们不能这样过度类型化。我们说到美国人的时候也是这样，它就是一个移民国家，我本人就是一个很典型的移民。

周黎明：美国的教育制度对好莱坞本身不是特别乐观，对我们来讲，好莱坞很多管理方式值得我们学习。我请教任总，在考虑这个事情的时候，您觉得我们中国的市场必须要走出去吗？还是说先立足自己的市场就可以了，等将来5年、10年、20年以后再把自己的电影拿到国外？或者说你觉得现在就要走出去。我刚刚请教三位，为什么他们不是很看好现代中国的故事，而看好古代？古代是一个相对概念，60年代、80年代跟现在距离也算比较大了。像《卧虎藏龙》这样魔幻点的故事他们好像比较好接受。

任仲伦：我一直觉得理解电影主要不是理解它的历史背景，它的一些风俗习惯。因为我们在那么长的电影创作史上，无论写古代的、写今天的都有成功之作，我觉得一部好电影最根本的问题主要还是在人物和人物命运上，如果是一个好的人物和其命运故事，你写古代也可以，你写今天也可以，你写美国也可以，写中国也可以，这个是最最关键的问题。对所有观众来讲，看的电影中90%以上的生活是不熟悉的。艺术有一种功能就是延伸自己的认知功能，为什么提出一个问题，放在古代还是放在现代？主要还是从市场接受来讲，你投入一部影片的时候怎样让当下观众得到更多的认可，我们从这个角度看一部影片背景的选择，以及不同的文化环境的处理。

您刚刚问的问题，中国电影到了今天需不需要走向世界？我想这是肯定的，因为中国社会的发展实际上跟封闭30年的时代已经告别了，中国必然要让世界认识我们，我们也必然要认识世界，这是一个大的历史背景。在这个过程当中我觉得电影相对来讲比较容易让大家相互交流、相互沟通，因为它更多地依靠影像和人物故事来进行表达。所以今天我们不做这个事情，三五年以后也必须要做，今天我们认识到一点，有一家或者几家公司，有一个或者几个电影人是做这些事情的。

我们把对外合作，把给世界讲中国故事，作为我们制片的战略，20年前，电影的主要交流是协拍，10年前我们开始了合拍，这个合拍本质上也是协拍，也是国外剧组的资金，让他们主导，我们投点资，用最安全的方式，带着救生圈下海。我们对国际市场不了解，经常进行合拍，其实本质上还是协拍。到了今天，上影推出了好几部影片，我们想真正合拍，我们用世界的故事慢慢探索，这个探索有可能成功，也可能失败，但它是必需的。到若干年以后，我期待中国电影和世界电影融合在一起。那么多年来几乎每年到好莱坞都会碰到一些制片公司进行交流，美国人有一句话："任何国家只要把国门打开，美国电影就能长驱直入。"我不知道他们直入的秘诀在哪里？很多人有不同的回答，印象比较深的是他们说，你们经常为某一个民族拍电影，印度人说为印度人拍电影，中国人说为中国人拍电影，我们美国人也是为美国人拍电影，所以他们更关心小镇上不同民族组成的居民，他们的共同需求是什么。我觉得这一条对我们很有启发，我们为中国人拍电影，但是我们也可以尝试为更多民族拍电影，满足人类共同的需求，比方说娱乐需求、审美需求，提供一些这样的作品。可能中国电影处在一个开放的初期，但是中国电影必将通过开放在国际上走向成熟，这是我们中国电影的梦想。我希望我们共同来实现这样的梦想。

周黎明：为人类共同的需求，包括娱乐需求拍电影。下面我们就可以来听观众提问了。

现场对话

提问：早上好，我来自中国广播电台的，刚才您讲美国的电影在说故事的时候，往往有一个英雄，有一个坏人，但是并不一定一开始就说明他们谁是好人、谁是坏人。根据最近的市场调研，中国电影在海外市场并不是那么受欢迎，一个原因是说故事的方法不一样，并没有被全球的观众所接受，你觉得如何来解决这个问题？如何来实现一个平衡，一方面保证中国的元素，另一方面保证有一个好故事。

加里·库尔茨：好像对于某一些电影，它的某一些文化背景更容易突破国际市场，这个理由有时候很难理解，刚才讲的《卧虎藏龙》，它也是小的电影制片厂制作的，在美国非常受欢迎，事先大家都没有预料到。比如说伊朗电影，他们的人物在世界范围内引起很多关注，这是你们想不到的，不可能你开始做电影的时候就在想我们要改变电影的讲述方式,来打动全球观众。有一些在模仿好莱坞冒险模式的大片,还有一些小制作讲温情的家庭故事,不管是法国的、中国的、日本的或者说冰岛的,反而在全球造成了影响。但是这些你事先是不知道的。

有时候要把书抛到一边,不是说这个可以,这个不可以。我所参与的每一部电影,包括奥斯卡获奖影片,之前都是被很多电影制片厂摔出门外,觉得不好卖的,有时候是一种直觉。我觉得有一点是很清楚的,我们一定要注意,电影是一种协作式的媒介,什么意思?也就是说这种媒介是很多人可以参与其中。我赢了很多的奖,职业生涯当中那么多想法,是我自己独自决策的。有的时候你可以讲电影的风格,比如说上一节两位演讲嘉宾,他们讨论的方式就有点像法国人讲艺术,事实上电影是艺术和商业的结合。因为拍电影是要钱的,有人投资是要收到回报,至少要收回成本的,美国电影产业的内在因素也是这个,你不知道恐怕很难。我也知道有人在这儿是搞调查的,有时候这个调查结果不能反映一切,因为这个也和你问的问题有关。

我这一辈子靠我对人的直觉、发现真理的直觉让人们真正为他做的这个事觉得兴奋。如果谁找到我说,我对这个充满激情,我正好和他路径一致,比如说这个东西确实符合那些投资者所看中的东西,这个时候就需要一个重要的考量。大概很多年前我做了一件让我后悔的事情,有一个人找我说要做一个电影。我觉得这个决定不够好,我就吓了吓他,我跟他说,你花30秒钟让我觉得感兴趣。很多年之后这个人跟我讲了,这是他这一辈子最害怕的时刻。我想说的是:观众坐两个钟头,愿不愿意被娱乐?可以说对于好莱坞,娱乐非常重要,不仅仅是赚钱的问题。曾经有人问我是不是有很多演员朋友,我说很难和演员做朋友,因为演员好像总是比较多地考虑到自己,但是实际上我再想一想,我是有很多演员朋友的,甚至有一些演员是我多年的朋友。其实演员只是电影的一部分,而且必须是角色适合的才可以,否则就没有意义。

尼古拉斯·梅耶:我有一个想法一直想说,我们刚才就已经提到,不要总是去想:其他人会不会喜欢?调查告诉我们什么?这其实不光是文化的问题,也是个人的问题。我们最近也提到,要做你想要做的电影,艺术家展现的就是自己——我认为什么是好,什么能够让我感兴趣。电影有巨大的能量。比如说:有人从来没有去过得克萨斯州,他可能在两个小时的电影里被得克萨斯州所吸引;

有人不喜欢体育，但一个女子在一个二战的故事中打垒球和棒球，他就可能会感兴趣。观众不知道会对什么感兴趣，而你的电影很可能会让他觉得有意思。我同意迈克的话，这需要热情。

任仲伦：我看过有这样一种说法，当时我不太理解，几年以后我理解了：电影是一个模糊不清的行业，对于外行来说如此，其实对内行人来说也是如此。我觉得在电影制片过程当中，很多数据判断不了你当下每一个影片的决策，它只能给一个大概的方向，大概的参考。如果我们都可以通过一些已经得出的结论去拍片的话，我相信每一部影片都会成功。现在问题是大多数的影片是不成功的，少数的影片是成功的，所以这个行业有它的独特之处。对我们这些人来讲，最大的乐趣是拼命地寻找，然后做出正确决定。

加里·库尔茨：曾经好莱坞的电影制片厂都属于强人的时代，也就是说一个强人说我太讨厌这个东西了，然后这事就拍板了。现在制片厂变成一个大集团了，这时候不用直觉了，他们就使用市场手段。有几个电影集团会做市场调查，我觉得这个显得太糟糕了。

迈克·麦德沃：如果有人到我办公室说，我这有一个机器能够告诉你剧本能不能成功，其实几年前就有人拿过这么一个机器，过来说把剧本放过去，然后告诉你剧本成不成功，我没有把这个人扔出去，但是我非常想把他赶出去。

周黎明：拍电影很多时候靠的是本能，有些人本能可能准一些，但是世界上没有哪个人敢说，我看中的项目绝对赚钱，如果有人这么说，肯定是在吹牛。谢谢四位嘉宾精彩的演讲，谢谢大家的参与。

远东电影"梦基地"：
中国电影产业升级未来方向

2011年中国的投资环境与结构发生了很大变化，资本对文化的关注进一步升温。但是中国影视行业对整个国民经济的助推作用还很微弱，尤其相较于国际发达国家甚至亚洲周边地区。要完成一个影视大国的梦想首先有赖于产业的全面升级，这意味着目前影视作品单一的票房盈利模式，不仅对投资人来说风险巨大，对产业本身也只是一个初级阶段。唯有开发、打通全产业链，才能使影视产业的价值爆发式增长。这一梦想的核心在于对创意的版权保护，进而最大限度地开发创意产品，衍生、拓展产业链，最大程度地创造附加值，从而完成产业升级。

如果说，美国人在纽约融资去洛杉矶拍摄的模式已经推行了几十年，并依靠这一模式让美国电影席卷全球。那么谁将成为下一个中国电影的纽约？如果说北京是制作中心，那么上海以及初具规模的长江三角地区是否也在见证并亲历着中国电影的产业升级？这其中包括剧本创意及版权开发、利用创意开发的园区及主题公园、后期制作基地等系列产业及产值拓展，并配套系列安全标准的融资、版权保障，配套系列孵化机制。

中国电影产业升级是否已经做好了准备？本场论坛将邀请金融、投资、跨国合作、拍摄基地等方面的专家，共同论证并呈现一个更具理性与前瞻的孵化梦想与平台。

■ 嘉宾简介

宗明，上海市委宣传部副部长

艾里善（Mike Ellis），美国电影协会亚太区总裁

唐季礼，导演、制片人

张天，上海文化产权交易所总经理

安德鲁·摩根（Andre Morgan），制片人
马科·奥德斯凯（Mark Ordesky），制片人
李耀汉，万达集团副总裁
任仲伦，上海电影集团董事长
冯伟，美国电影协会中国区首席代表
克罗德·加侬（Claude Gagnon），特艺娱乐创意服务总裁
黄荣楠，君合律师事务所律师
彼得·维斯特贝卡（Peter Vesterbacka），路威娱乐有限公司首席营销官
丹妮尔·达迦尼（Daniel Dajani），雷励娱乐集团制作运营高级副总裁

唐丽君：各位来宾大家下午好！今天下午我们将开始上海国际电影节产业论坛的第二场——远东电影"梦基地"：中国电影产业升级未来方向。今天上午的论坛十分火爆，我现在看到在网络上媒体都在热议今天上午的话题。大家知道近几年来，尤其是2011年，中国影视产业的投资结构和规模发生了很大的变化，各类资本对文化产业投入持续升温。跟西方发达国家相比，包括跟亚洲其他国家相比，中国的影视产业在整个国民经济当中占的比重还不是那么的强大。中国要实现从影视大国到影视强国的转变，我们还有相当长的路要走，从综合业界讲，大家认为中国电影需要创意的保护，需要创意产品的开发，需要拓展产业链，需要增加文化的附加值。总得来说，需要产业的升级。

今天我们邀请到的嘉宾就是来自于我们电影业界、金融界、投资界的专家，他们从自己专业的角度，向大家阐述对产业升级方向的认识，这也将会为我们呈现产业升级的梦想与思想的平台。我们非常荣幸地邀请到了上海市委宣传部副部长宗明女士，来为我们这次论坛致辞，我们掌声有请宗明女士。

宗明：尊敬的各位来宾、朋友们，大家下午好！昨晚举世瞩目的第十五届上海国际电影节隆重开幕，重点活动之一的电影产业论坛今天又如期举行，在这里我代表中共上海市委宣传部对我们今天产业论坛的圆满举行表示祝贺，对光临论坛的各位嘉宾表示热烈欢迎。

近年来随着电影产业不断推进，我们国家推进了一系列促进电影产品发展政策措施，解放电影生产力取得了前所未有的进步。中国电影产业无论从电影的产量、票房收益、生产主体、投资结构、电影市场、院线建设，还是电影综合效益等各方面都取得了积极的进展。特别是随着中国30年改革开放的进程，中外电影的合作得到了巨大的发展，这也充分证明了吸引资本、打通产业链是中国电影发展的有效途径，扩大了电影产业链的交流，聚集了多样文化和多样资源，这也证明了我们上海国际电影节坚持举办电影产业论坛的重要性和必要性。

实现中国电影产业链的可持续发展是提升中国电影产业实力，推广中华文化的重要举措，在我国整个文化竞争力越来越被各个国家所认同的今天，文化创意产业作为国民经济自主产业的地位也越来越明显。电影作为具有传承能力的文化产品，已经成为每个国家在提升文化软实力当中非常重要的载体，也成为了文化创意产业繁荣发展的重要支柱。从我们中国来讲，文化体制改革的不断深入，进一步促进电影产业和电影市场的繁荣和发展，无论是在技术、人才、资金等各方面，在进一步推动中国原创电影的基础上，不断拓展与中外电影产业各个渠道的合作，营造良好环境，是我们各级政府要积极努力的方向。

上海作为电影的摇篮，在很长一段时间内，是中国电影的代名词。上海正努力打造和建设符合当代世界文化创意产业潮流的新型电影业态，打造具有国际效应的中国电影品牌，扩大中华文化对外输出和海外推广。从上海来讲，目前从事电影制片的企业已经超过80家，上海影院的座位数已经突破12万。2011年上海电影票房收入占全国市场份额将近10%，特别是今年1到5月份，上海电影票房增长非常快，跟去年同期相比增长了44%。经过国际市场的锤炼考验和国内文化体制改革的洗礼，上海电影产业已经迈上了新的台阶，为中国的电影大发展和大繁荣做出了积极的贡献。

"十二五"期间上海围绕创新驱动、转型发展的总体要求，将大力推动成为国际文化大都市这一目标的实现，特别是进一步推进文化产业的发展。到去年年底上海文化创意产业的增加值占全市GDP的比重已经达到了10%。"十二五"目标的是，我们希望到2015年上海文化创意产业的增长值占GDP比重12%左右。电影产业作为上海文化创意产业重要的领域，我们将继续加强优秀电影的原创生产和品牌培育，加快电影投融资、版权、交易等要素市场的建设。创新电影投融资的机制，加强电影人才的培养，也包括要建设一批重要的电影产业的集聚区。

上海国际电影节作为中外电影文化交流合作的优质平台，它必将会成为上海产业发展重要的舞台，也是一个重要的标志。上海国际电影节的各项活动，特别是电影产业论坛，始终发挥着文化推广的作用，成为电影节的重点、亮点，为国内外的电影产业共同发展提供重要的渠道。我们也将一如既往地支持上海国际电影节，努力把电影节打造成为亚洲乃至全球著名的文化产业，为推动上海电影产业更大的发展，为促进中国电影产业的繁荣做出贡献。最后，衷心祝贺本届电影产业论坛取得圆满成功，谢谢大家！

唐丽君：谢谢宗部长为我们描述中国电影产业美好的前景。下面有请美国电影协会亚太区总裁艾里善先生。

艾里善：我准备了PPT，我首先想说美国电影协会已经有很长的历史，我们在1922年成立，在1945年成为一个国际化的机构。我们最初是由好莱坞的电影制片厂设立的，一开始所关注就是电影院和戏院，这些是我们所关注的媒介形式。我们作为一个全球产业包括了各个方面，深入到人们的家庭，在今天也包括电脑这样一种新型的媒介，它也成为我们关注的一方面。

产业链是一个非常有意思的话题，我们现在有6家最重要的好莱坞电影制片厂，他们很多一开始是做电影的，现在又涉及了不同媒介的形态和领域。在电影这个领域，从其生产制作来说人们会关注价值来自什么地方，不仅仅是投资，人们希望可以从中盈利。在家庭娱乐方面，这个领域成为重要的环节。我们来看下一张幻灯片：收入是来自哪个领域？人们都认为电影仅仅是一个产业链的开始，只有大约25%的收入是来自剧院，但是报纸的头版头条常常都会关注这些大片或者非常知名的明星等等，其实它仅仅是产业链的一部分，是一个起点。没有整个的产业链，整个产业就没有办法从电影这一块获得很好的利润。所以在好莱坞的体系当中，对那些大的制片厂来说，电影本身仅仅是一个开始，一个起点。

在经历了整个产业链之后，40%的电影最终有一个收益，这个并不容易。如果电影本身没有取得很大的成功，电影导演、制片人都会说我一开始不想把电影拍的那么烂，我想拍一部好片。所以在好莱坞整个的产业链非常重要，互联网在这里起到了一个重要的作用，互联网现在无所不在，在中国也是这样，发展的速度非常迅速。互联网用户在中国已经超过了5亿，而且每天都在继续增长，这为市场带来了重大的机遇。如何把产品代入到互联网空间，我们从音乐产业中学到了一些教训。在我看来电影本身是很重要的，去电影院看电影，永远都是我们生活当中重要的一部分，而且对电影的盈利来说也是很重要的内容，就像我们家里面都有厨房，但是我们还会去饭店吃饭，在我看来这对于电影来说永远是正确的。

刚才讲到了电影产业25%的收入来自于电影院，而在中国90%来自于电影院。美国电影是非常不一样的，现在我们有一个全球的市场，这是非常关键的，现在中国还没有全球的市场，但是中国是有潜力做到这一点的，网络就是这样的一个机制，可以快速实现目标。我们通过网站看到很多的机会，也有很多其他的网站在成熟，中国可以在国际市场快速发展，把产品通过网络带到家庭，而且通过这样的方式人们也可以通过互相传播看到一些非常好的作品。我也期待今天能够听到关于这个问题的讨论，我觉得这是非常重要的机会，电影说到底是要赚钱的。在中国以及在世界其他地方，并没有收益最大化，是因为有一些盗版的情况，好莱坞也是这样。

看一下迪斯尼这样的公司，从他们公司的材料你可以看到，来自电影院的收入是非常小的一部分，只有17%。其他业务对他们来说是极为关键的，看一下网络，这是他们很大的一个业务。度假村和公园也是很著名的，他们的电影能够推动这些方面的发展，以及其他形式的产品，我觉得这也是一个机会，中国的电影产业还没有完全利用这个机会，而以后我们会看到这方面的发展。我非常荣幸有这样一份工作。杰克·瓦伦蒂当时雇佣我，我们总共有6个领导，杰克·瓦伦蒂在美国政界也有非常深的影响，他说你的东西如果不保护就没有了，我希望大家都保护自己的东西，这样可以增加我们的收入，并且让这个生意能够有钱赚。让我们一起努力，让电影多赚钱，让大家获得娱乐，谢谢！

唐丽君：谢谢，看来形势是严峻的，这也让我们对未来充满着期许与憧憬。谈起唐季礼大家都非常熟悉，他在美国和香港地区都有非常丰富的影视拍摄经验，他创作的《红番区》在美国很受欢迎，目前他把他的大本营安在了上海，怎么将他在美国学习的经验带到中国，带到上海，我想唐季礼先生对未来在上海的发展蓝图肯定有一番描述，下面我们就有请唐季礼先生。

唐季礼：各位领导、各位嘉宾，大家好！我很荣幸能够在这个论坛参与阐述"梦基地"的想法。现在国家大力发展文化产业，从国务院、国家广电总局，到各个地方、政府、省市出台了一系列的扶持政策，形成了目前全国大概50个以上的大型文化产业项目。我很荣幸在1979年能够在香港上市公司无线和嘉禾工作。我1996年在好莱坞发展的时候，开始了解好莱坞原本是一个小区域，很多电影公司在这里生产，慢慢在美国发展成产业，它是一个自由发展的过程。而一个电影产业的发展还需要教育与人才的支撑，他们很多学校在不同的地方。可是当产业一发展，人才工作的时候产生了交通问题，交通和环保形成了一个很大问题，因为最终每天上下班的过程，其成本都在投资方身上。

而好莱坞有着全球最大的北美洲市场，所以它的回收是最大的，它的投资成本也可以提升，可以拍大片。而其他的国家，欧洲的德国、法国、葡萄牙，亚洲的日韩、新加坡、马来西亚、印尼、中国，都是不同语言、不同文化的国家。所以我们本土市场生产的投资量不能太大，相对来讲在好莱坞，本土市场有最强大的回收网络，而导致它的电视剧集都能够有大制作。再加上国家发展的问题，军事、科技、汽车，给了这个产业很大的支撑，所以他有高科技，你可以看到《星球大战》，可以看到很好的大场面。美国电影其实是为本土市场而拍，由于本土市场发展得很好了，才发展到海外市场。从开始70%是国内，到后来倒过来70%在国外，改变了好莱坞生产的发展方向、创作方向，包括它的盈利模式。金融的介入加大了行业的管理，因为他们有需要向银行贷款的时候，整个行业规范的管理就要升级。这个行业的管理是自由的产业，它促进行业协会的成立，一个一个专业的行业协会成立了，形成了一个很强大的生产队伍。

美国电影的中心在洛杉矶，洛杉矶气候非常好，它有多元化的文化，是一个海岸城市，有很多人汇聚在这里。它一年365天都能够拍摄，这是它的优势。好莱坞的概念不是一个地区，它变成一个符号，是美国电影整个产业的代名词。我们有时候误解到将拍摄基地称之为东方好莱坞，其实好莱坞的概念应该更大的。

我从美国回来有幸参与了WTO谈判，龙永图部长给我出了一个题目，香港这么小的地方你怎么拍电影、电视剧能够打进好莱坞，你的经验在哪里？我说有很多很好的电影人，他们为了一个梦，一个电影的梦，在这里没有离开，不断地付出他们一生的努力，得到金融界、政府的支持而长期去发展，他们注重培养人才，你看无线电视陪训班。中国发展不一样，中国有很多成熟的电影学院，有政府很强大的支撑，可是"梦基地"是什么？这个"梦基地"是谁的梦想？我个人认为中国文化产业走出去，目前创意人才是不足的，在这个不足的情况之下，我们想要拍电影走出去，你要有一个完整的团队，可能两个团队加起来，需要完整的产业链，从剧本、融资、监制、导演、摄影，所有的编导、工作人员，包括后期制作、宣传、发行、产权保护，然后再开发它后续延伸产品。这一系列产业链目前来讲对中国电影发展是新的课题，也是我们努力的方向，大家都理解这个方向，要从一个点做起来。我们要建立一个中国文化产业的海军陆战队基地，文化产业走出去，你生产队伍的人才至少要懂得外国的文化，要懂得外国的武器，它的技术和管理，而且要懂得人家的思想，懂得他们的发行，观众要什么，我们能够生产什么，还要懂得中国5000年的历史文化。我们有无数的题材，如何在里面找到好的题材，能够有国际观后再走出去，这个成为我们很大的挑战。

我建议应该有一个基地，来引进国内、国外的部门，这个教育机构应该跟产业共同成立。因为产业是跟着发展而同步进行的，人才培训教育、器材、影棚，所有管理要融合在一个地方。电影、电视、网络游戏、动漫、广告、微电影、短片、移动新媒体所有都是数字内容，可他们的生产过程其实是非常相似，而且是互通的，电影也可以拍成电视剧。可是现在我们没有一个规范的基地去把它们整合在一起，浪费了很多资源。就像好莱坞无序发展的时候，它有自己的基地，可是我不用你，你不用我。我们中国的发展常常讲求先发制人，我们可以从中国找一个合适的地方，我个人认为上海是最合适的，只需要加大它的发展，可是这个发展需要政府在土地上的优惠政策，人才生产基地的配套，需要很多的准入政策、保税政策，人能够住下来，人在里面发展、生活才行，这几块是离不开政府的支持。可是一个完整的产业基地发展需要十年的时间，可能五年是用来建设基础，就像新加坡工业园，把好的龙头公司放在里面，二三线的公司通过产业升级，享受大公司的设备。全球有很多电影公司，未来还会增长，他们没有一个家。我们能否在这个基地专门为电影人盖个大楼，给他住一个很小的地方，会议室全部公用，有发行的平台、有融资的服务，"梦基地"是有服务的，它是要有大城市的背景和人才的配合。今天因为时间有限，我在这里很简单地讲一讲这个基地的概念，我希望梦想能够在上海实现，谢谢大家！

唐丽君：下面有请的是上海文化产权交易所的张天先生，因为上海文化产权交易所是国家提供的知识保护机构，产业升级需要优质的投融资平台，请他把经验和体会跟大家做一个分享，谢谢！

张天：各位领导、嘉宾、女士们、先生们下午好！我汇报的题目是"梦"。有钱可以做好梦，在文化的眼中金融是钱，钱可以使鬼推磨。在金融眼中文化是假清高、装正经、穷秀才。今天这对老冤家在影视文化的平台上应该可以变化一下，用政治语言表述就是"和谐"一下。我从两个方面介绍一下文交所平台和影视产业相关方面的关系。

第一个观点：文化是金融的灵魂，金融是文化的翅膀，钱可以建设灵魂的通道。中世纪欧洲商人的地位比中国的奸商好不了多少，于是来了一次新教改革，赚钱不再是肮脏的，而是高尚的，为社会创造财富和就业。如果一个人临死前签一份遗嘱，把遗嘱交给慈善机构就可以上天堂了。从另一个方面来讲文化也不能假正经，文化是高级产业，需要金融来完成定价、重组、升级，通过金融的手段将虚无飘渺的多维的精神，进行精确地计算和投资。

文化艺术的发展有三个特点：一、从不动向动的方向发展；二、从真实向抽象的方向发展；三、从专业性到通用性方向发展。发展的核心是文化要素向资本要素转化，影视是文化中三个特点表现最集中的板块，影视借助金融才能腾飞。

第二个观点：文交所是政府职能平台的延伸，有其他机构没有的社会公信力；文交所是市场的政策；文交所可以更好地创新，为影视金融化提供更多的金融产品和交易方式。具体说来，它可以为影视企业和项目提供股权转让、增值扩股、私募引进、上市培育、资产租赁等融资服务，可以进行影视产权的评估、登记、确权、托管、保管、信息发布、信托、版权保护、咨询、平台等综合服务。这也是中央六部委授予上海文交所的业务范围。

目前上海文交所累积挂牌了1000余项影视版权项目，先后与美国特纳公司、上海电影集团、甘肃文化传媒有限公司进行了合作，比如电影《阿米走步》的融资，电影《我的野蛮女友2》版权转让等项目，在多个方向取得了突破。其中电影《阿米走步》是第一个融资成功的案例，共融资1500万元人民币，这部片子今年年底会上院线。上海文交所作为国家级的文化产权交易机构，将依托上海作为国际大都市的区域特点，集中文化贸易活动活跃的优势，努力为影视产业服务，成为文化与影视对接的重要通道，谢谢各位！

唐丽君：谢谢，下面我们将迎来整个论坛第二部分：分组讨论。我们有请两组论坛的主持人，一个是唐季礼先生，一个是冯伟先生。

唐季礼：我们论坛分两部分：第一个部分由我做主持，我们邀请了四位嘉宾；第二部由冯伟主持。第一部分我想邀请上来的嘉宾，其实经过很长时间的考虑才定下来，他们都是我们中国电影以前以及现在发展的很重要的人物，第一个我想请上来的是安德鲁·摩根，安德鲁·摩根先生是李小龙最早期的助手，是香港嘉禾电影公司负责美国电影的主管,他也是把成龙、我本人、洪金宝引进好莱坞的教父,他是引领中国电影走入好莱坞的元老级人物,不过他还是挺年轻的。另一个是我的老朋友马科·奥德斯凯,我认识他的时候是1994年,当时我刚拍完《红番区》,他那时是新线公司的副总裁,在过去这么多年他主持过50部电影的生产,他投资管理制作的电影,包括《指环王》系列,都拿过奥斯卡金像奖,《红番区》也是他买进来的。另外一位是李耀汉先生,他是万达的主管,万达院线也是全国第一大院线,也买了美国第二大的院线,万达公司是我们未来最大的制片公司,谢谢。另外一个,是大家非常熟悉的上海电影集团的董事长任仲伦先生,整个产业链的生产制作、发行、院线都归他管。我们再一次用掌声欢迎他们。

  首先,我把问题先交给安德鲁·摩根先生,安德鲁·摩根先生从李小龙开始就参与了中国电影走出去的进程,他是美国人,他来到香港生活,参与了嘉禾电影公司所有对外的制作。之前的《投名状》、《如果·爱》、《大武生》,都是他做制片人,请他跟我们分享一下,他觉得我们中国电影未来的发展,包括走出去需要什么要素,怎么样才能得到全世界的认同。他的中文非常好,广东话和国语都可以,所以我就不用翻译了。

  安德鲁·摩根:最方便的还是英语。你刚才的问题是非常重要的,关键在于中国电影的未来是什么,方向是什么,应该关注哪些重点领域。今天从我的角度来说,作为一名在中国工作的制片人,过去的20年我都在做这一行,我来说说我的观点:中国电影产业正处在一个十字路口,现在的中国电影业是处在几乎停滞的阶段,我觉得因为他们害怕美国,害怕所面临的挑战。而我觉得中国电影产业未来是非常光明的,而且从来没有这样光明过。中国的制片人、投资人却很害怕,或许他们这种担忧和害怕是有理由的,因为在过去的五年当中我们没有很好地利用这一段时间来积累实力,培养好的导演,也没有制造出一些好的明星,在所有这些方面,中国电影人都非常懒惰。

  我听到很多很多这样的话,但是看到的行动非常少。很多人说支持中国电影产业,但是事实上年轻的导演,年轻的剧作家,特别是年轻的演员,他们处境是非常困难的。没有什么好害怕的,现在美国一个季度有34部电影,但是不用害怕,我们可以改变思路,我在美国做电影40年了,美国在过去几年当中,没有一年能够拍出 34 部好的电影，就算两年也拍不出。过去我是评选每年最佳的 5 部，现在想找到 5 部好的电影是很难得的。我觉得中国电影业不要担心竞争。中国需要支持电影人，支持发行公司，支持年轻的导演们，他们需要机遇来做电影，来拍电影。未来的 18 个月当中我相信中国的公众会意识到，其实大部分的美国电影都是垃圾，两年当中如果中国可以拍出好电影，就可以把票房拿回来。香港在 1972 年到 1984 年就经历了这个阶段，我相信我会再次经历，竞争没有什么好怕的，我们要做的就是面对挑战，但是在过去的 18 个月当中我没有看到中国奋起应对这些挑战，我听到很多的演讲，但是没有行动，对不起我这个回答比较长。

第二点，我没有接受邀请在中国参加很多的会议，因为说到中国电影的国际化都是在浪费时间。你们还没有做好准备，就关注国外的市场，如果本土的市场基础打好了就可以实现国际化，就后把别人赶跑。本土市场也有很多工作要做，我们许多城市电影院还不够，需要更多的院线，像 IPTV 网络电视等等还没有得到很好地实现，我们需要更多国内发行院线。我和唐导一开始选择了上海，没有选择北京，因为上海很适合生活，但是要给电影融资还要去北京，因为所有发行系统都在北京，在上海还没有一个国家性的发行中心，这对上海来说是一件值得羞愧的事。我想对大家说的是，不要说了，行动起来，在中国有很多很多工作要做，无论是基础设施、影院、网络还是法规，所以要建立体系，如果国内市场做好了，我们就可以进军香港、台湾、马来西亚和新加坡。当然了，美国人学普通话时间要久一点，但是慢慢我们就可以实现这一点，也可以进军美国市场，我们可以有字幕。不是开玩笑，我们需要关注国内市场，谢谢。

唐季礼：我最喜欢跟安德鲁·摩根合作，他们美国制片人都很直接，恭维话不重要，最重要的是他告诉我们为什么我们做不到——我们懂得为什么做不到，明白这个，我们才可以规划未来的发展。所以安德鲁·摩根的意思是，我们必须把基础建设做好，把我们的人才队伍做好，把我们的本土市场先占好，把好阵地，我们人才成熟了再走出去，别没先走先学跑，我觉得应该是这个概念。

安德鲁·摩根：对不起，我不是想说难听的话，我觉得我是一个老外，要说真话，我不怕说了，因为我已经老了。我觉得现在还有一件事情非常重要，我还有一个矛盾，我们不会区分商业和文化，这是非常要命的。我刚才说的都是关于拍娱乐电影、商业电影的，这个不是文化。今年的娱乐是明年的文化，你叫我拍文化片，我真的不懂文化是什么意思，没有去看，你怎么会说这部片子是文化？没人看过你怎么知道是文化？最重要是娱乐，这个是非常非常重要的，谢谢。

唐季礼： 他刚才说的文化，据我所知，应该是指文艺电影。下一个请马科·奥德斯凯，以你的身份，你对中国电影有什么样的看法，为什么想要投资中国电影？你认为中国电影怎样在美国发行、世界发行，你是有这方面的经验的，你也是第一个敢于把中国电影放在2000个电影院里上映的，我想问一下你有什么看法，这是第一个问题。

马科·奥德斯凯：《红番区》是我引入的第一个中国电影，它抓住了这个民族的文化和精神，即使你不是中国人也是能够理解的。好莱坞有一种思想的方式，中国也有一种思想的方式。我们在做《红番区》的时候，当时有个镜头，成龙说："我希望我们不要打架，希望下次见面时一起喝茶。"有人希望把这句台词删掉，美国看动作片的人会觉得很愚蠢，他们会嘲笑他，这对成龙不太好，当时我思想比较领先，我觉得这个是中国的精神，是成龙的精神，唐季礼的精神，我觉得这个是非常中国化的概念。在美国动作片里面没有美国人会说让我们继续喝茶，美国人只会说继续打，这个是非常重要的。

唐季礼： 其实这个精神是很重要的，体现了我们中国的价值观，我们对人是以和为贵的，我们不希望斗争。但是在美国人看来，打都打了，讲那么多废话干吗？观众会觉得是你们突然之间来的一句说教的话。马科作为一个美国人，他也觉得这些话其他人都会有这种反应，可是他认为这个就是中国电影的特色，也是我们中国电影文化价值观的特色，他作为一个发行方坚持留了下来，这一点我很感谢马科·奥德斯凯。

马科·奥德斯凯： 我有幸在各个国家工作，在欧洲、新西兰，你的电影要能够抓住文化的精神，能够说明我们是和而不同的，这个是非常重要的。中国电影不一定哪个方面都是和中国有关的，因为它能反映中国的人性，有一些是中国文化的东西，但是这并不是说一定要成为电影在全球发行时候的重点。

唐季礼： 发展我们的中国电影，还是应该保存我们自己的文化价值观，保持我们自己的特色，不要害怕人家不会接受我们这个特色，我们应该坚强一点，保持我们的特色。

下一个问题。进口电影每年有一定的限制，十几个电影的票房大概是占25%。所以很多的好莱坞制片公司会来到中国，比如说《泰坦尼克号》，光中国的票房就大于其他所有的地区，这说明中国有很大的市场。在你看来，想和中国合拍哪种电影？不仅是利用这里的票房，你想拍怎样的电影来找到中国的文化元素，然后把它在全球推广。

马科·奥德斯凯：这就是我来的原因，这是我第一次来到中国，我来这里要教大家，也要向大家学习。之前我在新西兰工作了五年，拍《指环王》系列，而在这里我想学这里的文化，要找到一个好的电影就像一段婚姻一样。如果你把好莱坞的一些经验带来，然后给这里的一些人尤其是年轻人进行培训，让他们了解好莱坞的技术，很自然的你就能够和一些艺术家合作。每部电影要做成，一定要有艺术家的想法，我来到这里想见一下这里的艺术家，并且要给一个平台让他们能够学习、发展，这是我希望能够合拍的原因。

唐季礼：我非常认可马科·奥德斯凯说的话，美国也要向中国学习。他来了三天，我陪了他三天，看不同城市的餐饮、旅游等，他看完有点傻眼，他没想到这么高级，很多技术比美国还要先进，还要好，这个是他意想不到的。我们不能邀请每个人都来到中国，那么就要变成我们中国的电影走出去，把我们的现状介绍给全世界，这个是很重要的课题，也是让外国人理解中国的重要课题。我们希望美国很多公司能来中国，学习中国、留在中国，寻找机会去发展，可是来中国的哪里？大家的第一选择是上海，可是上海现在是否有成熟的条件能够接受来自全球的看中中国市场大环境的公司？我们有没有为他们准备一个区域，有没有为他们准备设施、人才，来提升我们产业的级别，我觉得这个是我们急切要做的事。

另外一点，下一个问题我想问万达的李总，我认识李总也有很多年的时间了，每次去北京都要跟他取经，他是200多家公司的法人代表，他主管万达文化事业，是万达院线的董事长。他是一个生意人，也是一个诗人。昨天在外滩吃饭的时候，看到整个黄埔江，他就写了一首诗出来。一个管生产、管制作的人，现在去管文化，他一下手就做成了全世界最大的院线，再把全球第二大院线买到了手。我们一定要听取他的经营理念，他为什么要这样做？他将来的发展方向是什么？我希望李总能够为我们分享一下你的想法。

李耀汉：非常开心来到上海电影节。刚才听了两位主讲嘉宾，包括刚才宗部长的致辞，我都受到了很大的启发。因为我们万达人走进电影产业比较晚，但是我们决心比较大，特别是中国改革开放为民营企业的发展提供了良好的机会。在今年年初，中美关于影片引进问题又进一步开放，让我看到了更大的希望，因为这种开放才是进步的重要表现。过去我们保护民族产业，我们的愿望是好的，但是实际效果是差的。也就是说，先进是保护不出来的，只有竞争才能促进进步和发展。其实让我们看到更多希望的是：我们国家一开始以改革促进开放，但是今天我们通过开放又促进了改革，我们国家有希望，每个阶段的发展都迎接了全球整个经济发展的需要。

今天来就这个题目谈一下，企业要升级，怎么样升级？首先要自信，因为中国改革开放 30 年，我们整个经济总量跃居到了全球第二位，这是非常了不起的成绩，但私营文化产业和我们 GDP 总量不相匹配，这里有诸多的问题需要我们总结。从我们的问题看，首先搞文化产业也好、娱乐产业也好、电影产业也好，要解决一个认识的问题，认识是从哪里来谈？第一我们要解决在社会活动当中，我们怎么给目前社会提供一些好的竞争产品，目前我们国家在经济发展当中，难免有这样和那样的问题，总体来讲社会比较浮躁。但是我们搞电影文化产业的人不能浮躁，你是文化人，有品位，那你首先就应该不浮躁。

有些人太浮躁，从 2003 年进入院线，从我们老板开始要拍电影到今天，有很多剧本找到我，我每每拜读之后都没有投资。包括很多很有名气的艺术家找到我，我都很吃惊，当时我跟他谈了一个观点，我说我对于艺术来源于生活和高于生活是赞同的，但是我认为我们现阶段缺乏对生活的尊重。我就不举哪部片子了。大家都知道哪里都是我们在庆祝，十年前就应该知道，十年前为什么不准备？剩下两年，我们做准备了，只是为了献礼。既对生活不尊重，对艺术也不尊重。你不知道十年以后是什么纪念日吗？你十年前做准备，我就会把投资给你。为什么卡梅隆先生拍《阿凡达》花了七年时间？我们从理念上都是落后的，我们第一个观念是要尊重生活、尊重艺术。我前几天跟一位著名的编剧在一起聊，他为了写一部好片子到底层搜集素材。我也听到很多的作家跟我聊，他缺乏生活了。

第一还是理念的问题，根本原因是在这个社会当中大家都太浮躁了。我们不能浮躁是我的第一个观点。

第二个观点：中国人是有文化的，搞文化的人要有品位。现在你看我们搞电影制作的人把钱放在第一位，为了赚钱失去了尊严，能说他有文化吗？这个浮躁的年代，你不甘心寂寞的话就出不来精品。我为什么说中国有问题？就是希望我们把中国的文化理念变成我们市场经济的指导，我们任何事业都有发展的未来。咱们就看沃尔玛、家乐福，他们把中国文化理解得最好，万达引进第一个沃尔玛的时候，是我和他们签约的。中国有一句古话叫"放长线钓大鱼"，沃尔玛老老实实做了一件小事，结果今天钓到大鱼了。中国今天是想钓大鱼没人放长线，一年出两个作品，我感觉我们对自身文化没有传承好。唐季礼先生的"梦基地"在寻找产业升级的根，慢慢在打造，这几年来他没有什么作品，但是他有一种梦，他真的想把文化产业从基础开始做起。我们不用着急，基础工作做到位之后，我们就可以实现跨越式发展。

如果企业文化要升级，首先是一个理念问题，当任何产业不能上升到文化产业的时候，都没有找到事物的本质。现在的消费者是我们的衣食父母，没有他们我们不可能拥有未来，**谢谢大家**。

唐季礼： 李总讲得太精辟了，我们发展文化的时候要尊重文化，要有品位，也要尊重生活，不要浮躁，我们老老实实把基础建设做好，我们要用心花时间把一个项目做好，最透彻的是这句话："放长线钓大鱼。"感谢。

接下来，我们先请任仲伦先生讲一下，因为对于中国的电影发展和整个产业的发展，他是最有经验的，而且他在每年上海国际电影节接触了这么多来自国际电影产业精英人士，他们的发言，他们的理解是最透彻的。我希望任总跟我们说一下，未来要打造一个"梦基地"，到底我们上海应该做些什么？

任仲伦： 上海在电影产业发展过程当中是一个新的现象，这是我们中国电影界和国外电影界一起关注的，迪斯尼的进入，梦工厂的进入，以及在上海成立的一个上影特艺。这是一个标志，我们可能忽视了这个标志，但五年以后、十年以后大家会意识到这个起步对上海电影是何等重要，因为上海在新的层面上开始了一个新的追求。刚才唐导也讲到上海，我自己在上海出生并且在上海长大，我觉得上海人有一个基本特点，就是开放和规范。上海人的思想始终是自由的、是开放的，它的行为更规矩，这个可能跟这个城市100年发展过程当中所形成的思维方式有关系，这样的城市从某种意义上来说更适合市场经济，更适合市场经济当中的契约精神。这一点我们跟一些合作伙伴在合作当中都产生了共识。

我到上影集团是2003年，当时美国第一家跟中国合资的电影院就是华纳；我们2004年最早引进超大屏幕，在和平影都，我们都合作得很好；2009年跟泰克尼公司合作，运作得也很好。我觉得这个城市过去对中国电影做出了很大的贡献，这几年潮起潮落，大家有很多的期望。通过新一轮的发展，产业架构已经搭建好了，我觉得这是很重要的迹象，希望大家关注。

第二，从上影的角度来讲怎样实现产业升级？我特别关注万达收购美国院线的事，我刚刚从美国回来，很多美国人都在谈这个话题，我有这种想法：世界是开放的，中国也在开放，不开放不行，开放是必然选择。在这个过程当中我们向世界开放，我们也期望世界以一种开放的心态来看我们。我不知道万达从经济上是怎么盘算的，可能是商业机密，至少在战略上我认为是对的。中国的电影产业不能只在中国市场上打游击，它需要我们在本土市场的建设，也可以用我们的脚步到世界上看一看、走一走。随着社会的发展、经济的发展，中国已经成为一个力量，这是世界都承认的，不承认也得承认。

我们长期在一种文化形态下，慢慢养成可能不那么开放的文化形态，可能不那么为世界所了解，但是我们不能认为这就是我们本质的东西，这就是我们亘古不变的东西，我认为是不对的。中国的电影界应该跟中国金融界一样，有一种放眼世界的眼光。当然我们也可以批评说，你这一两年出去可能会失败而归，取得不了太大的成功，但是从战略上我们总要走出去，一两年我们不成功，并不意味着三五年不成功，三五年不成功并不能意味着十年不成功。电影界来了那么多美国的同行、欧洲的同行、世界的同行，我觉得给我们提供了很好的学习机会。我跟安德鲁·摩根八年前就认识了，他教会了我很多东西，特别是他批判性的言语让我反思很多问题，中国电影需要反思，也需要批判，更需要自我批判，但是中国不能在批判当中失去自信。刚才你讲的特别对，我特别赞赏，应该在学习中慢慢强大起来，慢慢去影响我们自己的关注，也尽可能去影响世界的关注，我觉得这一天会到来。

30年前我们会想到今天中国的经济、社会状况在世界上会有这样的影响吗？

我们想象不到，当时我们只想结婚后有一套房子，20平米、30平米就很满足了，那是我们的生活理想。30年以后谁再这样想就可能显得有一点落后了，所以我讲的第二个观点，中国电影走向世界是战略选择，这个过程将是困难的。我们既要适应世界上的规则，更重要的是要改变我们的文化形态和思维方式。

第三个观点：我们要在这个过程当中不断学习。我觉得我们跟华纳合作了中国第一家合资电影院，学习是必须的。跟万达不能比，你是商业地产公司，上影是一个老牌的国有企业。我们在八十几个城市拥有一千多块银幕，去年占全国市场10%到11%左右。正是在学习当中，我们慢慢学会怎么经营连锁影院，懂得一个制片厂不能仅仅靠制片生存，必须建立自己完整的产业链。所以到目前为止，从我们去年的财务状况来讲，我们相当部分的净利润来自市场板块，我们在跟华纳合作的过程当中得到一些启发。特别是我们到了美国，每次都很认真地考察学习，去了解一些美国大公司的财务运作经验，我们学习，我们学得会，我们争取学得好。

第四个观点：美国电影产业实际上到了一个成熟的阶段，而我们真正讲产业实际上是2005年开始的，也就是七八年的时间。过去在计划经济这一套模式之下，制片厂就是制片厂模式，影院就是影院模式，发行就是发行模式，它们是相互分离的。这几年上影率先把它整合起来，在中国产业链上我们是发展得比较好，但是这个产业链的发展跟美国的产业一定有距离，因为他们是成熟的，我们还在成长的过程中。存在距离，当然就要学习，每去一次都觉得有很多东西要学习，但是我们会找到自己独特的发展方式。

刚刚安德鲁·摩根讲中国电影到了十字路口，中国电影有懒惰的地方，美国电影有垃圾的地方，是的，两个国家都有值得我们批判和否定的地方。但是美国有先进的地方，中国有努力的地方，谢谢大家。

唐季礼：太精彩了，各位嘉宾其实都对未来中国电影的发展给了我们很多不同的方向，包括"梦基地"在上海所打造的方向。所以我希望留一点时间给在座的观众，我觉得很多观众都听得全神贯注，大家都很用心。我希望留一些时间给大家提问，大家抓紧时间，勇敢地提问。

现场对话

提问：大家好，我有一个问题想要问，东方人说故事的方式跟西方人说故事的方式是截然不同的，所以中间有一个很大的差别。我们已经习惯了被西方的电影教育，所以我们看他们的电影都看得懂，但是西方人看我们电影看不懂，即便我们的电影非常精彩，他们还是无法理解。在这中间必须要有一个很好的方法，帮助我们把隔阂的部分化解开来。大家都在谈要怎样帮助中国电影被外国人看见，可是却没有人解决让别人怎么理解这个问题。像李安的电影，他以东方人的眼光，用西方人讲故事的方式拍电影，然后为西方所接受，这部分有没有一个想法？

唐季礼：这个提问，我觉得可以分别由安德鲁·摩根和马科·奥德斯凯解读，因为他们都曾经帮助过我们中国电影让西方听得懂，看得懂，所以先请安德鲁·摩根。

安德鲁·摩根：最大的问题是在海外大部分人听不懂中文，听不懂中文怎么了解？真正了解中国的文化非常难。他们不知道中国的历史，中国的文化，所以大部分的外国人对中国什么都不懂，他们慢慢地开始看书，我估计这个问题的解决要十多年，最重要是网络、微博。这个不是电影的问题，我估计近十年这个问题都无法解决，说真话。

马科·奥德斯凯：我同意，这应该是一个长期的计划，不会一夜解决。但是对未来十年来说，可能比之前容易一些，因为有了网络，世界也变得越来越小，连接也越来越紧密。但是说到底，成功的电影和书籍可以帮助和教育西方人，虽然这个问题没有答案，但并不是说我们不用向这个方向努力。所以对于上海来说，特别是年轻艺术家，相比20世纪40年代的艺术家，他们对世界了解得更多，他们应该发挥一种交流的作用、沟通的作用，帮助世界来了解中国的文化。我觉得这是个长远的事情，中国的市场很大，对于外界来说本身就是很大的机遇，所以可以去建立一个可持续发展的文化市场。

《指环王》是在新西兰拍的，说到底它是讲与世隔绝的人们如何开拓这个世界的故事，他们走向世界，与世界接触，从某种程度来说反映了新西兰很多的东西。

安德鲁·摩根：中国是比较开放的，所以你能看到所有美国的电影、电视剧。

我十年之前来上海，上海人对美国已经非常了解，我在美国却对中国什么都不懂。所以这是一个蛮大的差别。所以，如果老外看不懂中国的文化和历史，你也不必那么着急，因为每年有蛮多的活动，有好多老外到中国来，拍电影、电视剧，让海外看真正新时代的中国。我曾经到了美国的中心，是蛮大的一个城市，就看到了那部反映中国的电视剧，听美国人说，这是真正的中国，这不是一个电影。那天晚上我开始知道新时代的中国是怎么样的。刚才任总说的上海世博会也是很重要的一个活动，那么多外国人到中国来，到上海来，第一次看到那么好的城市。所以这是个一步一步来的问题。美国人不喜欢看对白，比如我们不用英语，美国的老百姓就不看，他们很懒的，这个是非常重要的问题。

第二，十年之前有人开始在美国讲中国文化历史，所以慢慢的，过了二十年之后，他们有可能很容易了解中国。不过在中国也有这种情况，对于有些北方的历史文化，上海人的看法就不一样。中国有太多的历史文化，谁敢说哪个是标准的中国，上海的？北京的？其实都是中国。

唐季礼：我想说一个观点：电影主要还是导演主导的，所以你说我们很难说中国电影怎么走，你会发现有李安、吴宇森、张艺谋、陈凯歌。不同的电影出自不同的导演，每个导演会把自己的喜好和个人的特色放在电影里面。所以有一些电影的导演是本土化的，他的认知、他的学问，他的生活都是本土化的，它只能拍出本土化的电影，你让他拍大片他也拍不了。主要还是在人，电影是人拍的，所以我们中国电影怎样走出去，核心是一个什么样的环境在培养人才。在学习过程当中给予这些人才很好的条件，在科学、技术、教育、交流、发行、融资等各个方面都创造一个好的环境，就是要打造一个温室。中国的电影制作人很缺乏，所以我们说中国导演比熊猫还要珍贵，熊猫有几千只，好的导演你数，没多少人，所以我们应该对一些导演更多的扶持，更多的爱护，给他们机会，让他们为我们中国电影发展做贡献，这方面是我的见解。还有几分钟，再来最后一个问题。

提问：美国电影也越来越关注中国，比如说从《花木兰》、《功夫熊猫》、《2012》都有很多中国元素，我想问，你们怎么看待中国电影市场的开发，这个问题既想问问美国电影人，也想让李总谈谈看法，谢谢。

李耀汉：我有一个实际体会，第一次在广电参加电影工作会议的时候，我跟很多人交流的时候,把名片主动给了每一位,但是他们走的时候,有几位把名片放在饭桌上,我看了之后感觉我们真的应该努力。今年去美国的时候,美国公司和电影家协会主席和我主动交流,包括一些大导演,我当时感觉到一点,你一定要自信,今天中国已经强大了,中国文化可以在世界作为主流传播了。为什么在30年前没有这种现象?这与国家的国际地位、经济实力都是相匹配的。所以我相信这是一种大趋势,这是国家强盛的趋势,是我们国家历史悠久的趋势。2005年,中法文化交流年的时候,万达搞了吴冠中的画展,法国人排着队,穿着盛大的礼服来参加吴冠中的画展。当时我最大的感觉就是中国开始强大了,全世界开始关注中国,愿意了解中国了,所以我认为美国电影会更多地体现中国元素,我觉得中国人未来应该更自信。

唐季礼:非常感谢这么多位嘉宾来参加这个论坛,我们可以从这个论坛知道,中国强大了,可是在文化影视发展这方面,我们还是有很多发展的空间,我们必须要努力地发展,培养我们的人才,打造好完整的产业链。然后通过学习、交流去了解如何寻找好的幼苗,进行培养发展。我觉得栽培人才,做一个人才孵化基地——走出去的"海军陆战队基地"——是我们应该抓紧做的,所以,我非常感谢各位领导、各位嘉宾,有那么多耐心在这边听我们讨论电影产业的发展,我们感谢今天的观众,感谢所有来宾,谢谢大家!我把论坛的第二部分交给冯伟。

冯伟:感谢大家有那么大的耐心一直坐在这里,我叫冯伟,是美国电影协会中国区的首席代表,很高兴能够主持今天下午论坛的第二部分。下午第一部分的论坛,大家更多从电影创作本身谈了一些,从文化上到整个体制上,中美双方的一些差距,特别是我们在制作方面有哪些可以互相学习的地方。接下来论坛第二组的嘉宾,可能更多会从电影工业制作本身,包括它后期的制作来谈电影产业链,在上海这么一个地方,在国际的商业、金融大都市,怎么能够更好地实现中国电影的产业升级。

先让我有请第二组论坛的嘉宾,大家一起坐到台上来。再次欢迎大家来参加第二组论坛。

首先跟大家介绍一下在座的每一位演讲嘉宾:克罗德·加侬,他是特艺娱乐创意服务的总裁,特艺集团在中国有一家合资公司,是跟上海电影制片厂合作的。几个礼拜以前，我很有幸在洛杉矶参观了他们的公司，这家公司是原来的法国汤姆逊集团。他们从整个制作到后期、分销服务，在电子时代，特别在一些后期制作方面是全球非常领先的一家公司；第二位是黄荣楠先生，他是君合律师事务所的律师；第三位是彼得·维斯特贝卡，他是芬兰人，芬兰拥有一些大的品牌，像诺基亚、"愤怒的小鸟"，诺基亚大得不得了。如果大家关注"愤怒的小鸟"这家公司的话，大家会很惊诧，它要买诺基亚，这是个不可思议的想法。第四位是丹妮尔·达迦尼，这位女士是最有代表性的，她的工作囊括了我们今天下午要谈的电影产业链的方方面面，从电视制作到融资，她在迪斯尼做过全球副总裁，现在在雷励做高级副总裁，雷励公司两个礼拜以前跟我们无锡国家数字电影基地签订了管理协议。下面我们把话题交给在场的嘉宾，由他们跟大家做一个相关的介绍。首先有请丹妮尔·达迦尼女士从自己的角度谈一下服务影棚的情况，并在服务整个后期制作方面提一些你的观点。

丹妮尔·达迦尼：我们更多是进行一些创意性的管理，我们想让摄影棚具有更多创意。人才组合非常多，因为有长片、有电视、音乐，所有人才集中在一个摄影棚里面，在上海我觉得也要注意这一点，你们想让自己的后期制作、设施、动画片设施能够升级的话，关键是要实现人才的升级。当然国内市场和国外市场之间要进行合作，让他们可以互相学习。

冯伟：我们看到大的好莱坞电影厂，大家都比较繁忙，产业就是一个大工厂，在中国现在还是比较早期的发展阶段，中国的这些制片厂更多还是看一些项目，他们开始一个项目之后才开始寻找人才，一旦项目结束了大家各自散伙。从雷励的角度看，要帮助这些制片厂抓住这些专业人才，让制片厂建立人才库的价值链，这才是全面的服务。

丹妮尔·达迦尼：在任何时候都会有好几个片子在同时拍摄，他们会不断研制新的产品出来，不断地有人进、有人出。我们的想法是：希望在所有的设施、制片厂里面，所有的后期设备随时随地提供给你们，电影人也在那边，他们也在进行创意，然后所有的一切都可以直接投射在银幕上。有时候到好莱坞，你们在那里，每天都和这些同事进行交流和互动，这是非常有价值的。

冯伟：刚才提到无锡摄影棚，你们签署了一个管理协议。上海作为中国的最大城市，也是中国的金融中心、商务中心，你觉得在电影制作方面，上海有什么好的方法？

丹妮尔·达迦尼： 我们会和上海制作方进行非常密切的合作，这些公司在上海和无锡都有产业，他们之间肯定会建立起合作。

冯伟： "愤怒的小鸟"的营销官，彼得·维斯特贝卡，我们请他来做一下介绍，"愤怒的小鸟"怎么变成全球家喻户晓的游戏的？我刚才说到了"愤怒的小鸟"，一开始没人知道，现在家喻户晓，它不仅在游戏界，在全世界大家都了解，从最近的数字了解到，它好像有10亿多的下载量，我们几乎难以置信。中国对于你们公司是第二大海外市场，我对你的问题是：最早作为一个小公司，你们是怎么一夜之间就成为世界现象的？我们很多人肯定都希望从你们那边学点秘诀，以及想了解你们长远的规划。

彼得·维斯特贝卡： 你们如何看娱乐或者娱乐的未来？其实娱乐不仅仅只是电影，我们是用"愤怒的小鸟"创造未来的娱乐业，"愤怒的小鸟"开始于2009年的时候，第一年的下载量大概100多万，第二年就上亿了，第三年就10亿了，"愤怒的小鸟"是世界上进步最快的，而且在中国也是被拷贝最多的品牌，我们成为在娱乐行业里面中国人最喜欢的品牌之一。我们来自一个小国家，但我们非常骄傲，我们使用我们的品牌创造出游戏，但是我们不视自己为游戏公司，我们视自己为娱乐公司。今年夏天的时候我们会有自己的一套动画片，每周的周六早晨都会放一集。会让销售方进行分销，在全球建立自己的渠道。没有墙壁的世界谁还需要窗户？我们不需要窗户，因为我们有一个完全开放联通的市场，我们的产品在全世界可以开放，所以没有什么值得担心的。当然，有一个非常强大的品牌，这个品牌肯定需要一个物理的形式，我们已经有几百个合作伙伴，有三万个许可的产品，其中30%已经变成实物了，去年卖了2500万个"愤怒的小鸟"的玩具。去年我们赢得了玩具界奥斯卡的三项大奖，年度商品等其他奖项，也获得了迪斯尼的玩具奖项。

事实上可以用一些新的智能工具，像手机等，建立起一整套的娱乐产品。而且到今年年底的时候，我们也会进入很多电视频道，我们所关注的只有两件事：我们的用户和我们的品牌。只要这两点能够做好，我们就能够做好。我不需再指出我们跟好莱坞的区别，我们每天跟用户通过社交网络进行直接交流，回应他们的评论，我们非常在意和粉丝的互动，对于我们来说这是非常重要的。我们推出新游戏的时候，会马上让粉丝知道，我们出动画也会让粉丝知道，也可以说15分钟之内就可以让粉丝知道，不需要花很多的钱在电视上做广告。所以对我们来说，我们有自己的内部发行渠道，我们对它有一个掌控，可以利用它来做很多事情，关键要了解你的粉丝用户，每天都和他们交流。我觉得这个是非常有用的，而且也是娱乐行业当中很少有人能做到的一点。在刚刚的讨论当中我也听到了非常重要的一点，娱乐行业现在因为某种原因会有一个大的颠覆，所以你在中国打造一个娱乐产业，就要关注未来，而不是过去。因为我们在打造未来的娱乐产业。

冯伟：我有一个问题。说到电影行业，几个星期前我去过特艺，特艺所做的一些事情让我感到非常的惊奇，你们在洛杉矶建的影棚是最高级、最尖端的。在座很多中国的电影人把特艺看成是一家技术娱乐公司，主要做后期制作的，但是我知道其实特艺做很多其他的东西，也包括密码、内容保护等等，所以想请克罗德·加侬给我们介绍一下特艺的业务，你们与上海的合资，如何在上海与中国电影行业开展合作，来打造一个更有利的中国行业的产业链。

克罗德·加侬：首先，特艺在中国的发展其实已经有超过五年的历史了，我们是一家技术公司，同时也是人力资源机构，我们有很多创意型人才。我们对他们进行培训，也从竞争者当中招募一些人才。因为现在技术方面的变化很大，十年前的电影是用像柯达、富士这样的影像技术做的，流程非常复杂。而现在的技术非常多样化，我们可以用一架小的摄像机，比如有些美国新推出的电影就是用佳能5D的摄像机拍摄的。以前我们整个后期制作使用的是专业、高端的设备，但现在我们看到越来越多的电影制作人，他们运用一些新的技术来进行创意的工作。而我们需要管理这个工作的流程从制作到发行。我们和上影集团建立了一个合资公司，这个月就会开张。我们在中国看到的问题是如何寻找创意的人才，而在中国的五年当中，在招募人才方面觉得有一些问题。我们想成立一些学校或者学习中心做创意人才的培训，问题是如何让人们充分地参与进来。可能政府要提供一些像税收等方面的激励，像加拿大所做的那样，可以让人们从大的项目当中获得一些培训，这样非常有利于本土电影行业的发展。谢谢！

冯伟：最后一位演讲嘉宾，是我们君合律师事务所的律师黄荣楠。刚才我们提到了在创意、后期制作这一系列环节里面，中国电影跟国际上像美国这样比较重要的电影大国还存在一些差距。在我们今天下午论坛嘉宾开始讨论之前，有一组数据：在中国，电影票房占了一部电影投资回报的90%以上，在美国是25%，2006年的数据是16.7%，更低，因为这几年票房受到了网络发行和盗版的影响。从这个意义上讲，我们前面谈的中国电影产业链的升级，可能从技术、制作和其他的环节能够跟社会更好地接轨，能够制作更好的作品，营造更好的环境。但从版权保护上看，你们服务的一些客户，他们在中国做生意的时候最关心的是什么问题？在法律环境下，你们从律师事务所的角度有哪些值得跟大家分享的经验？

黄荣楠：谢谢，前面讲话的都是导演、制片人或者技术团队，为什么一个律师今天坐在了这儿？到第十五届上海国际电影节，我们已经为电影节提供了五年的法律服务，今年电影节才让我们坐到这里来，我觉得这有一个意义：在电影节的论坛上一个国家已经开始重视对于电影的保护或者创意的保护。刚才我听到唐季礼先生谈到他的"梦基地"的时候，他提到在法律服务上依然可以共享。听到这句话我非常激动，作为一个电影制片人能把法律服务提到非常重要的环节，我觉得是法律人的荣幸，当然不要把我和设备放在一起。

从我们律师的角度来说，我们被问得很多的一个问题是：中国目前的著作权法或者相关的法律，对于电影行业、对于创意行业到底有哪些保护？我不知道诸位昨天晚上有没有看开幕电影《画皮2》，看过这个电影之后有人问我一个问题，如果蒲松龄先生现在还活着的话，会不会说这部电影抄了他的小说。我当时想了一下，我的答案是：很遗憾，蒲松龄先生，中国的法律保护不了你。昨天我们看到的《画皮2》，和蒲松龄先生所写的《画皮》，它的故事表达方式已经完全不可同日而语了。

从国际上来说，不管是与贸易相关的知识产权协定，还是世界知识产权组织所预定的版权公约，里面提得很清楚，任何的创意都需要表达出来，法律保护的是他的表达形式，而不是创意本身。听到这个答案令人有点失望，好像我们电影编剧只需要做一个剧本改写。有一些编剧跟我说，他发现一些现象，有些电影公司表示不喜欢他的剧本，但是过了一年或者两年，这家公司拍了一部和他的剧本非常相像的影片。他问中国法律到底保护不保护他们的权益，我说中国法律保护，但你必须把想法用故事情节表现出来，一个剧本或者一个剧本大纲。

过去几年，中国的律师跟中国法院一样，对于电影行业所产生的新问题也在不断地进行学习。前两年在北京第二中级人民法院，对于被更改之后放映的电影，原来的制片人提出，这个剧本跟我之前的剧本是相似的。中国法律采取的是接触加相似的原则，也就是说在我们媒体行业内，特别在电影行业内，只要你与这些创意的内容接触过，你最后制作出来的内容和更改前的内容相似，中国法律可以进行保护。

中国的法律非常关注电影的行业，比如说我们的著作权法正在修订，上一次修订在2001年，这次大规模的修订正在开始，其中一些新概念正被中国法律所接受，我们的法律跟世界公约走得越来越近。同时有一个重要的法律是电影人所关注的，那就是《电影审批促进法》，今年极有可能推动人大立法。

现在很多电影、电视剧在字幕上都会有法律顾问的名字，君合律师事务所律师很荣幸成为你们的一部分，谢谢。

冯伟：我本人有很多问题想问，因为时间的关系，我把这个环节留给在场的观众，大家如果有问题的话，我们给四个提问的机会，最好是一个问题针对台上一位嘉宾，我们先把话筒交给现场的观众。

现场对话

提问：你好，我想问一下黄律师，我本人是从事电影、电视剧植入广告的业务运营工作的，我们会遇到很多问题。我们把商业的元素引进电影，就会出现很多矛盾，比如说像电影人可能只是关注在产品本身的生产上，它就不太关注我要怎样授权，或者我怎样完全跟商业结合。这样的话其实从品牌和企业的角度来说，需要很强的法律保护。跟电影制片人沟通不畅会对我们的工作造成很大的障碍，怎样让双方达成共识？很多法律条款在商业运作上是很普通的，但是在电影行业很难被接受，有比较大的差异。企业是不是靠谱，或者它是不是在商业化运作方面有很大的知识背景，您觉得这个问题常不常见，怎么解决？

黄荣楠：你问的问题非常具体，我可以从比较宏观的角度谈这个问题：一、中国的电影现在和商业的合作，包括和资本的合作越来越普遍，作为我们律师行业来说,也会碰到这些新的问题;二、从整个发展的角度上来看,一般来说,像这种大型广告公司和电影制作公司的合作,前期是会和导演进行沟通的;而更关键的,会因为投资问题和投资人进一步协商;最关键的是,这部电影如何把你的商业意图落到实处去。从我们接触到的情况看,虽然电影在投资过程当中非常需要资金的流入,但是观众在接受这些广告的时候会有一些抵触情绪。从广电总局的最新规定来看,如果广告商在硬的广告时间(电影开始之前的放映时间)不能让观众接触到广告,而需要在电影内容中接触的话,是需要思考的,并通过法律文本确定植入的时段、方式,除此之外,更多的需要广告公司和导演,以一种润物细无声的方式,让广告在电影当中得以体现。你碰到的可能是一些具体的问题,不光是签约本身,也可能在签约实际过程当中有一些具体问题,我们在论坛结束之后可以进行具体沟通。

提问:我想向维斯特贝卡先生提一个问题,你这个游戏开发非常成功。开发品牌实际就叫做电影后产业,我们中国在电影品牌开发上,还有与电影相关的游戏软件、纪念品、玩具、配饰,相对旅游开发弱一些,我想请您在这个方面给我们中国电影提点建议。

彼得·维斯特贝卡:你需要用全面整合的方式考虑,你要想想有怎样的品牌,看一下你的受众群体,考虑一下全面的情况,包括游戏、动画、电影、实物。你要研究怎样定价、怎样取悦你的粉丝,这是我们要考虑的。我们做一个玩具的时候要确保它是非常吸引人的,你只要意识到你是有粉丝的,然后你做的产品和服务都要体现你的品牌,忠于你的品牌。具体的问题我也说不了,你应该把你的品牌和粉丝放在心上,这样你就可以成功了。

提问:我想问一下克罗德·加侬先生,中国的市场在哪里,您怎样开拓市场?基于中国票房来讲的话,我们怎样打开这一块,怎样提升中国这方面的技术?谢谢。

克罗德·加侬:这是一个很好的问题,正如我刚才所说的,我们要有本地的人才。过去的五年里,我们的一些监制都是从国外找来的,他们可以住在北京,还有上海。我们要有很好的培训,要培训当地的人才。中国是有很多人才的,但是他们没有机会做大项目。有时候要花五到十年才能培养出相应的人才,他们才能够做视觉效果或者颜色修正等技术方面的工作，这要花很多的时间。只要有大的项目能够进来，有很多的视觉效果的公司进来，就能够帮助这个行业来创造一个这样的圈子，就能够培训下一代的电影人，这是非常关键的。

提问：你好，我的这个问题想请问一下丹妮尔·达迦尼，我看到您的工作经历当中有一块是针对电影项目的融资方面的。我想请问一下，如果你所拥有的公司现在没有很大的知名度，但是你希望真正做电影项目，然后帮这个项目进行融资，你怎样能够更高效地融资，这个融资方式的创新以及高效体现在哪里？谢谢。

丹妮尔·达迦尼：很好的问题，这取决于是中国的项目还是外国的项目。

提问：中国的。

丹妮尔·达迦尼：我觉得融资比较难的因素主要就是票房，所以很难说电影融资有固定的模式。但产品植入广告会吸引一部分的资金。

冯伟：上海在推进这个产业链方面是领先者，我们早先也谈到了，你们公司都在上海或者附近的地区有着业务。我最后有一个问题，你们有什么建议要给上海，怎样把上海建成电影制作中心，怎样建立一个很强有力的价值链、产业链？

丹妮尔·达迦尼：我还没在上海拍过电影，我觉得这里有很多有才能的演员。为了让这个行业发展，需要有各种各样的项目在这里运作，包括电影、游戏、网络等等。正如我刚才所说的，我们也需要吸引全球的制作人员，让这里培养出更多的人才，谢谢。

彼得·维斯特贝卡：我们在上海设了一个办事处，我们认为上海非常有可能成为中国的娱乐之都，我们尽我们一点能力去做，我们对上海是充满信心的。

黄荣楠：今年上海在电影业有两件大事，一件事是唐先生在浦东的"梦基地"，还有一件事是梦工厂落户在徐汇。

克罗德·加侬：把项目引进来是非常重要的，包括在无锡，或者你刚才所讲的那个地方，项目越多这个行业发展越好，就会有一个人才基础来支持国际项目以及国内项目的发展。

冯伟：我们再次感谢嘉宾的演讲，今天下午的论坛到此结束，在这里感谢上海电影节组委会给我们这么一个机会，特别感谢美国电影协会能够参与论坛的讨论，再次感谢各位演讲嘉宾，还有前半场的演讲嘉宾，谢谢。

当新浪潮遭遇航空母舰：华语片的救赎

长久以来，华语电影分为两股力量：一种为国内市场而做，即所谓的商业片；另一种，为国际口碑而作，即电影节影片。近年资金的迅速堆积，从终端开始为创作者打开了国内市场契机，一些独立制片也纷纷加入商业影片的大潮。

但是好景不长，中美新政推出后，好莱坞影片占据了越来越多的影院空间和资源，对华语片造成前所未有的压力，并更多地压向制造中等规模影片的年轻导演身上，也压向了他们的未来和华语电影的未来。另一方面，电影节市场的压力也压抑着这些创作者的激情：一些主流电影节认为，他们已经有些年没有看到优秀的华语影片了，国际口碑直指华语片的价值观。逐渐承担起华语影片大任的年轻甚至中年导演们如何直面市场，如何建立自己的行业话语权？面对市场是否一定要与好莱坞肉搏？直面市场是否一定意味着与国际电影节背道而驰？是否存在市场欢迎、国际电影节认同的影片？制片人、投资人面对严峻形势是否还会支持年轻导演，支持多元创作？他们在投资方向上存在哪些误区？创作本身又在哪个根本环节出了问题？积极面对，及时疗伤，或许便于更快速地走出困境。

本论坛将召集业界大佬和国际电影节重要选片人，共同对话年轻导演，头脑风暴华语电影未来。

■ 嘉宾简介

何平，导演

贾樟柯，导演

娄烨，导演

王小帅，导演

张元，导演

陆川，导演

管虎，导演

乌尔善，导演

王庆锵，香港国际电影节节目策划

庞洪，麒麟影业首席执行官

覃宏，星美国际集团董事局主席

江志强，万有引力电影基金投资人，香港安乐影片有限公司行政总裁

克里斯蒂安·热纳（Christian Gennes），戛纳电影节业务总监

主持人：各位来宾，大家上午好！非常感谢大家冒着大雨前来参加第15届上海国际电影节的产业论坛第三场："当新浪潮遭遇航空母舰：华语片的救赎之道"。好莱坞大片和华语影片将在未来呈现出什么样的关系？近年来在业界成为了热点话题。好莱坞大片正在越来越多地侵占着影院的空间和资源，对华语影片造成前所未有的压力，中国电影也因此面临着一个新的转型。如何共同构建一个更健康、更完善、更多元的中国电影产业，成为我们的一个共识。今天我们非常容幸地邀请到了一些中国电影的中流砥柱，他们是何平导演、贾樟柯导演、娄烨导演、王小帅导演、张元导演、陆川导演、管虎导演、乌尔善导演。

他们将共同对话国际电影节的重要选片人和业内的大佬们，头脑风暴华语电影的未来，助长年轻导演直面市场的能力。今天我们的对话方式跟以往的论坛有所不同，为了体现代表着中国电影中坚力量的年轻导演的导引势力，他们将集体出现在我们的台上，不同的是，他们将分别在两位导演的主持下，对话国际与国内的不同对象。在此我要特别感谢我的同行，来自戛纳电影节的业务总监克里斯蒂安·热纳，因为他刚刚忙完戛纳电影节还没有顾上休息，就一起来感受中国电影人的焦虑和热切，让我们欢迎他！另外还要感谢非常资深的王庆锵先生、我们的老朋友江志强先生、覃宏先生，还有新生代的制片人庞洪先生，谢谢你们对华语电影的支持和热诚，还要感谢国际制片协会的总干事，他尽管在上海只留一天，还是坚持来电影节现场，谢谢你对中国电影的热切关注，下面有请贾樟柯先生主持这场论坛。

贾樟柯：大家好！欢迎来到第15届上海国际电影节的论坛，今天是很难得的机会，因为这么多的导演和同行集聚在上海，一起来探讨无论是在创作还是在电影的发行上，我们所面临的整体的电影环境。近年来中国电影的确在一方面取得了非常快速的发展，去年、前年都有平均超过600部影片的产量，同时市场的整体增长也非常迅速，银幕数量增长非常快，但是另一方面也面临着严重的创作的问题，以及如何让华语电影能够在逐渐加大好莱坞大片比例的情况下，依然生存发展的问题。

中国电影的环境是瞬息万变的，特别是今年的四五月份以来，对中国导演来说，是一个非常危机的时期，正好六月份我们可以相聚在这里，倾听一下同行的感受，因为他们中的很多人刚刚制作完成自己的影片，即将进入市场，有的则刚刚发行完自己的影片，在创作和发行过程中一定都有很深的感受。

我们有请导演的同行，首先是张元导演，他刚刚完成最新的影片。另一位是王小帅导演，一个月前他的新片《我11》刚刚发行结束，他现在又有了新的影片。

还有一位是娄烨导演，刚在戛纳推出他的影片，现在重新回到国内制作影片。

还有陆川导演，他的影片《王的盛宴》即将上映。

还有乌尔善导演，这次上海国际电影节开幕影片《画皮2》的导演。

另外我们今天很难得的请到了两位长期跟踪、跟进中国电影发展的朋友，可以说是中国电影的研究者和观察者，来自戛纳电影节的克里斯蒂安·热纳。

还有香港电影节的节目策划王庆锵先生。

还有管虎导演，他的《杀生》刚刚完成。

今天如果我们要谈中国电影，可能千头万绪，所以我建议，还是从导演个人直观的感受出发，来谈一下他们对目前中国电影综合情况的考虑和感受。王小帅刚刚发行完《我11》，在发行制作过程当中你有没有什么样的感受要和我们分享一下？

王小帅：我说一点具体的感受，这次的《我11》，是第一次尝试中法合拍的片子，在确定档期的时候，得看法国那边，因为跟法国的发行方说好是先在法国发，然后再在中国发，这里有一些担心，就是我们的盗版问题，万一这边先发，盗版马上就会出来，所以我们等了很长时间，最终法国确定是5月9号发，然后我们才确定的5月11号。这次的发行还是跟我以往的其他影片一样，遇到差不多的问题，就是制作的经费已经放进去了，在整个的规划中并没有像我们大家所说的为市场和整体商业铺排的过程，营销的策略也没有。我们后来找到了福建的恒业发行，尝试做这个片子，他们借助影院阵地宣传，但我们这一块对引起影院和观众关注的宣传经费几乎是没有的。这次只能自己跳出来，用微博来告知大家有这样的一个片子，这个从宣传和告知的效果来看还是不错的，同时我自己的经验是这种片子不应该是立刻就上，不应该只在一个星期、两个星期的宣传和冲击后马上上片，观众可能根本来不及反应，所以我们提前了一个月一点点铺排，引起了一点点的注意。

我也很感谢所有的媒体朋友，他们希望中国电影能够做得好，不像过去那样只看衰。很多媒体都主动报道和采访这部电影。我从零宣传费的角度搅动了初期的进度，等真正进入到临发行的时候，恒业又利用之前发一些恐怖片、惊悚片的经验和渠道，也让这个片子几乎全国铺开，电影院都有可能接受，我也放心了一点。再往下走的话，我觉得我的力量就到这儿，没有办法深入了，具体到点的宣传我跑几个点后也跑不动了。发的第一天，发行公司告诉我的是有大概5000场，原来说到了6000场，我很高兴，但是实际上是5000场，对我来说，到现在为止还不知道这个5000场是不是实打实的5000场？我等了一天、两天、礼拜五、礼拜六……等到礼拜一出结果的时候，发行公司跟我说有点不妙，说票房是250多万，跟预期差得非常多。因为我之前的拷贝才40多个，但是这次数字拷贝做了1200多个，结果头两天出来票房跟《日照重庆》一样，我觉得特别奇怪。有一个信息说无效场次太多了，一个电影院就是一场，第一天不行就拿下，第二天再投，早上10点多两场，又几乎是无效场，实际累计不够，这次有一点点这方面的反差。这个时候我继续在一些地方跑或者通过一些媒体做宣传，明知做下去没有用，但是还要做，还要吆喝。当天晚上盗版出来了，很多导演遇到的同样的问题：高清下载。因为1.3K又只要12小时就解密出来了，但是不做1.3K铺不到场次，这是很矛盾的问题。

我在继续跑场次的时候，有的地方出现无用场，现在线上有盗版高清下载可以看，而我无能为力，所以在复杂的心情之下坚持把它做完。后来有很多网友、朋友来反馈，说你的电影要是拍得好看一点，我们自然会看，说商业的市场原则就是这样，只要好自然会多排，但是大家都不知道主控力不在我们手里。至于什么叫好看暂且不论，因为有各种不同的眼光和角度，但是这样的一种编排方法和遇到的阻力，我觉得已经超越了个人所能做到的范围。好在我们的片子会在法国发行，也卖到了多伦多，将来也都会陆续发行，它的回收点在世界各地，而不全在中国。我跟大家解释说，实际上我们进入这个市场，并没有像大家所想的那样我们非要跟美国的大片比绝对票房数，说它一上来好几个亿，七八个亿，一点不是，很多中国电影投资上很小，如果银幕数投放到市场时候有公平的原则，有契约精神，上1000多万应该不难的，而上1000多万对这样的片子就够了，

因为回来一部分,再加上电影频道、网络和海外发行,绝对是够的,而且是有盈利的。所以我对这样的电影还是有信心的,只是在未来我们要找出更好的办法。

贾樟柯: 我问一下管虎导演,因为在前几天的颁奖晚会上,管虎拿到了奖项,当时他说 2012 年以后中国电影会出现很危机的时刻。我不知道管虎导演在整个拍摄、发行和运作《杀生》的过程里面,包括对当下的电影环境,有什么样的见解?

管虎:《杀生》没有赚回钱,对我个人而言,这个事情很小,关键是怎么样继续往下走? 2012 年可能让我失去从业资格,结合今天的命题来说,这一点真的不是危言耸听。只能是自己安慰自己,又不是什么你死我活的事,有可能这段时间坚持住了,等到所谓大片成为一种常态,就有很大一部分余地让我们做自己喜欢的电影。

第二个,我也没有觉得在往前走的过程中,要把自己想要的东西扔了,这个过程还是靠坚持。我一直觉得我们这些人严格地说不算年轻导演了,最大问题就是自己,这不是胡说八道。问题多少是电影最重要的命题之一,严格地说我们每个人的电影都有很多问题,尽量把这些问题弥补上,生存之道可能才存在。

所以抱怨不得，还是从自己找点毛病，还是得一段时间的坚持，所以《杀生》不算很成功，但是对我来说是成功的，因为能总结一下自己。

贾樟柯：管虎的发言代表了导演的心声，我们希望从自身创作开始检查，然后通过自我反省来提高自己的业务和整体中国电影的制作和创造的水平。乌尔善这部影片马上就要进入市场了，这是一个奇幻类型的影片，也算是商业大片。操作这样一个明星云集，并且跟你以前的制作模式不太一样的影片，你有什么样的感受？特别是赶上了目前好莱坞电影数量增加给中国电影带来巨大影响的情况下进入市场，你们是怎么准备的？

乌尔善：首先我个人觉得好莱坞电影增加对中国电影来说是一件好事，它让我们必须有把自己变得更强的力量。因为我觉得只有置于死地才能后生，如果我们电影市场里面没有像这种制作非常精良、整个市场定位非常准确、观众愿意买单的电影，我们整个的院线发展和银幕的增长空间就没有了，从好莱坞电影里面我们应该学一些东西，我简单归纳了两点。第一是尊重观众，观众需要什么样的电影，需要什么样的娱乐？他们把这个放在第一位，我每次去电影院，我发现所有的年轻人，他们买票时的心情是：有美国电影，就去看美国电影。它们有一种亲和力，这个非常厉害，他们了解观众需要什么东西。

第二点是他们尊重电影，他们一直在保持着他们的工业水准，这个工业标准我非常佩服，我们看到的电影也许没有什么创新，并不是故事多么精彩，但是他们在制作方面一直保持比较稳定的水准。做《画皮2》的时候，我希望自己努力达到两点，一个是作为爱情魔幻的类型，要达到类型电影的品质，一定有它的质量的标准，故事要做成什么样，演员的组合要达到什么样，然后在电影技术方面，视觉效果、声音效果一定达到什么样的质量；第二是希望这个电影有文艺的情怀，里面所探讨的问题是要有人性价值的，我希望在商业电影里面把这两点做比较好的结合，这是一个尝试。这就是我的策略。

贾樟柯：管虎的发言代表了中国导演对自身创作的反省，乌尔善的发言给了我们启示：中国导演在创作的时候并不是不考虑观众，他们也会遵循市场规律处理自己的创作和题材。

本来今年7月陆川的《王的盛宴》要放映，后来又在微博里说要推迟，我想让他谈一下《王的盛宴》。

陆川：今天坐在这里看到电影导演系几届的同学都在一起，还是很感动的。我一直很纠结，我上台什么也不能说，说了我下半年也不能放了。特别对不起覃宏，覃宏两次电影掏了大把钱支持我，我希望这次能平安过关。我跟乌尔善想法一样，十几年前我在电影学院的时候，我觉得让好莱坞电影进到中国来，是符合市场规律的，要把电影交给电影本身，而不是交给政治。我觉得不应该把电影当做一个非常重要的宣传工具，而是把电影作为一种娱乐的媒介或形态，还给大众，这个很重要。今天我面临的这个问题，其实其他导演在生命经历中也曾经或多或少遭遇过。实际上这个电影是一年前拍的，是去年11月份，当然我们不能预测今年发生的事情，做完之后，出了问题，当然非常遗憾。但是我知道这应该是短暂的，所以我觉得确实没话说，不知道该怎么说。我觉得会有机会出来的，可能现在要做的就是等待。

贾樟柯：我们可能马上会想到娄烨也面临过同样的问题，但是不一样的是，他今年又重新回归到中国电影市场。我看你在戛纳访谈里面说你想做潜类型，你对于中国目前电影创作和生产有什么样的观察？

娄烨：潜类型不是很好做的电影类型，而是与国情结合起来做的真正的类型电影。我在找方式，回来的感觉是，在中国当导演太苦了，什么事都得管，都得承担责任。这是我第一次感觉到这一点，而且我觉得有点纠结，导演工作更多的应该是拍电影，如果说太多压力存在或掺杂在导演工作里面，会影响影片导演的工作，这是显然的，也会影响档期，没法干活，我们也不知道怎么来解决这个问题。几个问题都集中在一起要同时解决，比如说印鉴、市场配额，所有的同时放在导演面前，肯定也放在制片人和销售商面前，这个我们需要找到一步步解决的办法。

贾樟柯：我问一下张元导演，《有种》怎么样？有什么感受？

张元：电影局通过了《有种》，虽然通过了，我还是要讲关于审查的问题。我们在聊天的时候，讲到在几个地方永远不要说审查的问题，中国和北朝鲜，还有伊朗，就这么几个地方，说了也没用。我曾经目睹过韩国有这样的先例，韩国是在96年之前，94年左右开始解除电检的。韩国人数不能和中国比，韩国只有5000万人，但是，在这么短短的十几年，整个韩国电影的发展或者影片的数量，包括他们整个的振兴度完全和中国不一样。中国现在审查的问题不解决，又不进行分级，在某种程度上是非常伤害观众的，我觉得这个是目前影响整个中国电影制作发行最大的一方面。讲到中国和好莱坞之间的关系，事实上，好莱坞电影在某种程度上是全世界都面临的问题，像法国或者德国，任何欧洲的国家或者说整个亚洲，都面临着好莱坞电影这个问题。但同时好莱坞电影好像又给我们带来了一定的繁荣，因为好莱坞影片使电影院增多了，但是事实上现在中国电影在整个市场上的份额到底有多少？是很少的，可能是10%到20%，从这种情况来说，我们怎么样去面对这些问题，也不是我们今天一两句话能够讨论的。

贾樟柯： 克里斯蒂安·热纳因为选片的工作，会长期往返中国，也一年又一年地看中国最新制作的影片。对于从工作的角度接触到的中国电影，你自己会有什么样的感受？同时，戛纳电影节作为全球最重要的电影之一，对选择电影的标准和自身节目设置有什么考虑？中国电影在其中是什么样的角色？

克里斯蒂安·热纳： 刚才我们一位同事提到了韩国的例子，确实是，韩国最近这几年不管是在质量还是数量上，都有长足的进步，原因就在于韩国对电影产业、电影文化的重视。首先是产业，电影可以提供很多的就业，并且有很多的盈利，必须要承认这一点。同时电影也是一个国家的文化，一个国家必须要保护自己的文化，这种保护并不是说反对外部世界。刚才大家说到了好莱坞电影，我觉得并不是要去攻击好莱坞电影，我们应该采取的角度是保护自己的电影，使我们自己的电影能够存续下去。

像中国这样的国家，不管是在电影院的场次还是在电影政策上面，应该怎么样来保护？我们首先来看看拉美、法国或者韩国都是怎么做的。这种保护并不是说自我封闭，而是要给观众一种多样化的观影感受，不管是大众化的还是娱乐性或者商业化的，都要培养一部分观众，让他们能够有能力、有条件去观赏一些更加难懂，或者要求更高的电影，我们不能认为观众只是想看电影而已，必须要培养他们观赏电影的能力，使他们接受所有的电影类型。一部电影到底如何才能成功？没有人能够找到万能药，没有人有秘诀，应该是天时地利人和的作用，但是我们要尽可能创造这种可能性。电影产业的每一个方面都是很重要的，比如法国或者是韩国，商业电影上取得的成功，可以允许他们有资金来帮助一些其他类型的电影。而目前因为中国正处在巨大的转变过程中，对于电影发行或者说上映方面的问题，我们必须要帮助电影院或者强迫电影院，让他们去放映一些高质量的电影或者观赏水平更难更高一些的电影。因为这些并不是和商业电影相敌对的，而是一种培养观众鉴赏能力的过程。

我们的电影院不仅仅要去放那些娱乐性的电影，而且也要放一些反映真实问题或者以现实生活中的一些比较私密性话题为主题的电影，这两者并不是完全分开的，要把他们联系起来。回到戛纳电影节上，我们不能忘记的是，戛纳电影节的评选标准还是非常高的，我们需要在1800多部电影中选出20部进行评选，整个评选的过程是非常严格的，我们对每个国家的入选电影并没有限额，比如说今年我们参赛电影中没有中国，没有德国，而实际上德国已经有18年没有参赛电影入围了，德国应该说是欧洲非常重要的电影大国。所以我们这种国际性的评选，是面向一个国际的过程。和所有的其他国际电影节一样，我们的目标是找到在一段时间内，我们所认为的在全世界范围内制作最好的电影。我们并不是一定要找一部中国电影或者德国电影放在参赛当中来，每一年每一个国家电影产业的状况都不一样，而且不同的电影之间有互相竞争的关系，有几年美国电影曾经有一到两部入围，另外几年则没有。

贾樟柯： 我有两个小问题需要追问克里斯蒂安·热纳，您谈到了韩国电影，在我们看来他们所谓的艺术电影和商业电影一样蓬勃，你认为商业电影和艺术电影有怎么样的相互关系？它们是两个隔离的世界吗？

克里斯蒂安·热纳： 我认为并没有泾渭分明的区别，两种类型之间要互相取长补短，艺术电影展现的主题获得了一定的观众，而娱乐性电影也可以重新用这些主题来吸引更多的观众。所以不能把它们看成是对立的敌手，导演既可以做非私密性的电影，同时也可以拍一些难度大的电影，但是也可以把一些难度大的电影拍成大众性影片，因此它们不是对立的，不是敌手，各种电影都有生存的空间。归根到底是由观众来看电影，观众有看各种电影的可能性。

贾樟柯： 谈到法国电影，您能具体来讲一下有什么样的政策或者措施在保护法国电影，同时又不是对抗性、抵御性的，而是良性的保护？

克里斯蒂安·热纳：好的。法国的电影体系中有一个法国全国电影中心，它一大部分是得到国家的资助，同时通过电影票生存的制度：有一个电影的票税回归到法国电影中心，通过法国电影中心帮助电影制作，可以使剧本获得第一部电影制作的成本，它也可以帮助国外的合作拍片，也可以帮助发行商——得让电影发行，这个很重要，也可以资助电影院，为什么要帮助电影院？今天主题之一事怎样保护电影院，某些电影院获得实验电影的标签，因为这些电影院必须播放一定的法国的或国外的艺术实验的影片。因此法国政府资助电影行业各个环节的机构，从电影写作到电影放映都可以得到资助。并不是说法国的电影是非常好的，法国人也会批评自己的体系，但有一个好处就是在实践中证明它是有效的，这是成功关键的之一。

贾樟柯：王先生作为香港电影的节目策划，对于中国电影一直在长时间地关注。我想了解的是，从中国快速市场化的这几年，你观察中国电影有什么样的变化？

王庆锵：我觉得中国电影的变化是朝好的方面走，大概几年前，中国电影状况还是一个哑铃,一端是很大的投入,另一端是努力的制作,中间基本没有电影的工业,现在慢慢看到从哑铃的状况改变成为橄榄的状态,中间电影工业慢慢建立起来了。我们说美国电影工业状况比较健康,因为像橄榄,工业庞大,很多导演进入到工业里面。从过去10年、20年看中国电影的发展,有很多做独立电影的导演,但是他们对独立电影不是那么有兴趣。他们觉得导演做个人的作品是最重要的,所以我觉得从我的观察里面,有很多导演不太喜欢做独立电影,不是他没有机会,是因为中国没有电影工业,就几个人可以做独立电影。现在中国市场慢慢建立起来,越来越多的电影公司,愿意投钱进入电影业,从这个角度来说,这是很好的改变。

贾樟柯:我们第一轮发言结束之后,再回到刚才提到的问题。首先第一个问题:从我们导演同行的角度,我们自己反省自己的创作或者中国电影的创作的时候,又是一个什么样的经验?从创作上,你所期待的类型是什么?这些类型能不能得到实现?还是先从管虎开始。

管虎:我只能是针对自己,可能我是觉得无论独立制作的还是主流体系,非常大众娱乐化还是充满个人情怀,都没有关系。关键是从我们的角度还是从电影本体上找问题,我同意娄烨说的,首先把自己变得单纯一点,很多事情让别人做,尽量让别人扛着,自己变得单纯以后还是找自身的问题。票房不好,无法对付好莱坞,根本上还是自己的事,只要做到了,无论面对怎样的观众群,都能做到,这就是自己的生存之道,现在再不补就来不及了。

乌尔善:我是非常明确地要做类型电影,但是要做有作者风格的类型电影,因为我每次去电影院,看到排片表上都是美国片,我接受不了,我希望都上中国电影,而且排满。我现在的项目都是在主流类型里面,希望我们能够运用好自己的长处,比如了解自己国家民族的文化,知道这些观众的喜好,因为他们就是我们的亲朋好友,我们是在和自己家人对话,对于这些我们有自己的优势。然后能不能在电影的形态上面有所创新?我觉得我们在座的都是电影学院各届毕业的同学,我们对电影本身还是有要求的,即使是商业电影、主流电影,还是希望在每一个电影本体上都要有所突破和创新。

另外我们还有一些很文艺的需求,希望电影能够容纳一些人性的思考,所以我自己的一个想法是希望能够把娱乐价值和人性探讨自然融合在一部电影里面，我觉得这是我的理想。

陆川：今天这个论坛的话题很大，它涵盖了产业的机遇和挑战，也包括了每一个导演个人的突破，一个突围，所以要讲起来有一点茫然。从我自身来说，从在电影学院做研究生开始，我一直是一个好莱坞电影的研究者，也是希望能用好莱坞电影的那种语言。当时我做的论文叫《体制中的作者》，因为在中国做导演没有办法离开这个体制，或多或少都会成为这个体制的受益者或者说一个跟体制博弈的作者，如果你还有良心的话，就要成为这么一个作者。好莱坞电影的语言是尊重观众的，它的制作也是尊重观众的，它不会强求你去受一次灵魂的教育，但是它可能会主题比较单一或者不断在翻拍经典的东西，它有它的问题。但是好莱坞电影并不一定是美国电影，实际上是吸取全球电影工业的精华力量做它自己的东西，每年的电影节是选拔或者发现新人的地方，用它的方式——电影，来统治其他的文明，现在的结果是它做到了。所以，一方面我觉得好莱坞电影进入中国市场，对于我们所有的创作者来说，是一次非常大的挑战，因为我们已经习惯了导演中心制，习惯了我们去向观众布道，向他们讲述我们的情怀，习惯了我们的优越性，当市场化赤裸裸站在我们面前的时候，我们不得不面对这个。不光是制作，我们要向他们学习态度，因为每一部电影的票房都是观众用手投票出来的。

我和院线的人聊的时候，他们也觉得委屈，他们觉得自己在支持中国电影。好莱坞电影进来对创作者是一次比较好的正面的冲击。但是还有一个问题，比如我们理解电影，问题是否就是能不能与好莱坞竞争？这个也在论坛上提出过。你可以消费历史，可以让古人像科幻电影一样飞来飞去，在树梢上、房檐上飞来飞去，但是想认真复原历史的时候出了问题，而好莱坞可以这样做，好莱坞电影可以拍恐怖片、惊悚片，可以摧毁洛杉矶，但是类似的电影在中国不能出现。我说一个简单的要求，就是你们可以责备我们的这些导演，说我们做得不够好，但是在我们想努力的时候，你们有没有给我们平等的空间？好莱坞可以拍什么，也允许我们拍什么，同样的题材，也可以拍到中国电影里面，让我们有正常竞争的机会。我特别同意管虎导演的说法，2012年对于中国电影市场是非常危机的情况，如果我们在每一个电影季都失手了，到年底怎么办？因为资本是趋利的，这是残酷的现实，一个趋利的资本可能就投到好莱坞市场了。我记得韩国电影好的时候，我认识的几个朋友他们不投中国电影，一直投韩国电影，比如《哭泣的拳头》，背后的资金都是中国的。明年中国电影怎么办？还会有600部戏吗？这些问题需要我们思考，不光是鞭子打在我们身上，我也自己反省自己创作的态度和方式，包括《王的盛宴》，坦率地说，我跟覃宏说我还会剪，等到放映的那天，故事会更加漂亮、更顺畅，而不是充满那么多想法，想法放在电影里面是导演自己的事，但是首先还是要讲漂亮的故事。我最近在剪这个片子，我们会改变，观众想这么看故事，我们就要把故事讲得更漂亮。

除了导演要改变，是否别的东西也要做改变？能够给我们更加宽松、平等的、舒适的环境，不光是让两三代电影人坐在这儿，是不是后面还有导演会有机会拍电影，而不是只拍网络电影，拍所谓微电影？这个真的是要大家有一种危机的感觉，因为我真的觉得非常危险了。

王小帅：非常不幸陆川又说对了，我正在拍微电影，我们俩在一块拍微电影，这个事情很有意思，可能有人说我们是一对怨妇。那就说点高兴的事，因为最近在等《王的盛宴》，我在鸟巢做了一个秀，是音乐剧，这个肯定特别好，请大家到时候看一下。东边不亮西边亮，没有问题。其实不是怨妇，就是当怨妇也得上来当，所以欢迎下一轮导演也加入怨妇团。人家鲁迅笔下的怨妇还对祥林嫂带有同情的态度，揭露的是背后吃人的社会，所以我们要是怨妇的话，这个文章不好轻易写，要注意政治态度。小贾，我已经知道你的良苦用心了，把我放在中间，这边听到了很多好莱坞、很多市场化，这边有很多危险，所以我这边这个手强烈支持陆川，包括管虎。但是另一边是市场化研究，把观众放在第一位，研究任何一种类型片的生产规律，怎么做到漂亮，然后形成对大众的交代。我一直这样觉得，一个国家没有电影工业，其他就不用谈了，像80年代那样光谈探索片也不行。所以现在工业起来了，这半边肯定是这样说。

这半边导演也要检讨自己，我们要拍什么电影？这是小贾问的根本问题，首先我们一定要把电影拍得好，拍得精到一点，但是还有一点，拍什么？就我个人认为，我们当下的中国电影，导演对现实问题集体缺位，集体失语，妄对了电影这两个字，这是我们现在的状况。我昨天看到小刚同学说我们没有故事输出，我们是制造毒牛奶的国家，有什么理由往外输送价值观，完全同意！但是电影要直面事实，能不能在电影内容上尝试好莱坞的各种类型，惊悚片、恐怖片、动画片、儿童片、穿越片都行，假如说问我拍什么？我要直面现实，让电影话语权不要失去。能不能拍，让不让拍，牵扯到审查问题，又牵扯到市场准入问题。我作为导演要直面这个问题，同时希望社会能宽容一点，让导演有话说，对我们社会起到一点作用。所以我两边走着，一方面我特别赞同主体电影工业的商业构架，但是我也希望在我们国家目前的情况下，大家都不要言必称商业，这个国家还是趋利的，短期效应才会出现生活当中看到的这么多东西。

我认为不管怎么说，资本主义社会其实还是为了商业，都是人吃人的社会，这是以前说的，但是多少会披着一张文化的皮，我们现在连文明古国这张皮都撕掉了，价值观失去了，大家赤裸裸在竞争。所以我自己两边都在思考，一方面要把电影拍好，一方面我也希望能够拍到我想拍的电影，能够拿起电影这支笔记录时代，记录现实疾苦、人们的希望、人们的心情，所有的这一切。

贾樟柯：我代表广大网友提一个问题，让娄烨回答，伊朗电影拍得很好，你怎么看？

娄烨：如果说北朝鲜也出了很好的电影或者得了奥斯卡奖项，我们就向北朝鲜电影学习，这是不对的。因为每一个国家有每一个国家的问题，但又有一些是共同点的，我比较同意陆川的说法，我觉得王小帅有点过分强调导演在这个行业里面的作用，因为这个行业不是只靠导演支撑，还有制片人、销售商，还有院线，这些共同构成了行业，然后推动这个行业的合理。

王小帅：我已经说了我的左手已经赞同（这个观点）了。

娄烨：这两边还不够，因为接下来还有。电影是一个产业，有各种工作人员在里面工作，我完全赞同管虎，我们必须检查自己的自身问题、创作问题，创作问题涉及到一个自由问题，怎么给我们的创作更多的自由？又涉及审查问题，另外还有电影院的管理配额制。是不是能够规定电影院在一定时间段内，只放中国本土的电影？在转型期间，能不能给一个机会？这涉及到市场的配额问题，叫义务上映制。还有一个老问题就是分级问题，能不能保护一下未成年的观众？所有这些问题是在10年前甚至15年前就已经提出了，而为什么到现在，一直到市场开放了，好莱坞进来了，然后我们再来重说这个问题？为什么不能通过这 10 年逐步解决这些问题，而到今年都快死了再重新说这些问题？这牵扯到我们各个部分的人，因为我刚才说不只是导演，一个国家的电影行业不是完全靠导演来支撑的，还有很多别的工作人员在，包括电影审查，包括电影局，包括广电部，都要帮助整个国家的电影行业往前走。所以我们必须想想能不能完成这个任务？共同努力，大家都要尽力。

张元： 我讲一下我和几个发行公司之间的关系。因为我一直觉得要坚持拍自己喜欢的电影，但是我觉得也有可以发行得很好的，例如拍《我爱你》，那时候于冬的博纳公司刚刚成立。包括他自己的家人都一起提着拷贝，我们跑了差不多十几个城市，电影投资200多万，最后卖1400多万，将近1500万，这是他们公司发行最早的电影之一。我们和国外合作，最早发行的是我的《妈妈》，一部投资很小的影片，到今天在有的地方，像东欧还在不断地收钱。所以我觉得坚持自己要拍的东西，并不见得没有市场。再举个例子，我也拍纪录片，拍的《疯狂英语》，本身投资很小，但是我们卖给日本的公司，也是发行娄烨《苏州河》的公司，版权费不算高，但是在他们的电影院放了一年时间，赚了很多钱。做自己想拍的东西并不见得没有市场，问题是应该怎么做。

贾樟柯： 刚才几位导演的发言，比如管虎导演谈到了导演要简单一些，把更多精力放在创作里面，也要求电影工业的同步水平要提高和完善，跟娄烨观点接近。我也特别认同乌尔善导演的看法，他认为我们无论拍哪一种类型的影片，导演对电影都是有要求的，对于电影美学，对电影艺术质量要有自觉的要求。

上半场由我主持的对谈，涉及到了创作，涉及到了影响创作的审查制度等。下半场交给何平导演，请上来覃宏先生和江志强先生，从制片人的角度和导演做一个对谈，我们特别感谢克里斯蒂安·热纳和王庆锵先生参与到这个讨论里面。

何平： 贾樟柯导演主持的前半场非常精彩，我一直在听，我都不想上来做主持人了，我想继续听下去，因为很多导演都有很精彩的发言。下面我主持这一段主要是我们要跟一些制片人做一些对话。我看了一些微博的直播，说如果没有审查制度，这个题目估计会叫魔都电影导演制作大会。还是希望大家能有充分的交流。现在中国电影的问题有三大冲突，这三大冲突由来已久，一个冲突就是我们整个中国电影工业，包括内容，跟审查制度和电影体制的冲突；第二个冲突就是中国电影，尤其在今年，和美国大片在市场上的撞击与冲突；还有一个冲突就是中国的一些有要求自我表达的艺术电影，在市场上，跟发行人、跟广大的最基本的观众的要求的一个冲突。

我觉得最重要的是中国电影如何能够继续生存下去和走下去？所以我们今天请到了非常著名的两个制片人，一个是江志强先生，每年都来这里参加论坛，还有一个覃宏先生，星美的。这两位制片人对中国很多类型的电影，都有着非常广泛的支持。他们不仅拍大的商业电影，也拍非常文艺的、非常另类的、有探索精神的小的电影。所以我特别想听一下投了很商业的好莱坞电影，也投了非常艺术的这些电影的江老板，从投资角度、从市场角度来说一下经验，跟我们大家一起讨论下。

江志强：我自己投电影从来不站在一个每一部电影都要赚钱的角度来看，我经常都觉得电影一定是有赚有赔，所以没有给自己每个电影要赚钱的压力。我相信不应该只拍商业电影，还是要有不同电影的生存空间。我觉得商业电影很重要，因为观众喜欢看商业电影，但电影不是单单只有商业电影，陆川导演说了，很多观众要培养，艺术电影的观众是要培养的，对我来说这是非常重要的。

何平：今年年初的时候，听到覃总讲，他会尽量多地通过院线支持年轻导演或者艺术片的发行，所以想听听覃总在这方面的考虑。

覃宏：我跟江志强先生的意见有点重合，他一直是我学习的老师和榜样，我们俩投资电影的风格都差不多，我们俩一块做了《最爱》。对电影来说，先回到主题"华语电影的救赎"，我觉得这是很悲壮的，对于我来说，好莱坞电影是非常优秀的，这不可否认，它的好看程度远远超过本土电影。在大环境下，现在的标准是内外有别的，这个需要突破，我们需要政府在很多方面上对我们进行支持，有些事情是我们做不了，包括电影立项审查制度，包括垄断问题，包括盗版问题，包括好莱坞电影档期的问题，直接对中国本土电影进行了巨大的冲击。因为好莱坞的大制作非常优秀，基本上不怕盗版，而且他们没有盗版，而恰恰本土电影是讲故事取胜的，反而盗版对我们伤害最大。对于垄断问题，刚才和江老板聊了《最爱》的电视版权问题，这么好的优秀电影只能卖给一个频道，价格没有办法谈，50年的版权。《杀生》这部电影在投资上失利了，一个好的电影如果在版权上持续操作，在国外是不会担心赔钱的，通过版权买卖，包括网络这一块，成本是可以回收回来的。在中国就是一锤子买卖，这需要改进。至于审查问题，它是不可回避的，从王小帅导演的第一部电影《青红》开始，我就是电影局的常客，广电局见我过去就头痛。包括管虎导演的《杀生》等等也是一样。广电部领导干部对我们有很大支持，但是他是个人，不是体制，我们需要体制上的变化来支持我们，给我们宽松的环境，这样才能拍出我们想拍的电影，这是非常重要的。

现在中国电影处在非常关键的时期，我们的银幕数到现在估计是11000到12000，比几年前要高出很多。但是还没有一个能够具备风险发行的资源，所以现在所有的院线基本上映的都是同一部影片，电影院压力非常大，都是同档期的影片，没有进行差异化放映。我和江老板在中国本土电影里面，尽量给国产影片、艺术电影更大空间的排映，但是杯水车薪，我觉得好的电影我们应该支持。还有现在电影局的电影专项资金返还问题，虽然一直有政策支持电影专项资金，但怎么补贴电影院？怎么奖励一些电影？都也是问题。陆川导演的《南京！南京！》拿到过，但是没有做到公开透明。这方面应该加大力度，随着中国电影票房增长，今年可能会有180亿的情况下，8个亿的电影专项资金，如何用来公开透明地支持中国电影？

刚才听到说广电部对放映没有硬性要求，其实是有要求但没有太硬性，太硬性的话，很多观众就骂了，不是好事，应该靠利益靠市场解决问题。希望广电部把电影资金加大力度与比例倾斜到电影院对支持国产影片放映的补贴上来，他们没有经营上的压力才会支持。

何平：4月份以后，很多导演，还有中国电影导演协会，跟广电部、院线还有发行公司商量，如何能够在政策、税收方面向中国电影有所倾斜？主要的原因是我们必须要在很残酷的现实面前生存下去，坚持拍中国的电影，无论是商业电影还是艺术电影，要使中国电影更加多元，面临这些市场的挑战。下面我问一下庞洪，作为制片人跟乌尔善导演合作的《画皮2》，在去年做这么大投资的时候，还没有新的协议，很多在去年投资的片子，今年计划发行的日期都可能有所调整或被打乱了，因为有新的中美的补偿协议。你觉得应该怎么面对新的挑战？

庞洪：实话实说，这部电影我们去年做的时候，有一点前瞻，说得有点自夸了，因为我不是新人，我是宁夏电影制片厂从业20年的电影人，《画皮1》也是我做的。

当时我觉得一定要跟老百姓,跟观众产生共鸣,因为我们地处宁夏,相对比较落后的西部,我们这种自身的危机感可能更多一点。所以在北京这么多年来,我也是一直在摸爬滚打,对市场有自己的探索。好莱坞电影也不是今年才决定要引进的,实际上中国加入WTO的时候,就已经知道一定会到每年有50部进口片的地步了。大家说到产业的问题,我比较赞同乌尔善导演,还有娄烨导演的观点,我觉得一部电影是综合的,可能这么多导演就只有三位制片人,比重不太平衡,希望有更多优秀的制片人,制片人服务于导演,帮助整个剧组,帮助整个项目从规划到策划到制作,方方面面都有权衡的考虑,腾出更多时间让导演拍出片子,我们了解市场,了解政策,可以规避一些审查。作为制片人必须要考虑如何适应于市场。

在这次我们做这个片子的时候,不仅仅考虑到了要做3D,甚至像乌尔善导演说的,我们要把工业里面的自身力量加强。我认为过度保护的政策,实际对我们这个产业发展是不利的,像中国的经济也是一样,改革开放之后可能是有一些痛,有些让我们压力过大,但是确实在改革开放之后学习了很多,引进了很多,交流了很多,像我们的汽车工业、电子工业等方方面面,大家有目共睹,包括电影也是一样,需要开放,需要学习好莱坞的制片管理经验、剧本创作经验、宣发营销经验。如果这个项目只是单一从票房来回收,这个压力可能会很大。所以我们这次做《画皮2》时,我总结了《画皮1》所没有做到的,比如游戏,《画皮2》做了6块游戏。IT行业这10年来发展迅猛,游戏行业已经达到年产300多个亿左右,而我们电影才刚刚100亿,未来的电影一定是科技加艺术,所以我们也不必太担心美国的电影。我觉得我们一定要有敢于面对,而且要有一种学习的态度,包括让我们自己的从业人员提高素质。过去我们请港台的制作团队做,因为他们敬业,我们不如他们。但是近几年来,年轻从业人员进步非常大,学习港台,学习好莱坞,跟他们进行合拍,进行合作,我们不比他们差。

这次我和乌尔善的合作,使我更有信心。因为像我们引进了很多西餐到中国,但不管是川菜也好,粤菜也好,中国人还是喜欢吃中国的菜。在中国的大片市场上,我们一定能够找到自己生存的空间,为广大的观众能拍出他们喜爱的电影。我们制片人和导演要来权衡关系,规避所谓的审查。因为我可能是国有厂出来的,对审查制度部分了解得多一点。制片人必须帮导演把握这个度,否则等到导演把片子拍完了,你再说这个不能用,那个不用,这可都是钱啊。作为制片人,要为广大的观众负责,这是当一个制片人必须具备的素质。

何平: 谢谢!刚才贾樟柯导演当了上半场的主持,我相信他也有很多话要说,因为我们知道他是一个很好的导演,而且他也做了很多戏的监制,同时也是制片人,领导着他的公司,每年要拍很多电影、微电影等等。

贾樟柯: 我延续刚才导演们的话题,我们谈到市场的时空问题,我一直困惑,不知道这个问题该请教谁?不知道江先生能不能解释这个问题?比如有一些影片需要市场培育时间,1周、2周、3周……让观众了解,通过口口相传使大家去看这部影片,但是目前对于导演来说这样的机会没有了,因为一上片一两天马上被拿掉,这时就会有一种说法,说这是市场的原则,这是市场决定的。但是另一方面,比如说我们的电影在法国或者欧洲其他国家,更加边缘化,因为是"外国电影"。但只要片商答应上片,最起码第二周会有饱和的排片,为什么不是这样?是因为缺乏市场原则还是市场原则就是这样的?

江志强: 我想只是因为盗版的问题,中国没有办法解释盗版的问题,现在的非法商家很厉害,很多电影根本没有排片空间,就是第一天上片网上就有了高清版下载。这个功夫应该好好做,现在很多电影没有空间,是因为观众觉得没有必要看了,在网上可以看,所以只要把非法下载的问题解决,所有电影都会有空间。全世界都有小众电影的发行方法,我们在香港就做了很多成功的电影,去年我们做了非常成功的《三个傻瓜》,上片的时候只有几家影院,最后几家影院放了6个月,拿了1000到2000万票房。就算我们给你空间,观众也不会给你时间,他们第二天在网上就看到了。影院是很实际的,有票房、有观众就一定会演。我不相信观众不看,现在影院往往都是6、7个厅,但是观众不来看的原因是,在网上已经可以看到了。答复你的问题:我们一定要解决非法下载的问题。

覃宏: 盗版是我们所有制片公司最头痛的问题,我们每年都会采取特殊方式进行处理,1.3K当天流失出来,可以租非法黑客公司封杀它。星美同样加大力度解决盗版问题,尤其对于艺术片,如果观众可以在网上看、在家里看,进电影院的需求就基本没有了,电影院压力很大,100人的厅,观众只有一两个,是没有办法排片的。还有我们所有电影院放同一类型的电影,压力很大,也有竞争,在盈利的情况下,根本没有艺术片的空间。如果没有人看怎么拿出空间放映?这是不可能的，对中国来说，盗版问题，尤其对于在座的导演伤害是最大的。

何平：盗版问题确实已经说很多年了，但是我觉得政府在这方面的力度的确是不够，另外我也想给在座各位解释一下，大家总是说 1.3K 和 2K，因为 1.3K 数字标准是中国自己定的，这个标准不是国际的，后来美国和全球的数字发行定了 2K 标准，因为 2K 标准有一个数码的水印密码，不容易被盗版。中国院线使用 1.3K，密码非常简单，没有数字水印，所以盗版非常严重。我们想说很多的导演可以拍不同类型的影片，我们知道陆川导演、乌尔善导演等等，拍纯为市场服务的和一些希望能够接近观众的电影，即我们说的商业电影。当然还有娄烨导演、张元导演、王小帅导演等，要坚持拍自己理想的电影。无论拍什么样的电影，我觉得要找到合适这部电影的发行方式，是你在这个市场上存在的最重要一点。江老板讲的在全世界有很多发行文艺片的方式，比如说在单一影院放很长时间。很早以前我拍《双旗镇刀客》的时候，在香港一家影院放了 50 多个星期，在一家影院能够放 1 年到 1 年半，作为小成本电影可以赚很多钱。王小帅今年能不能采取这样的方式，或者娄烨下面的影片，还有张元导演，是不是可以跟院线谈，不要按中国现在的分帐惯例，在一家戏院进行单独的利益分配，做一年或者半年的长线放映？你们原来有没有考虑过这些事情或者想不想用这样的方式操作自己的作品？

王小帅：考虑过，这也是我们最初设想的方式，因为中国没有艺术电影院，我们只能在这样一种商业的多厅电影院，或者尝试找一个厅，像上海说要给几个厅成立艺术院线，但是在实际落实上很困难。江老板也在这里，我第一次也是跟江老板的百老汇影城说，我就给你独家，不在全国发了，我们做一个协议，但是后来没有办法具体实施，没有得到回应。所以没有办法，你还是被逼着做常规化的发行，我们目前为止还没有这方面的渠道。

另外刚才说的关于排片的问题，确实电影是由观众看的，这是电影的特色，但是好像我也听说，在其他国家，在影院排片上有一种契约精神，一旦进入了以后，某一个厅是你的，在一段时间里面，一个星期、两个星期，它的排片是固定的，假如说一天有六、七场，到了晚上场次是固定，不能随意调整，一直到一星期以后再看有多少观众看。这样观众有一个星期、两个星期时间，这个礼拜没有时间，下个礼拜再看，知道这个礼拜 5 点有一场，调整为下个礼拜 5 点看。上次跟徐小明导演聊台湾制片人，这种契约精神在他们的影厅里面占据了份额，其他国家也是，美国电影进来，不可能满厅都是它，最多占两个厅，其他5、6个厅也有别的机会，在单厅的放映是不是对盗版有好的控制？

覃宏：在日本和香港可能有这个方式，但是在中国，盗版一出来，这么长时间放映的可能性就没有了。我们在电影审查方面那么严格，但是从来不管盗版，这个特别奇怪。

何平：这的确是一个很大的问题。江先生有什么高招？能够出一点主意给在座导演，怎么发行他们的影片？

江志强：中国的电影市场，我经常用海外的地方来比较，刚才克里斯蒂安·热纳也说到，在全球范围里，看艺术电影、另类电影的观众需要培养，不是一天就出来的，我说一下我在香港的一个经验。在十几年前的香港，我们没有艺术电影，后来开始引进艺术电影，我们很多导演去香港油麻地开了艺术影院，一开始非常难，但是我们坚持做了十几年，到了今天香港才有一些固定的看艺术电影的年轻人。这十几年的经验告诉我，看艺术电影的人是需要培养的，不是一天两天就可以有了。首先我觉得在中国市场里面，我们的电影刚刚才开放十几年，在座有很多非常优秀的导演，但是观众真的要培养，要用不同的渠道、空间培养这些观众，将来才可以谈怎么发行艺术电影。现在中国什么都变得很快，但是否可以一下子变出很多看艺术电影的观众们？这个不可能，今天有没有答案给你？我说没有，是不可能有的，告诉我在北京有多少观众看艺术电影？真的很难说，上海到底有多少？我也说不出来。以前有很多很优秀的电影，到底在网上有多少观众看这些电影？我们当年在香港做的时候，每周播一部电影，我们导演和观众、学生对话，通过十几年的沟通，慢慢引渡观众看这种电影，这个过程是非常漫长的。

今天中国有没有艺术电影观众？真的没有，大家继续努力，我相信将来电影一定有观众，不是每个人都只看商业电影，会有人愿意在电影里面吸收年轻的东西、不同类型的东西。观众一定会喜欢这一类的，我相信还有时间，在这个时间里政府要做一点事情，我们作为制片人也要努力，导演也一定要努力，这个东西一定要看未来。

何平：我们说完了艺术电影，接着说说商业电影，因为像乌尔善导演、陆川导演都曾经有过很好的作品，尤其陆川的《南京！南京！》在市场上反映非常好，虽然是战争片。这个必须是要坚持的，我们要有一部分导演服务于市场，要坚持自己对电影的认识。我想跟陆川导演讲一下，你拍大制作电影压力很大，作为导演，而且又不像低成本电影，要有庞大的宣传计划。据我了解，大陆的宣传成本越来越高，甚至高过了整个影片成本的30%，这么大的宣传成本，你们的新片耗资1个亿，又要投入市场营销，成本是巨大的。在巨大的成本下，你们的压力肯定跟这半边的导演不一样，你和乌尔善导演讲一下在这种压力下的感想。

陆川：每次来上海电影节，我都被定义为商业导演，但是每次在美国放映的时候，他们认为我是艺术片导演，这是很有意思的。我个人的梦想很大，我希望自己能够做像科波拉的《教父》那样的电影。我从电影学院毕业出来，对电影精神还是有追求的，《寻枪》到《南京！南京！》，这个希望没有变。乌尔善说的作者精神，跟我们大家是一致的，我们认为对抗好莱坞实际上是在不同层级上的对抗，我们不能用一种类型的纯艺术片或沙龙电影翻动航空母舰，我们也用正面的层级对抗他们。今天缺席了很重要的宁浩导演，我们在做类似于在大众消费的层级上的正面抵抗，说我打败好莱坞是痴人说梦，因为他们有非常优良的制作习惯、工业体系和包容的心态，我们不可能打败他们，但是我们能有尊严地跟他们比试一把。《南京！南京！》在他们那儿放的时候，虽然给了荣誉，但是他们认为这是艺术片，是小片，从《南京！南京！》到《王的盛宴》，我感谢覃宏，感谢星美，给了我两次做的机会。我希望在剪接上做到和他们相匹配，如果在市场上观众买票花了80元，就不能是小电影。

至于情怀，是可以包装的，每一个电影都有情怀，但我们在市场上不能用情怀进行抵抗，我们用制作抵抗。给星美也好，做自己的戏也好，希望能够坚持自己，提高自己，最近一直在改《王的盛宴》，其实已经做完了，但是还在重新改，因为我一直在看国外的影片，我也看了国内的导演兄弟在4、5月份上的影片。我们确实不是在拿一类电影对抗，所以给了我很大的触动，我坚信《王的盛宴》能上，所以在上的那一天，情怀不聊了，至少在制作上不丢脸，这是我想做到的一件事情。

何平：乌尔善导演前面一部《刀见笑》拍得很好，放在市场里面不是最差，也不是很好,这是很残酷的现实。这次肯定制作成本高了很多,《画皮2》这么大的制作,包括这么大的特技量放在市场里,你觉得自己压力有多少?

乌尔善:现在没有什么压力了,我的压力都在制片人身上,因为我完成我的电影,我的工作就结束了。刚才陆川导演说的话,因为我们俩在学校是一个楼,我们经常在一起讨论电影的事情,我从电影学院到现在产生了非常巨大的变化。他的毕业论文写的是科波拉。我是艺术片影迷,但是毕业以后做了十年广告,一直看这个市场,我们在学校里面讨论的问题并不是我们在市场上讨论的问题,是完全不同的东西。现在我们的观众在"一日三餐"还没有饱的情况,如果我们讨论"下午茶"和"夜宵"的事,对他们来说有一点高了,因为现在观众的"一日三餐"被美国电影提供了,自己的电影好像没有提供给观众基本的娱乐。电影存在的基本意义不是形而上的东西,因为电影诞生在马戏团和杂耍场,娱乐特质是存在的第一个依据。后来我希望做类型电影,通过类型电影和观众建立可以交流和共鸣的平台,在这之上再做其他的。

2010年和庞总第一次见面的时候谈了《画皮2》这个项目,我说想做类型电影,但是你们是否只是为了榨取《画皮1》的剩余价值?如果你们想这样做,我没有办法配合,我希望这个电影要有商业价值,但我们也要做创新的作品。他们用实际行动支持我,《刀见笑》是六七百万的电影,《画皮2》到了一亿五千万,增加了二十倍投资。但是一开始的时候我们已经有了共识,就是认真地研究类型电影的创作规律,从剧本的策划、市场的定位到观众群的选择,得到判断以后再组织剧本,因为剧本不是写出来的,是一种设计,电影创作更像建筑师,从使用功能到美学,到自己的人文价值都要考虑。因为前面建立了共识,所以后面碰到问题的时候一起面对,创作问题由我来解决,如果有市场和资金的问题,则由制片人解决,所以一直合作到现在,非常默契,而且彼此非常认同,这是很珍贵的经验。很坦率地把自己的想法说出来,不是因为他有钱,而是因为我们有了拍电影的共同目标,他有钱,我有创作的能力,我们共同达到一致的目标。

何平:很多年来,包括媒体和一些圈内人,都把市场压力放给导演身上,但电影产业是有分工的,像乌尔善导演讲的,我们负责创作,我们负责把整个产品,无论是按工业标准,还是按艺术标准,完美地交给制片人。制片人负责他在市场上的营销、风险和投资回收,承担所有这部影片的成功与失败。但是我们有一个误区，总是把制片人的功能在这个产业里面做最大的削弱。

陆川：我特别想加一句，就是我确实觉得这次拍《王的盛宴》给我触动特别大，前前后后吸取了很多教训。覃宏是我合作多年的制片人，从他身上能够看到，中国制片人对导演真的很宽容，因为我跟覃宏一起玩了这么多年，他对所有导演都是这样，给了导演最大的支持。这次我觉得我们确实在每部影片上都面临不同的问题，目前《王的盛宴》确实面临着上映时间的问题，在这种情况下，坏事也可能会变成好事，我们能更加沉着冷静地看这个市场。原来影片中间要梳理一下，在这个空间中我做 IMAX。观众养成了看好莱坞大片的观影习惯，不管是商业片还是艺术片，内容为王，我们做到好的内容让观众来电影院看片。一个拍了八个月的片子定义为商业片是不对的，但是我对《王的盛宴》很有信心。

我比较激动，我觉得到这里导演要克服的心态就是撒娇心态，这次不能再撒娇了，要长大，因为你面对的是共同的对手，不能再觉得导演就得怎么样，你面对的是体制，面对的是强大的入侵者。我以前觉得花覃宏的钱是应该的，因为我给他很多东西，但是慢慢走下来我也很心疼他，虽然《王的盛宴》我也很有信心。什么时候上大家都不知道，通过这一部戏，我学到了很多，我会改变我创作的方法，我会用工业的方式做下一步电影，这是我这段时间考虑的问题。坚持的东西不会放，而且要坚持得更好，布置更好，不超期，按照工业的方式，踏踏实实不撒娇，做老老实实的电影，理想不能变，这可能是我现在想说的一个事。

王小帅：刚才陆川说了，江老板一直在说艺术片的市场，关心这个问题，实际上我觉得今天已经不单纯是这样了，压力来自于所有中国导演要面对的自身怎样创作、怎样做多类型片子的问题。中国很大，文化传承和商业考虑都要存在。但是遇到问题不光是自己说，每次探讨也不是为自身，是为整个中国电影。从今年四五月份看出，已经不单单是独立电影或者艺术电影会产生压力，而是现在我们的工业在面对未来时也要去思考怎么办？考虑类型化以及它内容的宽容度，我们说的是整个行业。

贾樟柯：我觉得今天我们在这里讲这么多，有一点，华语电影目前的危机是整个行业的危机，不单单是文艺片的危机，同时更是商业电影的危机，覃总深有体会，审查的问题不单单是艺术电影的问题。《王的盛宴》也来了，市场的危机和审查的危机同时出现在所有类型的中国电影面前,这是一个真正的新的情况,一个目前真正的问题所在。

何平:2012年确实对中国的电影和电影人有极大的挑战,我觉得今天这个论坛非常好,我们用掌声感谢台上在座的所有嘉宾。也谢谢台下坚持了这么长时间的听众,非常感谢!今天到此结束,希望你们继续听明天的论坛。

寻找新模式：当电影和新媒体第二次联姻

  2011年的上届论坛，还在热烈欢迎新媒体成为中国电影的幸福蓝海。时隔一年的今天，随着微电影的横空出世和电视连续剧的迅猛上线，电影眼前的这片新媒体蓝海一夜间变成了红海。

  但是，电影和新媒体的二度联姻是必然的，而且两方面都已经表现出迫切性。新关系的建立，要有更高明的方法与模式作支撑。新的模式在哪里？有必要请传统产业精英与新媒体英才们共同头脑碰撞，寻找并建立一种有建设性的、多元的关系。作为电影的延伸院线和长尾效应，新媒体也在谋求自身的地位更新，两者是否可能建立一种互为上下游、相互兼容并蓄的共赢关系，并衍生出更多更新的模式，将是一门新的功课。

■ 嘉宾简介

  王冉，易凯资本首席执行官
  龚宇，爱奇艺创始人、CEO
  于冬，博纳影业集团总裁
  刘春，搜狐副总裁
  朱辉龙，优酷土豆副总裁
  顾颉，国泰君安证券副总裁
  古尔图·马维斯（Gurt Marvis），狮门影业数字媒体部门总裁
  金宇，中金分析师

主持人： 大家好！我们今天产业论坛的题目是"当电影和新媒体第二次联姻"。记得在去年的第 14 届上海电影节上我们讨论了"发现蓝海"这个题目，内容是电影新媒体的发行渠道。但是一年以后，这个产业环境发生了非常大的变化，随着微电影的崛起，以及电视剧网络版权的跌宕起伏，整个电影新媒体发行环境也发生了很大的变化。

在本届电影节上讨论电影的新媒体合作是非常有意义的。大家也知道，上海国际电影节向来非常注重与新媒体的合作，这几年不仅推出了手机电影节，而且还和国际上一些知名品牌的展会进行了跨界合作。比如说今年三月，我们在巴塞罗那和世界移动通信大会组织了一个影视以及新媒体发行的产业论坛，我记得爱奇艺的 CEO 龚宇，还有优酷的首席技术官姚建先生去了巴塞罗那，跟我们一起讨论过一些相关的问题。今天我们请到更多的嘉宾来到了我们的现场。

首先我要介绍的是易凯资本的首席执行官王冉先生，他既是我们本场论坛的主持人，同时还会从资本角度谈谈电影和新媒体新的拓展渠道；爱奇艺的 CEO 龚宇先生；还有来自于传统电影行业的巨头于冬先生；刘春先生大家都非常熟悉了；朱总是优酷的；顾颉是国泰君安证券股份有限公司副总裁兼资产管理公司董事长，国泰君安要特别介绍一下，今年是我们电影节的合作伙伴，同时我们也听到一个好消息，接下来会他们会在整个电影基金方面推出一系列的产品，为助推中国电影产业的发展贡献力量，所以我们也掌声欢迎顾总。

最后介绍一下古尔图·马维斯，他原来是狮门影业分管新媒体的副总，但他如今的身份是狮门的顾问。为什么有这样的变化？我们从去年开始邀请古尔图·马维斯先生来我们电影节论坛，当初他在做一些新产品的研发，今年他果断地离开了狮门，自己开了一个公司，做什么呢？全媒体剧，同时也推向一些传统的媒体，甚至推向大银幕。狮门公司那么好，为什么要自立门户？他说："我有五个孩子，他们分别从四岁到十七岁不等，我发现我的五个孩子不看电视，他们只是从 iPad 和 iPhone 上面了解这些内容，我要为我的孩子制作内容。所以我还是决定自己要开一个公司。"

昨天我征求他的意见，这些事情该不该告诉现场观众和业界人士。他说，你说吧,这是我为什么要开公司的最重要的理由,但是你一定要告诉大家,我目前是单身,这样大家对我的同情度、关注度会进一步提升。我们把掌声送给他,他是从美国来参加论坛的。

我们现在就把这个话筒交给王冉先生。

王冉:我原本想作为热场,请每位嘉宾和各位打一下招呼的,一般打招呼是在层次比较低的论坛,大家才会做的自我营销,讲自己公司如何如何,所以今天我们不会往那走,我稍微变换一下,请各位嘉宾每人给在座各位推荐一部电影、电视剧、短电影,或者微电影等等都可以,就是他们最近看的,觉得还不错的,可以是自己公司的,但是最好不是自己公司的,作为一个跟大家打招呼的开始。

龚宇:《人在囧途》、《唐山大地震》。首选是《人在囧途》。因为投资这两部电影的资金相差悬殊,但是在网站上面看到的浏览次数几乎是差不多的。因为刚才提到了全媒体还有新媒体,这个流量的数据能给大家一些启发。

古尔图·马维斯:《饥饿游戏》,不知道在中国有没有上映,对我来说是非常有趣的电视节目。在我们美国,有很多电视节目是专门为网络新媒体所创作的,专门在这上面投放。

于冬:还没有发行的电影能说吗?

王冉:能说。

于冬:很期待现在正在上海拍的影片,就是《大上海》。这部电影是刘伟强监制,王晶做导演,文隽做剧本统筹。大家知道这三个人当年是最佳排挡,拍了《古惑仔》等很多好电影。这既是一个重组的概念,也是一个怀旧的品牌。我觉得更主要的,是周润发又回来了,他和黄晓明,演得非常好。

王冉:刘春?

刘春:最近半年看过的印象比较深的一个电影是于冬和刘德华演的《桃姐》。
另外一个我爱看的电影是魏德圣的《赛德克·巴莱》。这小子肯定因为这个名字在中国少赚了很多票房,但我特别爱看,就这两部。

朱辉龙：我觉得一部好的电影，画面本身就是语言，我最近看了两部好电影。一部是大家可能在闭幕式会看到的《建筑学概论》，我在韩国的时候看的，尽管电影是韩语，我都可以猜出下一集是讲什么的。有人说，你还懂韩语？我真不懂，但是我可以猜出。还有一部是《桃姐》。我觉得这个世界有很多瞬间的爱，但是很缺乏长久的爱，这两部电影里面都有长久的爱，淡淡的、浓浓的爱。

顾颉：在座各位都跟这个行业有关，但因为我们是赞助商，所以我有一点像打酱油的。最近看美国一个新出的电影《大而不倒》，讲08年金融危机的故事，我觉得拍得非常不错。反过来，我在想我们中国的电影也好，电视剧也好，基本上拍得都是离我们比较远的时代的事。比如说我们能否拍拍"四万亿计划"是怎么回事，我相信肯定有收视率，当然我们有很多禁忌，所以没有办法拍。

王冉：我们这一场题目叫做"当电影和新媒体第二次联姻"，我也不知道第二次会从什么时候开始。先从新媒体说起。我跟在座各位，除了顾总以外，其他都比较熟。我今天的任务就是挑事，让他们互相打起来，咱这一场就热闹了。

既然挑事，就从新媒体开始，从视频开始。朱总，你觉得，优酷、土豆合并之后，视频行业的格局基本上已经定下来了吗？

朱辉龙：我觉得还没有吧，我觉得还在往前摸索。因为目前国内视频领域还没有盈利，尤其是在座的我们三个，把视频单独切出来算的话，还没有盈利，还在摸索。

王冉：我旁边这位是爱奇艺的老大。

龚宇：朱总很有智慧。他要是说定下来了，我们自己内部就先打起来了。现在这个还需要一定的过渡期。

王冉：最近我们看到一个现象，所有的这些视频公司都开始做自制内容，这在美国也一样。所以也许在我们谈之前，可以让古尔图·马维斯先从美国的趋势讲起。在媒体这个行业，毕竟美国还是做一个市场领先的经济，有一定的借鉴意义。

古尔图·马维斯，我们知道在美国有很多网站开始自己做一些视频内容，但您是否可以跟我们介绍一下美国的情况？传统的内容提供商，比如说电影制作公司等等，是如何重新打造自己的业务模式以及面对新媒体带来的挑战的？

古尔图·马维斯： 对。我觉得最大的挑战，就是如何让在线提供的这些内容带来现金的收益，特别是在美国的市场，像 Netflix 这种公司，之前是提供 DVD 租赁，可以通过快递把 DVD 发给你，然后你付钱给电影制作公司，或者其他内容提供商。之后 Youtube 用了一亿美元来创作自己的一些视频内容，完全是独家的，最近又说要再用两亿美金来推进自己原创内容的制作。大家知道在美国市场上，新媒体也处于发展的早期，新媒体通过网络内容所获得的收入跟电视、电影等传统媒体的收入相比，真是小巫见大巫，但我们觉得还是有巨大的机会。

王冉： 比如说 Netflix 已经开始投入三亿美元资金制作自有内容，开始用好莱坞一些大牌的明星。这在中国其实也在发生。

龚宇： 美国的情况我们只是从一些媒体报道和一些论坛上得知一二，决策者真实的目的我总是觉得跟媒体报道的不太一样。咱们以国内的情况来讲，视频网站做原创内容大概两种类型，一种是节目类的，比如说综艺；还有一种是剧类，包括微电影、电影、网剧、电视剧。两种情况完全不同，对于剧类，我觉得网站是要做，但是把这件事当成自己一个重要的投资去做是非常不现实的。如果真的这么想，这个决策者，我觉得他做了一个非常错误的决定。

如果把这件事当成解决内容价格上涨的办法，我觉得也是错误的，完全不对的。

为什么？中国做剧，无论电视剧还是电影，市场化程度非常高。我们这种都是二把刀，是做互联网、做媒体、做渠道的，然后做内容，在短时间内不会有高水平的作品诞生。从中长期角度来讲，可以发展，但绝不是现在短期要做的事情。

但是做节目不一样，最好的节目都在中国的电视台，而且做节目和网络电视台，无论从政策、法规还是广大用户的行为习惯，与做剧类差异巨大，网络在这方面可以有一些机会。而且可以起到一定的拉低价格、丰富内容、体现自己品牌的作用，还可以从满足自己用户需求的角度来考虑这件事。

王冉： 你们网剧也在做。今年有几部？

龚宇：去年一部，今年估计三部。

王冉：每部多长？

龚宇：最长的有 30 集。

王冉：优酷的想法呢？关于自有内容、自制内容。

朱辉龙：关于自制这一块，可以简单说一下优酷的情况，还有我对自制的理解。因为传统制作节目的公司不太了解网络的语言，所以目前大家看到的是各个网站在做自制节目，但我认为这是暂时的。现在这类网站擅长做互联网，不擅长做剧。有一天，各个专业的机构，比如说于总他们的公司，对网络语言熟悉以后，他们才是真正的生产者。从新媒体来说，我觉得未来像于总这样的，可能做微电影的出品人。为什么呢？因为微电影的核心更多是客户的需求，其中最大部分是广告主的需求，还有一个品牌的需求。

王冉：我们还要回到微电影这个话题，能否简单介绍一下优酷自制的计划。

朱辉龙：优酷每年都有计划。比如说今年有一个《美好 2012》，这里面有 4 个大师级的导演，有 8 个年轻导演，16 个青年导演，一块来拍不同的剧。

王冉：刚刚龚宇说对于视频公司，自制剧是很小的一部分，不能依靠自制，这个你们同意吗？

朱辉龙：我觉得自制剧表面上流量比较大，但是它的流量在整个网站的占比是比较小的。

王冉：还是得依靠……

朱辉龙：比如我们购买的影视剧。

王冉：刘春，从你的角度来谈一下，你以前在传统媒体，现在又到了新媒体。

刘春：我基本赞成龚宇的意见，我觉得在影视剧方面，目前互联网的自制，更多的是一种战略性的尝试，或者是一个拾遗补缺。而且我后面会说到，这一块现在存在着很大的问题。由于整个中国都有对新媒体的焦虑，所有的传统媒体,所有的制作机构都试图使自己新媒体化,都想有一块新媒体业务,因而产生了巨大的泡沫。一个电影制作机构拍了两部微电影,好像就新媒体化了;一个电视台做了视频网站,好像就全媒体化了。这给市场带来了巨大的泡沫。

由于中国电视台是事业化体制和行政管理,所以拥有很多的空间。中国电视台的变化很有意思,在2005年之前主要是拼定位,当时三个电视台很成功:凤凰、湖南、安徽。近五年中国电视台几乎全部都是拼爹的时代,成功的电视台都是所在的区域经济实力非常雄厚的比如江苏、上海、浙江、山东、深圳、天津、北京。现在整个中国的电视台,前十位在进行大制作,后二十位基本就没有什么戏可唱,因此市场上还有大量的节目空间,这些节目空间,互联网视频是可以跟进的。

我想还有一个问题,互联网视频现在主要的引领模式还是广告,栏目的方式比较容易用广告销售进行回报,而微电影很难,包括网络剧都很难。

我还想说一句话,不管电视台自制栏目也好、自制影视剧也好,归根到底都要尊重影视的一般规律。这在国外也有教训,前不久我到Youtube公司,记得他们曾经豪情万丈地宣布做16个频道来自制节目。可当我问他们的时候,他们矢口否认,仿佛这个事不存在。我猜到了,他们一定做得不好。所以不论对于自制栏目也好,还是对于自制影视剧也好,互联网必须怀着虔诚的心,或者专业的追求。

王冉: 于冬,刚刚说很多传统媒体的公司有这种焦虑,你有吗?

于冬: 我估计大多数都有,但我好像还没有。我觉得作为拍电影的公司,博纳影业这几年一直在大银幕市场,这条好像是不归路的路上拼搏。去年中国电影市场迅速扩张,这个速度是世界之最,今年有希望实现170亿的票房,我觉得在未来三到五年的时间,中国电影的总票房会过三百亿,这是没有问题的。我们用一句话来说,就是:市场真好,但没有好节目,缺少好节目。

我一直有一个观点,我今天也想说一下:我们必须建立我们强大的前市场,才会有强大的后市场。我们如果现在不在自己主流的电影银幕上面放映我们本土的优秀影片,那我们的电影就没有未来。大家要了解,去年我们新增银幕是三千多张,多了将近51万张座椅,现在还在增长,尤其在习主席访美之后。现在60%的银幕都可以放映3D,而且还在增长,今年估计会到70%的覆盖率。

遗憾的是,我们现在的国产影片在这60%的银幕上面跑不起来,现在跑的都是西片。我们国产影片一进来就是小厅。最明显的是今年的五一档期，一批新生代导演，除了宁浩导演那个先在中小厅跑，后来换到了大厅，其他的则是直接在小厅上，很快就下档了。大屏幕放什么？3D版《泰坦尼克号》、《超级战舰》等，这几部西片一上，四月份97%的银幕市场票房属于西片，只有3%国产片的份额。

大家可以算一算，我们现在在前市场，投资了全国51万张座椅，单座平均两万块钱，就有一百个亿的投入，换回来的是西片在我们主流市场的快速路上奔跑，而我们本土电影，现在是拱手相让这个市场。所以这是一个很突出的问题。

对于博纳这样的公司，首先看到的是一个市场机会。市场真得很好，不是没有观众买票，周末的时候，大家都排队观影，观众人数是持续上升的，而我们票价没有多少降幅。所以这是一个蓬勃发展的电影消费市场，有庞大的观影需求，世界为之羡慕，而且还会有十年这样的增长，这是令人期待的一个市场。

王冉： 在你看来，你核心聚焦的还是电影院这个渠道？

于冬： 今天因为聊新媒体，我想说，我们必须要在能够把电影魅力充分展现的大银幕市场里抢夺观众，而这批电影在首轮影院放映完了之后依然能在新媒体渠道上面有它的强大生命力。

王冉： 现在越来越多的本土观众，无形中已经建立起一种观影心理，或者观影心态：我到电影院是看特效的，只有好莱坞大片才值得到电影院看，国产片就在家看。尤其最近这一段时间更加明显。现在可能是碟，将来会有新媒体付费渠道。这个对于国产片来讲，是不是新媒体更重要？

于冬： 国产片大部分是以内容、故事、剧情取胜的小成本电影，新媒体是它们现在唯一的一根救命稻草，这些电影在大银幕是跑不起来的，在电影院很难有比较好的票房成绩，很难。像《失恋33天》，是百年不遇的一回。我们真正抵御的是好莱坞34部电影。这是什么概念？大家老觉得西片是20部的时候，真正卖座的也就那10部左右，除了《哈利·波特》、《变形金刚》这些片和它们的续集，另外10部比较一般，国产片可以打败他们。这种观点是普遍的，包括政府官员，都觉得我们本土电影很强，你看人家冯小刚动不动就有一亿美金票房。但我一直觉得，只要你放开了这个市场的需求，引进份额增加到34部，这另外14部会在明年、后年凸显出这个观点的矛盾所在。因为好莱坞是全球最优秀的电影制造商，会根据中国市场定制产品，很快，中国市场喜欢什么，比如《泰坦尼克号》这种爱情片，好，一大堆这种片子会进来；特效的，不一定喜欢，那就靠边站。而且好莱坞明星资源这么多，全世界的优秀导演都在好莱坞拍戏。

这对中国电影市场的压力是非常大的，在明年、后年会凸显这个矛盾。

龚宇：于总说的是票房市场，除了于总说的形势非常好，我有另外两个特点想描述一下。第一个增长率，是和过去相比，但是相对于其他国家比较成熟的电影市场，这个基数太低。中国互联网行业的两座大山，第一个腾讯，第二百度，这个我记得很清楚，去年收入145亿，比中国电影票房高15亿。百度的净利润66亿，66亿已经很大了，但还是在中国排第二位的，排第一位的要大很多，今年的增长率还是很高，可能到70%以上。这是一个特点。

第二个特点，票房。大家更多抱着看特效、听效果的心态到院线，这样给中国电影产业造成了巨大的麻烦，就是说我们成长得还不够强壮，如果去跟好莱坞直接去拼效果、特效、大投入、大制作的话，一下就把我们的弱点暴露出来。我刚刚说的《唐山大地震》、《人在囧途》就有这两个特点。90年代中国PC产业开始发展，当时是什么？联想在卖AST286，现在这个品牌早死了，没有了，后来它强大了做笔记本，现在也做大功率、大功能的服务器。

我就联想到电影产业，如果真的因为各种各样政策性的问题，好莱坞大片来了，对于像《人在囧途》这种投入少但很有创意，不是靠效果来吸引观众的国内电影，新媒体可能是一个很好的渠道。而且随着未来新媒体能力的提高，会变成一个重要的补充支撑中国电影产业，逐渐地强大以后，再做一线大投入的电影。

王冉：你感觉付费电影什么时候能够做起来？

龚宇：这个非常痛苦，没有办法预测，我已经预测几回了，每次时间到了，还是没有起来。有两大困难：第一是盗版，第二是支付方式。

王冉：现在国产片的盗版现象相对于好莱坞来讲，就你们来看，是更严重，还是相对来说好一些？

龚宇：关键不是这个。为什么？中国的电影院线是四周到六周之后可以网上观看，好莱坞大概是四个月到六个月以后可以上中国的网，不管是不是收费的。

这么长的时间，盗版DVD也好，网络盗版也好，遍地都是，想看的大部分已经看完了，时间差导致盗版已经把市场全占了。

王冉：在好莱坞，院线上线之后什么时候能够在网上观看？

古尔图·马维斯：时间越来越短，一些低成本的小电影，基本上是同天上线，或者差一天上线。刚才也有提到，这个行业，传统媒体和新媒体不是相互矛盾的，他们是可以共存的。当人们有家庭影院的时候，很多人感觉好莱坞电影人要失业了，但事实上并不是这样的。大的电视屏幕出现的时候，很多人说不会去电影院看电影，但事实上也不是这样的。

新媒体对于电影的威胁，我觉得并不会大于家庭影院等等，其实他们是适合不同的听众、不同的观众。

王冉：其实对于一般人来讲，新媒体可能带来了更多的方便，所以人们会花更多时间在新媒体上。

古尔图·马维斯：对啊，我觉得你说得对。但是我有讲过，就是在20年前，你是不是可以到哪都带着你的电视机，到哪都有电视机？所以我觉得，现在的新媒体，好比以前的电视一样。在好莱坞，我们就会讲所谓的第二块屏幕，比如说你的iPad，或者你的手机。对于我的小孩来讲，现在第二块屏幕已经变成电视机了，而第一块屏幕是他们的手机。屏幕是什么无所谓，只要有更好的内容就可以了。

王冉：这个内容有多样性，比如有一些内容是专为iPad提供的。

古尔图·马维斯：好比电视和电影一样。在出现有线电视之前，美国只有三个不同的电视网络，现在已经有两百多个，因特网其实也是一样的。我觉得就是内容多样性的问题。

王冉：简单说一下，古尔图·马维斯从他自己小孩的经历可以看到，确实现在的新生代越来越多地在iPad上面生活，但这并不意味着传统的电影公司就没有自己的市场，内容就是内容，好的内容会在各个品牌上面被消费。

最近提了很多新的内容，像所谓的微电影。但是我挺好奇的，我记得去年也是在上海电影节上，王中军说他一开始也听不懂什么是微电影，他最后总结了一下，说微电影就是低成本的电影，短一点、成本低一点，就是微电影。我不知道，从你们新媒体角度，你们对于微电影比像博纳这样的公司考虑得更多。微电影和传统意义上的短片，因为短片已经有无数年了，它们有什么本质的区别吗？

朱辉龙：我觉得微电影跟短片的差异是，短片更多是网友自己做着玩，微电影是由专业机构介入、专业制片人参与制作的传统意义上面的短片。过去电影导演一拍就是大片子，但他们现在也做这种短片，这就是微电影。

王冉：短片以前也有很多专业的制作人做的。

朱辉龙：很少。

刘春：我觉得微电影的产生完全是因为微博的崛起。微博崛起以后，很多的词前面就加了一个"微"。微电影有三个特点，第一个是成本更低，第二个是时间更短，第三个是没有门槛。关键是第三个，因为在中国电影都是大投入，这样会阻拦很多人的电影梦，微电影给各行各业的人提供了机会。我今天在来的车上还听到，台湾最近兴起了微电影热，范玮琪和她老公就在拍微电影。微电影的好处是很多人都可以触摸。这一点像什么？好比纪录片，过去纪录片用胶片拍摄，后来用摄像机拍摄，后来 DV 的出现，使得很多民间人士都可以进入纪录片这个行业。

王冉：是不是还有一个区别，所谓短片，基本还是一个电影，只是短一点，但故事是完整的。微电影有时候只是一个片段，起码现在很多我看到的微电影就更像是一个小品，当然有更强的广告植入色彩，这是现在大家唯一能够看到的商业模式。我不知道有没有这样的情况？

刘春：我感觉没有一定之规，微电影肯定受到了商业广告片的影响。可口可乐、奔驰都做过一些。现在很多广告公司都在大规模地制作这样的微电影，但是没有谁规定微电影不应该有一个完整的故事或者只是小品化。之所以小品化，是因为我们现在有一种非常不好的制作心态。

第一是运动化的心态，好像发起了微电影运动，我到处都可以看到微电影节，前段时间一个公司跟一帮中国很有名的写小说的人，比如韩寒弄过一个微电影的活动。我就问他们，你们自己拍一部电影的话，可以拍好吗？可能拍不好，但是他们可以做监制。

第二个问题是所有人都认为微电影只在互联网播放，所以抱着一种玩的心态。有时候也不错，但是专业的精神、故事的严谨、人性的塑造等等一般的追求就差很远。所以我特别希望未来微电影能够更加专业一点、严谨一点，朝着人文电影的方向发展，这样可能对于中国电影在商业大片的挤压下，多一些补充。

王冉：说到人文电影，如果没有广告植入，将来微电影模式是什么？

于冬：微电影就是一个销售渠道的问题。它收费的来源是没有的，除了广告商给钱拍广告片。如果电影公司出钱，就做某一个大电影的套拍，目的是为了给后面的大电影做铺垫，25万一集或者30万一集。

王冉：包括最近听到微电视剧。

于冬：对，这都是一种，不能独立成为一个大的人文电影。跟戛纳电影节短片比赛还不一样。

王冉：现在大家谈微电影更多当做广告片延展的概念，而不是当做电影的概念来做。古尔图·马维斯，在美国有很多网络剧、网络电影，他们是不是被看作真的电影？还是一种广告的延伸呢？

古尔图·马维斯：我觉得它主要还是作为一个市场营销的手段，这是今天的情况。它们需要花的注意力比较短，如果质量比较高，就能成为大家想要的东西。

王冉：看作是开胃的东西，不能成为一道正餐，是不是？

古尔图·马维斯：传统的电视，比如说在美国，它每个段落是六到十分钟，然后中间会有一个广告，有很多人认为网络的内容也可以利用同样的形式，比如说分成不同的段来放。所有的广告，在美国都是非常有争议的。有一个网站，可以跳过所有的广告，所以很多公司都在起诉它。现在有微电影这样新的技术，可能会让广告商考虑不同的方式。

王冉：顾总，因为刚刚我们说了，我们知道今年证监会排队上市的影视公司至少十几家，你觉得微电影对于资本市场来讲是有意义的概念吗？

顾颉：说实在的，微电影的资本市场不成熟。现在在 A 股，上市的一类是华谊、光线这样制作类的公司，还有一类像乐视网，比较典型的，跟优酷差不多的新媒体公司。今年以来，应该说这个资本市场明显地比较青睐新媒体，像乐视，包括优酷在美国涨幅都比较大，差不多有百分之五六十的涨幅，而像华谊这些，原来可能发行市盈率比较高，跟增长的匹配程度稍微差一点，所以上市以来都是下滑的情况。从市盈率上面也可以看出来，乐视有 70 多倍，华谊从上市一百多倍现在已经跌到了 40 倍，当然这里面有炒作或者其他因素，但是假如我们说存在就是合理的，市场对于这两种所谓的制作的和新媒体之间的估值形成非常大的差异，市场更看好新媒体在未来的发展。

微电影，我觉得可能只是中间很小的一个部分。我挺同意于总说的，包括我们自己也想用微电影做广告，因为也是时髦嘛，其实更重要的是有一些做得很成功，投入不大，但是好像效果很好，我们都是从这个角度来考虑的。

王冉：但从目前 A 股市场角度来讲，真正的视频平台，就是提供视频服务的公司也就是乐视比较好，其他主流的、大的都是境外结构，还是制作公司比较多。在美国资本市场我们看到其实独立的电影制作公司非常少，电视制作公司更没有独立上市的。其他的一般大的好莱坞公司，都在大的传媒娱乐集团里面。为什么中国资本市场愿意看到这么多的独立制作？因为你看，电影市场非常动荡，有的时候，按照于冬的话说，这一部好了，下一部可能就衰了，而电视剧掌握在国有媒体平台手里，其实很多东西你是无法自己控制的，不像美国，自己有平台、有内容。

顾颉：这也是依托于我们整个电影票房大的背景，当然了，刚才于总也说了，79% 是美国大片。

于冬：就四月份一个月是这样，到七八月份，国产片可能会掰回来。

顾颉：05 年以来，我们票房复合增长平均每年有 40% 左右，这是一个大的背景。现在我们上市的这些，以华谊为例，它也在建屏幕，也在投院线，也在盖影院。

王冉：这个不算，华谊的商业模式已经很清晰了，比较稳定。但是现在很多准备上市的公司，一年拍两三百集电视剧，拍两三部电影，现在看电影市场不好，不拍了。这样资本市场应该接纳他吗？

顾颉：估计这种公司的估值会非常低，您可能知道，比如说证券公司自营业务在二级市场是不给那个的，投一块钱就给一块钱，我觉得跟电影公司差不多，这个片投一块钱，PB（账面价值）给你一块就不错了，即使上市，以后估值也会非常低。

朱辉龙：其实国内资本市场跟国外资本市场不太一样。中国资本市场对于影视剧的估值比美国要高很多。美国一个电影制作公司的PE（市盈率）有七八倍就不错了，在国内这个值估得离奇。我觉得中国股市是从炒上取得的。

王冉：也会出现一些特殊的现象。乐视是很典型的现象，包括我本人、包括资本界、包括媒体界都有很多的质疑，但是发现上市以后，真的把这个钱拿回去以后，它还是做了一些有助于建立一些核心竞争力的事情。最后事实证明，它在某些方面还是能够做起来的，现在成为整个视频领域一个比较严肃的玩家了，也是大家不能忽略的一个玩家。

这里面有中美会计准则的差异。有些按照中国会计准则可以确认的，在美国是确认不了的。最后导致资本市场上的差异。

其实我想谈的是中国资本市场的特殊性会推出一些新兴的公司，可能这类公司今天真推到了美国市场，没有人会买，也没有人会看。但在A股市场，其实有这种可能性的。

顾颉：跟稀缺性也有关，就乐视一个，别无他家。

王冉：对于在美国上市，于冬深有体会。其实你看到在美国上市也有好处，能跟好莱坞合作，建立对外合作平台。如果有机会选择，还会选择在美国上市吗？是要更高的市值，还是要将来跟国际公司合作的平台？

于冬：我觉得做资本市场我是外行，我还是老老实实拍电影，把自己整个公司的业务结构整理清楚：你想要干什么？你今天弄房地产，明天弄旅游主题公园，这可能不是我们现在中国电影可以玩的。现在还是挺好的一个时机，中国市场还有这么多的保护政策，还有循序渐进的开放速度，并且有放缓的节奏，还能给中国电影公司五年机会，五年以后，就不是34部西片了，还会增加。这次34部的配额增加，实际上的意思就是在五年内，美国你别再跟我聊这个进口片数量的事了。但五年后还得来，还得折腾一遍。我觉得这五年，是给中国电影公司的最后机会，我们能不能诞生中国的六大和八大（电影公司）？美国本土的电影票房市场是100亿美元，持续十年没有增长，但是体量够大，它还有300多亿美元是全球市场，这些都是电影票房市场。它还有将近三四百亿的后电影市场，主要是版权市场。它的综合产值接近1000亿美元。

中国现在是什么情况呢？去年我们电影票房20亿美元，海外市场满打满算10亿美元，都不一定真的收到这么多。但今年如果我们到170亿，照这个速度增长到350亿的时候，我们是六七十亿美元，是现在美国票房的50%到60%，但是那个时候大家要看清楚，那个100亿70%是六大（电影公司）在玩，咱们到360亿美元的时候，如果也是有六大（电影公司）在玩，其实已经是很大的规模，成为世界第二大市场了。我是很期待，在这五年当中，中国本土的电影公司能够迅速崛起。因为我们毕竟还有一道屏障，是不允许这六个人到中国来玩的，只允许中国的六个人玩。未来六十亿的市场是否有六大、八大（电影公司）来对抗好莱坞的六大、八大（电影公司）？我们就这五年的时间。

王冉：你觉得进口片的发行方面将来有机会放开吗？

于冬：进口片发行，是一定会放的，这是全世界开放的市场规律，也是加入WTO后，我们对于西方市场的承诺。现在增加配额，是中影、华夏两家公司做进口片发行，今后还会再放开一家国有公司，逐渐分解这个数量。包括这一次上海电影节都有两个进口片配额，这个配额说的是批片（进口买断片），不是34部分帐片。所以什么时候向民营公司开放，这需要一定时间和制定一定的游戏规则，而不是再成立一个专属的、只做西片发行的民营公司，这个方向是有悖市场的。鼓励和推动本土电影的拍摄和发行的公司，给予它们一定的支持和补偿，或者是奖励，是以促进国产片发行和国产片制作为主要动机的，我觉得这是方向。所以我觉得一旦有的话，博纳是有这个机会和资格的。

王冉：和好莱坞联合制作的电影会成为将来本土电影公司每年度最主要的票房拉动力吗？

于冬：我觉得是这样，我们首先要守住我们50%国产片的半壁江山，这也是从总局领导到民间力量都认同的，就是我们国产片这一半得站住，我们的合拍片，实际上要挤压那一半34部西片的市场。

王冉：合拍片放到那一半里面？

于冬：什么是合拍？真正跟好莱坞合拍的电影，是大家共同创作剧本，然后进入全球发行的网络，应该是英语对白的电影，实际上是另一半。

王冉：假合拍？

于冬：其实没有假合拍，听好莱坞六大（电影公司）的一个人讲，《钢铁侠3》的合拍，他们美国方面对中国方面还是心生一种敬佩的。真正的合拍片，应该是我们共同的选题和共同的制片人、编剧、导演，应该是在这个前提下面创作的剧本，而不是贴标签。

王冉：这种类型合拍片里面，奇艺、优酷、土豆，他们有角色吗？

于冬：优酷在美国买博纳股票就可以进来了。

朱辉龙：顺着于总的话说，刚才提了很多电影产业的问题，也说一下优酷对这个看法。首先中国电影产业蛋糕还不够大，美国去年是102亿美金的票房收入，真正的电影收入其实远不止102亿美金，1/3来自于票房，1/3来自家庭这一块，1/3来自衍生品。去年国内电影票房大概是130亿人民币，如果我们把产业链做完善了，客观上应该有400亿的产值。

第二个，新媒体有什么机会呢？上周二来这之前，优酷跟电影网、电影频道一起推进跟中国电影制片人协会进行交流，包括搜狐、奇艺都参加了，中国电影制片人协会呼吁中国建立一个网络付费机制。在美国，电影从电影院下来以后，网络收费三年到五年，在国内，电影一下来，网络上面免费播，所以很多用户就想，熬熬吧，等着看免费的。现在收费的话，既能保护票房，另外可以培养中国用户在网络上面花钱看电影的习惯，尤其是中国的电影院不够多。中国现在13亿人口，一万张屏幕，美国3亿人口，4万张屏幕，差异很大。二三线城市很多人想看电影，但看不到。

我经常跟人开玩笑说我对电影院的理解，很小的时候感觉看电影很好，看《少林寺》的时候，人山人海；到中学的时候，电影院放盗版的投影；高中的时候电影院被改成洗浴中心了；现在很多二三线城市的电影院是打台球、开夜总会的地方。所以我觉得中国老百姓还是很需要看电影的。新媒体这一块，一个是保护版权，另一个是发行网络院线概念，未来值得我们推广。

如果各个新媒体都一起来推动电影在网络上面的发行，并且联手来打击盗版，我觉得对于电影真的是有帮助的。

龚宇：就着刚才的话题，说到电影在新媒体上面的商业模式问题，我的观点也许比较极端，但我觉得是正确的。电影在网络上面根本就不应该存在免费模式，这句话我不敢说，我要说了以后在网上肯定被骂死。为什么是这样？咱们从经济学基本道理来看，现在互联网视频在中国的商业模式全是广告模式，大家观看的时间跟里面投入的广告费基本上成正比。一个人看的时间越长，可能会投入的广告越多，对于网站来讲，收钱的机会也会越多。但是电影跟电视剧两种内容单位时间的成本，电视剧相比之下比电影便宜很多。同样的内容，同样产生用户的观看时间，成本相差好几倍，到十倍。电影里面的广告单价不可能要比电视剧单价贵几倍。这样的情况下，很简单的道理，用电影吸引广告、卖广告，这种商业模式必死无疑，我干吗买贵几倍十几倍的，获得更少的回报？根本不可行。

所以，电影更多得像院线一样，就是向用户收费，不是卖广告。当然这是最基本的道理，有一些人不同意，有一些人拿网络调查说这个事，这个事说句难听的话叫做"扯淡"。这是一个伪命题，瞎扯。从健康发展的角度考虑，就一定是收费。

收费这个难点在哪？刚才说了盗版和支付方式，其实这是第二层次的难点。第一个层次的难点是必须全行业齐心，放掉很多眼前的利益，或者说同业之间竞争的隔阂，必须把整个商业模式统一、健康地在短时间内建立起来。在建立的过程中会很痛苦，眼前的一些利益，比如说网站广告收益可能突然没有了。再比如说于总卖一个电影，换一种商业模式，买2300万新媒体的收入。

王冉：先给你500万。

龚宇：500 万太多了，30 万。

王冉：你干不干？

于冬：我一直说视频网站的版权收入，有钱收的时候赶快收。

王冉：那是以前，现在这些视频公司，已经有名了。

龚宇：于总心态特好。去年也说这个钱不挣白不挣，但是真到价格跌的时候哭爹喊娘的，说你们这个行业怎么这么不正常啊。我说这是正常的。

王冉：如果大家这样想，这个永远做不起来。

龚宇：难点不是支付、盗版，是心态。

王冉：中军今天来的话就好了，可以都拷问他一下。中国移动就跟银行合作了微支付，所以，这个肯定都会解决，将来不是问题。

龚宇：在中国，在互联网上面，内容收费。

王冉：他们自己上市了，他们也有业绩压力。

于冬：因为只有付钱他们才能更负责任，要不然他们有各种方法，我不是说你们，盗播渠道太多了。现在即便花这么多钱把版权卖给他们这几位，买完之后他们要分销，结果别的网站都在盗播，他们也急，就让我替你管盗版，花钱维权。一个做内容的电影公司去管盗版，怎么可能管得了？！现在院线有压力吗？没有。有票房就上，没有票房，第二天就下档。一样的，因为没有买断，没有保底，成本压力在制片方。

朱辉龙：第一个，就是不要低估用户付钱的意愿。第二个，做收费也是可以有保底的，我们都签了很多六大（电影公司）的影片。关键在于中国电影产业，要不要培养这个商业模式。

前一段时间韩三平就说，中国电影产业很危险……

古尔图·马维斯：观众是愿意付费在网上看东西的，但是这个必须有价值，Netflix 就是很好的案例。Hulu 也是非常成功的，之前是提供一个服务，然后他们增加了付费服务，你可以在你电脑上面看Hulu，这是付费的，每年都有两百万个用户付费，大概每月付七美金，这样的话，可以收到很多维护费用。

王冉：在美国，是不是付费看电影也没有起飞，跟整体市场相比也不是很多？

古尔图·马维斯：今年雅虎和Youtube都提出了一个概念，像电视一样在一起买它们网络上面的广告。现在也有一些数据显示，一些品牌，还有广告客户，他们也开始从传统的电视广告投放经费中拨出一块。这也是为什么很多人现在开始关注在因特网上的广告的原因。

王冉：时间关系，留一些时间跟嘉宾做互动。今天还有一位特殊的嘉宾，中金公司的金宇。

于冬：请金宇上来聊聊。

王冉：你上来可以向嘉宾提问，也可以谈一下你的看法。

金宇：非常感谢主办方，今天过来，最主要是学习，其实对于行业理解非常粗浅，以学习为主。

我看这个行业，倒是有几个问题希望和你们做一些探讨。

第一个问题是什么呢？我们听说过一个口红效应，这在电影行业特别多见，很多人在中国提到电影行业的时候，也会提到口红效应。美国电影是大众消费产业，票价很低，但在中国现在却变成了一个高端的消费产业，票价很高。

所以我想问一个问题，中国现在电影行业在过去这么多年的发展中，很多时候依托了房地产、高票价、影院的扩张，但这个扩张在去年来看，出现了一点问题。上一次见于总，提到一个问题，我们看到去年整个票房增长是30%，但是我们看到单影院的票房和单屏幕票房在下降，下降的幅度还挺大，这是历史上第一次。这说明依靠外延扩张，依靠高票价扩张遇到瓶颈。能否让电影行业回归所谓的本质，变成一种大众消费，真的成为所谓的口红效应，带来所谓的华丽转身。

于冬：这个我很认同，因为电影最终还是大众消费，是非常便宜的，尤其是在经济萧条的时候，更能体现出这种特点。美国电影的几次崛起都是因为金融危机的到来，正是口红效应的体现。所以我觉得现在中国电影正在调整期，首先我们的电影票房分成比例还是倾斜于电影院的，就是电影院超过50%，甚至拿到55%左右的分帐，院线公司只有2%左右，片商拿到43%。对于5%的电影专项基金，我们的政策叫做连续三年先征后返。原始总票房的5%交给广电系统，扣去3.3%的营业税，剩下来的才是分帐票房。我们叫做税前总票房的5%专项基金，去年总票房130亿，那么专项资金差不多有6.5亿。对新电影院，这个5%是先征后返，电影院最高拿到55%，甚至57%都有。

这样做的目的，是给地产商和做影院的公司一些时间，把影院的规模、市场的规模建起来。用一句不好听的话说，先让房地产商把房子升起来，因为升起来后，就不能干别的了，只能做电影院，20年都得做电影院。另外，还是要给院线时间。

我现在又拍电影，又做电影院，所以很理解总局在这方面的政策倾斜，因为制片方现在是亏的，中国拍电影的公司只有43%的分帐，还要扣好多税，是全世界最低的。这是需要时间的，多长时间？差不多五年，我们到300多亿的时候，制片方收入会升上来，电影院则会减少，那时候我们已经有足够的空间来调整，包括我们可以分院线拍片、供片，开通很多国产片的特殊通道。

香港有这样的规定，不管哪一个院线，必须有两个厅放本土港片。这些方法都是未来等到我们的银幕规模上来之后可以采用的，现在的当务之急还是先让房子升起来。

王冉： 金宇还有第二个问题是吗？

金宇： 其实我有一个问题是关于网络视频的。最近跟龚总探讨过，我在想，中国付费视频市场，不管是电影还是电视剧，是不是是一个伪命题？我们在网络看电影的最主要途径，一个是支付渠道，一个是盗版。对于电视剧，我觉得在中国，Hulu、Netflix在某种程度上面不具有可复制性。在网络上面Netflix、Hulu抢的是什么？美国有一千亿美金的付费电视的基础。有一个巨大存量市场的时候，我可以抢这个市场。但是有没有想过，Netflix看起来很成功，有两千万用户，每年大概向用户收一百美金，总共是二十亿美金的市场，只占了整个付费视频市场的2%。而我们中国现在付费视频市场是零，我们得培育这个市场。在这个前提下，一方面要看到盗版市场；另一方面，中国有比较畸形的广播电视产业结构，有50多个免费、大而全的电视频道，而这个电视频道对于付费市场的杀伤力远远超过了盗版市场。

我看全世界最好的体育频道就是CCTV5，没有一个体育频道可以和它PK，但是中央五是免费的，只有25亿人民币的广告收费。在美国，像中央五这样一个频道，打散之后可以做一两百亿美金的市场。

刘春：非常赞成你说的这句话，中国所谓的免费电视模式，把中国电视逼到一个非常畸形的状态。因此中国有大量的免费产品导致电视付费产品没有办法运营。

大家都在讨论美国有线电视的纪录片，但我认为纪录片在中国不会火，美国纪录片除了有各种文化基金在资助独立制作人之外，很重要的一点是，它有付费电视的渠道，为那些愿意付费的人提供更好的文化回报。

我第二个观点是，对互联网付费仍然非常看好。我做过一个小尝试，去年"十一"的时候，我把张元的一个小纪录片《金星小姐》放在互联网上，我们免费播放了一个小预告片，长片则要收费。当天张元非常激动，说已经有三百多万点击量了，如果两块钱一次的话，分给他50%，就会收入三百万，当然后来不是这个情况。龚宇说不是因为付费通道的原因，我认为就是这个原因。

制作方也好，互联网视频也好，未来要想达成联盟，关键是利益，利益的前提是什么？需要有一个成功案例。当这个付费通道打通之后，在一个产品上面有一个非常好的案例，这个案例就会给我们在座所有人以想象力和信心。所以我对中国的付费市场还是比较看好的。

再说一下盗版的问题，盗版问题确实在中国比较严重，但是你注意到一个现象，就是日剧、韩剧、美剧，现在在中国的盗版非常少。因为这些剧拥抱了互联网视频市场，互联网视频成了它的法律维权方。对于《大上海》，如果我们几家采购，就不是你制片方来维权了，是我们来维权。盗版的问题，也不是大问题，我对这个市场还是比较看好的。

龚宇：关于中国电视的畸形问题，其实一句话就可以解决：靠市场化。市场化的本质是什么？竞争，有了竞争肯定就不是25亿收入了。

另外对于互联网付费市场，非常看好。目前互联网主要市场是盗版，超低价倾销的市场。我们现在要做的工作，是把那个超低价倾销市场转成正规市场，虽然没有办法用公式体现，但是刚才说了一个小例子，包括朱辉龙那也做了一些尝试。

虽然现在收入规模不大，但是这种收入一定会存在的，这有一点像投资者跟创业者之间的关系，创业者说这件事一定能成，有一些投资者信了，钱砸进去，可能失败，也可能发大财，大家一起赌这个。我是感觉，从一些实验的现象上判断这件事，未来一定能成。

现场对话

提问：这个问题是提给于总的。刚才强调美国电影进军中国，给中国电影带来很大压力，于总作为一个投资公司在发行营销方面给中国电影能提供什么支持和帮助？在这方面要做什么努力，才能让中国电影在五年以后可以足以应对更大的挑战？谢谢！

于冬：这个问题比较大，我一己之力只能一年拍一部、两部这样的大片子。但是我还要去投，最多也就是十部戏，从元旦一直到圣诞节。拍广告应该有更多的公司、更多的同仁一起来努力，因为华语片的市场现在有快速上升的机会。我觉得有这么一个每年以30%速度增长的引擎，肯定能吸引两岸三地电影人一起努力去创作。

另外我觉得还有一个很核心的问题，不是审查，而是我们内容题材的突破。我们要在题材上面想各种类型的机会去突破，我觉得这不一定都是审查制度的原因。昨天冯小刚也讲，别赖人家审查，还是在于创意、智慧上面。我觉得制作资金、明星资源，中国都有了，现在缺乏的还是题材创意上面的创新。

提问：我想问一下各位视频网站的，就问一下朱总吧。对于不同节目或者不同电影，你们是怎么制定价格的？我们在网上的观看习惯是，如果看得好，会反复看，而且有时候是断断续续看的，可能今天没有看完，明天看又得付一次费。想问下你们对这方面的模式有没有什么构想？

朱辉龙：这个问题非常好，你说的是用户的体验。关于定价的问题，现在国产电影和美国电影都是五块，定价五块，实际是有讲究的，因为中国盗版碟是五块一张，我们就是为了打击盗版碟。

关于第二个问题，我们采取的模式，是花五块钱在48小时内可以看多次。

因为收费模式有两种，美国比较流行的是订阅模式，每月交一些钱后随便看。而国内首先是点播模式，因为现在我们中国老的片子，受盗版市场冲击太大了，新片子版权保护还比较好，目前基本以点播为主。随着用户培养有一定基础以后，订阅模式一定会推出来，一个用户一个月交几块钱，就可以随便看。但是现在基础还不成熟。

提问：有一个问题问刘总和于总。我来自复旦大学，最近三年在调研产业，最近写了一本书。其实我一直有一个困惑，从目前来看整个中国电影产业都非常弱小，而且处在一种非常粗放的状态，而好莱坞的电影产业主要是一些大的传媒集团在运作。我一直想新媒体产业可能是我们民营电影产业一个重要的突破口。我想问，有没有可能形成这样的格局：新媒体产业收购电影集团，或者电影集团收购新媒体产业？或者是拓展更大的市场？

刘春：未来有可能，但是现在看不见，因为未来随着互联网视频本身寡头模式的形成，它们通过渠道和垄断地位，形成了自己的实力，同时自制的能力和付费模式也形成了。我想中国领先的一两家视频网站，实力一定会非常强大。这时，所有的公司基本都会有所作为，于冬会往院线、电影院发展，视频网站会往电影、电视剧制作公司延伸。未来这些都会有可能，但现在还不知道。

提问：想请问一下刘总，今天讲电影和新媒体产业第二次联姻，新媒体引入之后，电影产业的上游和下游产业链，在未来会有怎样的走向？谢谢！

于冬：我把产业链分成一个大十字架的策略，纵向就是制片发行、电影院，这是前市场；横向是版权。电影院是一个主要的前市场，国外相对比较规范，三个月以后出DVD，六个月以后上网络，八个月到一年后上收费电视，一年半到两年后免费上卫星电视，有不同窗口。因为中国现在前市场起来之后，所有后市场都在抢前市场的时间，有可能两个礼拜就播了，甚至票房一日游的片子，三天在网上就可以播了，这其实还是因为我们市场不够大，前市场收入比较少，毕竟才一万张屏幕，扩张到三万张以上的规模后，中国这个市场自然就拉开了。你不可能一部电影在三万张屏幕里放两个礼拜，这还需要时间。所以我们应该珍惜来自各行各业对电影的投资，尤其是房地产行业把房子升起来扩张院线规模，我们很需要像万达、恒大这样的地产商，在二三线市场建院线，为中国电影总体的体量贡献力量。

王冉：中国电影产业呼唤房地产商。时间关系，我们今天就到这。每年都做这样一场论坛，应该说，今年是比较有意思的转折的一年。中国电影院对好莱坞大片开放，现在整个中国电影市场，年终盘点的时候，国产电影能占多少？这是有意思的话题。到时候我们拭目以待。谢谢大家！

资本时代的电影梦想

2010年中国电影票房突破100亿，不少电影企业纷纷走上资本市场，中国电影的产能和投资规模都在呈几何级增长，但是生产力与创作力却并未表现出同级别的增长。其中原因很多，但本场论坛从资本市场角度切入，众多涉足电影投资的大鳄将与电影业界大腕一起讨论：资本究竟能给电影创造力带来多大的影响？电影企业、电影生产力拿什么回报资本市场？是否IPO（Initial Public Offering，首次公开募股）是扩大产能的唯一途径？除了IPO，电影企业做大做强是否还存在其他的途径？为什么好莱坞颇具规模的独立制片公司不通过资本市场圈钱？他们如何生存？而几大电影公司在资本市场的经验又能否给中国投资界与电影界带来启示？

■ 嘉宾简介

张丕民，国家广播电影电视总局副局长

鲁伯特·默多克（Rupert Murdoch），新闻集团董事长兼行政总裁

吉姆·吉那布利斯（Jim Gianopulos），福克斯电影娱乐公司主席兼首席执行官

任仲伦，上海电影集团公司董事长、总裁

托马斯·图尔（Thomas Tull），传奇电影公司总裁

迈克·麦德沃，凤凰影业总裁

邓文迪，Big Feet Productions联合行政总裁

阎焱，赛富亚洲投资基金的首席合伙人

刘炽平，腾讯公司执行董事

王中军，华谊兄弟传媒股份有限公司董事长兼首席执行官

于冬，博纳影业集团创始人、董事长兼首席执行官

熊晓鸽，IDG资本创始合伙人

王冉，易凯资本有限公司首席执行官

主持人： 各位来宾，大家上午好，欢迎大家来参加第十四届上海国际电影节，很高兴今天来担任主持。我们非常荣幸请到了张丕民先生，默多克先生，稍候将给大家一一介绍。

今天的论坛将与大家共同探讨"资本时代的电影梦想"这个主题。对于中国电影如何在大浪淘沙当中做强做大，我们有很多问题，女士们、先生们，有请副局长张丕民先生致辞。

张丕民： 尊敬的各位来宾，尊敬的默多克先生，大家上午好！

首先我代表中国国家广播电视总局对第十四届上海国际电影节开幕表示祝贺，对国内外嘉宾和新闻媒体朋友们表示诚挚的欢迎。

上海国际电影节期间的论坛已经成为国内外重要的观点交流平台，成为上海电影节的重要品牌之一，在美好的初夏季节，我们请到了全球传媒业著名的默多克先生，他的到来为迅速发展的中国资本市场带来了最新的讯息，以及发展的经验。全国新增银幕量已经突破620块，2011年银幕数总量会达到8000块，中国电影产量的空间引起了普遍的关注。中国电影产业走上新的台阶，真正成为有影响力、竞争力的产业，金融资本的介入成为不可或缺的环节。

目前，我国电影产业的发展态势已经具备了建立电影投融资新体制的条件，这是电影发展的黄金时期，我们将力求抓住资本市场的有力机遇，积极改善电影的环境，鼓励金融机构，加大对电影企业的金融支持。鼓励各地探索建立风险投资机制，充分利用中小企业的创业、发展和文化产业等投资基金支持电影的风险投资。鼓励有实力的企业团体发起组建各类电影投资公司，多方面拓宽融资渠道，扩大规模，壮大实力，同时，加大力度推动国有控股和民营公司重组上市。

中国电影及资本市场正在发展，进入了电影的高速发展时期。但是，无论是投资人，还是电影的创作者，都应该看到创造力是发展的核心，思想性、艺术性、观赏性三性统一的创立，仍然是电影发展的基础。资本市场要有责任塑造一个机制合理的产业结构，这样才可能实现我们共同的电影梦想，才会具有在新媒体时代的竞争能力。最终为中国广大观众提供视听的享受和精美的食粮。感谢各位来宾，希望我们的交流能带动整个电影行业的发展，祝本届电影节的电影论坛圆满成功。谢谢大家！

主持人： 非常感谢张部长的祝福。接下来这位嘉宾，我觉得非常特别，他是很多人眼中的偶像，无论是在媒体业、还是电影业。女士们、先生们，欢迎新闻集团董事长兼行政总裁鲁伯特·默多克先生。

鲁伯特·默多克： 非常感谢上海国际电影节邀请我参与此次盛会。

张局长、女士们、先生们，多年来上海已经成为世界电影交流平台，来自世界各地的电影创作精英在这里讨论了一些复杂的问题，比如国际电影关系等等。更重要的是，他们希望到这里来看一看各位。我们发现，现在世界上没有一个市场比中国市场更激动人心，中国人民把中国古老的文化转换为世界的领军经济体，成千上万的中国人民摆脱了贫困，成为中产阶级，他们已经让世界看到最快的先进的生产能力。2005年的时候，中国电影总票房是1.5亿美元，此后每年增长近40%。

中国的企业家也快速应对这一需求，不断改善电影的基础设施，投资于新的电影院，现在中国有6200块电影屏幕，平均每天新建2块屏幕，我想在世界其他地方都看不到这个盛举，未来可能会有2万块屏幕。其实中国和美国不太一样，在这里大部分屏幕都是数字化以及3D的，这使得中国成为世界很少可以欣赏像《阿凡达》这样的电影的地方之一。所以，世界各地的电影人都希望敲开中国的大门，除了《阿凡达》以外，我们还带来了一些其他的电影。与此同时，我们致力于与富有才智的中国制作团队进行合作，生产中国本土电影，比如《全城热恋》以及即将上映的《雪花秘扇》，我们将在不同市场上发行这个电影。我们今天晚上将在这里欣赏到被挑选上映的电影《雪花秘扇》。

在中国我们看到越来越多的智能手机，今年上海电影节会举办手机电影节，现在已经收到1万个参赛的影片，很多都是用iPhone4拍出来的。还有平板电脑，全世界将有5000万人使用。我们希望看到更多具有创意的内容，更好的电影和电视节目制作水平，如果没有这些，昂贵的电子设备仅仅是我们的玩具。所以我今天想要说的是，数字时代的爆炸意味着电影人齐聚在这里，可以创造出更多、更有价值的内容。

由于技术的创新，今天我们能够触及世界所有的人，为他们提供电影。我们只有拥有一个创意的市场，人们才会为电影投资，未来才能够获胜。在过去30年当中，我经常来往美国和中国，我非常敬佩中国人的性格，我们看到很多的中国人获得自己的学历，来为家庭提供很好的生活，这些都是很具感染力的。现在有很多的中国人受过良好的教育，我迫不及待地想看到他们在未来市场上展现才华，谢谢大家！

主持人：谢谢默多克先生，他有一个观点，全球创意方面的需求，给无论做电视还是电影的同行们都带来了巨大的发展空间。刚才张部长和默多克先生做了非常精彩的演讲，掌声感谢。

接下来进入到现场讨论的环节，首先请熊晓鸽先生为我们主持今天现场的第一轮讨论。

熊晓鸽：各位早上好，我非常荣幸能够受组委会邀请来参加今天的讨论。大家也许还记得，我们的企业五年前刚建立和中国上海国际电影节的合作，来吸引全世界各方面的专家，共同分享他们对中国电影市场发展的想法。

今年是我们第5年和论坛进行合作，我感到非常高兴。说比较容易，做实事比较难。所以今天还是先说，我想邀请几位专家和我们分享这个行业里的经验，特别是制作中国电影的经验，这里介绍一下这次讨论的演讲嘉宾。

第一位是邓文迪女士，请到台上来；第二位是迈克·麦德沃先生，他是凤凰影业的总裁；第三位是托马斯·图尔，他是传奇电影公司主席兼首席执行官；第四位是任仲伦先生，他是上海电影集团公司董事长兼总裁。

请允许我用英文来主持这个讨论，因为我们今天好几位发言人、讨论人员都是说英语，我觉得用英语进行主持更加方便，在这里跟任总说声抱歉。

首先我想问邓文迪女士，您为什么来参加这个电影节？您和电影有什么样的渊源？

邓文迪：很高兴跟众多制片人在台上学习，我是第一次拍电影。这部《雪花秘扇》是讲两个女孩的故事，发生在中国，但是在世界每个国家、每个人种里都有这样的故事。这部电影6月24号会在中国跟大家见面，然后在全球发行。我们很高兴请到了国际的团队，有好的导演和编剧，作曲也是得过奥斯卡奖的。

我们请到大明星李冰冰、邬君梅,还有韩国的全智贤、全世界的明星聚集进来。我希望大家会喜欢这部电影,希望大家都来中国拍电影。

熊晓鸽: 制作电影不是容易的事情,之后我们再问邓女士遇到什么有意思的问题。下面一个问题问托马斯,您是第一次来到中国,我想让您介绍一下,您为什么来参加上海电影节?

托马斯·图尔: 我之所以来这边是因为我朋友正好来参加上海电影节,我非常荣幸来到上海电影节,上海是了不起的城市,我和默多克先生都觉得中国市场充满了机遇,公司也将致力于进一步参与中国电影市场的发展。

熊晓鸽: 迈克,你是电影节的老朋友,但是第一次做演讲嘉宾,在这里您可以跟我们分享一下您在中国的经验。8年前在上海电影节我就见过您。

迈克·麦德沃: 的确如此,我把它称之为360度回转,我出生在上海,现在又回到家乡。1923年,我父母在上海结婚,那个时候我在上海出生,我感到非常的幸运。8年前参加上海电影节的时候,我的父母离开中国已经有5年了,当时一走出机场,我父亲就开始流泪了,他说,这是一个救了我命的地方,如果没有中国人的友谊和帮助,我们无法存活下来,因为当时日军的侵略正是高峰的时候。

之前默多克和托马斯都谈到,中国电影的发展面临很多的挑战和机遇,很多人都愿意把目光投注到中国,而上海肯定是首选。对于很多在全世界各地旅行的人来说,大家都非常欣喜地关注到上海的快速发展。我第一次来中国时,没有高速公路,之后两年发现很多高速公路建起来了。我在电影行业已经做了50年,在整个职业生涯当中,一共制作了150部电影,我觉得我每天都从身边的人身上学到了很多的东西,我的儿子现在13岁,他有很多新的想法,我每天都可以从他那学到很多东西。下面把话筒交给任总。

熊晓鸽: 任总对未来电影有什么想法?

任仲伦: 我第一次就讲过,资本应该跟产业打交道,我们这几年不仅打交道,还一起干活了。我现在和邓文迪合作了《雪花秘扇》,这证明中国和海外的电影进入了一个好的合作状态,同时也可以看到资本市场和电影的交流、合作。上海愿意提供一个平台，希望跟更多的金融机构和各类公司进行好的合作。

熊晓鸽：所有的人都做了简要的介绍，我们今天非常高兴能够来讨论这个问题，如何将电影和资本结合起来？我显然是代表资本方。默多克先生曾经说过，投资电影产业是非常有风险的事儿，邓文迪女士做了第一部电影，我非常高兴能够成为投资方之一。我想问邓文迪这样一个问题，您前面提到制作电影非常不容易，在这里祝贺您的第一部电影完成，并且很快在中国上映，您作为独立的制片人在中国面临的挑战是什么？除此以外，您认为从专业的角度来看，在中国和美国的电影人进行合作的过程当中，可以吸取到那些经验来帮助中国的电影发展？

邓文迪：要说挑战的话，我可以列一个单子，说一天都说不完了。很感谢投资商以及制作团队，我们导演特别棒，授权每个人去执行各个环节，每个困难都可以克服。希望更多好莱坞的制片人，以后可以扩大在中国电影市场的投入，对我们来说会有很大的帮助。另外我想感谢我的先生，他来这边就是为了我，为了支持我的电影。

熊晓鸽：谢谢文迪，我知道这很不容易，有很多的挑战，我们非常感谢重要的合作伙伴，尤其是默多克先生，我在这里学习到了很多东西。我们都在学习着如何在中国做电影。托马斯，我记得去年见面的时候跟您拍了一张照片，和您合作创了我的一个纪录：最短时间的一个投资。去年有一部电影《盗梦空间》，您跟我们谈一谈，您也是一个独立制片人，作为一个独立制片人怎么和大的电影的制作方进行合作？

托马斯·图尔：不管是在洛杉矶还是中国，任何一个电影拍出来都非常不容易，有很多人的热情投入。去年《盗梦空间》能在中国上映，我非常开心。前几年和华谊兄弟进行合作，要做一个新的片子，我们想专门致力于做这个事业，我们也知道有很多的挑战。我们在中国做电影，希望获得全世界的欢迎，不管有多少观众。但是年轻人在礼拜五觉得钱该怎么花的问题，是一个非常大的挑战。

熊晓鸽：我想知道《盗梦空间》在全世界的票房是多少？

托马斯·图尔：全世界8.9亿美金，中国8000万美金，刚才听说《阿凡达》在中国有2亿美元的收入，向他们表示祝贺。

熊晓鸽：迈克在整个电影行业非常厉害，已经拍了150部电影。但是，您对上海有特别的感情，因为您在上海长大，7岁以前一直在上海，您还没有拍中国的电影，但我知道您几年前拍过一部电影，叫《上海》，也是华谊兄弟进行监制的。我想问一个问题，在上海发行电影是一个怎样的体验，是好还是不好？

迈克·麦德沃：这部电影没有想到上海来拍，有一次哈维要买这个片子，他开出很多钱，我就卖给他了，唯一不愉快的是，他把我名字去掉了。拍电影需要有很大的决心、很了解这个行业，不仅了解经济方面或财务运营这一块，还要理解拍摄的宗旨和目标是什么，这是最核心的基础。如果了解最基本的参数，就会知道不管拍什么电影都是有风险的。全世界的发行市场非常大，但在美国基本上被5家公司垄断了。这种渠道越来越收窄，使得独立制片越来越难，意味着必须要有热情，想办法说服发行商，让他们觉得风险非常小——不是没风险，而是尽量减少风险。

没有一个人知道电影全过程的方方面面。所以，大的发行公司都不愿意承担风险，这很正常，没有一家不是这样。这和真正的运营高管人士的方向是不一样的，他们知道要接受风险才能成功，他们很多人还是愿意面对这激动人心的时刻。

熊晓鸽：我非常高兴，您对这里有这么多热情，而且和任先生还要进一步合作。任先生您觉得在中国是不是要把服务方面做得更好一点，或者有什么样新的措施能使拍电影更容易一点？

任仲伦：这几年中国电影处在开放的状态，我们跟国外的合作，过去以协拍为主，到现在才真正是合作，像《雪花秘扇》这样的影片，有我们开发的选题和故事，然后请国外的制片人跟我们合作。接下来我们有一部合作的影片，故事是讲上海的，请了迈克·麦德沃的团队跟我们合作。我觉得在整个合作中，相互借鉴、学习、理解十分重要。我相信通过《雪花秘扇》的成功，还会有更多影片跟投资机构合作。

中国电影到了资本关心制作，制作不断回报资本的时候。刚才讲《阿凡达》在中国市场增长很快，我们国产也有好几部票房超过了1亿美金，从这个角度来讲，资本投入制作是有回报的。这几年我感受到了上映利润的增长，在仅仅大概 7 年时间里，我们的利润增加了 80 倍，这就是资本应该向我们靠拢，我们应该跟资本结合的理由。

熊晓鸽： 任先生会进一步帮助《雪花秘扇》做发行方面的工作，下面给所有在座的各位留一些时间提问。任总要离场了。

任仲伦： 抱歉，我先离开。

熊晓鸽： 如果大家有什么问题，请大家举手，请说你叫什么名字，问什么问题，问谁。

现场对话

提问： 你好，我是来自新浪网娱乐频道的记者，我想问一下托马斯·图尔先生，其实你拍过很多自己的电影，现在也在拍一系列的电影，我想问一下对这部电影有什么对策？

托马斯·图尔： 首先我非常喜欢马拖的电影，我们要做的就是继续保持信心、努力和激情，我相信会进一步推动事业的发展。当然总会有挑战、竞争，我们非常激动，我们一部一部来。在美国同样也会有这样的挑战，我们要做的就是持续不断做好电影。

提问： 你好，我是上海电影外语台的记者，我想问一下邓文迪，您认为中国市场上什么样的电影值得您投资？

邓文迪： 我还没有在中国市场做任何投资，我的电影也是 IDG 或其他投资者做的。我想找别人投资，这样为别人打工会更容易，我对中国市场特别看好，每年都增长 40% 到 50%，我希望以后多拍一些中国题材的电影在全球放映。

提问： 有一个问题问一下迈克·麦德沃先生，刚才说您有制作过 150 部电影，那么选择拍这些电影的过程中是以内容为主向还是以资本为主向？

迈克·麦德沃： 我觉得有很多问题要考虑，方方面面的因素。我们首先要对投资者负责，但这并不意味着全部，你要拍一部老百姓爱看的电影。如果花个几千万美金只有几个人去看这个电影，这是非常搞笑的事儿。我们必须要考虑一系列的事。我认为拍电影都有双重责任，比如说《黑天鹅》是一个非常好的例子，大概花了350万美金，但是洛杉矶不愿意投入，后来福克斯加入了，这是一个好消息。除此以外，有一个非常优秀的市场团队。有些私人投资者愿意接受非常大的挑战和风险，因为有时候福克斯的钱也还不够，为了采取决策首先要有热情，告诉自己能不能实现？对自己说实话，对你的投资者也要花很大的力气去说服他们，不然不会成功。如果做了一个电影，没有达到你的标准，甚至连的目标都不能实现，那就不值了，因为有太多人参与电影，不仅是你一个人，有很多人都因为拍这部电影，投入了全部身心。

提问：冯小刚讲过，中国电影在市场发行过程中遇到一些困难是可以接受的。您采用中国题材进入中国，会考虑哪些因素？然后您拍的片子跟本土电影不太一样，这样操作会不会受到一些影响？

邓文迪：《黑天鹅》的团队是全世界最好的。《雪花秘扇》的题材来源是全世界最好的小说之一，全世界都可以分享，所以我们请到了发行商发行，另外像演员也很优秀，所以观众会去看他们。中国文化这么古老，我从拍电影中只学到一点，最好让当地的伙伴、专家帮助我们拍和中国文化相符合的电影。谢谢！

熊晓鸽：我想这里有很多来自于其他国家的嘉宾，我知道还有很多国际友人，你们有没有想要问的问题，我给你们一个机会。

提问：我是一个上海的制作人。如何帮助中国培养电影方面的人才？

邓文迪：我们有一个国际的团队，我们会关注两点，首先希望能够获得美国、欧洲还有世界各地的人们对电影的兴趣。我到世界去旅游，很多人问关于中国的问题，以及有没有拍中国的电影。在今天，我们可以看到在美国人对中国的电影了解还不多，但是通过《雪花秘扇》他们可以了解中国的故事，我们可以把中国故事送到美国去。

第二，本地交流也很重要，我们可以向美国团队学到很多东西。迈克·麦德沃也是很好的合作伙伴，可以给你一些好的意见。

熊晓鸽：你是唯一的制作大电影的制作人，在这方面有没有什么建议？

迈克·麦德沃：我们和华谊兄弟等合作可以超过我们单打独斗的效果，我们的计划是在中国制造一些吸引全球的电影。我相信能从合作伙伴这里学到很多东西，我们也非常高兴向合作伙伴提供之前的经验和教训。我想中国文化是全球的，整个文化的世界不仅是讲一种语言，我们看美国就有来自世界各地的移民，不同的国家都有美国人，中国人也是如此。电影是给你留下永生难忘记忆的东西，比如说几岁看到一部电影到几十岁都难以忘怀，这需要一系列的因素。

提问：非常感谢，我来自 MJ 频道，刚才您谈到很多的挑战。我想问一下邓文迪，在中国拍电影有什么好处和优势？

邓文迪：更加经济，我们有很好的设计师，还有本地的制作团队，他们的工资比较低，他们非常善于学习，他们也没有工会。

熊晓鸽：迈克·麦德沃也说一说？

迈克·麦德沃：您问电影在中国拍摄会有什么好处？很简单，这里有很好的屏幕，看电影的人多，对来自于双方的资本需求饥渴。另外中国有很多的资本，他们钱非常多。还有可以从对方身上学习到很多东西。当然，未来在中国，电影成本也会上涨，随着国家的发展，这里可能也会发起一些工会，只不过是时间早晚的问题。我想每个人都能够从对方和合作伙伴身上学习。

邓文迪：在成本上，我觉得在法律方面比洛杉矶少。另外我们在横店拍摄的场景很漂亮，也很便宜，在好莱坞肯定做不到。

托马斯·图尔：我们碰到一些有才智的电影专业人士，还有很多对电影非常感兴趣的人士。

迈克·麦德沃：我还补充一句，我们在中国市场获得成功，很多其他地方的人都会看到在中国能赚到很多钱，他们可以过来拍电影，大家相互帮助，每个人都可以获得收益，对双方合作都有益。

美国的票价大概 12 到 13 美元，在现在的状态下，要获得成功不容易。其实，如果你看一看世界各地的票房，就会发现，更多的钱来自于美国之外的地方，所以我们是相互依存的。关键问题是中国文化应该传播到西方去，有的时候可以很好地传播过去。但是你想要中国电影有历史含义，或者说你就做一个纪录片，这是没用的，对全球观众来说没有吸引力。如果想在中国赚钱，就要拍动作片、科幻片，是面对未来而不是现在的片子。其实美国对历史一无所知。

熊晓鸽：也就是你要制作中国为主题的电影，而不是娱乐片。你的电影7月24日在在中国首映。托马斯·图尔，你也想在这里制作大电影，我还记得前几次碰到你，你都在说在中国的目的就是制造中国电影。

托马斯·图尔：我想说两句，我祝邓文迪成功，也祝迈克·麦德沃成功。

熊晓鸽：相信你们今后会制造出更多的大电影，非常感谢各位嘉宾参与我们的讨论。下面有请吉姆·吉那布利斯发言。

吉姆·吉那布利斯：我真的非常高兴能够来到由波士顿大学中国校友会主席主持的活动，非常感谢上海电影节，非常感谢张局长邀请我们参加今天的活动，要我们谈一谈这个行业的发展，我非常高兴有这个机会。

中国在世界电影行业扮演着重要角色，我们致力于同中国发展良好的合作关系。中国在全球的市场会超过110亿美元，按去年的增长率计算会很快。中国也将成为和美国共同制片的一员，我们会有很多的全球合作伙伴，给我们分享经验和制作技术，并且继续推进这段历程，电影也会在北美发行。现在投资者遇到了一些机会，今天早上很多人谈到这一点，很多资本进入中国进行制作。拍电影是创意产业，要把很多人的创意带到电影中来。麦克也说过，这种行业有很大的风险，有些人会成功，有些人不会成功，我们必须承担风险，否则无法制作出好的电影。我们一直在创立一个机制来支持最好的电影人，通过财务手段来规范和支持创意的执行。

我们所有电影想要获得成功，毫无疑问，必须要不断带来很好的财务回报，我们要有很好的风险管理的战略，麦克刚才也说过这一点。由于我们是新闻集团的一分子，我们也会通过一些合作伙伴对风险进行管理。看看我们过去的历史，我们公司为投资者还是提供了稳定的回报，这样也可以进一步推动产业发展。我们的模式就是在不同渠道发展，蓝光、因特网等，尽管院线是我们电影最先放映的地方，但收入只占5%，其他的附属产业会成为我们很重要的资产，也就是电影资料馆。这些电影资料馆的收入会长年向我们提供资金。我们现在的电视台、游戏，还有玩具等特许经销的产品会给我们带来源源不断的资金流和收入。

除了院线，还给其他的行业带来机会。国际票房是美国的2倍，但是全球市场人口是美国的20倍，我们可以研究这个差距。大家想想看，除了美国以外，全球市场是美国的20倍，但是收入相当，美国的家庭对电影的人均消费是54美元，国际是3美元，可能中国相对更低，因为中国的发展程度还是有限的。

我们可以看到，在整个市场上，无论是国际上，还是院线发行上，都还有很大的空间。首先我们要加强基础设施的投资来满足消费者需求的增长；第二，我们要加强整个电影收入链的其他环节，包括因特网和手机娱乐设备带来的的收入；第三，地方市场要进一步向国际投资者开放。中国在基础建设方面取得了很大的进步，前面默多克先生提到了这一点。我们希望能够和中国合作，这需要做很多的工作，并且还需要一些战略性的思考。

除此之外，还要加强对知识产权的保护，我们要保护这些创意的内容，来防止被别人盗用，这对于整个电影行业很重要，对当地经济也很重要。因为保护知识产权能够有效推动经济的发展，这样可以创造税收的来源，尊重当地的市场，当然还有法律，如果不保护创意的内容，发行人和投资者就有很大的损失，这样他们就不愿意再进行电影的投资了。对政府来说，税收也能够帮助他们加强对创意内容的保护，我们在所有的国家都面临这个问题。

还有一点非常重要，进行知识产权的保护，对中国电影行业发展非常重要。我们也希望中国电影市场进一步发展，能够有众多电影人才在国际上崭露头角。未来中国可以成为全球的好莱坞，我们要在全球加强这方面的保护，特别是在网上的知识产权保护，来防止盗版。最近看到中国在这方面取得进展，加强了网上电影的保护和执法的力度，关闭了一些网站，让合法的电影制片人和发行公司能够更好地运作，我们对此非常欢迎。

我们充分认识到市场有巨大的潜力，要想进一步发展，需要进一步限制、打击盗版的内容，同时允许跟更多的外国电影公司进行合作，来加大对本地电影生产制作以及发行的投入，这也会帮助本地的电影行业进一步发展和壮大。我们知道，这是不断发展的过程，我们也希望进一步的合作能够给双方带来实实在在的利益。

我非常高兴跟大家分享我的想法，希望对中国电影的发展尽绵薄之力。我们对中国市场的状况感到非常激动，我们也希望参与这个环节。谢谢！

主持人：谢谢吉姆·吉那布利斯，感谢您的发言，今天的活动不仅仅是搭建资本和电影之间的桥梁，也是一个很好的学习桥梁，能够和发展中的市场进行对话和交流。稍候我们将进行第二场小组论坛，接下来请易凯资本有限公司首席执行官王冉先生到场上主持。

王冉：我还是先请四位嘉宾上台吧。有请阎焱、刘炽平、王中军、于冬。跟第一场不同，我们用中文来进行，我先简单介绍一下台上的嘉宾，我从我左边开始介绍，博纳影业掌门人于冬；接下来这位是中国投资行业最大掌门人之人阎焱，他说在中国市场看得清楚老板怎么赚钱，导演怎么赚钱，演员怎么赚钱，就是看不清投资者怎么赚钱；接下来这位是腾讯投融资和并购业务的掌门人刘炽平，去年中国票房刚过100亿，而腾讯一家的收入差不多就有30亿美元；最后一位是华谊兄弟的王中军先生，华谊兄弟是中国资本市场上一个最杰出的产业代表。刚才前一场很多好莱坞制作商也谈到了对电影的激情，中军是对电影很有激情的人。

我们这场论坛的题目叫做"资本时代的电影梦想"。我昨天还跟人开玩笑，中国电影在目前情况下不需要什么资本，现在资本追着电影跑。我们说资本的梦想，可能更多是指资本市场的梦想，中国电影在资本市场上最终获得什么样的认可？我先从于冬开始，博纳上市6个月时间了，上市以后股价一直不跌。有没有一刻你会怀疑自己上市的决定？因为美国很大的制作公司也没上市，你会不会怀疑自己到底是不是真的应该在美国上市，这件事有没有动摇？

于冬：我记得在美国路演的时候，遇到了威林顿基金的人，他们研究过日本、韩国、新加坡、亚洲、中国香港等地很多娱乐公司，提了一个尖锐的问题："为什么全球都没有一个成功的非美影视上市公司？你凭什么可以成功？"确实是这样，很多公司上市后很快就退市了，日本也没有，新加坡也没有，香港也没有，香港的市值不高，现在嘉禾也就几毛钱的股价。我当时反问说，美国以外的公司为什么没有成功？你刚才说日本、韩国，它们都是小市场，中国是一个13亿人口的大市场，我们只能用庞大的未来市场跟他讲。我说只有中国可能有好莱坞以外的电影公司上市，我们有13亿人口，中国人一年看一次电影就有300亿票房市场。美国是人均看电影4.3次，票价平均是6美金，票房市场是100亿美金。我们每人做到每年看一次电影，这个数据就不难做到。上世纪七八十年代，年人均看电影是29次,一年共293亿人次,这里有很精确的统计数字,我们那个时候票价是一毛钱,票房市场是29个亿。我就说中国是有可能成为美国以外的世界上第二个出现成功企业的市场。

再一个就是中国独特的文化和庞大的内需市场。还有一个就是中国现在蓬勃发展的电影产业刚刚起步。中国的经济改革开放是从1979年开始,迄今33年,而中国电影产业化改革是从2001年开始,刚刚不到10年的时间。我们处在电影发展的最好时代,中国电影非常有希望。

王冉:你觉得中国电影公司的上市是不是必经之路?

于冬:上市对中国企业来讲是一个推动的过程。我觉得产业集中度不够,没有大型企业,除了国企之外,民间的这些电影公司缺乏持续发展的力量,通过资本融资能够迅速扩大规模,是现阶段的必由之路。我觉得上市会给企业带来很大的发展,包括规范。我经常跟中军作一个比较,中军上市的维护费用,在国内大概每年300万人民币,我是300万美金,我的直接上市费用很高,但是我觉得换来的是更加规范的运作,包括严格的财务报告和审计。我觉得从长远来讲,或者以未来10年眼光来看,这些方面借鉴了国际平台,还是值得的。

王冉:中军,国内A股市场跟美国市场相比可能有很多不同,从你的角度来看,A股上市会面对监管要求,对中国的影视公司在国内上市这条路,你觉得是不是好的选择?

王中军:我们公司是A股上市公司,我觉得肯定是非常好的选择,我起码同意于冬的看法,中国需要有规模的公司。我们今天谈电影和资本不是指单片的融资,对于单片融资,别说好电影,现在烂电影都有人投,现在的话题要从一个更大的资本层面来说,这个阶段上市对公司的帮助是划时代的。我自己有这样的体会,公司的进步和上市前的准备、公司的整体结构、战略目标有很大关系,如果没有上市,50%的想法只能停留在脑子里,没有那么明确。今年业务怎么样,能不能继续50%的成长?我觉得人是靠指标来进步的,没有标准人不知如何进步,会觉得自己生活挺好的,有车,有房子。电影也是一样,我们这些电影人是娱乐型的,原来感觉是娱乐家的行业,现在我觉得也是一个标志性的行业。

我觉得在A股上市比在国外上市好。从资本层面上讲,首先是估值的问题,还有老外看不懂中国公司，而我们现在的深交所，还有主管部门，大家都还交流得懂，我觉得国内市场好。

王冉： 于总你同意吗？

于冬： 我非常同意，风险投资带到美国去之后，确实付出了很大的努力。我觉得没有其他什么选择，只能是把自己的企业做好。老外不看中国产业的大背景，不太相信快速发展的背景，也没有更多分析师真正去研究产业报告。在美国上市的中国公司，只有我这家一是真正做媒体娱乐的，他们也很奇怪，为什么要跑美国上市。我当时就一个理想——我跟中军不太一样，我这人生活在理想当中——我觉得世界发展最好的电影产业就是好莱坞，就是美国，那我就应该到美国上市。接下来我们用坚实的业绩和一步一步的成长来回报投资者。

王冉： 说到投资者，你旁边就坐着一位阎焱。你现在看到华谊的投资人都赚到钱了，你今天对以前的说法有修正吗？

阎焱： 我基本上没修正。

王冉： 你觉得问题是什么？

阎焱： 我觉得中国真实的情况是这样，中国电影市场的兴起也就三年时间，一个投资人想要在电影本身赚钱其实挺难的。中军和于冬的投资人赚钱，不是靠电影本身，还是靠资本市场。

王冉： 最后不都是在资本市场赚钱吗？

阎焱： 不是，接着于冬那个话说，为什么在世界上，只有美国有非常好的上市电影公司？于冬讲的一点非常对，一个公司在资本市场上市，首先要有一定的规模。为什么在美国有，在其他国家很少？电影行业是零和一的关系，没有连续性，可能我投了一部电影赚钱了，但是连续投其他电影都可能会赔钱，电影行业是不具备连续性的。

在中国，我个人觉得，即使电影公司在潜在市场上可以上市，如果投了一部赚钱的电影，后面盈利透明度不高，我觉得将来也是问题。中军已经往前走了很多，也看到了这个问题。我觉得中国电影有一个优势，就是中国的市场，而且主要是潜在的市场。像中军、于冬他们，最好的就是在中国电影开始大踏步成长的时候，我们数字技术的革命给媒体带来广阔的天地，而且在中国数字媒体领域中，我们在同一个地平线、起跑线上，甚至说中国企业面临的机遇比美国老牌公司更好。中国有6000块屏幕，如果每年增加2000块的话，今后几年，电影屏幕增长一定超过美国。中国电影在发行渠道上会有一片自己的天地，谢谢！

王冉：刚才您说到传媒平台，电影只是一部分。像中国华纳这些公司，现在只用传统的平台，比如说电视，是很难去获得收益的，导致不得不向新媒体转移。说到新媒体，大家也看到了，腾讯投了华谊。腾讯年收入大概是40亿美元，如果有40%净利润，意味着今年腾讯一家公司的净利润相当于去年整个电影票房市场。就体量而言，就像大象看蚂蚁。华谊兄弟是业内最强的，你投华谊肯定不是看中这点利润，你为什么要成为他的战略投资人？你看中的是什么？

刘炽平：我们从整个平台角度看，今年是我们非常重要的开放年，我们希望把我们互联网平台开放给业界。其实影视在互联网平台上是非常重要的应用。我们从这个角度出发，一直以来也是非常希望可以更深入跟影视产业进行合作，这是第一点。

第二点，刚才王冉也说，跟网游比这个行业是小。在美国，其实早在90年代，整个游戏行业收入已经超过了票房收入。除了票房收入以外，影视行业还有很多其他的收入，要把那个收入加起来的话，事实上远远超过了游戏行业。在美国卖DVD的收入就是票房的2倍。

中国电影产业在发展的阶段，其实还是有很多其他的收入和其他的发展机会，但是在美国有，在中国还没有。刚才阎焱说到怎样把一票式的收入变成可持续的收入，而且加倍地放大，这是我们绝对有机会做到的。我们自己在游戏行业也看到了这个现象，游戏行业在很长一段时间，基本上是卖单机板的游戏，收入本身也有很大的不确定性，好的卖59.9美金，不好的也是卖59.9美金。后来网游出现，整个游戏行业有个大的改变，第一个好处是游戏有持续的收入；第二个好处是好游戏可能比不好的游戏收入高10倍、20倍。

所以对于优秀的团队和内容来说，可以制造的价值跟它的质量成正比。我们可以为整个影视产业增值，因为互联网是持续跟用户接触的平台。我们用这个平台跟非常好的内容相结合，可以创造出持续的用户体验，也就有了持续性的商业模式，帮助整个影视行业从单票式的形式转变到有可持续性收入的模式，以后资本市场会看到更高的PE。这个是我们的梦想，我们也非常希望和业界合作。

第三点，我们仰慕中军的公司很久，看好他这个公司，后来有机会建立长期的合作。有什么比股份投资更长期性的？我们希望通过这个来作为见面礼，之后可以跟整个产业合作，跟华谊进行更多实际项目上的探索。

王冉：像博纳的制作平台，一定会跟腾讯、搜狐这样的平台有一个结合。问你一个尖锐的问题，现在看新媒体平台，整体来讲盈利能力更大，而内容制作公司偏小，在这种情况下，将来大家走向深度合作或者进行整合，谁更有可能整合谁？

刘炽平：这不是整合的关系，所处行业不同，我们是技术平台的行业，他们是创意的行业。平台跟内容之间有一个共生关系，不是竞争，也不是谁整合谁。对于内容来说，当然需要更广阔的发行平台，对于平台来说，我们也希望有更多的好内容。针对这两者，到底怎样把非常深入的有供应的模式做出来，可能需要有比较深度的合作做框架，相互之间是共生的。就相当于IT行业、互联网行业，收入都是从广告、网游这块来的。

王冉：反过来，中军你怎么看跟腾讯之间的合作？

王中军：我觉得跟腾讯之间的合作比较畅通，双方都有诉求，至于腾讯对我的诉求怎么理解，我也不去分析。我对大的新媒体公司诉求，就是一种深度合作。中国电影怎样营销，持续收入怎么来？我作为公司的CEO都说不太清楚。就像我开玩笑说，我一个大电影上映，3000万的广告收入是对的还是不对的，我一拍脑门，3500万，不管是对还是不对的。如果有互联网合作伙伴，我们可以探索新的营销，或者持续性的盈利模式，两个人先合作，然后再交流，就像先结婚后恋爱一样。

首先我很仰慕刘炽平这个团队。阎焱开始说没有改变观点，其实是有改变，他强调说单部电影不赚钱，中国的电影公司都是传媒公司。今年华谊兄弟净利润过亿的电影就2部，为什么公司还在布局？如果公司只拍一部电影，可能比公司其他全部项目赚得还多。我们去年拍几百集电视剧，还做游戏公司，现在又开始做电影院，而且我相信刚做电影院的公司都是负现金流。我觉得这是在追求公司的持续性，包括这两年的战略转型，其实媒体也看到，我们今年对外披露度非常高。华谊兄弟主题公园入驻苏州，华谊兄弟影院落地上海，其实都是为了电影，如果没有电影也没有华谊，我觉得电影魅力正在于此。

包括刚才发言的嘉宾，他们来上海都是因为中国电影的魅力，中国的电影单片也赚钱，马云投资我们第一年非常惊讶，说投阿里巴巴那么多年没有分红。我觉得中国电影公司赚钱，期待中国电影卖几亿美元是有可能的。谈得稍微远了一点，我们和腾讯还是"谈恋爱"阶段。

阎焱：我是把电影作为行业来看，我也分析过，电影行业基本上80%不赚钱，我个人认为华谊兄弟是最优秀的电影制片公司，其中有冯小刚等，都是不错的。另外我作为机构投资者，和个人投资者的角度不一样。中国现在的电影投资人很多，但总体质量还是比较低的，因为大部分都是个体投资，过去叫"山西煤老板"。我觉得中国电影的长期发展，要看有没有机构投资人进入电影行业，比如托马斯·图尔的公司，他个人掌握的股权不到20%。另外做得最好的电影公司，参与者大部分是机构投资人。中国电影存在这种状况，总体来看还在一个"婴儿期"，真正发展只在过去三年时间。美国和欧洲电影的早期发展也是这样，有很多个人投资者过渡到机构投资者。

今天在华谊和博纳，我都已经看到这个现象，机构投资人扮演越来越重要的角色，这就和其他公司产生了差异化。电影行业跟别的行业不一样，我们听说在北京一个地方就有2800多家影视公司，我想实际上更多。华谊、博纳做得比较好，他们的投资者越来越机构化，这是非常良好的事态。

王冉：影视公司跟机构投资公司需要相应的现金流。现在大家有几条路，第一是传统的产业链，比如说博纳进电影院，华谊未来做主题公园；第二就是新媒体，几乎所有的公司都在找构思；第三是国际市场。理论上来讲三个都重要，但是你是怎么看的？

阎焱：中国影视媒体能做大的很少，如果投一个企业，最主要还是看它这个团队，看创始人有没有能力做大。在中国见的影视公司比较多，说实在已经有上百家了，绝大多数是夫妻店，或者是个体户，给你一种感觉，就是钱出去以后回不来。而且这个行业整个素质跟IT行业素质差一大截，像中军、于冬这样的比较罕见。我跟中军十多年前就是朋友，那个时候就听他讲故事。大多数人，有些本来是做导演，或者转行过来的，对行业的规则不太理解。中国影视走上台阶还需要一些时日，对行业总体上的观点，刚才中军讲的是对的，我们必须乐观，乐观的原因是中国市场高速扩张，由于新媒体技术的出现，最有吸引力的地方，中国和美国，还有欧洲和日本，在新媒体上，我们站在同一个起跑线上。像于冬、中军都是很有眼光的人。

王冉：刘炽平，像于冬、中军的公司在新媒体平台上，广告收费有一天可能会超过院线收入，你觉得会不会超过？大概要多少时间？

刘炽平：我觉得有可能的，院线收入占它收入三成，绝大部分还是持续性收入，持续性的收入里面，新媒体未来会占一个比较重要的地位。而且除了影视本身赚钱以外，刚才中军也说过，在新媒体上，要把电影影响力制造大，把影响力提高，同时也可以把延伸度提高，让影片价值也可以提升。把一些比较重要的 IP 变成游戏用户，这也是需要持续探索的，无论是受欢迎游戏变成影视，或者受欢迎影视变成游戏，两者只要结合，也会有很多的机会。把这些全加起来，未来是有可能多过院线的。

阎焱：姚晨演的《武林外传》是赚钱的，我们把《武林外转》改编成了游戏，一个月收入比电视剧的全部收入都多。

王冉：大家都怀着电影的梦想，你走的是另外一条路？

于冬：我非常同意他们的观点，电影处在快速成长的发展期。我的经历很简单，我毕业之后一直做发行，然后自己创办公司，一天都没有离开过。有些时候投资人跟你想到一起了，很快推动了你的事业，当投资人跟你想不到一块儿，拍电影就不是可持续的。作为专业的电影企业本身，唯一一点就是要专业做好电影。美国电影 50% 赔钱，比例比我们低一点，我们是 80% 赔钱，不是说所有电影公司都是赚钱的。我觉得，电影产业处在上升期，或者大资本时代正在到来，尤其是中影、上影，每年有十几部的出品量，从产业、行业来讲，这是下一年的基本量。我们明年要做的电影是什么？我们几家公司来规划明年的片子，同时单片的公司也有机会投资，但是作为专业公司，要考虑明年的出品产量是多少？这跟打粮食是一样的。

博纳现在每年有稳定的出品，我给自己定几个目标，我觉得这个目标是可以做到的，我不管投资者认不认可。第一，博纳每年出品 15 到 20 部电影，这不是都由我们来拍。博纳每年 15 部电影怎么来？6 到 8 部是自己拍，另外 6 到 8 部是参股或者投资独立制片，现在中国每年几百部电影中起码有 70% 是独立制片。

每年保持占中国市场电影票房的比例在 7% 到 12%，大年、小年没关系，都有稳定的发行率。院线规模逐年增长，有这三项指标博纳必然会成为优秀的电影企业之一。这也是我新十年的计划。

王冉： 我们稍微留一点时间给现场的其余嘉宾。

阎焱： 中国电影面临大的问题，像于冬、中军这些人，仍然坚持过来，熬过了几十年，背景、资历、教育比较好。中国电影发展到某一天，有比较好的教育背景，而不是把电影闹着玩儿，或者只是考虑有机会跟明星接触多一点才做电影，那中国电影就真有戏了。

王冉： 博纳在纳斯达克上市的时候，于冬在上市仪式上讲了一段话，其实最后给我印象最深的就是"感谢中国电影"。我们今天台上的讨论先到这里，下边听一下台下的问题。

现场对话

提问： 非常荣幸见到各位，平时都是在杂志、电视上见到大家。我想问一下几位，香港的团队、资本、公司到现在是什么样的情况？问一下王中军先生。

王中军： 香港从公司层面来说，规模上没有大的，当然比台湾好一点，台湾更没有大公司。我觉得大陆本土的前景会更美好。香港的专业团队更敬业、更职业性，但是产品太快餐化，我说句实话，我觉得这两年香港缺乏思想深刻的大片。但是他们职业精神很强，创作速度非常快，比我们本土的电影快 3 倍，但是这既是优点，也是缺点。这几年香港是我们华谊的老师，跟香港学到了很多东西，我只能这样去评价。但是从目前来看，香港电影产业的创新模式暂时落后于大陆。

提问：大家好，我是复旦大学的学生，我想请教一个问题，"90后"是电影的下一代，我们这些对中国电影充满希望的学生，以后也想从事这一行业，是先去电影公司积累实践的经验，还是在学校把电影基本功学习扎实，或者是去美国受一些教育再回来发展更好？

王中军：作为年轻女孩去美国晃几年还是蛮好的，我觉得出去学习关系到个人事业问题，在学校很难跟公司对接。你刚才说新一代电影人，这是我一直期待的，中国电影肯定需要一批新人，将来我们也会退休，会出现新导演、新演员，说实在的，我梦寐以求的都是期待新一代明星产生。中国明星确实有美好的生活，一红就是10年。这个产业需要明星，所有公司的男主角重叠率100%。我也希望你们学电影的人，能为这个行业带来一些创新精神。

我们这些年一直在实验用新人，我们公司管理团队都很年轻，从国外学习电影的人确实非常多。我们现在的合作伙伴，美国的公司是主流，包括华纳、哥伦比亚，我们发现这些是最合适的合作伙伴。我觉得受过良好教育，对电影热情的人才，肯定是我们这个行业所需求的。

提问：我是上海《第一财经》的记者，刚才提到新媒体的新蓝海，我想问一下阎焱先生，您作为投资人对手机电影如何看？

阎焱：手机的发展受到了网速的制约。现在有比较好的消息，中国移动、中国电信都在做第4代移动通讯，在明年会看到实验性的播出。我自己最近在手机上看到一个片子，很短，但是拍得很美，而且是高清的，是给歌星做的一个广告，非常有震撼力。我相信手机电影这块会有长足的发展，潜力会非常大，尤其在中国。我倒不相信人会在手机上看电影，电影是需要一个氛围的，这就是大家为什么会讲现在有电视了，大家还会去电影院。

我们现在正在中央电视台做节目，我们会搞一个新媒体的竞赛。我们的条件是全部用新演员，老的不用，最后获奖人会得到投资拍一个全数字的电影，我想通过这个活动挖掘一些新人，在新媒体领域中有新的拓展。

提问：大家好，我是来自中国网视的记者，我想问一下王中军，现在拍一部电影，有些资本进来会要求分帐，从行业的角度来看，现在中国电影还缺乏一些什么内容？第二个问题当资本找您的时候，您对资本思考的要素是什么？跟电影之间怎么匹配？

王中军：我觉得资本永远是公司的需求，如果更大机构介入，对公司投入肯定有很大帮助，中国电影行业，或者娱乐行业最缺什么？我觉得还是缺人才。老板们的梦想和愿望非常多，但是总落不了地。我有这个想法以后，谁能够去把我这个概念理解透，执行80%，那就靠谱了。

王冉：我们现在寻找的资本是长期耐心的资本，或者是像腾讯这样的资本。时间的关系讨论就到这里，感谢台上的嘉宾，感谢在座的嘉宾，我们明年再见！

制造合拍DNA

作为目前全世界最活跃的电影市场，中国的屏幕数与投资数是世界上唯一呈上升趋势的地区，而合拍片作为国产影片直接进入中国内地市场的优厚条件，也使越来越多优秀的国外制作人期冀与中国合作。但是，一部真正成功的合拍片是否能一统文化的鸿沟，在各自市场和文化认同上全面取得收获？对于这样一个目标如果说太苛刻了，那么能否首先在内容与创意上获得合拍双方的认同？作为内容产业的电影，这是成功的第一要素。但是在合拍历史、尤其是跨地区文化如东西方的合拍历史上，这种成功并不多见。如何克服文化的差异，共同制造合拍DNA成为合拍的关键。

本场将聚集有跨文化合作经验的国际著名导演、制片人，跨界探讨、找寻合拍DNA。

■ 嘉宾简介

张丕民，国家广播电影电视总局副局长

克里斯托弗·多德（Christopher Dodd），美国电影协会主席、首席执行官

朱利安·埃扎诺（Julien Ezanno），法国电影中心国际合拍片负责人

岩井俊二，日本导演

菲利普·弥勒（Philippe Muyl），法国导演

张之亮，导演

施南生，香港电影工作室总裁

任仲伦，上海电影集团公司董事长、总裁

班尼特·沃尔斯（Bennett Walsh），美国制片人

丹·密茨（Dan Mintz），DMG娱乐传媒集团首席执行官

罗异，美国创新精英文化经纪有限公司中国区总裁

张昭,乐视影业执行董事
何平,导演
迈克·麦德沃,制片人
朱永雷,上海国际电影节副主席

主持人： 各位来宾大家上午好，第十四届上海国际电影节开幕三天来，论坛嘉宾们的精彩发言已经引发了各大媒体的争相报道。中国是目前最活跃的电影市场。作为进入电影市场的项目之一，一部合拍片的成功应该超越文化背景，在不同的文化背景下取得高度的一致。我们今天的论坛有很多国际知名导演和制片人。首先让我们有请上海国际电影节副主席朱永雷先生为我们致辞。

朱永雷： 尊敬的海内外的嘉宾，大家上午好！首先我要代表上海国际电影节组委会，对前来参加第十四届上海国际电影节的嘉宾和媒体朋友表示诚挚的欢迎。

电影是一个多世纪以来人类最伟大发明，而且看电影已经成为世界各地共同的娱乐方式。电影也成为跨文化融合的一个重要方式，寻找DNA是在寻找气质，寻找人类共同的情感与表达，相信很多制片人与我有一样的感受。近年来中国与世界各国在电影领域的合作越来越宽广，从互办国际影展和国际交流，到合作拍摄影片，参加对方国家举办的国际电影节等等，都取得积极的效应，这样的交流与共享，极大地加深了双边、多边的了解，也充分显示了电影的巨大潜力。中国已经与意大利、法国等国家签署了政府间的电影合作协议，同时还有多个中外电影合作协议正在协商，我们希望为观众创造出优秀的合拍电影，因为很多时候一部优秀的电影能够跨越民族。中国电影正在以前所未有的激情在各个方面快速发展，在过去几年里，中国电影年产量稳定在400部左右，去年有526部，银幕数已经达到6300多块，中外合拍影片每年都保持比较快的增长速度。中国经过多年的努力，已经取得了阶段性的成果，与海外合拍片的机制也越来越适应。上海是开放的上海，我们在这里热切地欢迎世界电影人来中国、来上海，让我们一起合作创造出世界电影业的明天，谢谢大家！

主持人： 下面我们有请美国电影协会的主席克里斯托弗·多德上台致辞。

克里斯托弗·多德： 各位早上好，非常感谢唐女士对我的介绍。我们非常高兴来参加上海电影节。这是我作为美国电影协会主席兼首席执行官的第11周，我觉得上海电影节是一个盛事，我每一年都希望来参加上海电影节，我也非常高兴和嘉宾讨论一下合拍片的历史，以及合拍片对中国电影的重要性。上海可以说是中国电影诞生地，中国第一部长篇电影是在上海拍摄的，这部片子的中文名是《难夫难妻》，可以说是中国和美国合拍的。中美电影合作虽然经历了很多波折，但是很多细节大家并不清楚。现在《难夫难妻》已经有100多年的历史了，中国电影已经发展成为成熟的行业，而且中国电影和美国电影的合作也取得了长足的进步，我非常高兴能够作为美国电影协会的主席来与中国电影合作。我想花几分钟时间给大家介绍一下，我认为中美电影合作的潜力是什么。

今天中国电影人和美国电影人合作密切，中国电影观众看到了许多美国大片，感受到电影的魅力以及新技术带来的影响，比如《功夫熊猫》这样的电影。中国的观众也希望通过电影来了解美国的文化，美国的观众也喜欢中国的电影，比如说《杜拉拉升职记》。中国一直在世界的文化领域发挥着重要的作用，在几千年前就开始通过丝绸之路传播自己的文化，当时罗马就非常称赞中国的文化。中国有非常伟大精深的哲学思想，我们也非常支持中国政府"十二五"计划当中的电影产业发展规划。未来中国的电影产业高达100多亿人民币，我们希望参与这个计划，也希望发挥重要的作用。

中国的电影市场欣欣向荣，在过去10年当中，中国生产的电影从每年的10多部到将近600部，而中国的电影屏幕也超过了6000多块，在以后将增长到16000多块。我们在北京拍摄了第一部中美合拍片，去年这部电影在洛杉矶取得了巨大的轰动。我希望继续加强电影方面的合作，许多美国的大片制作公司都来到中国市场，希望寻找到合作领域，促进中国电影的发展。《英雄》《木乃伊3》以及其他的大片是中国和美国合作的典范，它们吸引了全球的观众。我们还需要进一步的努力，来加强与中国各方面的合作，包括我们制片人在论坛的交流是非常重要的。我们希望找到非常好的故事，搬到大银幕，我们要吸引全球的观众。因为我们现在有非常先进的技术，而中国观众也希望有新的娱乐方式，这对全球的电影人都是巨大的机遇。我们要充分抓住我们存在的潜力，我认为这其中最重要的一点是，中国在过去取得了经济的发展，成为第二大经济体。我明天将去北京和中国电影行业的人士共同讨论合作方面的问题。我也会非常强调我们在合作方面看到的潜力和取得的成果，我们会和中方共同交流在过去几个月当中我们取得的进展，当然也会谈到盗版的问题，我们希望能够帮大家解决盗版问题。我也希望能够和中国加强在电影方面的对话，除了表达我们的观点之外，我们还会倾听中国的需求。作为美国电影业的一员，我极力支持美国和中国在电影产业的合作。

我们现在取得了一些进展，我们还可以继续合作，取得更大的进展。我第一次来上海是在28年前，那时候中国刚开始改革开放的进程，当时我就被这个城市深深吸引住了，认为它有巨大的发展潜力。从那些时候开始，我就非常关注中美关系的发展。中国的消费者在不断发展壮大，个人的自由也在增加，许多企业家也能够成立自己的企业，而每个人也可以根据自己的喜好打扮，这在80年代初是很难想象的。中国有许多年的历史，这让你们感到自豪。中国有非常优秀的文化传统，我们要不断来更新这些传统，充分利用技术让全球更多的观众了解中国的文化，让中国的电影产业进入全球。

上海国际电影节已经举办了14年，我认为现在要进一步加强这方面的合作，希望能够实现目标。我非常高兴来参加今天的论坛，我也希望能够经常来到上海，讨论我们如何能够把合作带到更高的层次。

主持人：接下去我们有请法国国家电影中心做合拍片的电影人朱利安·埃扎诺为我们致辞。

朱利安·埃扎诺：大家好，现在我给大家读一下法国国家电影中心主席的致辞，他没有来到上海：

我很遗憾，我没有能够应电影节的邀请来到上海。上海电影节在法国具有影响，在去年与中国签订电影合作之后，我很高兴来到上海。上海的文化给我们留下了很好的印象。很多外国的电影人都在中国找到了梦想。今天当谈到亚洲电影的时候，人们不再想到香港或者东京，而是想到上海。这里的一切似乎都可以成为电影的主题，和上海风格的多样性一样，中国的电影也是丰富多彩的，有好莱坞式的超大型制作。中国电影制作的多样性和法国电影非常相似，中国和法国的电影人一样，都需要娱乐，也需要煽情。今年4月我有幸和《观音山》的导演见面。中法电影合拍协议签订之后，双方的业界人士在一起共同回应两国观众的期盼，像王小帅的《我11》，他的电影在法国的电影节得到过放映，所以他能找到法国的理想合拍片是应该的。

接下来法国的合拍电视台也会参加资助，2012年法国国家电影中心将在法国国家外交部的支持下,为全世界的导演提供经济支持,特别是中国,这个资助的名字就叫"世界电影资助"。现在中国电影已经成为法国电影院首选的目标之一,因为法国电影企业在全球选择优秀电影,法国电影院也放映代表世界性的电影。此外法国观众对中国电影的爱好,不仅体现在放映中国以往的电影上,同时也放映中国现在的电影。每年有10到20部的中国电影在法国发行,这些电影通常会得到法国电影协会的支持,结果也令人满意。2005年以来有30部来自中国的电影得到了发行上的支持。

法国电影也有非常优秀的质量,希望也能得到中国电影界的支持,我们不仅拍摄很多深受喜爱的大众电影,我们同样也拍摄伦理片,如《人与神》,还有《海洋》。刚才我列举的只是2010年的电影,2011年我们也同样拍摄了很好的电影。我们目标是和法国电影联盟一起,为在中国发行而努力。就与中国正式合拍的电影而言,比如《我11》,我希望在产业的中上游就能成为中法合拍的项目,成为一位或几位制片人对话的结果。法国电影中心会有选择地进行资助,文艺片和娱乐片并重,这样电影才能以多样化的形式存在,并满足观众的期待。

在法国的支持下,法国电影公司才能进行投资,在这方面中法肯定有机会合作。多年来中国国家电影广播电视总局和法国电影总局一直在加强合作,因此我们很有信心。最后祝上海国际电影节圆满成功。

主持人:我们刚刚体验到三种不同国家的文化,他们相互有对照,也使我们得到很多回味。下面有请本次论坛的主持张昭先生。

张昭:大家好,这么多年我一直有参加上海电影节的论坛。下面我来介绍第一组论坛的嘉宾,首先有请上影集团的总裁兼董事长任仲伦先生以及罗异、张丕民、班尼特·沃尔斯、施南生、丹·密茨。

我非常容幸能够来主持这个论坛,因为台上的嘉宾都是中外合拍电影方面的重量级人物。

下面就是我们正式的对话环节。

班尼特·沃尔斯先生,您的《杀死比尔》是中国观众所熟知的电影。之后你是不是打算要进入合作拍片的模式?

班尼特·沃尔斯：我们需要适当的题材来拍摄成功的合拍片，很多时候我所选择的是一个成功的团队和合适的拍摄地点，这样才能成功。

张昭：具体是指什么呢？

班尼特·沃尔斯：说到合拍片，我们可以找到资金方面的伙伴来解决成本风险，我觉得好莱坞和中国的电影人要找到平衡，这就需要谈判的过程。像《木乃伊3》是合拍片的形式，但是我觉得我们可以更好地利用这种方式。

张昭：接下来我们问一下施南生，你是发行工作室的主席，从发行的角度，你怎么看中外合拍片？

施南生：国际发行的合拍片，真正的重点是找到一个故事。以前可能有些人说，让我加两个日本演员就可以拍。你找的故事必须是能够合拍的。当然从发行角度来讲，每一部电影都面临同样的挑战，你要找到很动人的故事，你要跟观众找到共鸣，这是任何一部电影都要做的。

张昭：如果是合拍，你在国际上找到合作商以后怎么发行？

施南生：其实发行没有什么变化，你要找到对你的电影有兴趣的发行商，当然你的合拍方要有优势，他们知道这个电影有什么故事，是怎么宣传，这些都要比较到位。发行商不是因为你是否合拍来确定要不要发行。

张昭：合拍的核心是电影要好看。丹·密茨，我们知道DMG是由三个人合作成立的，有中国人和美国人。对于美国、中国之间的合作，这样一种结构意味着什么？

丹·密茨：我觉得DMG是很中式的，因为我们三个人，另外两个都是中国人，我们有20年的合作，合作的核心是什么？你要了解人、文化、语言，不能觉得就是朋友之间的一次合作。但是，很重要的是我们都是做电影的，要用拍电影的国际语言去沟通。我们有国内的片子，比如《建国大业》，还有进口的片子。不管是什么地方的什么片子，一定要适合中国的定位，完全听美国人的看法是不行的，完全听中国人的看法也不行。

张昭：你们三个人组成这样一个公司，是好还是不好？

丹·密茨：这个肯定是好，比如说在美国有一个非常厉害的公司，那帮人都非常要好，是铁哥们，他们合作那些年之后，互相之间非常了解，他们都知道对方的弱点，可以互相弥补。

张昭：你们吵架吗？

丹·密茨：会谦让的。我们吵是因为尊重对方的看法，有些地方他们比我了解，我要尊重他们。

张昭：从丹·密茨的观点来看，要成立一个合拍公司进行长期地合作，而不是就一个项目进行合作，这是另外一种方式。

罗异先生是我10几年的朋友。CAA在一个非常特殊的位置上，如果有一个合拍项目，你会处在各方合作的中心，怎么看项目定位的问题？

罗异：我们有非常多合作的机会，可以是一个导演的创业作，可以是一个演员的创业作，我们是这些人的中心，很多人会在我们这里来创业。作为合拍片，中国和美国人会跟公司提出要求，我们争取尽量让他们实现这个梦想，其实这样的工作特别多。合拍片也特别多，有的时候很偶然，有的时候有计划，所有的工作安排好之后，你要选一个适合的对象，每个人会有每个人的方式，要看这个人适不适合这个工作。其中特别重要的一部分是，别安排一个没有成果的工作，这样对员工也不好。

张昭：我觉得这个是最难的事，把不同文化、不同创意、不同公司的人安排在一起，而且是跨国的。

任仲伦：我们经历了这样几个阶段，第一个阶段，我们的本质是协拍，外国人到上海拍摄，他们需要我们中国电影人的合作。那个时候能把外滩封一个月，现在是做不到的。当时我们很多居民都有空调，我把这个大楼的1300多个空调拆掉也不容易。刚才我们提到的合拍本质上也是协拍，比如说《木乃伊3》，实际上我们只是派了一些上影集团的有经验的人去参加制作。到了今天，我觉得随着中国电影实力的提高，我们可以自己开发出中国的一些有世界影响的故事，也可以让国际的力量,特别是国际的演员参与这个故事。今天下午我们有一个项目的新闻发布会,这部电影讲的就是一个二战时候发生在上海的故事,这是真正意义上的合拍,我很高兴下午会宣布这个消息。我觉得现在我们进入到了真正的合拍阶段,这是中国电影很重要的历史阶段,就是由中国的制片方来发起一些项目,然后邀请全球各地的电影人来合作。

张昭:我们开始第二轮的问题,当时在中国推广《杀死比尔》的时候,最困难的是什么?

班尼特·沃尔斯:我认为在2001年的时候,也就是10年前,要协调中国的工作团队和美国的工作团队是非常困难的,但是我们双方能够相互包容,在一周之后就很好了,对彼此有了更深的了解。现在我们拍电影变得越来越难,因为有很多技术上的挑战。在10年前我们双方是来自两个世界,但是现在好多了。

张昭:您为两个不同的老板工作,怎么处理这个问题呢?

班尼特·沃尔斯:当开始拍一个电影的时候,我们总是有一个原则,最重要的是忠实于这个电影,就是我们要做成什么样的电影,面对什么样的观众,在这样的前提之下,我们再进行协调。就算合作双方出现冲突,还是要回到电影本身的,如果大家都同意这一点,那么解决分歧,继续合作。我们必须有很多理由来拍这个电影,很多时候要一步一步来。每次来到上海,我都觉得我们在不断地改进。

张昭:一方面中国电影要更快和国际接轨,另一方面中国还有很多问题,要持续乐观地看到它的进步,这个态度是很重要的。

班尼特·沃尔斯:但是我想说,好莱坞变得越来越全球化了,原来是北美地区,现在是在全球拍摄。我们正要拍摄的一部电影是在加拿大制作的。我们现在努力推动好莱坞变得越来越全球化,这给与中国的合作提供了很多机遇。

张昭:作为令华语电影人骄傲的制片人,国际合作的哪一个环节让你觉得最头痛?

施南生:我原来是在香港拍电影的,当年我们香港的电影人来中国拍片也是合拍的。我第一部合拍片是《新龙门客栈》。到现场第一天你很容易去区分，谁是厂里面来的？厂里面来的人都是"大师"，都穿着西装。其实大家都是搞这一行的，很快就愿意用很开放的态度去合作。

张昭：最难的是什么？

施南生：我相信对很多合拍的片子都一样，第一是语言不熟，要用很多时间去找好的伙伴。常常跟同样的伙伴合作，会建立一个默契。但有时候不是这样，去新的地方，你还是要找新的合作伙伴，如果一开始没找对人你会很痛苦的。还有一个是文化的差异，我们刚刚拍一个电影，有新加坡人、韩国人，可能语言的沟通是很重要的环节，但是却常常出错误。有时候你没有资源，不像是自己的地方。但我觉得现在最困难是没有好的剧本。

合拍片要找到需要合拍的理由，总的来讲我觉得好剧本是很难得的。

张昭：谢谢施南生跟我们分享一些经验。请丹·密茨给我们介绍一下合拍片具体的经验。

丹·密茨：做一个合拍片定位很重要，到底谁要看这个片子？这是一个国际的片子，也是中国的片子，要有中国的元素，所以我们加了一部分在中国的戏。这个片子的导演非常有趣，他既写剧本，又做导演，所以他很有想法。他来中国找一个中国的老婆，开始在中国生活，但是老的习惯不容易丢掉。

判断非常重要，首先就是中国人要看什么、美国人要看什么？

张昭：是因为有明星才能到海外发行？

丹·密茨：什么是好的片子，是有明星，有一个国际元素，大家都爱看，好莱坞做这个是非常成熟的。

张昭：我们其实最关心的问题是，在拍电影的时候，涉及很多方的利益。当他们利益发生冲突的时候，在中间不是很难吗，你会怎么办？

罗异：肯定很尴尬。我觉得就合拍片来讲，其实这种特别尖锐的冲突发生得很少。

张昭： 为什么？

罗异： 我觉得这个桥搭得非常好。提前一个星期就开始反复通电话，然后这个导演提出重拍《功夫梦》这个老片子，我觉得不错。中影集团、索尼集团都下了很大的力量，第一次会议到准备拍摄是9个月的时间，虽然之后还在谈合同，但是已经开始拍了。

张昭： 我们跟香港很多年的合作也是这样，不同区域的合作，反而利益更好分配一点。

罗异： 是这样的。我刚才提到的影片，与目前国内最大的几个制作公司、发行公司都有合作，像中影集团、华谊兄弟。有这么多合作伙伴，我们会很慎重地考虑。

张昭： 这个我有很深的体会，我们跟国外合作，中间人很重要。一定要舍得花钱，让你这个事很顺利，因为合作方很多。

任总，为什么上影集团总是走在前面，你这么多年是怎么布局，怎么保持领先的？

任仲伦： 第一，上海是中国最早向世界开放的城市，海纳百川。第二，我个人认为，电影是一个全球产业，它不是一个区域性的产业，这是一个根本考量。我们把开放合作作为一个基本战略，除了制片以外，上影最早在美国建立电影院，最早引进超大屏幕，最早参加合拍分成。我们一直把电影看成全球性的产业，昨天刚刚跟美国公司合作成立了技术公司，上影在各个环节上对外合作，放映、技术、内容研发等等。我们在中国66个城市，有将近800块银幕。我们很愿意跟全球有经验的制作团队进行合作，有力量的特别是支持中国电影发展的一些机构和人士进行合作。

张昭： 更重要的是你怎么布局，在产业链上怎么布局国际的合作，这样也为合拍奠定产业化的基础。最后我们请每一位嘉宾，说一下他们怎么看未来5年中外合拍的前景？

班尼特·沃尔斯： 我觉得对未来5年来说，最重要的是合拍片的双方都要对各自的项目开展投资,例如好莱坞要在中国搞合拍片的话,本地的团队就要有一些新的有别于传统的模式和思维;对好莱坞来说,他们要支持中国的作品和项目,赢得更好的票房。他们必须要分享合作的业务模式,分享收入,寻找一种最适合双方的合作模式。

施南生:我觉得未来5年合拍会越来越多,会有很多公司来中国合拍,我们关于内容方面的政策,政府可以有容纳更多题材的制度,不然会限制住我们创作的空间,还有制作好看电影的可能性。第二我希望合拍片是中国和印度的两个市场。

张昭:你是希望我们中国政府在题材的开放上面能够为合拍片提供更多的空间,实际上通过和国外的合作也会促使中国在题材上放开眼界,也会起一些作用。

丹·密茨你怎么看未来的5年?

丹·密茨:我希望以后没有合拍片,为什么?其实别的国家也没有这个,在我们拍电影的行业,大家都是一样,所以希望我们别谈合拍,就谈拍电影,从故事性、导演等等,我们都要合作,我觉得不是5年,可能10年。其实我觉得,不管中国人、美国人、法国人,我们都是拍电影的人。

张昭:他是说对于电影,全球都是一个行业,不存在合拍不合拍。

施南生:但是合拍要拿出政策。

罗异:我觉得合拍片肯定越来越多,主要是亚洲的市场增长得越来越快,这样的机会会越来越多,中国聘用外国的公司也会越来越多。以前是外国的故事,以后可能更多是中国的故事,有一些海外的片子会有更多中国元素。

张昭:包括中国的演员、导演,中国的文化元素越来越多。

任仲伦:我的梦想还是希望中国文化,包括电影能够像中国经济在世界上那么有地位,我也希望在这个过程当中,能够找到更多的合作者。

张昭:论坛的第一节到此结束,也希望有更多的机会和大家分享。我预先介绍下一节的主持人,著名的导演何平先生。

何平:我来主持上海电影节的论坛已经连续三年了。希望以后合拍片的概念能够取消,现在电影的创作到发行越来越全球化,大家都是利用全球的资源来拍一部电影。比如说好莱坞的电影在美国制作是一小部分,但是我们希望肥水不流外人田,中国的部分尽量由中国电影人做。电影的题材应该尽量全球化,让更多的人能够看到,所以它在初期就应该做全球化的设计。我们下一轮的主题是关于全球化的创作。

我们有请嘉宾岩井俊二导演、张之亮导演、法国的菲利普·弥勒、美国的制片人班尼特·沃尔斯。

电影合拍片困扰大家的可能是题材问题。这么多年我们确实做了很多的实验,像刚才任总讲的,我们最早是劳务输出,就是外国的故事、外国的导演,我们提供警力,提供后勤,这是合拍片初期的现状,后来香港合拍片也有大陆人员参与,像张艺谋早期的电影。到了中国电影最困难的时候,我们做了将近20部合拍片。当索尼拿到《手机》的时候认为这个在全球发行是有问题,能不能继续投资需要进行很多的讨论,后来这部戏在国外没有发行,但是大陆的票房非常好。台上的嘉宾有很多经验,岩井俊二导演,你在中国的影迷可能要比日本多。请跟我们谈一谈,你在日本选什么样的题材来创作?

岩井俊二:在这十几年当中,我的电影可以说在年青人当中是比较受欢迎的,在中国据说也很受欢迎,我觉得非常高兴。但是很遗憾,我的这些业绩没有得到很好利用,因为出现了盗版。在中国如何来开展电影事业,从哪里着手,和谁进行合作,怎么样进行合作,实际上我的脑子一片空白,我觉得今后要学习一下。

何平:作为一个外国导演,在中国你会选择什么样的题材,你觉得什么样的题材更适合做合拍电影?

岩井俊二:关于您的这个问题,我想很重要的一点是要符合年青人的想法,要了解他们的需求,在社会上有一些什么样的流行风潮等等这些都需要掌握。另外我想小说也是一方面,小说有一些很好的情节,但是从日本的环境来看,可能有一些小说并不是能很快制作成电影的,所以需要有一个很好的对接才可以。

何平： 我想问一下张之亮，你有很多的经验，怎么能够促成合拍的题材在香港、大陆、韩国、日本的市场上发行？怎么选择题材才能扩大发行范围？

张之亮： 我觉得所谓合拍片跟普通的电影其实没有分别。我们在香港长大的过程中，看的其实大部分都是受西方社会所影响的题材，包括英国。我们讲故事一定要跟观众沟通，我们做导演的一个目标是尽量把电影往外推，介绍给更多的观众，所以我们从一开始就没有说合拍片，我们拍电影就是要给别人看，选电影的立场就是要感动自己，用很原始的方法告诉其他观众。我们没想过这个题材要给台湾人看，要给新加坡人看，或者给其他什么地方的人看，我们要把它做成好看的电影，我们认为电影有共同的语言，就是要感动观众，就是要好看。

何平： 我们知道电影的故事一定是发生在不同的文化背景下，北方的电影可能到了广东就有问题。我们在国内就有这么多差异，我相信全球的差异更大，无论是我们的文化到北美、欧洲，或者欧洲的文化进来，都存在着很大的差异。

那么我们如何做成功的合拍片？

菲利普·弥勒： 其实在电影当中，每个民族都有他特殊的幽默，而情感是一个影片的中心。去年我去广西进行了一次旅行，碰到了一个年轻的农民，他说我明年结婚，我要一个房子。我觉得这是一个具有共性的主题，我通过一些表面上看起来简单的主题，来触及人类共有的情感，这是共有的东西。当我就一个主题进行工作的时候，不会去想市场的问题，我只考虑主题的真诚性，然后再想怎么去拍电影。最终在自己的内心中找到一个在情感上具有共性的主题。

何平： 前面三个导演是要找情感上具有共性的电影，我们再听一下美国的制片人麦克·麦德沃在合拍片上的想法。

迈克·麦德沃： 我想说的有几方面，首先我们必须要看一看我们的历史，我做这一行差不多有50年了，做了315部电影，有一点是清楚的，在过去的50年里面，每一天都有新的变化，有才华的电影人希望讲那些没有被讲过的独特的故事。1974年的时候，我开始做电影，我问我的导师，我们要做的题材是什么？他说我不知道，但是你给我看的时候，我就知道这是不是一个好的题材。从某种程度上来说，这是一种本能，一种直觉。这么多年来我看了很多的故事，我的工作室，每年都会看上千个题材，很多故事都有问题。电影是关于梦想的——那些永远存在于我们记忆当中的东西。当我们看电影的时候，我们看到那些主人公的生活，这些生活可能是我们希望拥有的。所以我觉得没有一个合拍片的规则，或者说遵循的法则，永远都会有新的东西。

我觉得品质是一个非常重要的东西，是不能忽略的，你必须要与比你更优秀的人进行合作，我们考虑的不仅仅是商业的元素。看电影是一种奇妙的体验，它让你的眼界开阔。我本人第一次看电影是在中国，后来我的父母带我去看美国、俄罗斯的电影，我想说的是这种记忆是永久的。成功是偶然性的，所谓合拍的DNA也是偶然性的。你永远不可能知道你是不是能够成功，但是你要有一个目标，就是做独特的东西。

何平：过去在中国的合拍片概念里，总会觉得合拍往往是要赚钱的，因为对合拍片的审查和对国产片、香港片的审查不太一样。我们要求中国政府在内部上开放，帮助中国电影顺利成长。其实今天王小帅导演应该来的，他最近拍的一部电影，为此中国政府和法国政府签了一个合拍协议，双方合作的纯中国的电影可以作为法国电影，法国电影也可以作为中国电影，在法国是政府投资，在中国政府不投资。王小帅告诉我，自己赚的900万都投入进去了，如果不赚钱，他的积蓄就没了。在这个时候合拍公司自己不投资，还要跟他收15万的合拍费，我觉得要让官员和政府知道，他们给予我们宽松的政策，我们就可以作出更好的片子。我也是在这里呼吁一下。

我们想听一听日本导演的看法，我前阵子去东京电影节参加一个论坛，期间我和日本的导演也在聊，我说你们为什么不找合拍的机会，他说我们其实不太需要，我们日本本土的市场很大，我们能够收回来，所以我们合拍片比较少。其实日本的合拍片的确比较少，肯定没有中国多。

中国现在也有一个问题，中国很多的合拍片进行不下去，是因为中国的投资人认为中国的市场足够让我们自己赚钱，没有必要去国际市场冒风险。

岩井俊二：实际上我没有想过这个问题。我到澳大利亚去，和那边的同行进行交流，了解到在澳大利亚拍摄的电影很好出口。日本是1亿人左右的国家，使用的语言是一致的，我们没有兴趣到国外去。我们从出生之后一直在日本生活，我们受到了战败的影响，美国的电影、文化大量涌入日本。在音乐方面，像披头士和美国其他音乐不断地侵入到日本，日本人觉得自己的音乐比较老旧，品质方面也不是很好。但是听日本的歌比较容易懂，所以从 90 年代开始，日本开始吸收欧美的电影和音乐。当初美国的电视剧在日本比较流行，后来电影也在日本得到了发展，大家逐渐接受了这些很有趣的电影元素。

孩提时代，我们很喜欢看美国的电视剧，比如说《草原小屋》等等。现在日本有线电视台也在播放一些美国的电视剧，但一般的日本人还是喜欢看日本的电视剧，动漫也是如此。日本人有一个很坏的情况，就是不看外面的世界，这是很严重的事情，年轻人不愿意去国外留学，这样就逐步困守在日本。我想这样的社会状况是需要改变的，比如通过因特网和不同国家交流。现在日本还是面临着一些问题。

何平：欧洲国家的电影几乎都是合拍片，因为背景比较相近。亚洲为什么不能在合拍片上和欧洲一样，使这些影片得到很好的回报，或者在这些国家能够很好地发行？他们还是有很多相似性的。我记得韩国一年拍 400 多部戏，都会发行到新马泰。

张之亮：从我个人的经验来讲，从 80 年代开始拍电影，我们基本上都会选择一些市场上比较受观众喜欢的题材和内容，这是香港早期的社会状况，就是经济依赖市场的需求，所以我们拍电影总是商业的，总是观众比较容易接受的。为什么我们的电影不能在亚洲区域发展？我觉得是语言的问题，它跟好莱坞不一样，因为好莱坞是英语，英语在全球占观众的比例很高，如果用广东话来讲我们就只能在香港和广东发行，马来西亚就一点说广东话的人愿意看。我们拍一部电影需要配很多的语言，还得有中英文字幕，我们的发行非常累，但是我们还是尽我们的能力去做。我在小的时候很难看到日本电影，所以我们看日本电影的时候会非常惊喜，内容我们能够接受，只是语言不懂。我觉得不光是题材，今天有很多问题要放在制片人身上，第一是语言，第二是发行。我们在 90 年代做发行的时候，不相信对方，只要把版权买到就行了，收入你不需要管。

合拍片不仅是文化的交流，其实也是工作人员的合作，重要的是题材和内容两方面都能够接受。我相信电影是人类精神的文化，一定有共同点，导演和其他工作人员都会有一些想法，两组的工作人员怎样把视野扩大，把合作做好，我觉得更重要。这次我有一个电影是用日本的美术指导，我觉得他的眼光跟我的眼光不一样。我们做合拍片有一个好处，先把自己的主观放下，然后接受对方的建议。

何平：我到广东都没办法与人沟通，更不用说印尼了。其实法国是很前卫的电影国家，当然这和政府有关系，法国有这样一个政策，政府要从商业大片的收入中抽走15%，用来支持另一些非盈利的电影，比如说一些存在文化差异的合拍片题材，在这方面法国有很好的经验。我们听一下法国导演有什么经验介绍给我们中国人。

菲利普·弥勒：法国对电影制度参与很深。法国有6大电视台，其中广告收入有投资电影的义务。还有一个支持基金原则，电影院票房收入的5%必须投到一个金库当中，这个金库是为电影服务的。我们法国的电影市场有40%的法国电影，其余60%来自于美国电影。我说的收入是指所有电影的收入，包括美国的电影。最近有一部电影叫《蝴蝶》，这个电影差点没有得到电视台的资助，因为他们觉得太简单了。最终影片还是得到了资助，在中国也发行了，我很高兴法国文艺片能够翻译成中文。

法国的体制有很多优点，也有很多缺点，如果电视台不给你投资的话，我们就会碰到很多的问题，甚至拍不成这部电影。还有40%的合拍片是与西班牙和比利时等国家合作的，这些国家也有义务发行电影，他们也有这个原则，要投资合拍电影，每年至少有10部与法国合作。

何平：中文对白的电影到美国发行会有问题，从市场的经验上看，美国观众喜欢看英语对白的大片。有中国的资金到美国去拍英文电影了，很多美国的制片人也会来中国寻找合作的机会，麦克·麦德沃，你对这种双向选择有什么高见？

迈克·麦德沃：我想说的第一点是，我认为政府机构或者是那些投资者不应该是片子的最终决策者，应该有一个创意团队来实现题材，来吸引资金，通过拍出很好的片子来获得票房，回报投资者。很多片子有很高的成本，营销和发行的成本也很高，就我个人来说，我希望投资一些英语片。我觉得如果有中国的公司能投资一些英语电影，他们就会知道哪些片子在中国受欢迎，这样会架起一座桥梁。美国的电影行业有很多历史上的优势，他们在全球也创造了很多的平台，但是现在这种情况发生了改变，因为我们现在有电脑，而且我们可以通过网络来发行，这些新技术的诞生改变了一切。希望未来能够创造出很多新的产品，如何拍一部中美观众都喜欢的电影？我们要找到共同点。比如《乱世佳人》，虽然是上个世纪拍的电影，但是在现在依然受到观众的喜爱。

现场对话

提问：麦克·麦德沃，您为什么和上影合作《魔咒钢琴》，是什么地方吸引到您？

迈克·麦德沃：我觉得有几个不同的因素。首先，我很希望与上影集团合作，这应该是一个最初的动力，特别是我本人就出生在上海，所以在我从事电影这么多年之后，我觉得应该画一个圆满的句号，和上影集团来进行合作。我来了中国，也去了智利，我经历了很多地方的创作过程。其次，这部电影是基于原著的，以小说为蓝本。我本人是在上海生活过的犹太人，我感受过中国人民的慷慨，我亲眼见证了我父母和中国人民的感情。14 年前我带我的父母来过上海，那时候是第一届上海电影节，我父亲一到上海就哭了，我说您为什么会哭呢？他说，正是这个地方挽救了我们的生命，所以我非常感动。一开始我并不懂，但是长大之后，我开始了解父母的感受，也了解到我自己是多么的幸运。我觉得这是一个圆满的过程，在中国看电影的小孩，到好莱坞拍电影，我所拍的电影不仅向美国致敬，也向世界致敬，我对人类尊严的所有方面都感兴趣，我希望我的孩子们生活在一个更好的世界，也希望他们了解我所经历的，也是我的祖父辈所经历过的。

这个电影将会包含很多历史的东西，但核心是一个爱情故事，我相信在座的所有人都有恋爱的经历，你爱上过别人，也可能被别人爱过。电影讲的是中国内战和日军占领时的故事。上海是中国第一个向世界开放的城市，英国之前也把上海占领过。我觉得我有这样一个义务来拍出一部好的电影，不仅仅中国观众喜欢，世界各地的观众也可以喜欢。如果你想真正了解我的目标和想法，我会告诉你，我希望拍出一部像《日瓦戈医生》那样的电影，这就是我的目标，尽管我没有达成这个目标，但这是我的追求。

何平：谢谢所有的嘉宾，今天论坛到此结束。

影院革命：数字时代的影院角色

电影院的革命是否到来？随着数字时代的到来，中国的影院无论是规模还是形式都在发生极大的变化，既有巨屏的超额引进，又有变革性的数字放映设备为各种成本的影片提供了放映的可能，屏幕的大小选择越来越多，事实是为多种形式的影片预留了空间。越来越多的投资人参与到影院投资中，资本界普遍认同电影院的投资潜力，但另一方面，在日益增长的高票房和高产量以及终端屏幕数字高增长背后，也有越来越多的影片"影院一日游"，如此多形式的屏幕以及目前的分账方式是否为电影内容预留了足够的空间？放在整个产业链中，电影院的革命究竟应该充当怎样的角色，资本和影院应该给予内容产业的发展多大的承载与想象空间。

本场论坛将邀请影院变革中的关键人物，讨论中国影院革命性发展对电影产业的意义。

■ 嘉宾简介

张宝全，今典集团联席董事长兼总裁
覃宏，星美国际集团董事局主席
江志强，万有引力电影基金投资人 阳刚安乐影片有限公司行政总裁
叶宁，万达电影院线股份有限公司总经理
斯图尔特·鲍林（Stuart Bowling），杜比实验室全球技术市场经理
王小帅，导演
徐焕堂，马来西亚嘉里金像院线总经理
赵军，广东省电影公司总经理
高军，北京新影联影业有限责任公司副总经理
尹鸿，清华大学教授，博士生导师
肖亮，科视中国区总经理

主持人： 各位来宾上午好！大家知道随着数字时代的到来，中国的电影发生了很多变化，资本界也参与到电影界的投资中来。在高增长的背后，"影院一日游"的影片也不在少数。电影业产生了什么样的变化？我们希望我们这个话题在明年的论坛上能够做进一步的讨论。

今天到场的嘉宾都是影院变革的关键人物，而担当今天主持的是业界学术权威、清华大学教授、博士生导师、新闻与传播学院常务副院长兼影视传播研究中心尹鸿主任。首先请张宝全先生演讲。

张宝全： 各位嘉宾，各位朋友，大家好。今天这一行的大腕人物都在这儿。今天我站在这儿先发表这个演讲，我想在整个中国电影行业里面，工作上干得最全的可能就是我，从放映到设备，再到导演，包括我第一部电影的作曲都是自己。我觉得有必要这样自我介绍一下，大家才可能觉得我讲得有点道理。

我1991年从导演系出来以后，那个时候雄心勃勃，除了上课，我基本上都在我住的地方和学校，还有就是去看片。写了好几个剧本，有几个剧本到今天为止我还是比较满意的，但是从来没有拍成电影。当时大家对这个本子很感兴趣，最后有人说，张宝全这个片子不做就浪费了，你赶紧去找钱。那个时候我真的找不来钱，后来想想，算了吧，干脆自己挣钱，就去了个电影厂，当时目标不高，挣个50万就可以了。我上学的时候，我们班主任花70万拍个电影，学生不能超过老师，50万就够了。后来我也挣了50万，但是上了贼船以后就不由自主了。到了2000年左右的时候，再回头看，发现自己有钱想拍的时候，可能拍出来已经没人看了。在2000年，中国电影主要的市场问题就是没有电影院，咱们前面的制作就没有支撑。当时我到科研所问他们，中国现在有没有数字电影的标准？科研所的人听到就很奇怪，说中国没有，国际上也没有。一直到2004年、2005年的时候，我才拿到TR生产的数字芯片。

数字放映不仅仅是价钱低的问题，在去年，数字放映对中国影院的影响已经初步显现出来。去年中国电影票房增长接近50%，银幕增长不到30%。去年超出银幕增长的20%从哪里来？可能还没有人关注这个问题。去年数字放映已经成为了主流,在2009年,《建国大业》在全国放的时候,数字放映占了30%,到了《让子弹飞》的时候,数字票房占70%,胶片只占了30%。中国以前发行胶片,500个、800个,最多只能支持1000到2000个,这也导致一些观众流失。中国所有的影院,不管银幕大小,不管是一级城市、二级城市,都在银幕上映,把这些流失的观众重新拉回影院,我觉得这是中国去年票房超出银幕数增长非常重要的原因。

今年的票房增长等同于银幕数的增长,这也给票房带来一定数字的影响。数字票房不管大小,只要获得拷贝的话,就降低了影院的成本。以前票房不到,很难拿到实文拷贝,电影院平均下来10个点,当影院放到10万块钱,也才能把7000块钱拷贝的使用费,或者其他成本收回来,我在外面就是这么算帐的。

我记得在5年前,中国的电影院还只有2000块左右的银幕,而且85%的地区没有电影院,到今天为止还剩下70%。在胶片为主的情况下,中国在影院结构上是不合理的,大影院占15%,中等的占60%,小的占15%到20%。这种比例给中国影院造成很大影响。在北京这样的大城市,一块银幕一年有150个拷贝支撑就可以了,但是在二三线城市,甚至县城影院,一年需要250个到300个拷贝支撑才能延续下去。比如说一个大片到北京放映,放三个星期都可以,但是到县城影院,一个星期就行了,这也导致中小影院失去了很多平台。

今年大片开始沉寂,文艺片《观音山》的票房也很少。我们可以把好莱坞的大片,放到开封这样的二线城市与一线城市做个比较,如果票房是1比10的话,《观音山》和《最爱》这种文艺片至少是1比8。所以我想数字放映给中国带来的第二个影响就是发行渠道会迅速恢复,今年是个高潮,明年、后年是高潮的高潮。中国14亿人口,和美国3亿人口比,中国没有理由输,我们的银幕数也会比美国多,我个人认为5年以内会增长到5万到6万块左右。如果数字放映没有成为主流,这显然是无法实现的。

我觉得今年中国电影市场会有很大的变动,到年底数字放映的票房会占到90%以上,那时不会再选择胶片作为发行载体,意味着中国是全世界第一个完成胶片转数字的国家,我认为这对中国电影的发展的影响是重大的。中国的数字放映设备并不是最多的,我估计全部加起来有4000台左右,大家都知道,美国是1万多台,比中国多得多。

由于数字放映成为了主流,今年是渠道发展的高潮之年。去年中国平均每天新开放 4.2 块银幕，今年我们时代今典每天有 3.5 块银幕开业，年底会达到 1100 块，加盟的有 1500 块。尽管银幕数比万达高，但我们的票房没有万达高，万达依然是票房老大。我们这次影院扩展以 4 块到 8 块幕为主，把投资规模降下来。影院不仅仅是卖票房的地方，票房收入占影院收入的比例不会高于 1/3，如果高于 1/3，我认为是不正常的。我们知道，在写字楼里面装个银幕，也会卖个好几十亿美金。中国把这些银幕加在一起，也能卖很多钱。广告收入会占影院的 1/3。广告在哪里放，哪里就是收益人，但是目前好像广告收入不是我们影院的。在数字时代，流程和体系是自然要被改变的。院线也好，发行商也好，你是广告的代理人，或者是广告的经营人，你只能收取代理费、运营费，不能把影院卖广告的收益也全部变成你的收入，我想这是不对的，这体现数字体系在中国新的游戏规则。

我认为未来的影院会是个新的媒体。我们时代今典的平均票价是 17.5 元，这个票价相对于中国人的工资而言，还是偏高了一点，如果把通货膨胀指数算进去，这个价格就不高了，与其他国家相比算是正常的。这些都意味着未来影院要做一些改变，如果仅仅像现在一样，把票房收入作为主体收入，靠票房一条路走，我想这可能是有问题的。另外我们的 1+X 模式和电影消费方式相关，我觉得这也是未来影院的不同之处。当中国人均工资达到二千美金的时候，就会产生消费方式的转型，具体说来，是从功能消费转向企业消费或文化消费，实际上就是生产方式的消费。比方说 10 年前喝咖啡的方式就是在办公室兑一下，今天很少有人送咖啡给领导，那就比较"二"了，一定会请领导去咖啡厅，或者去酒吧。电影也是一样，开始讲究在什么环境下看了，我觉得这也是数字时代所带来的变化。当中国银幕数达到几万块以后，电影的放映方式一定是机器放映和点播放映相结合。我们目前的放映片存储有 10 部左右，现在的硬盘非常便宜，如果花 1 万块钱做一个拷贝库，就可以存储几百部电影。所以未来影院的经营模式肯定跟今天不一样。正因为胶片时代选择很少，只能放一部电影，才造成大家的竞争。

数字放映对中国影院消费方式产生了影响，并且扩展了发行渠道。除此之外，我觉得中国要想真正进入大片时代，并不能只靠做营销，还有钱的问题。当中国银幕数达到 6 万块，一部影片的票房能到 15 到 30 亿人民币的时候，中国电影就进入了大片时代。好莱坞拍大片，全世界都替它干活。当本土渠道能够把一个片子放到票房几十个亿的时候，我们才可能投一个亿去拍电影，所以这个时候电影想不好看都难。好莱坞可以花500万做一个剧本，在中国花500万就能拍一个片子。中国到现在拍电影的成本平均不到3000万人民币，在这样的投资情况下，中国的电影不可能走向世界，也不可能占有太多的市场。所以我想最终还是市场决定一切，市场是基本的力量。所以我觉得数字放映对中国电影的作用，与全世界其他国家都不同，因为我们的终端渠道没有了，而数字放映对恢复渠道是非常有优势的。谢谢！

尹鸿： 各位嘉宾，女士们，早上好，谢谢张宝全先生给我们做了一个非常精彩的开场。他以前想做电影时没有钱，有钱了发现做电影没人看了。在去年中国100多亿票房当中，6000多块银幕起到举足轻重的作用。在大多数的西方国家，票房收入占整个电影总收入的25%到30%之间，在中国，即便按非常官方的统计，把海外的票房算在一起，也会超过2/3，实际占的比重比这个还要高。影院在一定程度上决定着中国电影的未来，这也是电影节选择"影院革命：数字时代的影院角色"这个主题的原因。我们今天会谈一下影院的未来走向。现在观众都普遍反映票价太贵，但是从后来的调查当中发现，我们有一些传统的影院票价很低，但是观众更少，反而是新建的票价比较高的影院观众多。实际上观众想去的不仅仅是能够看得到电影的地方，对环境也有一定要求。

影院在产业链当中扮演什么角色，我们有请两组嘉宾进行讨论。下面请万达电影院线有限公司总经理叶宁先生、北京新影联院线副总经理高军先生、广东电影公司总经理赵军先生、杜比实验室全球技术经理斯图尔特·鲍林先生、马来西亚嘉里金像院线总经理徐焕堂先生。

一部电影发行得好与坏，跟各位在座的嘉宾有非常大的关系。大家知道万达院线的创建时间不是很长，但很快成为中国票房第一的院线，它在整个中国、亚洲很有影响，也有很高的定位，下面请叶宁先生介绍一下万达院线的战略。

叶宁： 大家好，谢谢主持人。刚才张宝全老总的演讲让人印象深刻，这几年万达的发展要感谢这个市场。我觉得中国的电影市场从前几年的复苏阶段，到去年开始快速发展，很重要还是让观众回归到影院去，这是电影院共同的任务。不管是建电影院，还是制作优秀的电影，这几年万达所做的最重要的还是顺应市场。

我认为，万达的机制也切合了这个市场，我们最先在商业中心做影院，现在翻开国际市场的发展历史，电影院都和购物中心、商业地产息息相关，也推动了购物中心一体化、多元化的消费模式，这点非常重要。张宝全老总说了一个数字，月工资在3000美元以上的人群基本上会追求品质的体验，不会只是满足于一方面，所以他一直把文化体验作为没有天花板的产业，这点非常强。随着中国城市化的发展，人们对现代多厅影院的需求会更加强烈，从银幕数来说，现在还远远不够。

回归到刚才那个话题，万达非常幸运，顺应了这个市场，正好我们的机制也切合了发展的规律，商业规律使它健康地往前走，当然还得继续努力。今天听到3万多块银幕，感到压力巨大，发展是硬道理，还得快跑。

尹鸿：谢谢！万达把电影院建立在商贸中心，在北京、上海都跟商业体验区、休闲区非常接近，所以跟张宝全先生目前的战略有点不一样，你将来会不会跟张先生一样也深入广大的二线、三线城市去建更多的影院？

叶宁：现在已经这么做了。

尹鸿：你觉得你对他形成影响，还是良性竞争？

叶宁：中国的缺口特别大，大家应该携手去做好。有竞争会促进你做得更好，产品如果饱和会促进产品的细分，我觉得不管各自的定位怎么样，全力以赴去满足市场的需要，才是生存之道。

尹鸿：还可以说是互动共赢，非常好，谢谢！广东省电影公司的总经理赵军先生也是一个研究者，经常发表一些文章，把我们的稿费都挣走了。您觉得数字时代对未来电影院线有什么影响？

赵军：我跟万达院线走的路相反，它以自己建设的影院为主，广东省电影公司以加盟为主。我本身有院线，然后很多投资者盖了影院之后，必须要在院线之中才能发行，我们就建了这个加盟院线。中国电影产业在高速发展，很多体制内外的资金都在注入，如果加盟院线的服务做得好，就会有成长的空间，因为这是市场的需要。我们主要是做三个服务：第一，服务好片方，比如说星美投资的影片《武侠》马上要上了，我们就要代表片方做好发行；第二，服务好观众，观众才是影院的上帝；第三，服务好加盟者。在三个服务做好的理念上，我们提出一个口号:"创新提升品牌,票房改变世界。"要高举票房的旗帜,不用怕别人说我们过度娱乐化了,我们的本分就是追求票房。我们原来想说"票房改变中国",但是改变中国,领导肯定不同意了。其实我们只是想改变自己。

刚才听主持人讲的时候,有个概念非常好,对我非常有启发:银幕越来越大,但是影院越来越小。事实上是说影院在产业链中的功能可能要重新定位。刚才听到张宝全说,影院收入要在整个电影收入的 1/3 以下,这可能是其中的一个概念。在产业迅速发展的节骨眼上,我们可以看到在产业链当中,影院确实越来越小,我们怎么做好影院,值得思考。

尹鸿: 赵军先生介绍院线经营理念对大家特别有启发。刚才听到张宝全先生、赵军先生讲的,影院就是一个未来的广告,将来大家在看一部电影的同时,可能会花很多的钱来消费影院周边的产品,这样使得影院作为吸引力产品来带动其他产品,这个非常好。

下面请高军先生来发言,高军先生大家也很熟悉,他跟张宝全先生相反,他是先做电影院,再做投资,到最后亲自演电影,高军先生对未来影院角色变化有哪些认识?

高军: 中国电影处在风云变幻的时代,比如说叶总的万达,在几年前只有四五家影院,还是跟美国华纳合作的。有些公司很有钱,想把万达买过来,出的钱也不低,当时我们就预测万达一定成为第一,无论是战略布局还是管理理念都优于很多像新影联这样的老牌院线。现在万达的确是第一了。去年中国电影票房跃进了新高,据说 2011 年不会低于 160 个亿。以后每年票房低于 160 亿的可能性,我觉得已经没有了。

尹鸿: 您是不是经常预计票房?

高军: 我会做一些预测,比如今年中国票房会在 110 亿左右,我觉得这是一个很大的进步。今年的票房仍然会增长,但增长幅度会适度放缓,这要客观地评价。这种变化我们都事先预料不足,同时大家在疯狂拍投上亿大片的时候,谁会料到 2011 年进入大片投资的危险期?你们可以看一下,投资大的影片,有几个赚得很完满?赚钱的没有几个,《关云长》赔了,感觉它不应该赔啊;"叶问"跟"张麻子"的组合,票房不应该那么低啊。这和市场的变化、和没有在数字时代进行差异化都是有关系的。

为什么说数字时代要有差异化？我举个例子，就说明了这个问题。今年3月份我发行了《观音山》，投资回收比超过了《让子弹飞》。《让子弹飞》的投资是1个亿，票房不到7个亿，观音山投资1000万，票房7000万，是不是超过了它？拍电影的时候大家都很辛苦，但是我们在数字时代抓住了差异化的运作。怎么进行差异化运作？我可以跟大家分享一下。现在中国电影的银幕数量，数字放映在急剧增加，胶片放映在减少，这是一个大趋势，张宝全说得很对，我很同意。但是在大趋势变化过程中，一定有很多商机可以被你利用，凡是精明的生意人都会抓住变革中的商机。什么商机呢？当《观音山》准备发的时候，我们以数字拷贝为主，以胶片为辅。胶片为160个，我们为什么能得出1500万的票房呢？结论是我们计算了胶片拷贝的平均产值和数字拷贝的平均产值，相加出来一个数字，所以，中国电影票房是可以量化的。计算以后我们发现一个现象，在《观音山》以前，有一部进口大片，这部影片给影院提了一个要求，胶片单拷贝要产出15万的票房，如果不产出15万就使用数字，这个时候商机来了，大概有七八十家影院，将近200块银幕不接受15万的考核，我们加急生产了120个《观音山》的胶片拷贝给这些影院，说我们只要8万，大家都愿意接受。

《观音山》的票房成功有很大一块就是这个原因，这就是数字时代的差异化运作。所以大方向我们要把握，同时，如果能做到细节取胜，那是最高明的。谢谢大家！

尹鸿： 谢谢高军先生，差异化竞争，这就是经营商经常用的策略，当他们都去逮一只兔子的时候，你旁边就有另一只兔子没有人去逮，所以在市场当中我们要有一些精打细作的空间。去年的《观音山》和《最爱》发行得非常好，这也跟观众息息相关。高军先生预测今年票房110亿，会不会稍微有点保守？我觉得这会影响到投资电影院的人。

高军： 应该不会影响。

尹鸿： 虽然去年50%的增长没有了，但是今年还会有较快幅度的增长。下面请马来西亚嘉里金像院线总经理徐焕堂先生做一下介绍。

徐焕堂： 谢谢，简单介绍一下吧！我们是马来西亚最大的院线，占到马来西亚整个院线的 60%，票房收入也占到很大的比例。我想跟大家说的是，马来西亚和中国相似，也是一个发展中国家，在亚洲金融危机之后的几年，我们在经济上有了很大的发展。在过去 7 年当中每年的票房以 20% 的幅度增长，这可以说在全世界是最高的。我觉得我们需要做的是，让影院能够更多接触观众，尽可能保证低票价。作为发展中国家，居民的可支配收入仍然是相当低的。在经济危机之后，马来西亚人口大概是 2500 万，而进入影院看电影的人数比例非常低，当时只有 0.9%，去年达到了 2.7%。现在马来西亚的银幕数也在增加，我们的影院一开始只有单块的屏幕，后来有三四块的屏幕，现在影院最少也在八块左右。

去年对于所有院线来说，观众人数都有增加，这也是屏幕数目、影院数目增加的结果。我们的票价从平均上来说，仍然只有中国票价的一半，在周末的最高票价大概 30 块人民币的水平，这让很多的观众重新回到了影院。上次的金融危机对我们有很大的影响，像盗版 VCD、DVD 也有很大影响。但低票价让观众重新回到了影院。在过去的 4 年当中，不仅仅是我们的院线，其他的院线每年都会保持增加 10% 的屏幕数，我们的屏幕数每年则会翻一倍。

事实上，马来西亚不光只有 2D 影院，也非常注重 3D 影院的发展，但是票价都只有中国的一半，对于大部分影院来说都是这样一个水平。我们尽可能建设一些人们负担得起的影院，让观众进电影院看电影。我们正在逐步改建电影院，不仅仅让电影院成为看电影的地方，还要让电影院成为人们看电影的首选场所，我们确保我们的电影院是人们可以负担得起的，是非常舒适的。马来西亚全年都是夏天，只有一个季节，这样一来人们就非常喜欢去有冷气的商场，去电影院享受一些娱乐。当然我们只是处在发展的初期，大概只有 20% 的屏幕是数字的，就总的票房来说，3D 所占的比例开始稳定，基本上是 30% 到 50%。如果大家有问题，我也非常愿意回答。

尹鸿：谢谢徐焕堂先生的分享，他反复说无论是 3D 还是普通 2D 的票价，都是中国的一半。我们还要期待让更多观众进到电影院，可能票价要有一些多样化的选择，让更多的学生、低收入群体进入电影院。刚才徐先生也谈到 3D 电影，从《阿凡达》以后，3D 电影对世界各地电影院都有很大贡献。去年美国电影观众人次下降，但是票房有上升，主要来源于票价的提升。我们今天请到了杜比实验室全球技术市场经理斯图尔特·鲍林先生给我们讲一下电影场所的相关问题。

斯图尔特·鲍林：大家早上好，我想说我非常荣幸可以与各位同仁参加今天的论坛，这样的论坛对中国电影业发展非常重要，我们可以互相交流，推动电影产业的增长。杜比实验室在电影业有非常悠久的历史，自从有降噪系统之后，杜比实验室就有了在电影方面的发展。电影从70mm改到了35mm，我们现在有了大型体育馆座位的设备，有了环绕立体声的设备，有了数字影院。当然最初数字影院在技术改进上也有一些问题，当卢卡斯导演刚刚开始做数字电影的时候，就碰到一些技术上的问题，2005年杜比和卢卡斯合作，在美国推出了《四眼天鸡》。我们也推出过3D系统，这都是历史了。

《阿凡达》彻底改变了历史，我们也在展示一些技术，把观众吸引到电影院当中。对于电影院来说，刚刚已经谈到了，下一次的变革，数字电影院能给我们带来什么？在数字时代，我们迎来了一轮新的变革，使得影院成为新的传播媒体平台，在北美我们看到美国最大的两个电影院线已经建立了联合发行公司，吸引更多的独立制片电影进入他们的电影院线进行放映。我们感到非常兴奋，能够提供这样一些技术，帮助电影院进行经营。我们与iPod和黑莓进行竞争，大家都想吸引观众的眼球。

尹鸿：杜比这个品牌大家都很熟悉，在我们电影的片尾有杜比的商标，甚至家里的音响都有杜比环绕立体声。刚才我们在休息室讨论，也在讲关于未来的电影，一方面屏幕要越来越大，在技术上创造一个空间，另一方面也会变得越来越小，会跟着我们一起移动。所以这像两个极端，发展可能越来越多，其实我们感谢技术给电影带来的一次一次的生机，一次一次的"死里逃生"，技术的发生、技术的更新对我们电影作出巨大的贡献。

台下有什么问题跟台上几位嘉宾沟通，有问题可以举一下手。

现场对话

提问：我想请教一下叶宁、赵军、高军先生，马来西亚的票价只有中国的一半，为什么中国的票价就降不下来，而且这个话题说了很多年了。

叶宁：这是大家非常感兴趣的问题。价格是按照供需关系来决定的。就比如现在的房价，你看到供量和需量，而看不见起决定性的市场的手。刚才马来西亚同行说马来西亚票价30块钱，这并不是中国的一半，我们要看中国的实际有效的票价，也就是35块到40块，只不过大家被纷繁的票类所困扰了。包括一些团购的渠道，使票价越来越透明。票价就是要找一个平衡点，对不同影院的不同电影，比如说3D电影等，会有不同的票价。美国有一些影院票价可以达到VIP服务的标准。票价是根据给观众提供的服务和价值提高的，这里面的决定因素有很多，另外也很简单，供求关系决定一切。随着中国需求增加，票价会非常正常理性，不会忽高忽低。美国的票价已经非常稳定，因为市场很成熟。对于中国来说，这是一个摸索的过程，对于不同的影片，不同的区域，这要各个经营者去探索，但是会越来越简单，没有这么复杂。影院服务越来越多元化，这是考验各位管理者的重要方面。

高军：以后在中国，不同影片会有不同的票价，不同时间段的票价也会有差异。

赵军：我也很愿意面对这个问题，我认为中国是一个很纠结的国家，是一个现实主义和浪漫主义交叉的，非理性乃至超理性的发展中国家。我们有审查制度，这是现实主义，但是我们没有分级制，这是浪漫主义，很浪漫。所以当审查制度来的时候，我们觉得能走进市场化的影片很少，因为市场化的影片都有非常娱乐化的特点，这一点要面对现实主义的制度。由于没有分级制，经常产生浪漫主义的电影，像《让子弹飞》。有现实主义，有浪漫主义，电影院很纠结。我的观点是好影片少，所以电影票价贵，你们说对不对？我作为一个观众，一个月内只到电影院看了《观音山》，你说票价能不高吗？作为电影院不高白不高啊！为什么我们不能有更多好的片子走进影院，如果大家每天都来电影院，电影院自然会降价。

浪漫主义和现实主义还体现在房地产上，租金很贵。我们说，面包会有的，牛奶会有的，但是房地产商很高兴，他们会获得电影的利润。电影院正在向房地产倾斜，房地产商偷得乐，电影院经理却经营得很困难，这就是很现实的问题。为什么那么多电影院还能不断发展？因为中国热钱很多。中国永远都是现实主义的。当我学文学的时候，就被告知，这是现实主义，那是浪漫主义。在西方没有分主义，人家是很多元的，我们只有二元。

我们也纠结在浪漫主义和现实主义之间，一方面我们希望观众不断进入影院，这是现实主义的；另一方面我们跟着看股市上升，票价不高白不高，这时候就是浪漫主义了。2007年票价股市去掉了7个点，我们一下子又跌到了现实主义的冰窟窿里面了。这个时候产生了团购，我们广东电影公司支持团购，希望看到低票价走进寻常百姓家，我们希望多用发展的眼光去看电影院，我们的低票价会有的，我们电影院的春天也会有的。

高军：我觉得中国凡是要进入商场的电影院，国家都要减免票税率。

尹鸿：刚才这个观众提的问题是一箭四雕。票价会有差异，随着竞争的增加，随着影片的增加，随着观众热情的增加，如果观众没有赶上影片应有的规模，市场就应该调价。目前票价确实不低，美国7美金一张票，占美国月人均收入的0.5%，占北京月人均收入的5%。中国是一个很特殊的国家，中国的人均收入水平跟实际的水平可能又有差异，所以很难算。

提问：我是第一次参加电影节，我是帮欧洲公司做电影发行的。我非常希望中国的电影同行跟欧洲同行制作一些以中国为主题的好电影。刚才赵总提到，为什么票价高，就是因为好的电影太少了，您能给我们说一些经验吗？当然这是没有标准答案。

高军：观众要看的就是好的。

赵军：一种是中产阶级的价值观，在座一定都喜欢看不仅有优秀导演和帅哥演员，而且符合当代进步社会的很阳光、很健康，符合主流价值观的电影。咱们德国的朋友可以拍这种，德国是中产阶级盛行的国家。另外还有一种是草根价值观，更多是批判、怀疑、颠覆，比如说《最爱》、《疯狂的石头》这种体现草根价值观的电影在年轻民众当中有广泛的市场，这需要把握、了解当代社会，也是境外电影人的缺陷，用一句不时髦的话说，就是不接地气。我希望要么我们接受中产阶级的片子，要么好好了解当代社会的现实主义或者浪漫主义的话题。

尹鸿：谢谢，你看赵军先生老说玄学，把我们学者的话抢得差不多了。由于时间关系，我们第一轮就到这儿，谢谢。

下面我邀请第二场的嘉宾到主席台上就坐：张宝全先生、覃宏先生、江志强先生、王小帅先生、肖亮先生。他们当中有投资人，有电影导演，当然也有电影市场的管理者，也有操作者，也有技术方面的人才。接下来的主题讲影院在未来电影当中起的作用和所处的地位，也会讨论到影片和上游电影制作方、创作方复杂的联系，会非常有意思。

现在中国银幕数达到 6000 多块。美国现在 3 亿人口,每 10 万人平均银幕数量大概 12.5 块,欧洲绝大多数国家平均在 5 块上下,我们 6000 块银幕每 10 万人只有 0.4 块,如果只算城市人口大概 0.8 块。在这种情况下,未来中国的影院对市场会有什么作用?包括影院跟我们的创作方、制作方有什么关系?请台上嘉宾做一些介绍。

下面有请覃宏先生,您认为电影产业的各个环节是完全同步的,还是有空间值得填补的?

覃宏：现在影院发展速度大于制作的步伐,因为我们每年还是有 20 部进口影片。中国基本上高质量、高品质的电影数量还是比较少。屏幕数远远高于这个增长速度,电影产业应该更加倾斜在新作品的创作上。星美在产业链上基本以发行为主要模式,从这方面来看,我觉得影院其实发展很快。上一组嘉宾也谈到了,我们的影院经营成本在急速增加,出现了很多房租上千万的电影院,很多影院的票房要达到 4、5 千万才能持平经营。其实影院对比较泡沫化,增长速度高于产业发展。

尹鸿：谢谢。王小帅先生,最近老谈我们的电影在影院当中找不到放映空间,或者放映空间不充分,有些我们认为不错的电影,观众规模却不够,最后票房也不多。您怎么看电影跟电影院之间的关系?

王小帅：我觉得这个话题特别好,我感谢上海电影节,给我们搭了一个桥,让我们认识了影院的人。同时也加强了一个信息,就是不管怎么样,将来银幕数的增加,需要的内容会越来越多,开那么多影院不能没有东西放,作为导演,作为创作者还是要坚持自己的想法。将来银幕多了就需要多样化,享受的方式也会多样化。像江老板做了百老汇电影中心,这种方式特别好,将来观众就能有自己的选择,如果说 3 万或者 6 万块银幕在同一时间放同一部影片,观众就不愿意看了。像我这种拍电影的人,特别期盼 3 到 5 年内银幕数就能饱和,我们就可以弄另一类的电影吸引不同的观众,细分他们。我觉得创作者的空间是巨大的,影院建好了,有没有好的电影给观众看,这才是关键的问题,创作的本质是内容为王。

我今年刚刚开始做数字电影,以前觉得拍胶片电影能闻到胶片味道,感觉很好，但是我也没有傻到因为这个原因不做数字电影。对数字制作来说，成本压力会少，而且数字技术、摄影技术越来越好，我就开始转向了。

我要插一个小小的东西（影片小段）。我刚刚做了《我11》这个片子，也是第一次尝试拍数字高清影片。我弄了一个片花，希望让观众看一看，像这种电影能不能发出去？还有网络也会全方位帮助到内容，所以对我来说内容很重要，我做好自己的事情，积极配合大佬们。

（播放影片）

尹鸿：谢谢，需要补充几句吗？

王小帅：唯一要补充的是，这个电影真的好看。覃老板一直在支持我的片子，最难得的是在市场磨合、碰撞的时候依然如此，我非常感谢，还有张宝全大哥，还有江老板、赵军也在这儿，未来我可能还需要继续的支持。今天是我的一个机会，我得感谢上海电影节给我提供这个平台，他们的安排是有意的，他们喜欢我。

覃宏：我本人投资的第一部电影就是小帅导演的《青红》，这部电影有没有发行方？如果没有我们星美愿意发行。

王小帅：我记得《青红》有30多个拷贝，最多也只有40几个拷贝。这个片子没有什么宣传，电影院海报都没有贴，而且是在周五、周六、周日放的，三天就有300万，说明非常好。这部《我11》是我自己投资的，我为好电影负责，希望将来影院饱和以后能够带出好的电影给观众看。谢谢。

尹鸿：江志强先生大家也很熟悉，他是著名的电影投资人，也是影院的领导人、管理人，而且在北京有电影放映场所，放映大量的艺术电影，在北京的影迷当中很有影响。我想请江先生谈一谈数字影院对支持多样化的电影起的一些作用？

江志强：我个人觉得电影是很多样化的。我是在香港出生长大的。我分享一下香港的经验，香港人在80年代、90年代只看主流电影。到了90年代我在香港开了一个电影中心，刚开始很少人来，生意也很差，慢慢经过十几年的经营，现在这些地方有了一些看非主流电影的观众，我们在香港累积了很多年。我自己相信，除了主流电影以外，还是有很多其他不同的电影。我觉得主流观众很重要，但是非主流观众对我也很重要。

今天大家谈电影院未来8千、1万、2万、3万个屏幕，但是中国的节目跟美国没得比，美国的内容比中国多5倍、10倍。我觉得未来不增加节目会很辛苦，观众去电影院是去看电影的，不是去喝可乐的。我们应该多鼓励另类的导演，我跟陈老板也合作过《最爱》，前面也拍过《海洋天堂》，到今天《最爱》还在放，一个月以后还会有放。我们应该给另类电影一些空间，今天多给它一点空间，是给未来多一些节目。观众不是突然就能出现的，他们要一天一天来培养，我相信中国的观众除了追求主流以外，还是会追求另类电影的，这对中国电影的发行很有帮助。

尹鸿：谢谢江志强先生，留出一些影厅来放另类电影，这也是为未来做预备，这是特别有战略眼光的事情。

王小帅：再多用一分钟，我想补充一下，其实将来空间出来以后，内容需要增大。还有目前导演储备力量不够，大家都在做商业大片，可用的明星就那么几个，可用的导演也就那么几个，后续年轻的生命力始终没有出来。如果这种电影院多了，能给他们更多机会。年轻导演都是拍自己的东西，要在长远眼光的推动下，让更多具有创造力的导演走出来。同时也是给将来的大片找导演，如果集中在赚短钱、小钱、快钱上，眼前是赚到了，但下一步怎么办？感谢江导演如此看待中国电影的市场。

尹鸿：只有具备足够的商业要素才能获得市场。刚才屡次提到《观音山》、《最爱》，这种电影过去肯定不敢讲有7000万的票房，这一点说明观众是可以培养的，观众也会喜欢这样的电影。我们请张宝全先生谈一下，影院数字化以后，会不会给电影生产环节、制作环节带来一些变化？

张宝全：这是肯定的。中国在内容制作方面有困境，像另类电影、文艺电影，总体来讲，跟商业片相比还是不行，这还是和影院类型有关。影院类型要想个性化、多样化，前提就是数量要多，当银幕数不能达到一定数量，我们很难做到这些。从市场的角度来说，大家最终都要算帐，影片方要算房租、人员、水电的费用，当然，未来这些都会慢慢正常化。对于未来的影院，有两块成本会持续上升，这就是人工和人员，如果今天不在这两个方面有所针对地去解决，未来影院的投资和运营都会受制于此。

数字放映会为影院带来 4 到 8 块银幕，因为在放映类型里面，会出现艺术片，这是有要有受众群的，比方说我想放王小帅的《青红》，但没法拿到胶片，在数字时代是可以解决的，因为数字拷贝可以储存在许多影院，我想这是数字时代给影院带来的自由性和竞争性。在未来，我们可以做一些不同方面的竞争。文艺片在中国实际上有很大的观众群，现在的中国影院还放不了纯粹的文艺片，像《观音山》、《最爱》还是有所不同的，因为它们的制作成本很低。我想影院渠道的发展是硬道理，渠道发展多的时候，我们影院的多样化才会出现。但最重要的是，包括赵军老师也说，银幕越来越大的同时也越来越小，实际上影院作为平台，核心支撑是电影，银幕只会越来越大。我认为中国到目前为止，75% 的地区没有电影院。中国有 3000 多个县城，一个县城有 8 块银幕是不算多的，把县城影院恢复起来，就有将近 3 万块，所以，中国电影银幕可以恢复到 5 万到 6 万块，这不是神话。谢谢！

尹鸿：谢谢！张先生跟我们谈到数字银幕的增加为电影未来提供了多样性，特别是 75% 的城市还没有影院，或者没有真正放令观众满意的电影的影院，这样的话，影院还有一个巨大的可增长的空间，这个空间的外围更广，不像过去集中在大城市。我算了一下，去年光北京一个城市的票房就占了全国总票房的 13%，加上上海就占了 20% 以上。影院当今实在太少，还有上升的空间。请肖亮先生谈谈数字时代对影院有什么影响？

肖亮：数字时代对影片的放映有很大的影响。当银幕数在高速扩张、发展的时候，如何做到有效的管理，像张总说的，到 5 年后有 5 万个银幕数的时候，影院如何建立数字化规模的管理平台？这是我们要思考的问题，或者是今天要探讨的问题。我有一个想法，既然影院的设备已经数字化，包括票房的统计设备，都已经数字化以后，我们能不能利用现在 IT 网络，把所有的设备和影院管理环节统筹起来，形成一个平台，比如说院线区域性平台，就像一个高速公路，每个院线都可以跑到高速公路上取得信息。影院有多元化的收入组成，比如说广告，如果有广告平台进行发布，一个院线或者一个区域的广告能够在同一时间，在同一个广告商的运筹下同时播放，这样我们就形成了有效的管理。刚才我们说影院票价高，反过来把影院成本降低，也是一个解决方式。

杜比是做音频和播放的，我们的设备在每一个影院运行，怎么保障影院不损失票房？每天一个厅的票房损失都很巨大，我们势必要对影院每一个设备进行管理，不管影院是在甘肃还是新疆，比如说万达在北京就知道什么影院出了问题，通过网络呼叫，派技术人员到当地去解决问题。

我们可以预想，作为一个院线也好，作为投资人也好，我们怎样了解所有影院的工作状态是什么？比如说今天票房是多少？这个星期什么设备出现障碍？故障率多少？要拿出综合性的报表，这个报表怎么来？可以通过网络的高速公路把院线报表传达到投资人、领导人的身边，这样可以有效地掌握信息，就能够为下一步的运行提供帮助。这里讲的是院线或者投资人的管理。

我讲的平台是不是一个梦想？应该不是。在美国公司，NOC 的平台已经运行 6 年了，在这期间做到了广告分布管理和院线报表生成，目前管理范围超过了 7000 多个厅和 5 万多个设备点，已经对美国大的点进行服务了。既然技术是成熟的，中国目前院线在进行数字化革命，在高速成长，就可以把这样一个平台移到中国来，避免出现将来 5 年以后管理的弱项。今天在这里看到中国的有识之士已经在考虑这些问题，如果能够把平台带到中国来为本地的投资人进行服务，将是一件非常好的事。谢谢！

张宝全：肖亮提得非常重要，除了研发五款在中国放映的数字放映机，我们这一套系统已经做了 5 年了。我们做的这套跟科视不一样，是包括强电在内的影院设备的监控系统。这套系统增加了科视所没有的东西，我们任何一个投资人、经理在视频上都可以看到卖票的任何影院，包括最远在西藏阿里的影院，票一卖完，下面就已经在统计了。

另外我们还增加了一个可以进入影厅的系统，可以统计影院坐了多少人、出来多少人、进去多少人。在技术设备系统这一块，科视是全世界最好的，我们跟科视比还是有差别的。我们下一步会跟科视合作，开发针对中国中小影院管理的系统，我们认为这是非常重要的。将来的数据重要在什么地方？不是简单的用于统计票房。当发行艺术片的时候，可以通过这个系统找出这个城市艺术片排名最好的是哪几个？这样的话，我可以选比如上海前 20 名影院发行。如果针对性不好，艺术片不好卖，上去 2 天就下来。我们的系统在今年 7 月开始运行，到年底就可以全面使用。除了新疆之外，在三亚、西藏及其他地区都有我们的电影院了。这一套系统在互联网虚拟空间里面，没有物理障碍，就算是在海拔

5000 米的西藏，都可以随意地进入，这也是在数字放映过程中非常重要的工程，这个工程将在今年 7 月份陆续推出来。

尹鸿：谢谢，张宝全先生谈到了将来影院的管理，通过技术手段管理是未来发展的必然之路。刚才讲到收钱的事情，还有一个跟钱有关系的问题，就是影院票价分成。比如制作方觉得院线分成比例太高，需要更多的回馈。中国的平均票价高于美国，星美怎么看跟制作方分成的比例？

覃宏：我们现在是根据制作的质量和影片的数量来决定的，在未来几年以后分线发行，这种分线发行就是影片数量的提高，进行分线发行就会产生动态的比例。目前国家基本上是 43% 的扣除电影基金，数字是 39% 到 41%，还要看大片小片。前几年胶片是 41%，现在提升到 43%，想去改变的可能性对我来说是最难做的，如果未来屏幕数达到 2 万块，中国产生分线发行情况下，就会产生分帐比例动态的变化，我觉得我也快了。

尹鸿：各位有什么补充吗？王小帅也不想多说一点吗？

王小帅：以前不关我事，现在《日照重庆》我也变成了投资人之一了，这部是我自己的，我当然也希望多分一点。听他们讲每个人做事都不容易，我现在已经开始慢慢充分理解到在中国做院线的成本，各种思考之后，我觉得也挺理解，互相理解。

尹鸿：谢谢台上的五位嘉宾分别发表的演讲，我们还是给大家留一点时间给大家互动，大家有什么问题可以提出来。

现场对话

提问：很感谢各位大师的演讲。据我个人理解如果电影能够融到很多钱，投资很大，就会卖到很好，很有大片相。江总也很鼓励类型电影的放映，我们举例说像《关云长》，它有卖座片的潜质，但是这种片子的票房也不尽人意。我们现在观众看电影还是根据什么片子看的人多，就会看什么片。数字化的时代能不能给好的电影转型的契机？怎样才能看不到泡沫化的大片？真正好的电影怎样跟数字院线形成良性的互动？

尹鸿： 请覃总或者江先生回答。

覃宏： 对于影院来说，我们需要判断观注度来排片，像《关云长》是少见的下滑的票房。我觉得还是看宣传，不管是艺术片，还是商业片，大的制作比较能产生大的影响力，作为观众来说也会判断，花个50块钱看什么值。作为文艺片来说，有一定的固定群体，做好营销是很重要的。

江志强： 观众自己应该聪明一点，而不单单根据观众多少然后去看，观众应该自己去判断。中国人看电影是听口碑的，是看微博的，观众也越来越聪明，能分析什么是好片，怎么花好六七十块钱。

提问： 大家好，我想请教江老师的一个问题，我创作了一个剧本，是以美军深陷伊拉克和次贷危机为背景的电影。大家都拍过不少二战电影，站在美国视觉拍这部电影，而我这部电影是以中国的次贷为背景。我想问江老师，我应该怎么寻找一个突破口，或者寻找到一个伯乐？

江志强： 上海都有一些创投，你可以把这个东西放到一个论坛里面去讲。现在很多年轻人，如果你有想法，其实有很多的渠道把你们的想法送到投资人手上，你自己用心找一下就可以了。

提问： 谢谢！我问张宝全师兄一个问题，我也是电影学院毕业的，针对今天这个主题，现在数字放映与胶片放映在投资比上有什么差异？数字放映跟胶片放映在成像上有什么区别？后期上数字放映和胶片放映差异额多少？

张宝全： 没有什么太大的差异。大家把数字电影跟放映、制作混淆了，电影分三个部分，拍摄、制作、放映，现在全世界大部分都是数字制作了。数字放映在成本上比胶片便宜，拷贝很便宜。从效果来讲，数字比胶片好，胶片在洗印的时候由于温度不同，在放映过程中都会受到影响。数字化放映效果永远都是比较好的效果，数字放映上绝对有优势。拍摄可以分胶片拍摄和数字拍摄，我以前反对用数字拍摄，那个时候的饱和度上不如胶片。这个观念在今年初已经彻底改变了，刚才我看小帅的片，他不是用最容易的数字摄影机，他把CCD一半感光，还有一半做中低感光，比如说胶片2G，数字1G，后期制作可以通过配光、调试把分辨率调高。张艺谋的《三枪拍案惊奇》，后期制作把色彩调过了，这个色彩没有什么变化，不像油画一样有很多的变化。现在的数字摄影机调试的效果比胶片要好，现在电影从拍摄、制作到放映的数字化时代全部到来了。

尹鸿：谢谢！由于时间关系，谢谢张宝全先生正好为论坛做了非常好的总结，最后用数字给我们电影带来的变化做了总结。感谢台上的嘉宾，感谢台下所有嘉宾，所有观众的参与，掌声谢谢大家！今天论坛就到此结束，谢谢！

发现蓝海：新媒体新疆域

近几年，中国制造的影片每年已经突破了四百部，但这四百多部影片都只能在院线的红海中挣扎，尽管中国的屏幕数在呈几何级倍数增长，但是这片红海只对商业大片开放。无论是大片还是中低成本制作的影片如何去拓展院线以外的蓝海。2010年很多成功的案例为业界打开了新的疆域。视频网站、3G手机网络日益盛行与强势，成为院线以外，电影的另一种存在。

本场论坛将集结新媒体领域的大腕，指点电影生存的幸福蓝海。

■ 嘉宾简介

赵海城，中国电影集团总经理助理、中国电影集团公司制片分公司经理
马中骏，慈文传媒集团董事长
古永锵，优酷网首席执行官兼总裁
刘春，搜狐视频总裁
王斌，中国移动视频基地总经理
刘春宁，腾讯公司在线视频部总经理
周黎明，影评人

主持人： 各位来宾，大家上午好。今天上午是我们第十四届上海国际电影节产业论坛的第四场"发现蓝海：新媒体新疆域"。今天的论坛，我们将进一步深入探讨电影发展方向，如果说之前说的是越来越大的屏幕，我们今天讨论的是屏幕越来越小将会给我们带来什么。

我们知道近年来国产影片的数量每年都在递增，但其中在院线放映的不到1/4，这些影院几乎只接纳大片，那么如何去拓展院线以外的蓝海呢？近几年，中国制造的影片每年已经突破了400部，但这400多部影片都只能在院线的红海中挣扎，尽管中国的屏幕数在呈几何级倍数增长，但是这片红海只对商业大片开放。无论是大片还是中低成本制作的影片如何去拓展院线以外的蓝海？2010年很多成功的案例为业界打开了新的疆域。视频网站、3G手机网络日益盛行，成为院线以外，电影的另一种存在载体。

今天在我们邀请的嘉宾当中既有版权方，也有发行商。在这里特别要感谢我们的合作方慈文公司的马总，马总坚持要这样一个论坛，因为他看到了新媒体的发展方向，还要感谢周黎明先生，他是一位非常著名的影评人。我们相信他的跨界主持会给我们带来耳目一新的感受，下面我们有请本场主持周黎明上场。

周黎明： 我们每年有400多部电影，真正到影院的只有100多部。实际上有些小规格的影片，即便进入影院，有时候只放一个上午。为什么大家死死盯着影院，因为影院对电影收入来讲，它是占了大头的，但是我们看到好莱坞，它影院的收入，算上海外的收入，大概也就是占1/3左右，它大量的收入来源的是后续的市场，也就是电视和发影碟等等。

与其吊死在一棵树上，还不如创新一下。我在想开场白的时候，我发现几年前说的一段话，好莱坞的电影在1940年时候，政府把电影也强行拆分，电影业只能用宽银幕、大影院的放映方式。到80年代录像带成了新的威胁，结果影带影碟后来成为美国电影业新的收入来源。新媒体成为新疆域，但是我们还不知道新的收入从哪里来。

我们今天邀请的嘉宾分别是做内容的和做渠道的赵海城，中国电影集团公司总经理助理、中国电影集团公司制片分公司经理;马中骏,慈文传媒集团董事长;古永锵,优酷网首席执行官兼总裁;刘春,搜狐视频总裁;王斌,中国移动视频基地总经理;刘春宁,腾讯公司在线视频部总经理。

我先向每一位嘉宾提一个问题。先请教赵总,中影对电影有什么样的规划?

赵海城: 最初中影集团去做渠道,就是看到内容在扩大,内容生产是一个重点,我们不仅要面对传统的媒体,也应该面对新媒体去做我们的内容。我觉得再叫新媒体的"新"字意义不大,当初我们人为的定义,手机网络和互联网络所代表的新媒体,我觉得要远远大于传统媒体。包括在台上的嘉宾,我们都有过合作,通过合作,我们可以和青年导演的制片计划有合作,通过新媒体的创作和发展,发现有激情、有才华,致力于去做影视内容的年轻人,因为他们是从广大的最普及的网民当中来,因为他们有最原生的动力和力量,同时在某种意义上讲,如果我们用几百万去培养,成本比较大,通过网络媒体,可以达到投入比较少、收入比较好的效果,这就是我们去做新媒体的背景。

周黎明: 下面请教马总,能不能透露一下慈文在手机视频方面的规划?

马中骏: 前两天我们去了巴塞罗那世界移动通信大会,当时他们在展示一些手机媒体开发新领域的时候,就让我感到非常惊讶。今天我们聊天的时候,中国移动视频基地的王总又给我了启蒙,包括视频开发的建设。我有一个感觉,技术所带来的这种革命,它不仅给我们带来了技术上的转变,很可能它就是一种整体的生活方式的改革,就像互联网的产生,使得现在人们的生活,特别是年轻人的生活发生了改变。假设没有互联网的话,我们的生活都会一片黑暗。手机互联网也会影响我们的生活方式。我们在手机论坛上有一个口号:人人看电影、人人做电影。因为新媒体技术的运用,使得每一个人内心的、最隐秘的愿望可以以最草根的方式发挥然后得以实现。我们是传统视频制作的内容提供公司,我们跟赵总一样,希望在这块蓝海里面,给喜欢游泳的人提供支持,当然也希望在蓝海里面得到发展。

周黎明: 有些网友不在电影院看电影,而是在网上看、手机上看。古永锵,优酷网能够收回成本吗?

古永锵：各个方向都是能够带来用户价值和生态链价值的。比如说发行价值，刚才也说过中国电影屏幕太少了，优酷院线也在和中影集团合作，达成了收费模式。另外从发行角度来讲，现在国外的一些电影公司也在往平台上推广，这样也带来了广告收入。主要的广告行业其实是好莱坞。去年我们也和中影合作，有一些很好的合作项目，昨天我们在现场发布了一个网络电影项目。刚才赵总也说过了，电影制作成本比较高，互联网对跨界的年轻导演来讲，是一个试验田。本身这个成本比较低，而且他们也是18到40岁的年轻人，这种传播很容易达成。

周黎明：刘春，你从凤凰卫视到搜狐，是看到传统媒体正在消亡，还是看到了新媒体？

刘春：我在传统媒体工作了18年，到新媒体工作不到18天。我在传统行业做了很多事，但是每年在新媒体都有人采访我。这个事说明一些像古总这些人把我们传统媒体害惨了。新媒体崛起对传统媒体来讲是一次新生，因为传统媒体是内容提供商。在新媒体崛起时代，电视剧没有任何的消亡迹象，反而获得了销量上的扩大。

我昨天来报道以后，我看到一些材料，其中有一个材料就是合作计划，感觉合作片计划大部分可能泡汤。其实现在电影到了大片通吃的时代，这样对于年轻导演，对于草根的创作者都是非常大的障碍，新媒体的产生，特有的属性会给年轻的电影工作者一次新生的机会。

刚才古总说优酷的计划，我们也有一个计划。新媒体对于媒体人，对于电影人都是一片蓝海。

周黎明：大片是通吃，中国移动是手机业里面的老大，中国移动好像什么都可以做。最终中国移动要做什么，不应该做什么？

王斌：对中国移动来讲，我们最重要的是做管道的提供商，像我们管视频基地。实际上从我们这几年苦心经营中，我们每年都是百分之百的增长，但是用户希望得到的服务越来越简便，实际上到了互联网的时代，它会涉及一些技术方面的问题。我们有平台的提供，包括在未来三网融合的情况下。用户并不关心他们用什么样的频道，也不关心管道，他们希望通过网络电视，或者通过互联网，看到想看的那个电影，他付的就是几块钱。我们要定位好我们的工作，包括我们的平台建设，包括我们的客户服务和技术工作。

周黎明：这一轮的最后一个问题是问刘总，腾讯希望打造一个怎样的网络视频平台？

刘春宁：我们腾讯正式进入在线视频领域，在我们的50亿元里面拿出5亿专门做投资基金，同时投资5亿元给华谊兄弟。我们投资华谊兄弟主要是希望跟优秀的导演，优秀演员合作。我们希望打造云服务平台，让观众在任何时候都能以最清晰的观看度来观看电影。

首先腾讯是中国最大的流量平台，我们有中国最大的门户，有中国最大通讯平台，有中国最大的微博平台。我想我们能够帮助影视、电影做推广，我们有搭建一种新的营销平台，可以帮助传统的影视业带来新的创新。

第二是渠道创新，电影院永远是最棒的，但是现在出现了新的观影方式。智能电视的出现，随着终端的变化，内容可能也发生变化。我们在内容方面也有不断的创新。

第三是内容模式的创新。可以看到整个产业链存在很大的商业模式，我们电影产生的附加价值其实是没有深入挖掘的，它跟传统行业的结合，这种商业价值的回报等等。商业模式的创新，我觉得也是腾讯需要不断进行的。

我觉得是四个创新，营销、渠道、内容、商业模式的创新。

周黎明：在中国一开始是把电影拿到电视上放，但是电影有电影的模式，比如说100分钟的内容，电视有谈话的环节，不可能把谈话拿到电影上面。最终能够被大众接受的视频内容是什么样的内容？拍一个网络内容，我是用美国大片的方式来拍，这是好还是坏？

你现在打造的电影，你希望从类型上怎样有别于传统的产品？

马中骏：如果它是四寸屏以下的，肯定要求它整个的时长要短，如果太长的话，眼睛会疲劳。第二从拍摄要求来讲，它的特写都有要求，你要有非常美的景色，在这里像蚂蚁一样动的话，你也不会接受。你首先要保障它的清晰度，只要是在保障它的清晰度前提之下的一些设备的使用，我觉得都可以。但是它肯定不能跟电影，包括电视的一些要求相比，它需要高清的指数，这跟观看的屏幕有关。

赵海城： 一开始去做的时候，我们做过调查，比如说从北京的地铁站走到地铁下是三分钟，包括像屏幕小，台词尽量少，大的场面会看不清楚。现在人们在使用的视频终端的变化太大了，实际上观众不太关注你的管道，他关注的是内容。我不知道未来会不会出来这样一部设备，我觉得应该会，我带上一个眼镜的时候，我眼前是很大的屏幕影像，我听的是高质量的立体声，而这个时候它就没有电影、电视剧、短片的区别，我觉得那一天是肯定会到的。

在我们这里也有一个资源配置、资金使用的问题。

周黎明： 古总刚才讲到他会拍一些短片，我知道现在在网上，因为网络的视频还不太一样，比如说时长可能只有三分钟。网络上看视频的时候，很多人其实是在看传统的电视剧，您觉得传统的电视剧过渡到网络是什么时候？

马中骏： 传统的是为了方便，我们在影视综艺方面的探索，积累了一些经验。我们聚焦在城市中心人员，年龄是18到40岁。网络化的语言能抓紧一些重点事件，网络制造方法相对而言是短平快的，我们要贴近于事件，从网络事件到综艺节目，我们做得非常好，都有千万级的观众。我觉得在很多方面，题材本身符合不符合网络本身，我觉得是很重要的。

周黎明： 刘总，同样一个电影或者电视剧，到了网络上，它有多少广告？比如说优酷网广告是必须看的，我看到广告的数量在网络上是远远少于在电视上，它是用什么样的模式？从经营的角度讲，你做过传统媒体，再去做新媒体的话，你肯定会比较成本、收入等等。

刘春： 中国的商业电视台只有一种模式就是广告收费，所有的广告收费就是依托于收视率，那只有在黄金时间抓住观众。为什么美国的有线电视制度，就是收费电视制度，中国却不一样？中国电视台的广告时间越来越长，我看了12分钟广告，才看了3分钟节目。这两个问题可以在互联网上解决，随着用户的增加，随着互联网的提升，随着客户的体验越来越好，我觉得互联网里面至少有两种模式，有广告模式，有点击收费模式。同时互联网的海量空间，使得互联网广告收费分摊均匀。我觉得视频网站未来的空间非常大。

周黎明： 你刚才提到了收费电视，其实美国还有收费网站。在中国有没有可能也创造一种类似的模式？也就是说在网站上放非常精彩的内容。中国有没有可能创造一种收费网络？

刘春： 凤凰网宽频是收费的。

王斌： 在座的各位谈广告，实际上我们中国移动都是收费的，我们的收费模式跟其他不一样，我们最重要的是流量，我们没有时间限制。你看完以后，你觉得不愿意可以退掉。

用户得到这个服务，他是否愿意我觉得是非常关键一个问题。我觉得给客户信任的方式是很重要的。

我相信这里有很多的内容制作人，除了各个网站自己投的片子，大家愿意卖，更多的人不愿。我们是跟合作伙伴分摊，我觉得从另外一个角度相对来说，电影的发展，前向收费是必须的。可以同步发行，通过我们的努力，力争保证他们在手机上的收益，我们今年手机上的收益分成大概有5亿左右。这个数据是可以达到的。

周黎明： 网络从一开始就养成了坏习惯，从用户的角度都是好习惯，什么东西都是免费的。说起不买断的方式，腾讯和华谊合作的内容，会不会是买断的？

刘春宁： 我们跟华谊是战略伙伴。我们也投资一些传统的电视剧，我们也看好他们在传统上的收益，我们只是获得他们互联网上的特权。移动互联网是一种趋势，坦白地讲，今天我们现场的这些网站，很大一个问题就是内容的同质化，我们通过互换会有更好的内容出来，因为如果没有很好的内容出来，收费是不可能的。对于我们平台的提供商，我们当然希望给用户提供更好的内容，这些内容产生之后，收费是必然的，商业模式只有健康起来了，给用户好的体验，获得用户的好感，用户愿意支出，然后我们再制作好的内容，这样才能真正好起来。

周黎明： 我们知道互联网都是靠网友自产的内容，我印象最深的是胡戈恶搞的一个短片。请问在网友上传的这么的的内容里面，很多都是很差的。网友上传的内容是沙子，还是粮食？

马中骏： 我觉得从用户原创的角度来讲，这是一个方式，从出品角度来讲，你真正要做作品，就像一些网络话题，你必须有专业的班子，包括导演和演员等等。

从社会热点事件角度来讲，没有电视台在那里拍摄，很多的大的热点事件，现在也有很多的记录，像在优酷这样一个网站里面。另外就是才艺，像达人秀。我觉得民间的智慧，民间的原材料是非常充分，关键是我们如何把原材料变成产品。

周黎明：内容为王，恰恰做通道的这个是过时了。究竟是通道为王，还是内容为王？

刘春：关于这个话题，我在传统媒体里面做过，我有发言权。DV的出现，很多人觉得给中国的影像带来了革命，但是事实的结果不是这样，DV只是一个工具。怎么看待互联网分享的这些影像，第一从才艺的角度来说，它有它的局限性，也不是说恶搞的东西就能成为主流。内容为王，基本上还是要靠它的价值观，互联网恰恰有不可代替的独特性，就是实时性，比如说一个龙卷风发生了，他当时记录了，这就不可替代。

互联网本身也需要革命，互联网的内容也要发现新蓝海，很多的产品，很多高端的产品，做互联网视频未必就没有空间，我想这是一个探索和发展的事情。

周黎明：很多电影明星觉得我演电影比较好，虽然电视也可以，但是电影把我的身价抬起来了。如果他拍一个手机电影，是不是没有那么高的成就感？

刘春宁：是这样的。一定是内容为王，通过一些新的互联网平台去贡献内容的时候，还有大量原创可能是精品，他们可能是电影学院的学生，也可能是大众，但他们还不可能成为一个一流的导演，比如说我们举办的中国大学生电影节，里面有很多好的东西，但是这个跟恶搞的东西不一样。

这些有才华的年轻人，需要给他们一个平台。

根据用户的需求来产生不同的内容，在不同阶段，内容和渠道是互补的。

周黎明：刚才刘春说道，在龙卷风的时候，刚好拍下来了，那是新闻的内容。我们今天讲到的是新媒体与传统媒体有冲突的地方，可能范围更窄一点，在电视剧跟网络上的电影和手机电影之间。

请教你们在拍电视剧的时候，什么样的故事更适合在电视上讲，什么样的故事更适合在网络上讲。

马中骏：电视的观众可能年龄偏大，中年女性为主，她们所需要的题材跟互联网上所要看的东西肯定不太一样。从我们的感受来说，我觉得互联网当中应该有一种新的，跟电影、跟电视不一样的形态产生。我跟古总他们也聊过，他们也在开发研究，做一些剧，现在网上剧如何做才有空间，包括电影如何做。实际上我们可以选择一些题材，是在电视里还不能播放的，但是又符合我们党的方针基调的，我觉得这个没问题。比如说我们涉案剧必须到9:30或1点以后播出，但是网络上尺度更大一些。我觉得应该利用互联网上的空间，专门为互联网，或者说为新媒体制作的时代已经到来。

周黎明：会不会跟某些平台合作，为它打造一系列的手机电影？

赵海城：应该会，适合通过渠道去营销发行的内容，我们都愿意去做。我觉得内容和渠道都重要，比如说优酷就是这样。当然我们做这个也怕一句话"酒香也怕巷子深"，内容再好，不被更多的社会观众接受也不行。我们是做内容的，从内容的角度，我们愿意跟任何人合作。

周黎明：酒跟巷子的比喻大家都很熟悉的。我看到葛优在电影里面有四个中国移动的台词。如果中国移动对制作方提供的内容不满意，你能拍的电影内容，我们也能够拍摄。你们会不会进入内容产业？

刘春宁：我们不会制作内容，我们是提供平台的，我们连发行都不会去做。包括我们原来的合作伙伴也会问，你们的定位是什么？一直以为我们会做这个事情，实际上平台里面有很多大家不会面临到的问题，终端的多样化，智能的压缩，以及我们怎么做用户的深入挖掘。我们知道用户的信息，到底什么样的用户值得我们去深入？

周黎明：作为一个内容商，你们会不会把几百部电影一起拿过来，我做一个网站，全部都在我的网站，会不会想到这种垂直的联合？

赵海城：我觉得就像刚才移动的王总讲的那样，社会化分工，它其实是需要各自把自己应该做好的做好，当然也希望方方面面都拥有，那要看是不是内部条件和外部条件都合适。现在中影和移动、搜狐、腾讯都有合作，我们也没有把全部的产业链条都做起来，也是希望优势互补。我是想把内容做好，致力于发现一些好的项目，避免做一些同质化的、不太适合的内容。

一种是专门针对新媒体，比如说手机互联网，通过这种方式获得视听消费。做这些内容的话，我们需要大量的原创，这些原创节目可以概括任何一个专业力量很充足的制作公司。面对新媒体，去制作新媒体的节目，我觉得必须考虑到这一点。我们希望通过这样一种方式，从广大网民当中去发现人才。要不要通过专业的、集中的、有一点量的角度去提供新媒体节目？我觉得现在要把它延伸到每一个网民身上。我做新媒体的时候，如果不往基本的内容提供商发展，我再怎么做都跟不上，我觉得它在将来是一个问题，还是要把内容做好。

周黎明：网上的东西需要把它发掘出来的。

古永锵：我从2007年开始，每天都发奖金。从剧本方面，我们不是每天都要做，这点是要跟独立导演和剧本工作室合作，还是有点不一样。

周黎明：一份杂志，他们自己要养一帮记者，除了这个之外，他们还有普通读者的来稿，他们需要一个挑选的机制。他们选用的肯定是质量好的，他们有一些奖励，而有些人做得好，是可以用这个奖励生活的。

刘春：在互联网发表作品，一个是方式是点击付账，这个回报远远高于一般的版权收入，我想未来互联网除了一般的分享模式之外，将来非常重要的一些模式，是我们跟一些特殊的作品、非常重要的作品采用点击分帐的方式，比如说一些非常稀缺的纪录片。我们一般纪录片的成本是1万块，假如我们放在网上一次点击是一块钱，因为这个非常稀缺的，假如说有500万人看，这样我们就能分帐250万给作者。

刘春宁：一旦你获得广告收入，那一定是收入分成。另一种，他们可能是一些小的团队，他们需要你们去帮他们推广，他们需要成名，这样就没有一定的方式，我们需要给他们劳动分成，让他们有回报。

比如说你拍了好朋友的视频，它是一个在个小圈子里面看的，是一个生活的记录片断，我们这也有这样的用户，希望负责于他们的生活，这个谈不上版权。只要有商业价值回报的内容，我们一定要给内容的提供者更好的回报。

周黎明：有些网站号称有点击我就给你钱，但是真正一年有100万，那是很难实现的。比如说一天写2万字的稿，很多都是填充文字。你们认为他们如果做像样的东西，一年能赚多少钱，这个对比有多少？

刘春： 具体的数字谁也说不出。以文学为例，早年都是专业的作家，专门的文学刊物。后来是网络文学，我们看到大量网络写手，一些悬疑小说、恐怖小说，这些都非常成功。文字领域出现的，我想在视频领域都会出现。

在未来的视频 2.0 的时代，可能也有一些新的领域的视频会出现，这都是摸索的过程。

马中骏： 我同意刘总的观点，都是还在探索。我们也有一些全职人员，但大部分还是兼职。

周黎明： 连胡戈甚至都跨界到电视领域，他当时做到那么大。有些领域跟视频是可以类比的，比如说一个人在吃饱的前提下写网络小说，但是你不可能拍一个网络长片，因为这是需要成本的。正常的能够拿出手的作品，还是需要投资。最终会不会渠道商和内容商形成一个寡头的格局，比如说全国五六家做视频做的很好的，然后平台多少家，但是做大了以后，会不会其他人很难进来？

马中骏： 我觉得这种金字塔的结构在每个行业都有，只不过以后门槛会更高。

刘春： 我到互联网十几天，我觉得生机勃勃，大家的竞争很激烈，我觉得应该保持一个非常好的关系。我是从传统行业过来的，传统行业恶性竞争很激烈。我们现在也是哄抬物价，我觉得这两年收购价格太高了。

马中骏： 我们创业的时候有一个基本的观念，合作第一，一人一口。每家的竞争优势不一样。如果我们在这个行业互掐的话，这个行业做不大。

刘春宁： 我非常同意他们的观点，这个行业要做得很大很健康，一定不要恶性竞争。

比如说中国家电行业，我觉得把我们民族行业毁了，因为利润太低了。

我想在视频领域也一样，未来一定有几家，无论是内容制作商还是平台制作商，都是做得很好的，整个商业模式是健康的。如果都花巨资买内容，所有都买完了，那么这个行业也完了，那个时候内容也不值钱了。腾讯、搜狐和我们都有一个共识，应该是把蛋糕做大，大家把这个做成全世界最好的，而不是恶性竞争。

周黎明：王总今天是没有竞争对手在这边。

王斌：实际上我们跟搜狐和优酷都有合作，我们大量做用户分发的工作，我们也需要搜狐和优酷，希望他帮我们整合内容，我们做的是更平台化，我们会在这地方做其他的一些工作，跟在座的各位都是要进行更紧密的合作。从另外一个角度来说，我们移动，包括手机报，还要做更多的贡献，包括跟用户之间的互动。要说竞争，我们也有，我们希望用户通过移动手机看视频，比其他平台上更好。希望大家都选择移动，这是我们的希望。

周黎明：同样内容如果在网站上能够免费看到，它的魅力不会减弱很多吗？

王斌：适合于手机播放的内容是我们的选择。现在我们也在推动跟其他的一些运营商的合作，他们收费的部分可以跟我们合作，我们跟互联网电视、IP电视统一，当他们付费看优酷或者搜狐，他们只要输移动的帐号就可以了。

现场对话

提问：我是学新媒体的，作为一个未来的新媒体从业人员，希望得到一些媒体的重视。想问问各位互联网公司，像腾讯有没有支持新兴导演的计划。

刘春宁：我们肯定有这个计划，不光是我们，其他人也有。我们现在有一个计划，所有的钱都是我们出。第二届大学生电视电影节里面，有一些费用也是我们出，而且我们支持一些优秀的电影人去拍电影。我们有这个意愿去支持年轻的电影人。

周黎明：最高的奖金是多少？

刘春宁：大学生电影节一等奖是30万左右。

提问：你好，我就是刚才说的中国移动没有到来的竞争对手，我是中国电信的。之前我们也跟中影集团有过沟通，但是无果。

赵海城：无果是你们不积极。做内容一定要跟所有的人合作。

提问：我想先简单介绍一下，我想说互动电视的发展其实在江苏是非常好，江苏的用户已经超过了 200 多万，而我们的电影点播在互动电视上达到了一定的规模，尤其是《喜羊羊与灰太狼》在我们的点播当月就收 40 多万。如果电影是 5 块钱或者 3 块钱，在院线下线以后，他们是愿意看的，我觉得如果中影集团跟我们合作是有机会的。

赵海城：你说这个我们很高兴。你说一个月 40 万，扩充到其他地方是一个月 1200 万，这是相当于 5000 万到 6000 万的票房，跟你们合作是没有问题，只要是能够分帐明确，能拿到钱。

因为以前不知道盈利模式，今天谈起来，刘总说没问题，肯定拿到钱。我觉得关键是要知道盈利模式，我觉得我们要做精品，做有示范引领的模式。刚才提到的这种盈利模式可以分到钱，如果说一年能够拿到多少钱，这个是可以合作的。钱是可持续发展的基础，我们愿意跟中国电信合作，这个是没问题，而且你们提要求，我们肯定会按你们的要求具体去做。

提问：目前我们跟上海百视通就是一个很好的分成比例，现在内容提供商的收益就可以达到 1 亿多。

我还想问马总，IPTV 目前是没有广告的，未来在收费上你们会更加侧重在哪方面？

马中骏：收费我们一直在做，在收费跟免费之间，我们有不同的窗口，这也是国外模式。我觉得这一块收费是需要培养的，以及我们跟中国移动合作这一块，支付很重要。

提问：各位嘉宾好，我想反映一个情况，自从我上传一个片子之后，有 100 万点击，各大网站问我要片子，我都给他们了。我也向他们说，如果你们有分成，也可以给我一点，但是他们说没有。为什么我的片子，你们做了广告，为什么你们不给我钱呢？我们就没有动力再继续做了。

我觉得中国移动很好，有 20% 的分成。我觉得这是很好的，因为片子有一个盈利的方式，现在我是没有得到一点分成，我作为片方觉得有一点弱势的感觉。

大家在优酷里面搜索一下《人有三急》。

周黎明：这也是我要问的问题，为什么我不给网站写稿，因为网站不给我们稿费。

古永锵：围绕不同的项目，我们有不同的合作方式。

周黎明：你是在电影学院里面学的？

提问：我是香港中文大学电影学院毕业的。

周黎明：第一部我觉得一般是没戏的。从第二部开始她有前途吗？

刘春宁：应该是很有前途的。包括一些导演和人才，他们一开始没有跟我们谈分成的话，我也很难帮他。因为在市场经济体系了，大家应该按一个规律来做，我们平台商，是发自内心地希望内容制作商能够赚钱。也有很多艺术品和拍摄品，很多时候是艺术品，很多人无私地奉献内容，产生了一些有价值的东西，我们不能今天免费，后天收费。

王斌：我们希望更优秀的内容加入，我们有面向拍客的活动，你的内容传上来的话，这里面所有的内容都是分成的。我们去年大概举办了一个月，有一个20分钟的片子《杀人的童话》，有10多万的分成。如果你们之间没有写协约的话，不可能进行分成。

古永锵：其实跟传统的影片一样，我们有专门的团队去找一些人才。

提问：现在手机视频用户主要是在外部网络进行观看和付费。新媒体发展很快，将来如果变成了像用户都是用新的智能手机来看视频的时候，肯定会产生新的商业模式，有没有新的方式？

王斌：我们每个月有4000多万用户，大量的用户都是通过3G，中国的大部分城市覆盖完了，另外我们也推出无线城市，我们叫无处不在的无线网络。我们实际上通过手机号码认证，中国移动坚持对优质的内容收费。其他的一些内容，这么多网站都有了，我们在一定的时间之内是不会去碰的，因为中国移动碰了那些，就会做的太多了。

提问：我想问一下古总和两位刘总，上海国际电影节优酷、搜狐和腾讯都推出了一些作品。和以前不一样，你们都找了一些明星，我想问一下这是为什么？

古永锵：在逐渐发展中有不同的层级，上海国际电影节是一个比较专业的电影节，我们昨天的发布是面向一些跨界的人士，跟整个电影节有关系，我们在大学生电影节有不同的计划发布。

刘春：我们也有不同的方式，包括草根的分享，包括电影节发布，下面我想可能有更高端的，有专业的制作，也包括纪录片等等，这是一个多元化的事情。对于选择明星，这是互联网的一个特别之处，第一个是跨界，第二个是满足他们创作的欲望。分成分析是比较简单的，跟专业的制作不一样。

刘春宁：虽然互联网到今天也经过20多年的发展，人类有很多的东西是普遍的，总有非常牛的人，但是也有草根的。因为我们需求不一样，有时候可能要看一些搞笑的，有时候看一些其他的，我们要根据不同需求来提供。每个人的需求是非常多样化的，不能说我们做了这个之后，其他的都不重要。

提问：我们在近几个月新开了中国广播网络电视台，另外我们有手机，跟移动的合作也有，感觉新媒体方面发展非常快。我的问题专门问王斌先生，移动无线媒体票房是什么？

王斌：移动无线票房是我们移动网络上业务获得的总收入。

提问：手机运营商，手机上的电影，相关情况国外的现状是什么样？国内的运营商、媒体人、电影人有什么可以借鉴的东西？

王斌：全球有40多家运营商。中国移动是第一个采用内容计费的，最近也有很多人模仿中国移动的模式，在推动这样一个内容。在线一定要流畅，比如说IPTV网络电视，它是一定要保证流畅的。我们今后要保证我们提供的网络的质量，我们中国移动的规模是全球最大的，包括我们的收入也是全球最大的。

提问：马中骏先生，我想问一下手机电影未来发展方向是什么？未来有一天会不会产生一个独立的产业，会不会产生大明星、大导演、大制作？

马中骏：我感觉有可能，因为前一段时间苹果也在发展云计算。我觉得在未来的领域里面，不管是PC，还是传统的电视，包括未来的移动媒体要推出7寸或者9寸的屏幕，而且按照云计算，所有的终端都是互通的，观众在何时何地都可以看到他想看的东西，在那个时候它的收入会很可观。那个时候有大导演、大明星来创作，我觉得有可能。

提问： 我是一个美国华侨。因为电影行业现在有很多的合拍片，在新媒体领域会不会也有合拍方式。

刘春宁： 应该会有，跟传统的渠道一样，主要看剧本的价值，还有演员的阵容，保证商业价值的回报，当然还要经过政府机关部门的审核。

周黎明： 两位内容商的看法呢？

赵海城： 应该是，他提了一个我没想过的问题，我觉得有可能。

周黎明： 现在有相关法规吗？

赵海城： 有。

古永锵： 有一些独立的工作室专门筹划这个项目，有三五家工作室。

提问： 各位老师好，我跟我的搭档的作品也入选了手机电影节。我发现有几个特点，你可以说它是一个手机短片，也可以把它看作是一个手机电影。对于内容创作者来说，这里面有没有明确的界限，有什么样的区别？像前面讲到的，影片的长度参差不齐，传统的电影短片与手机短片会不会有区分，会不会区别对待？

马中骏： 首先，手机电影本身是一个新的形态，大家在这一块的摸索只能说是有一种不能非常量化的感觉。我们认为3到5分钟可能是一个最好的时间段，也有的会提出稍微长一些的，在国外，挪威那边所提出的手机电影长度比国内长。电影节那边有一个短片大赛，这样过渡以后，使得我们第一届手机电影节的标准，它的严格长度没有要确定怎么样，而是说这样一种短片，它所显示的内容要符合电影比赛的要求，我觉得主要从这方面考虑。

王斌： 我们从现在的用户形式分析数据，现在看内容长度是越来越长，刚刚开始运营的时候是3分钟，现在平均7分钟，随着网络上用户终端的提升，在不断改变。

古永锵：其实，屏幕越小，时间越短。我们70年代的电视时间都是比较短的，随着3G到4G到5G，肯定是越来越长的。随着宽带越来越宽，可能时间越来越长，我觉得看的时间太长，可能会太累了。

周黎明：我们现在看的故事片，大概是100分钟，最多3小时也能接受，但是早期电影的时间是10分钟，那时候电影是一本一本的，你问电影多长，他会说是10本。那个时候供货商跟观众之间慢慢达成一些默契，后来慢慢形成一种规则，比如电影就是100分钟等等。对新媒体来讲，它肯定会找到自己的定位，一个是根据屏幕大小，一个是根据带宽。除了技术的原因，还有观众的原因，慢慢地摸索出合适的时长。

今天的论坛到此结束，谢谢大家的参与。

Part 3
电影大师班

张彻与电影大工厂的时代

作为武侠片的奠基者之一，张彻以阳刚惨烈的暴力美学著称，《独臂刀》、《报仇》、《马永贞》、《刺马》、《少林五祖》，屡屡开创动作题材潮流。尤其他倡导的"阳刚革命"，以培养影坛男星为己任，开创了华语影片的新气象，打破六十年代女星"雌霸天下"的局面。从影多年来，张彻磨砺出数代活跃于华语影坛的台前幕后力量，影响源远流长。

时值宗师逝世十周年之际，本场大师班邀请多位著名影人共同追忆大师及其武侠片类型的形成脉络，进而探讨当下亟需建立何种有风格有质量的商业类型片，对当下产业自有其参考价值。

■ 嘉宾简介

徐克，导演

王晶，导演

李仁港，导演

文隽，导演、制片人

陈观泰，演员

魏君子，影评人、香港电影研究者、媒体策划人

本来老六，书评人、影评人

唐丽君：尊敬的徐克导演、王晶导演、陈观泰先生，大家下午好！今年是上海国际电影节第15年的庆典，我们很荣幸跟新浪娱乐推出张彻导演的活动。大家也知道上海国际电影节一直注重文化的传承，我们这几年每年坚持做推出大师致敬的单元，今年还推出了影片修复计划，意图就是在大屏幕上再现那个年代电影人的辉煌，再一次要感谢四位远道而来。电影人用自己特有的方式来纪念张彻这样的一代宗师，在目前商业环境下探索如何建设有质量、有风格的商业片思路，我觉得这个活动是非常重要的。在这里特别感谢魏君子先生，他为本次活动也付出了很多的心血，媒体报道他是香港电影研究专家，但他不是香港人，他是研究香港电影的专家，老是有这么一个误解。现在我们有请魏君子来主持电影大师班的活动，再次谢谢大家。

　　魏君子：现场的影迷朋友和媒体朋友大家好！我知道今天来这场论坛的都是真心喜欢香港电影和张彻的影迷，所以我们一家人不说两家话。我们今天论坛的主题是"张彻与电影大工厂时代"。我们今天论坛的内容是从上个世纪70年代开始，也就是1972年，1972年是张彻导演最多产的一年，一口气拍了八部戏，最著名的是《马永贞》。曾经离开邵氏去台湾的李翰祥拍了一系列的作品，也大获成功。作为邵氏的领头羊张彻对此会是怎么反映，接下来的故事其实我们影迷都知道，但是作为张彻导演的门生以及香港六七十年代变革时期的亲历者和见证者，他们怎么看张彻，怎么看香港电影，我想这个是我们今天论坛的主题。今天的第一个问题要问陈观泰老师。因为陈观泰老师在拍《马永贞》之前是非常厉害的武术指导，他也得过武术冠军，对于1972年那时候的张彻，我想您最有发言权。

　　陈观泰：我替我的老师张彻导演谢谢各位对他的怀念，还有我的师兄弟们，我来，他们没有来，在这里向你们道歉。我是张导演的第二代徒弟，从我当演员的角度来说，张导演是一个眼光非常独到的导演，他不是制造明星，他是制造英雄偶像。我们可以数数看，他用的每一个演员都有独特的个性，他会为他们量身订做剧本，像最早期的《独臂刀》。在我们那一代的狄龙英俊潇洒，姜大卫玩世不恭，我是天不怕地不怕的硬汉，傅声是一个可爱的小伙子。所以每一个角色都有独特的个性，我相信三位大导演都应该认同我刚刚的说法，他真的不是制造明星，是制造电影里面的英雄偶像。

都说《马永贞》是张彻先生1972年拍的，其实是落后了两年，实际拍摄时间是1969年，他是在1972年用很多方式报道了这部片子。我记得我是1969年参加全东南亚武术擂台比赛拿了冠军回去，那时候是5月份，10月份开始拍《马永贞》，过年的时候上映，所以这个年份有点错误。张导演所拍的也是当年香港动荡的社会，张导演用他的电影去激励我们做人应该靠自己的双手，不要怕死，死要死得轰轰烈烈。所以他每一部作品中主角最后都是要死的，但是死法都不一样，死得很好看。所以他把戏中人的灵魂，他的精神完全提炼出来了，谢谢。

魏君子：作为研究香港电影的人，作为喜欢香港电影的人，听到陈观泰老师今天的话会大有帮助，他更正了一个资料性的错误。第二个问题问一下王晶导演，因为王晶导演跟张彻导演应该没有合作过，但是他们曾经是邵氏的同事。邵氏是一个电影大工厂的时候，其实在70年代末到80年代的时候它遭遇了徐克导演所在的嘉禾的围攻，而王晶导演是那个时代的代表人物。我想知道王晶导演通过一个同事或者一个旁观者的角度怎么看张彻导演。

王晶：我跟张导有两年是同事，当时因为是大工厂制作，十四个棚，每天都在拍戏，不允许空棚。每天下午4点钟，大家轮着去看前一段拍好的，一般来说张导去看的时间跟我是很接近的，每次我都让张导先看，我每次都像看明星一样地看张导。我还记得，他晚年的时候，我去看望过他，他写了一个东西给我，那时候用纸来交谈，我印象特别深。

魏君子：下一个问题问李仁港导演，因为前一段时间我刚见过杜玉明，他去年拍过李仁港导演的《鸿门宴》，他跟我说其实你们两个是同门。我们知道李仁港导演没有跟张彻导演有过真正的合作，但他算是张彻的弟子，李仁港能不能跟我们说一下这个渊源。

李仁港：说自己是张彻导演的门生，我是自居，我是没有这个机会跟张导演在现场学习了。跟张导演认识时，我刚拍完《94独臂刀之情》。有一天，我一个很好的朋友告诉我，说张导演想看一下《94独臂刀之情》。我带着录影带到他家里面,在他的电视机上放,我在旁边陪着看,你们想象得出我的压力有多大。看了十多分钟他就关机了,完蛋了。然后他说我大概了解你是什么样的导演了。当时他有一个戏,因为他那时候身体不好,腰有很严重的问题,我基本上要用笔跟他聊天。他写了几个字给我"成功不必自我"。他说我不标榜自己,他想找一个年轻人帮他拍戏。

我一直很幸运,我在电影界有两个很好的老师,一个是许鞍华老师,一个是徐克老师。还有幸运的是可以跟张彻导演在一起聊天,跟他编剧本,我手里跟他谈话的记录有很厚一沓,以后我会把它发表出来。张彻导演的戏里面的人物都死掉了,我后来想过为什么,其实死不是一个目的。我还听过张导演说过一句话,他说:"我的武侠片里面人物都是报仇"。他很早期的时候用一些慢镜头,后来我自己很认真地想了一下,其实张导不是拍人物的死,他是在拍一个人经过那个戏,经过那个角色,呈现出这个人最美的状态。美是怎么样的,人没有想到经由自己的意识,他的力量可以放得那么大。我们看到的不是镜头美,其实是人性,达到人的最高点。我自己拍的戏,人家说是悲剧,其实我不这样看,我同样用的张彻的思维,我感觉人都会死的,看你怎么死。在什么情况之下离开,如果人能够很好的离开,那就是最高点。

魏君子:其实在今年年初的时候,我曾经跟徐克导演有过一次聚会,那次聚会我们谈到了张彻,徐克导演说张彻对他的影响很大,也是因为了那次聚会才有了今天这样的论坛。还有张彻这本书,在这里我们非常感谢徐克导演对我们的大力支持。下面的问题问到徐克导演,其实我跟徐克导演私下交流时,他谈到他跟张彻有很多的交流,因为他们有一个共同的好朋友黄霑,您也来聊一聊您跟张彻的交往吧。

徐克:张彻导演是一个君子,他的为人做事都值得人敬佩。他没有讲过虚话,哪怕是骂你,他还是很真诚的一个人。我们的老板邵逸夫跟我说,让我进入邵氏。我就去问张彻导演,他说你慢慢来。其实我不敢讲跟张彻是朋友,他于我永远是心目中幻想的人物。在我童年的成长过程里,在我少年的成长过程里,他都在精神上提起我对事情的振奋,甚至是一种亢奋的状态。跟他有过交流之后,更珍惜这个感觉。后来跟黄霑在一起的时候,我一直在说,我怎么会有缘认识张彻这样的导演?跟张彻导演在一起不困难,他对年轻人特别栽培,特别尊重,特别关心。他的电影很多时候是充满了年轻人的经历和哀伤,很多年轻人在成长过程中有他们的英雄气概,但社会或江湖的欺诈、虚伪,令他们英雄气短。他有时候会为年轻人抱不平,因为年轻人会给一些我们不欣赏的人物欺负。张彻对朋友的看法很特别。他真的对每个人都很真诚。我到张彻家里去过好几次,我问黄霑,张彻导演耳朵听不见,交流有没有困难?黄霑说张彻很聪明,他要听到的东西会听到。我们一直都会怀念张彻,好像他永远跟我们在一起,我们一直在学习他在电影圈做的一些事情,比如说当时嘉禾上市张彻就坐了一个重要的位置,他对两方面都有很大的作用。黄霑跟我一直想拍一部关于张彻的电影,故事讲的是我们心目中的张彻,那部电影叫《师父》,现在黄霑也不在了。

魏君子:其实我觉得我们应该能够看到这部电影。刚才我是一位嘉宾问一个问题。下面的环节我想一个问题问四位嘉宾。我第一个问题,能否说一下你们最喜欢或者印象最深刻的张彻电影,为什么?先从王晶导演开始。

王晶:我最喜欢的是比较冷门的一部,《保镖》。那时候我12岁,在好莱坞戏院看的这部戏。这部戏很特别,用很少的吊钢丝,用很多的弹床,我说帅呆了。王钟在里面演反派,用了很多的弹床。照现在的说法,那部戏就是"屌丝"姜大卫去挑战"高富帅"的狄龙。故事精彩到不行,我印象特别深,往后就喜欢上了张彻。可是很奇怪,我跟泰哥合作过,跟狄龙合作过,但就是没有机会跟姜大卫合作。

徐克:《独臂刀》、《报仇》、《刺马》,其实后面还有几部,每一部都有很不一样的感觉。我看《独臂刀》的时候很兴奋,因为中国武侠里面出现了新的方式。以前看武侠电影,就是一些男演员很勉强地做一些动作,看张彻里面的人物,真真事实给你一种力量感,人物打开臂膀看到肌肉,这个都是男性的力量,这个也是张彻给我深刻印象的地方:真实感的爆炸力,是真功夫的,不是假的。我一直感觉《独臂刀》非常的好。

魏君子:陈观泰老师您最喜欢的不会是《马永贞》吧?

陈观泰:如果我说不是《马永贞》,那是骗人的,因为这部片子让我一举成名,成为那个年代动作派的明星。那部电影让我在个人生活方面学到了很多东西。比如本来预计60个工作日,我们在一个月里面把它完成了,只要你有兴趣,做这个事情没就有什么辛苦。为了怀念这个电影，我在1986年把它重拍了，叫《一代枭雄》，还是在上海拍的。刚刚徐导演说张导演是君子，可能你们交往的时间没有我长，其实张导演真的是一个英雄豪杰，因为在我跟他工作的时间里面，他作为一个导演经常会跟制作方发生摩擦；他为了争取团队员工、演员的福利，他经常跟老板那边吵架、谈判。反正我们永远看不到他忧愁的一面，他永远是笑的，对待每个员工都开开心心的。他把所有东西都自己承担起来。我现在居住在北京，认识很多医学上的朋友，中医师，我慢慢体会到张导演长时间承担着的压力。从我跟随他的时候起他的腰有一点点弯，当他走的时候已经完全45度了，我相信人受到压力的时候身体是第一承受不了的。所以我说他是英雄豪杰，他承担所有的一切，在他一个人身上，谢谢。

李仁港：我相信我喜欢的张彻导演的戏跟在座的观众不会两样，那就是《独臂刀》。我年纪跟王晶导演不太一样，稍微年轻一点点，我看《独臂刀》的时候很小，几岁，是父亲带着去看的。我真要说的一部张彻导演的戏是《马永贞》，因为那是我自己买票看的，上映的时候我12岁，思维更完整一点，能看到更多的东西。今天即使出版了光碟，我都没有看过，但我记得很深，那是我12岁的记忆。我不说那个戏，也不说武打设计和剧情，我就说人死之前的表现，我记得王钟死之前一刀捅过去了，王钟是撑着胸口。

王晶：那是《仇连环》。

李仁港：姜大卫给他手下的人杀掉，我记得这个人笑了一笑。到最后一场戏，泰哥被人家埋伏，还是像我刚才说的那样，在那个戏里面感动的是，一个人梦想做一个事情，明知不可为而为，为了自己的信念把生命放弃了，这是非常感动的。

魏君子：说起对张彻电影儿时的记忆，还有文隽老师。

文隽：大家好，我是香港电影人，我们都深受张彻导演的影响。我记得我少年成长的时候欣赏两个导演，一个导演叫李翰祥，我看他的电影就知道怎么看女人。看张彻导演就会知道一个男人要怎么做，知道要有所为有所不为，也就义无反顾了。你想一下我们小时候，我是每个星期看两到三部电影，其中一部不是李翰祥的就是张彻的。后来我终于进入电影界，张彻导演的戏对我影响特别大，我估计在香港电影界里面,我们电影人很多都受他的影响,我作为旁听生向他致敬,我的话说完了。

魏君子:谢谢。其实张彻导演也是个影评人。因为他本身在进入电影界之前做过官员,所以他的影评视野非常开阔,看得非常远。我记得他有一篇影评曾经评价过跟他自己同时代的武侠片导演,他说:"胡金铨如果在我们这个时代的话肯定是冠军",他把自己排到第二位。那么第三名会是谁?刚才跟王晶导演聊起来,王晶导演说是刘家良。可能这个都是玩笑,但是我想问在座的四位,能否谈一下张彻跟他同时代的那一批武侠导演,他们对香港电影、华语电影的影响,这个题目的确很大,但现在华语电影正是需要新鲜变化的时候,有讨论的必要。

王晶:我觉得楚原是第三名,楚原也是我半个师傅,他在国泰时代有一部非常好的电影叫《龙沐香》,美术设计特别好,夕阳落日,女主角是大反派,我觉得他的影响很厉害。因为是大工厂,那时候是机械化地一部一部地拍片,可那时候他的能力实在太强,一个景、一个光,可能是拍完狄龙就拍尔冬升,然后就第八场第六,然后再拍替身。同时在一个镜头里面拍三个片子,真的是这样,所以我觉得如果说第三名,我觉得不可能是别人,应该是他了。

魏君子:刚才说到胡金铨、张彻、楚原,都是在武侠片非常风行的70年代,徐克导演后来又拍了《蝶变》,我认为这个片子也表现了是张彻的叛逆精神。

徐克:张彻导演对我们都非常好,他的无私让我们都很感动。回想张彻导演,好像张彻一出来就代表了整个电影潮流。比如说刘家良,与他齐名的唐佳后来又为楚原做武术指导。楚原的世界又是很奇妙的。李翰祥、胡金铨、张彻、楚原这几位大师,其实是构成了当时香港电影的几乎全部生命。讲起刘家良导演,我们觉得他就是从张彻导演那里出来的,我们看张彻导演的戏,又能感觉到刘家良的东西在里面。后来发展下去刘家良的电影在功夫方面,在中国武术方面开辟了很特别的路,变成武侠片的第二代,也不能跟楚原比较,但是只有刘家良师傅能够拍出来的,独他无二。我一直在猜想,刚才讲的第三是谁,也许就没有第三个,因为中间有很多。当时邵氏拍武侠的时候,还有很多人在拍武侠片,我觉得你不能否认当时粤语片时期有一个导演很厉害,叫胡鹏,他拍了一系列的"黄飞鸿",他是开创了中国早期武侠片的很重要的人物,如果说排第三,对他不公平。张彻的幽默在那里,他把第三个空着。

魏君子:刚才王晶导演说楚原同时拍三部戏,正是邵氏作为一个电影大工厂的重要例子。张彻导演在邵氏的时候,每年至少拍四部戏,它从生产、制作、发行、放映,是自己自足的,这个制度在整个世界电影界其实是存在的,在当年是很流行的,陈观泰先生您怎么看?

陈观泰:我后来成了邵氏公司的叛徒,他们封杀我,我跟他们打官司。张彻导演开创了武侠世界以后,公司的行政部门给了张导演不少压力,尤其说张导演所用的演员,包括我跟姜大卫、狄龙是专用的。当时张彻导演为了要应付公司的拍片量,增加了很多联合导演,都归纳在张彻的制作组合里,包括孙仲导演,大概有五六个导演。我们包括姜大卫和狄龙作为他的专用演员没办法分拨出去,所以每个演员每年最少要拍四部电影,光是张彻组合起码要拍二十几部电影。在整个制作过程里面,也许不能统一都是张彻导演的风格,所以也开创了不同类型的动作片出来,这个也是整个香港电影发展的过程。

魏君子:武侠片在香港是非常独特的,武侠片之前出了很多前辈,然后往下一代是徐克导演、王晶导演。我觉得拍武侠片也是一个手艺活,内地导演也尝试过。但武侠片对于香港导演来说似乎更容易一点,李导演您怎么看?

李仁港:我只能说我在这个年代还是很幸运的,我们现在谈了一大堆张彻导演、楚原导演的戏,因为我们跟他们接触的机会很多,文化就是这样的,接触多了你才发觉原来我是喜欢这个的。我补充一下,刚才说三位武侠导演的事情,我要表个态,我心中最好的导演是谁,肯定是张彻导演,我有一个原因在里面,胡金铨是我很喜欢的武侠导演,但是他电影里面的戏剧性都不是很强。所有这些武侠片的语言、镜头、武打,其实到最后还是**体现人性之美**,在这个环节上张彻导演是非常直接的。我记得在他去世的时候香港也办了一个讲堂,也有邀请我去,其实没有什么好谈的,要分析他的戏其实很简单。你说为什么剧情那么简单,因为他的戏不是完全看剧情的,他是利用剧情表达人性。我们现在拍武侠片面对的问题,不光是中国市场、香港市场的问题,好像整个世界也面对同样的问题。年轻一代投入进去的人越来越少,也许接触的东西越来越少,到最后也不晓得是不是反映了年代变得不一样了。

魏君子：正如我们这一代是看着你们几位的电影长大的，你们几位也是看着张彻导演的电影长大的。我还要回到年初的那一次和李仁港导演以及徐克导演的聚会，有了那次见面之后，才使我想做一个张彻的论坛。后来李仁港导演说你为什么不做本张彻导演的书，我花了2个月的时间，采访了13位演员和导演，我找了一帮喜欢香港电影、喜欢张彻的影迷，我们一起做内容。最后在五月初的时候，我在微博上有发，我有了一个非常明确的方向，我这本书先有了内地版，就是复旦大学出版社出版的那版，后来又了香港三联版，这个要感谢李安导演。下面我要有请这本书的主力作者之一，请他谈谈影迷眼中的张彻。

本来老六：大概今年二月份左右说要做张彻先生的纪念专著，我当时有点诧异。因为研究张彻先生的著作比较少，时间又很紧。其实张彻电影很多时候有一点粗糙，但看了徐克先生写的书后，知道对待张彻电影要有一个全局观。我跟魏君子说，我看第一批张彻电影的时候，看了大概几十部，其实我是蛮头痛的，因为片子基本上很雷同，看到100多部的时候……

魏君子：他不到100部。

本来老六：……97部，看了越来越多的邵氏片之后，再去看看那时候的文化氛围，再去看电影感觉就不一样了。我一直在这个书里面有一个观点，张彻所有电影既然说他是雷同，其实就是一部电影不同分镜头，这个观点可能很奇怪。张彻先生类似于《笑傲江湖》的小角色叫做"魔教十长老"，没有杀出来。我这次重新写张彻作品的时候就想到了这个人物，张彻先生说自己的电影是敢为天下先，他当年也拍过歌舞片，各种题材都敢去碰。他也提到《马永贞》，他写回忆录的时候已经有一部"上海滩"的作品非常有名，就是"许文强先生"的《上海滩》。比较早期的以上海黑帮为题材的电影里，《马永贞》是非常前面的。所以我觉得张彻先生对电影开天辟地的精神是很不容易的，我们说做第一个吃蟹的人是很有勇气。张彻经常说他拍了很多电影，就是做了一点事情。香港的蔡澜先生也说，张彻先生到最后为了赶片子，工作得很辛苦，其他导演已经大鱼大肉了，张彻导演会昏倒在片场，他每天都坚持把自己的工作量完成。他觉得自己在拍电影，他把每一点力气都花在上面，所以我觉得武侠——因为刚才在休息室里面跟泰哥有一些交流——武侠拍到现在，其实各种题材、各种技巧，肯定是有重复的，但是武侠的精神是不可以重复的。徐克老师说，我别的什么都不想，我首先要把它搞得好玩。这个精神其实张彻同样具有，他就敢于把一些理念、一些创意放在电影里面创作，可能细节上，可能一些技术手段上有一些问题。但是从他的全局来看，他的气魄来看，真的是很不容易的导演。我觉得看张彻电影看多了之后，这是最强烈的感觉。

有一部港片《武状元苏乞儿》，最后是前十七式变为一式，看张彻导演也是这样，如果把张彻导演的作品全部看一遍——可能早期的找起来有一些困难，有一些胶片问题——看完之后那个感觉完全不一样，再回过去结合自己的人生……我们最迷武侠的时候在初中时候，然后我们开始成长，开始所谓的成熟，开始知道了很多事情，觉得武侠应该只存在在书里面，只存在在电影里面，我们可以心安理得地说这是假的，这不用去坚持，这不用去相信。这是很奇妙的，当人务实地生活之后，他就会想我要的是不是只有这些，所以我们反过去又去看电影、看书，把一些比较务虚的东西捡起来。我们看邵氏片的人，有人开玩笑说我们是"邵氏孤儿"，因为邵氏是70年代的电影。就像徐克先生说的，之后很多武侠电影、动作片都向张彻精神致敬，这个才是更重要的。所以我们看电影就会讲，真的不仅仅是一部电影，刚才泰哥说了一句我让我非常感动的话，现在的人物有血有肉，但是有没有灵魂，我们那时候人物都是有灵魂的。这个灵魂在现在的电影里面没有，因为现在的电影甚至可以公式化。可能有的人不在意了，但是有一些导演还在坚持。

我当年看《见龙卸甲》，里面有一句话是"战场上失去的回忆，我一定会在战场上找回来"，这个使我们非常感动，我们看一些电影有很多记忆在里面，我们还是不大舍得把这一段记忆割裂，还是想把这些东西留下来。我当年在录像厅看过很多片子，我当时印象就是这个男人太厉害了，打不过他。还有就是罗烈老师，看到他就害怕，还有王晶老师的电影，他给我们带来的快乐太多了。

魏君子： 刚才提到录像厅那一代，台上这几位是看着张彻导演电影长大的。我跟徐克导演聊的时候，提到《英雄本色》，他说电影里面充满着张彻的精神，张彻电影是你们在年轻时代看的，但是张彻作为青春时代的记忆已经融入了你们的血液里面。我们做这本书的时候得到了吴宇森老师的帮助，他写了一些话，请徐克导演给大家念一下。

徐克：吴宇森导演原来很想自己写，不过他每次开笔都觉得意犹未尽，千言万语无法写得很齐全。他说你帮我忙，记录下来，然后帮我整理下来，希望你帮我讲得更清楚。所以我看可不可以把他说的话写的出来，希望大家能尽量体会他讲的话。他说："张彻导演对我影响深远，他为人极其亲和，一般不会用教导的口吻，只用鼓励的口气。当时我想做演员，张彻导演让我当导演，没有张彻导演的指引我就没有今天。张导演让我将生活跟创作融入到一起，对我影响重大。张导演曾给我三张书法：一张书法，就是我当年离开公司去嘉禾公司当导演，我拍完影片后他会把他的意见告诉我，后来我请求他赐给我他的话。一张书法，就是我儿子出生之后托他改名；第三张书法，是我到好莱坞拍戏的时候，他写来的。张彻导演晚年健康欠佳，让我感到当年太早离开他，我一直都想拍一部武侠电影纪念他，这个想法还在努力中，他是我们心中永远的一代宗师。"

魏君子：下面的时间开放给影迷朋友，我这边有五本书，是《张彻谈香港电影》。提问的影迷可以得到一本。

现场对话

提问：导演好，看张彻导演的电影，很多影迷都有一个共同的的感想，觉得张彻导演电影当中不怎么待见女角色。我想问问在座的各位导演对于张彻电影里面的女角有什么样的感想，请问诸位导演有没有印象比较深刻的女角？

魏君子：这一定是个对张彻电影又爱又恨的粉丝。

徐克：我觉得《水浒传》里面就有，何莉莉导演的那个角色"一丈青"。其实张彻导演拍《大盗歌王》，何莉莉也有演。他有一些电影做了很大胆的尝试，比如说《死角》，他里面也处理感情。

提问：我觉得他们三个里面都有爱，和后面的《纵横四海》是一种感觉。

徐克：对，男性方面多过于女性。

陈观泰：因为70年代的香港，也是创业的时代，我回头看张导演的用意，这个世界是男人用拳头创出来的，女人是享受的，所以他重男轻女。

提问：陈观泰老师你好，今天又一次看到您非常激动，多年前我在乍浦路有一家永和豆浆看到你，当时我还上去与您握了手。

陈观泰：其实我也是个普通人，我跟你们过一样的生活。

提问：对您最早的印象就是《龙蛇争霸》，我觉得您在那个影片里面非常有型，今天看到您觉得您的身形各方面没有太大的变化。前面听您说您生活在北京，请您谈一下有什么保养的秘诀。

陈观泰：我们人活着先要把自己的身体作为一个财富，身体好了你什么事情都能做，这是我的人生原则。

提问：很激动，感谢这次电影节，可以让我们有机会接触偶像。我想问一下徐克老师，我看您的电影，尽管以前技术没那么发达，但是很多电影的特效很朴实，像一巴掌打在脸上，感情会很有力。我觉得现在很多武侠电影，它的特效做得很绚丽，很好看，但是我觉得人物和故事情节不是活生生的东西。我想问一下您，我们该怎么看这个问题？

徐克：我讲我的看法，不一定是对的。我觉得每个创作人都有一个时代的背景，我觉得在过去张彻导演也好，他们是从武术年代出来的，他们经历过，有他们对人生和生命的探讨。从现在来讲，也许在我们这个年代里面，我们生活在比较高科技的时代，也许对生命的看法没有那么尖锐。人物在我们的感受里没有那么深刻，也许创作缺乏他们应该有的元素，差别也许在这里。这点是我们做创作的人一直告诉自己的，小心自己不要陷入一个没有感觉的境地，缺乏创作的力量，力量是我们需要的动力。

提问：想请问一下台上的诸位，包括魏老师。其实在七八十年代张彻导演的电影对台上的诸位都有影响，到现在大家都是在自己的作品里面把这些精神去传承。请问在现实当中各位在教育这方面会有哪些具体的形式来传承这些武侠精神？谢谢。

李仁港：我不太了解他的意思。

魏君子：你简单再说一下。

提问：我这样说吧，我有时候会看到魏老师在微博上跟您儿子进行互动，你是否会把当时感受到的武侠精神延续到您儿子身上？谢谢。

魏君子：我会做一些基本的讲述，比如说锄强、扶弱。他是新的一代，他接受的文化和所处的环境都不一样，但是我会把基本的，我认为是正确的观念传达给他。

提问：李仁港导演您好，我看过您的《黑侠》，喜欢您的作品，近几年您的《见龙卸甲》、《锦衣卫》我都有看，不知道您今后会不会把这些延续到时装剧里。《黑侠》是时装剧。您近几年都是古装剧，您有没有新的计划？

李仁港：我先讲一下前一个问题。以前国内一个画家齐白石，他有很多学生，结果所有学生画的画都变成齐白石的画，他说"学我者生，像我者死"。他们没有齐白石的状态。我们的行为有没有散发出去，我是把我人格都放进去的。倒过来，像徐克导演说，社会不一样了，现在生活上把小孩子照顾得很好，可我们那个时候不一样。所以我们一直讲这个东西会有力量。

另外一个问题，我非常喜欢武侠片。但是我现在把我的武侠精神放在战场上，过去那几个戏都是在拍战场。我那个武侠不再是拍一个大侠，是拍一个将军。

魏君子：所以大家把《鸿门宴》当成武侠片看就对了。最后一个问题。

提问：几位前辈好，今天真正面对面见到向往已久的明星非常激动。张彻先生的电影里面最重要是一种精神，就是一种反抗精神，那种渺小的个人和强大的势力的对抗精神，虽然反抗不是武侠的全部，但是是非常重要的部分。尤其在2000年之后，最近几年的电影虽然有很多的武侠片，但是这种精神越来越少见了，包括刚才老六说的，感觉是精神流失。所以我在想，是否这种精神是迫于压力被压制下去，还是说它本身过时了，不再适合大家的审美，我希望大家谈谈你们个人的想法。

李仁港：我先讲一下我自己的看法，你刚刚说叛逆的事情，我感觉叛逆是一个方向,但不是完整的。往往大侠是比较孤独的,人家不认同,但是你为了自己的信念还是去做。今天我们说武侠片演员也好、文化也好,它流失了,是对的,但是相对来讲,如果现在全世界都在看武侠片,不见得我们今天有这个机会在这里谈论。

徐克:我真的不知道怎么回答,我一直觉得人的生命里面有自己很多东西。武侠世界是我们的表现方式,我曾经讲过一句话:每个人心目当中都有一个江湖,所谓江湖是我们心目中都有一些东西,我们要找到那个世外桃源。江湖涉及现实生活里面的压力、经济、人事、工作等等,这是现实的一面。但我们也有浪漫的一面,那就是我们心目当中的武侠。我觉得我们在我们的作品里面找到了一种平衡,这种平衡是我们精神上的需要。你提的问题我一直在想,我希望在死的那天找到答案,我在其间不断地在找,武侠世界里面需要这种力量。

魏君子:其实说到这里,我曾经在微博上有一个预告,我会把徐克导演为我们这本书题名的真迹拿到现场,谁有缘谁来拿,虽然我自己都舍不得。但是我们今天谈论张彻谈得很尽兴,论坛的结束不会是我们讨论张彻的终结,后面还会有张彻的书展,所以我打算那个时候把这个题名拿出来赠给有缘人。张彻虽然不在了,但是他的精神指引着我们中国电影在前进,谢谢大家。我们今天的论坛就到这里。

寻找心中的银幕

当电影步入第二个百年，技术和娱乐成为了电影创作界的主旋律。但是，真正能打动人心的影片，能影响一个时代感动一代人的电影是多了还是少了？技术和娱乐是票房的保障，而好的电影必先建筑于自己的内心。电影创作人需要探索电影的题材、故事、语言、画面、结构、特效等种种外在的技术元素，更需要寻找自己内心的银幕，寻找这块银幕的内在系统，须用"心"创作。

本场大师班邀请这方面都有着非凡经历、也是华语电影最杰出的两位导演，与年轻电影人分享他们的成功经验。

■ 嘉宾简介

吴宇森，导演

冯小刚，导演

主持人：各位来宾，大家下午好！

今天是第十四届上海国际电影节大师班第一场，本场邀请到了吴宇森、冯小刚导演。首先允许我代表上海组委会感谢这两位导演。大家知道，尽管他们在业界工作繁忙，但是他们还是欣然接受上海电影节的邀请，担任对话嘉宾。在今年年初找到这两位导演时，两位导演二话不说就答应了。两位导演今年也有电影项目在筹备，还赶到现场与年轻人对话，这是对年轻人最好的鼓励。

我想起昨天晚上我们的冯小刚导演在接受华语贡献奖时讲的话，的确在电影界会遇到很多的困难，但是只要心有观众，有梦想，我们一定会走向成功。下面再次用热烈的掌声欢迎这两位电影大师。

冯小刚：各位好，我刚才跟吴宇森导演在休息室聊了聊，本来我们看这些电影故事之后很想小范围地跟八位导演讨论，由于媒体也比较关心这个事儿，今天就变成了这么多人的场面。说老实话，刚才吴导演也很担心可能会影响我们讨论这个事儿的质量，因为小范围的可以非常坦率，吴导演说可能避免说一些套话，请大家原谅。

作为年轻导演，我们私底下讨论的意见，他们可能接受起来比较容易，当着这么多人我觉得大家可能在接受上有一些问题。我很想让吴导演跟大家分享一下第一次做导演的过程和经历，我想问问吴导演，你第一次拍独立电影的时候是多大年纪？

吴宇森：第一次做导演是26岁，是1973年。在香港来说也是第一个年轻导演。以往60年代的香港电影圈，还是一个学徒的时代，不管是做哪一行，哪怕是换一个灯泡，你都要跟一个师父，你才能做起来，然后再带一个徒弟出来。那个时候在香港电影圈都是国语片的天下，如果你跟圈内任何人没有任何关系，没有亲戚朋友关系，很难进入电影圈，很难让你有发挥的机会。以前学徒想做导演的，你起码要跟着导演或者跟着几个导演做15年的场记，然后再做副导演，然后做副导演15年到20年，才有机会做导演。

冯小刚：50岁才能做上导演。

吴宇森：我学徒的时候有一个导演出现，他是一个作家，是一个大新闻，那个时候40岁，已经算是年轻导演了。那个时候导演平均年龄60岁左右。香港没有学电影的地方，我们去学电影，都是看翻译过来的影评，还有在图书馆，还有法国领事馆放一些电影给我们看，还有就是看很多经典的电影。我们是那一代的电影知识分子。

那个时候电影圈对我们这些人比较排斥，我们经常写一些文章，写一些影评，也骂一骂当时拍得不好的国片。后来运气好，有一家公司要打破电影的惯例，招聘我们这一批对电影有痴迷的人到电影圈里，做编剧，做美术等等。那个时候我已经19岁、20岁了，后来开始做场记，那家公司垮了以后，经过邱刚健介绍我认识了张彻导演，他不把我当副导演，也不当徒弟，而是把我当朋友，给我很多机会，一直让我处理他所有的后期工作。做后期工作的时候，我最感兴趣的是帮他剪接他的片子，我是跟剪辑师学到了更多电影的知识。那个时候也没有想到自己有机会做导演，我以为在这个圈里面将来做一个剪接师或者美术就够了，没有梦想自己做导演。但是自己有很多想法，那个时候拍电影蛮大胆的。如果有朋友看过我以前的短片，跟我现在拍的电影完全不一样的。跟了张彻导演之后，那个时候我只有三年多的电影经验，那个时候也没有钱，只是有一个理想。我做导演的年代是香港电影的理想年代，当时很流行功夫片。当时流行两种电影，就是"拳头"与"枕头"，"拳头"就是指功夫片，"枕头"就是指床戏，就是风月片，也没有人拍喜剧，能够卖到外国的就是功夫片。在这样的环境里面生存，我经常想将来拍艺术类的影片还是拍"枕头戏"，那个时候很矛盾。刚好有一个朋友也是做副导演的，他有一个朋友赚了很多钱，支持他拍一部戏。但是我那个朋友经验不够，找到我联合导演，那个时候我26岁，就说试试看，就拍了部功夫片。我一开始的时候都是被人骂的，在行内、圈内的人都说我太年轻了，不可能做导演，又没有经验，他们不相信新导演，不相信年轻人。那个时候公然在报上发表意见，有些人让我蛮生气的。那个时候拍了功夫片，请了位小说家帮我写剧本。

冯小刚：我听说第一个片子没有通过审查，因为太暴力了。这个电影的名字叫《铁汉柔情》，我也听说虽然没有通过，但是被嘉禾公司的老板最终还是看

到了这个电影，把吴宇森找去。找去的那一天，他花了 50 万把这个电影给买了，第二就是准备了一个合同，三年每年拍 5 部电影，吴导演说特别的惊喜。同时拿了一部分钱说把暴力修一下，后来拍完了这部影片。

吴宇森：当时的电影老板跟现在的电影老板不一样，我非常感谢我以前的老板。他真的是爱电影，我问他为什么喜欢我的戏？他说最喜欢我在戏里面没有写爱情的部分，而是写感情的部分，他发现我对感情的表达有一个新的手法。其实我那个时候拍一个动作片，当时男女主角分开在两个地方，但是两个人所做的动作、神情是连接起来的。比如说男的把手搭到栏杆上，同样女的把手放在另外一个栏杆上，那个方式是在那个年代很有艺术性，很个人的风格，以前没有人这样做。那个老板喜欢我用那个手法在动作片里面拍一段感情。

后来我就成为这家公司的导演，一直做下去。后来拍的电影有成功的，也有不成功的，让那个老板亏了很多，他也笑嘻嘻的。那个时候我要剪接自己的片子，以前的剪辑师帮我剪接的时候，是怎么剪的呢？他剪的时候根本不用看，拿起那个片子手一量，三尺、三尺，我说你这个三尺手一拉就上去了，搞不好三尺前那个表情比三尺中那个还要好呢？我说这样剪接不是剪接。然后公司有个经理说戏拍得太长，要剪接我的片子，我就找剪接组助理帮我剪，我就拿一个棒子，跟那个经理说，谁进来我就揍他。

冯小刚：你很暴力。

吴宇森：后来我跟老板说，剪一个戏有一个手法，剪掉的一段可能是整个片子最有意思的，我那个时候拿起一个椅子就摔到老板面前，老板脾气太好了，最后等我发完脾气之后，他说："你脾气发完了吧？你自己去剪吧，我不会让任何人打扰你。"在这样一个关系之下，他认定我是某种有才华的导演，所以容忍程度非常大，他知道我只有有一个好的剧本，才会拍出好的电影，哪怕是十年，也会等待。

冯小刚：非常幸运，遇到一个好的老板，同时也给你一个好的机会。我问吴导演这段的意思，主要是跟这八个项目的年轻导演有一个好的交流，吴导演是从基础组的场记工作开始做起，做副导演，然后联合导演，也经历了小成本的制作，不成功，或者不赚钱，但是找到伯乐，或者知音，欣赏他对电影的才华，或者与众不同的东西。于是给他续了10年的合约，让他成为日后对电影非常有贡献的大导演。

吴宇森：冯导演是我非常尊重的好导演，我心目中非常优秀的电影工作者。你年轻的时候也很传奇。

冯小刚：我跟您差不多，我想我们都是从最基础做起，我从美术做起。我那个时候没有过做导演的想法。我想听听您对这八个项目的看法，我们在这个上面没有交流，也许我的想法不见得跟您一样。

吴宇森：我刚讲太多了。其实我也不算什么大师。我觉得现在中国的电影像80年代的香港，在80年代有一批年轻导演，70年代末到80年代从国外学电影回来的，像徐克等，还有好多。他们在70年代、80年代开始创作，把整个电影的面貌改变过来，大家那个时候勇于创作，敢于发挥，不管是文艺片、喜剧片，都用新的创作方式，将以往华语片来一个大翻转。那个时候大家想到什么拍什么，在80年代初香港电影出了很多作者。80年代香港电影很兴旺，观众爱看香港片。我觉得中国国内电影事业正在兴旺，也可以让年轻人，或者是让像我们这样的"年轻人"也可以来一个创新的年代。现在电影的故事多元化，可以拍古装、时装、喜剧，什么都可以，现在是接受新创作的最好的时机，现在懂电影的人也很多，我觉得这个年代让我们想起 80 年代的香港。所以你们争取给大家拍出一个经典。

冯导？

冯小刚：我在说的过程中，吴导演如果你有任何的想法，你都可以加入进来。我看了八个项目，觉得八个故事都非常有意思，虽然每个故事都很短。马上抓住我的有许洁华导演的，他是中国香港的，他的《裂阳》。讲生活在沈阳的一个家庭，有一个叫吴骏的人，突然有一天有人通知他是日本人，使这个人平静的生活被打破了。然后他去怎么面对突如其来的身份变化，还有对国家的认同，他朝夕相处的父亲是他的养父，不是他的亲父亲。然后他太太的爷爷曾经被日本人杀害了，是有家仇国恨的。他太太怀着仇恨的历史，当知道她的丈夫是日本人，还能不能留在他身边，两个孩子怎么看待他。这个故事有一个很大的悬念。而且我认为它非常接地气，给我感觉就是从生活中来的，会牵动我们的情感。因此我就特别有兴趣知道，这个人物陷入这样一个困境里面，会发生什么事儿？我只是说，我很有兴趣。我简单地说，待会儿具体的导演还可以聊。

吴宇森：我深有同感，我觉得这个项目可以写出非常动人的故事。我好久以前也看过一些文章，中国被日本侵略的故事，很感动。这个题材在日本、韩国市场也比较广，也很受关注。我觉得 100 万美元不够，一般能筹到 200 万美元，这个戏会拍得很好。这个故事是小故事，但是要描写动人不是二十几天能拍完的。我非常鼓励这个电影。我觉得你可以拍出一份真感情。

冯小刚：我看到这个电影的预算是 100 万美元，这是作为年轻导演可行的预算，当然我也愿意推荐这个电影，如果多一点预算质量可能会更好。

还有一个导演的故事让我看了心里头有一种很难过，很酸楚的感情。其实就是在非常偏僻的农村，一个南方的乡村里，几个十二三岁的孩子的成人礼。因为改革开放有一种东西渐渐进入到村里头来，四个孩子都接到求爱的信，而且求爱的信非常直白。她们觉得接到这个信非常唐突，她们非常的害怕，而且觉得被信的语言玷污了，四个女孩在十二三岁的时候在池塘边集体自杀了。这好像还是根据一个真实发生的事儿来写的，也很残酷。但是它是一部走心的电影，作为一个观众，我也有很大的兴趣，对这样一部电影有期待。这部电影的预算只有25万美元，按照现在的汇率就是100多万人民币。

吴宇森：应该要多一点。

冯小刚：吴导演是一个好老板。另外还有一个故事是《日光旅行》，是一位台湾导演的作品。它这个故事也很有意思，是浪漫主义的，同时也很残酷。两个恋人去旅行，两个失意的人在途中迷离，然后相聚，两个人相聚之后一个人病故了。活着的那个对死去恋人的父母说能不能借用一些骨灰，我要带着爱人的骨灰重走我们走过的结识的路，家里人不同意，最后女孩的妈妈同意把骨灰借给他，也知道他的心情，同时说务必快一点归还。所以他带着爱人的骨灰重新上路，没想到刚一上路骨灰就丢了，后面发生了什么事不知道。我觉得跟人的情感勾连得比较紧密，我觉得它是有温度有情感的故事。这个预算也很少，90万美元预算，也是500万人民币预算。

还有一个是赖孟杰导演的，名叫《绑票》。

吴宇森：我也蛮喜欢这个的。

冯小刚：这个故事是鸽子跟黑道的故事，由于时间关系不讲了，因为有戏，这个导演对鸽子这件事儿非常的清楚。吴导演很清楚这个事儿，鸽子加黑道就成了一部戏。

吴宇森：刚刚你所提的我也蛮有同感的。

冯小刚：后面四位有《强·道》，导演是王早。这故事也有意思，有意思在哪儿？男主从小是一个没有母亲的孩子，跟所有年轻人一样他也在困惑中，在青春期挣扎，我要做什么样的人？当然也追求财富，有时候也很愤青。有一天他突然接到一封信，实际上就是说亲生父亲找着了，他其实很想知道自己的身世，也很想见到自己亲生的父亲，但是他父亲被绑架了，现在要钱来赎。一个自己没见过的父亲，但是随着成长，日思夜想的父亲，到底是管还是不管？我觉得还是一种血缘的力量，不管怎么样，还是要救自己的父亲。他铤而走险，用黑吃黑的办法来救父亲，大概是这样一个故事。我觉得也是会让我感觉到有特别可爱的一面，我是单亲家庭长大的，从小没有跟父亲在一起，当然我跟我父亲一年中还是能见几面，虽然很陌生。事实上我的父亲跟我想象中的父亲差距很大。但是我觉得从来没有见过自己父亲的人，他的脑子里对父亲的想象，我想是充满非常美好的感觉，会给他安全感，是一个有性格魅力的，受人尊重的人。他肯定会去在脑子里面营造一个父亲的完美形象，为了这样一种想象，为了这样一种血缘，他可以去玩命，可以铤而走险地做一个事儿，然后赎回自己父亲的生命。我有时候看一个电影故事，我其实还挺愿意看到导演心里是善良的，善意的，对人，对生活。当然，我并不觉得充满善意、善良的东西就是简单化的东西，它里面可能有很残酷的东西，更凸显出这种善良的力量和价值。所以这个故事我觉得是非常善良的故事。

吴宇森：我也很喜欢这个故事，这个故事可以找回我们失去的或者被淡忘的关系，可以反省在高速转化的社会里面，应该追回来的东西。有一些朋友看过我的电影，可以从我的电影里面感悟到朋友之间的义气、做人的正义感。在他们来说，他们以前忽略了，或者没有机会看到这个故事。我觉得这个故事会拍得很动人，也可以去做出高度的娱乐性，这个娱乐性并不是胡闹的那种，是一种在轻松紧张中可以领略到的一份同情心，或者要追的东西。所以说，这个可以发挥得很好。

冯小刚：前四个故事都是小预算。我想他们会很容易把这个项目做成，虽然是小预算，但是我觉得故事的含量并不小，电影的力量并不小。所以我想你们都有可能在很短时间里达到那个目的，进入实质的阶段。后面的四个预算都是在250万美元，一个1000万美元，还有一个230万美元的，比如说《强·道》那个故事，我看到王早的故事也是我欣赏的故事，只是我为他的预算有点担心。比如说举一个例子，这个里头《螳螂岛》1000万美元的预算，这个电影的故事待会儿再说。大概是魔幻题材的电影，我知道这个电影如果要拍成确实需要1000万美元。它是围绕2012大家的预言，想到这样一个故事他也很有想象力，我一看也需要一个大制作。我看这个故事的时候，首先会有一个感觉，虽然很短，但是我看的时候不容易走进去，这是我个人的原因，我仍然觉得有一些电影公司对现在这一类的题材是喜欢的，而且这一类的题材在商业上很成功，比如说《盗梦空间》、《阿凡达》大家很喜欢。作为我个人来讲，看到的电影是希望和生活有关联，和我的生活有关联，然后接着说故事，不是靠着很大制作去取胜，就像我看到韩国的《八月照相馆》，我就觉得晕晕乎乎的有点醉。就像我看蒋雯丽第一次拍的电影，很真实，很有情怀。

二位新导演这个东西，我自己看不容易进去，但是我还愿意认认真真讨论一下这 1000 万美元的预算，1000 万美元大概是 6500 万人民币，6500 万人民币制作的电影宣传费至少不能少于 3000 万，3000 万推广才能收回 6500 人民币的成本，预算就变成了 9500 万人民币，按照我们现在的钱的成本，有 7% 到 8% 的资金成本，再加上 700 多万，也就变成大约 1 亿的成本，要 3 亿人民币的票房才能够持平。我们只能分到 40%，如果新导演的制作，还可能分不到 40%，你要上 5% 的电影基金，然后要交 5.5% 的营业税，然后你再刨去利润的所得税，所以这部电影卖到 3 亿的时候，是打平手的。我们再去想，现在在 3 亿票房线上的导演真的很少，好像真的是没有几个人。因此我们现在年轻导演拿出这样一个预算来，有可能成功，但是你面临的难题特别大，你怎么去说服投资人来投入这个钱，投资人会想用什么营销方式说服观众，能够用 3 亿以上的票房来回收他的钱。

我今天本来想很小的范围跟各位导演认真地去讲一下，能够帮助你怎么做，因为你喜欢魔幻题材的东西，中国电影也确实缺少这样的类型，但是做一个什么样的规模，作为一个年轻导演，我们怎么说服投资人对这个题材有信心。今天没有时间说得特别的透。

吴宇森： 我们有设想是好的，拍商业片首先要考虑观众的接受能力，观众准备好了没有？这样的题材，在美国、欧洲绝对没有问题。以美国来讲，他们从小生活在科技发达，在卡通、漫画的环境里长大的，他们很容易接受魔幻的题材。但是国内人不是在那种环境下长大的。如果一个题材太超于现实，观众的接受度我看是有一定问题的。我以前拍过很多喜剧，我拍喜剧的时候，当中一两个很卖钱，但是我后来的喜剧不卖钱，因为我对社会有很多控诉，很多愤怒，我把心里面的怨恨都放在喜剧里面，我以为任何题材导演都可以表达的心声、观念。那个喜剧很夸张，很超现实，但是喜剧应该是让人笑的，结果很不成功。香港有一批观众看电影的时候，把电影院的椅子掀掉，有的人看了一半就走了。我觉得不要从真实历史的故事里面发展，要去创造另外一个故事，可能这样好一些。因为观众还没有到接受你的程度。

就像冯导刚开始讲的，拍一些大多数人在感情、生活上都有的东西，把双方的心声都能表达出来，你可以夸张，但是不能跨步，我也是一步一步拍戏过来的。

冯小刚：另外有一部叫《爱梦俏佳人》，这个电影我明白它的意思：你的一种想象和你面对的现实。想象都是美好的，比如说 3 秒前走在巴黎的 T 台上，开着跑车在非常时尚的场合，在婚礼上穿着婚纱从私人飞机上跳下来，可是 3 秒钟后在一个公司里。这个给我感觉就是这么一个形式，我看很多年轻导演都喜欢用这个形式去做，或者把一个故事拆开了，然后重新组合成一个新的故事，吸引观众。

我就这几个事儿想说一说，有一些时髦的形式可以避开不用，因为评委看到很时髦的大家都在用的结构方式，或者这种剪接的方式，马上觉得还不如看《池塘》、《裂阳》、《绑票》的故事。如果是别人没有用过的那就非常好。还有一些年轻导演非常喜欢这样的方式，包括我们剪接也是这样，我有时候会问这有意思吗？我看电影的时候，我自己很怕电影的技术把我隔离开来，我很怕把我的精力分散掉，这只是代表我个人的看法。

总体说一下，我觉得八位导演拿出了自己八个非常用心的作品让我们品头论足，我们尽可能直接坦率提出对这个项目的意见，可能我们说的不一定对，我和吴导演只是用自己的体会和经验来帮助他们，提出一些参考的意见。

另外我们有机会跟投资者去讲，今天在这里也跟你们讲，我相信投资者不一定会把第一次拍的电影交给赚钱的人，这是不会的，他也很难做到的。作为一个投资者投给新导演可承受、可控的预算让他去拍电影，更重要是看到导演的才华。我觉得我们投了 500 万人民币、600 万人民币、800 万人民币，只要这个损失能够在可承受的范围内，你当然能把这个钱收回来了。但是从这里头发现导演的才华，就像吴宇森导演第一次拍 500 万的电影，重新修改还是不行，但是那个老板就给了吴宇森导演工作的合同，因为老板看到了吴宇森导演与众不同的地方。这并不是说我想一个很怪的，谁都不能理解的不同的东西，他有他不同的角度，不同的新意，关键是看到导演有情感。我在上海电影节呼吁潜在的投资人、老板帮助年轻导演实现他们的愿望，同时不要第一部就给他们赚钱的电影，要敢于有给他们赔钱的责任，然后发现他们的才华，在这里你可以淘到一块金子。

今天我们本来是谈创作的，但也拿出一点时间来谈预算，希望大家不要怪我。对 1000 万美元以下的项目，我们帮他们实现愿望的可能非常大。大家需要去考虑第一部电影的预算，投资人需要考虑的是得赔得起这个钱。我们作为导演，扶持他们的时候，让他们少流一点血。请吴导演总结一下今天的讲话。

吴宇森： 其实我觉得大家都很有创意。我觉得每一位年轻导演拍一部戏很不容易，我也年轻过，我希望你们不要受几方面的影响，第一，要坚定自己的想法，这个想法不管用怎么样的表达方式，用什么手段拍出来，但是想法不要被任何东西改变。第二，不要被所谓艺术困扰，我以前是学电影出来的，我也很崇拜一些导演，也有人说你为什么不拍一部他那种电影？我崇拜那个导演，是崇拜他的精神，他的创作精神影响了我，我并不需要拍跟他一样的电影。那时候我也跟很多现在的年轻人一样，很怕跟人说其实我好喜欢看卡通片，那个时候不敢跟人讲，因为怕别人说。后来我慢慢发现我的专长就是用一种很有力量的视觉元素来表达我个人的感情，后来我就决定用我自己的方法去把我心目中电影拍出来，不管人家说是不是应该拍那样的电影，我就坚持我自己的方法，结果那个方法拍出来以后反而成功了。

怎么坚持自己的信念？我觉得你们这些题材可能有考虑到用没有经验的演员，我觉得不妨用一些职业演员来演出真实人生的故事。以往大家都觉得电影拍得很好，很有个性，都是用真实的人来演真实的故事，那个演员可能是路上经过的人。结果搞到后来的年轻导演也学着这样的方法，也是用真实的人来演那样一些故事，可能也是限于成本的问题，他们以为同样的手法、同样的方式就会拿到奖。但是那样的手法是不是你真正需要的？我以前作为评委参加过影展，因为影展都是一些艺术性高的影片来参加，有个电影拍得非常好，结果其他人也学他。这种拍电影的方式一多，观众看来看去就是这些东西，发展不了自己，也发展不了电影事业，也限制了自己的才华。我感觉年轻的导演无形中好像向同一个方向发展，没有自己的个性。其实他用真实的人来演，你也可以用一些真正好的演员来演出你的人物。

我觉得在国内有非常好的剧本，很多演员都很出色，都在等待好的剧本。一个职业演员会给投资带来更好的利益，市场方面也有一个保障。

首先不要根据演员风格去做。另外也可以学好莱坞的做法，先把剧本写好，写得很完整，写好以后找导演，然后再找演员，比如说姜文、梁朝伟，请他们看到这个，如果大明星有兴趣，他们觉得有这么好的机会，宁愿减少片酬也要拍的。然后你就可以去找投资人。如果先找投资人他们可能对新导演的信心并不那么大，如果能够找到好演员支持，这可能就更好办。

另外，剧本的故事构想在电影圈里面很欠缺，现在有很多看不下去的剧本，我觉得你们几个的故事都很有创意，我觉得不妨把它弄大一点点。

我们就是讲一个经验，大家首先把剧本写好。

冯小刚：今天因为时间的关系，我们没有办法和大家互动、讨论。电影节环节也专门安排了一些时间向投资人阐述想法，那个环节对他们来说才是最重要的。今天时间到了，谢谢大家！也谢谢各位。

吴宇森：谢谢各位。

电影工业中的导演角色

在越来越商品化的电影工业中，导演的原创力前所未有的受到来自很多方面的干扰。两位曾经拍摄过传世经典影片的导演也正面临着创作环境变化的困扰。导演在目前这种工业体系中如何坚持自己的创作原则又同时兼顾处理好与制片人、与投资人、与市场需求、与个人名声之间的关系？作为极富个人创作魅力的导演如何调和国际电影节与市场需求之间的矛盾？这种经验的梳理对年轻创作力量甚至整个工业都是一种重要的指导。这也是两位著名导演作为上海国际电影节"英才孵化"计划的艺术总监，在领略了本届"中国电影项目创投"的项目后，对年轻电影人在创作方式与生存方式上的指引。

■ 嘉宾简介

休·赫德森，导演、制片人、编剧
比利·奥古斯特（Bille August），导演
周黎明，影评人
格瑞格·莱特（Gregg Wright），编剧

主持人： 各位来宾，各位同学，大家上午好。导演在目前这种工业体系中如何坚持自己的创作原则又同时兼顾处理好与制片人、投资人、市场需求与个人名声之间的关系？作为极富个人创作魅力的导演如何调和国际电影节与市场需求之间的矛盾？这种经验的梳理对年轻创作力量甚至整个工业都是一种重要的指导。

我们今天大师班到场的嘉宾有休·赫德森先生和比利·奥古斯特先生，他们两人拍摄了很多著名的优秀影片。他们在创作方法以及导演的生存方式上会对我们年轻电影人提出建议和引导。此外我们荣幸地邀请到了格瑞格·莱特先生，他和比利·奥古斯特先生有合作拍过电影，比如说《再见巴法纳》。今天我们请周黎明先生做嘉宾主持。

周黎明： 大家早上好。我们知道一部故事片就是讲戏剧冲突的发生，比如说农民与恶霸。其实在电影制作的背后也有无数的矛盾和冲突，这个冲突很多是围绕着导演的。我碰到过很多人都说：你知道很多好玩的事情是发生在摄影机后面，如果把这些背后的故事拍摄出来肯定很好玩。长久以来，我们一直觉得都是导演说了算，可是今天最大的是制片人，你看奥斯卡最佳影片领奖的是制片人，往往制片人会把所有的主创人员叫到上去，所以真正是制片人得奖了，和导演得奖是不一样的。

我们今天请来的各位导演对奥斯卡奖一点都不陌生。休·赫德森的《烈火战车》，这个片跟我们中国有很大的关系，因为它里面有两个主角，其中一个主角是最后死在山东。他得到了奥运冠军，然后到天津参加了抗战，后来被抓到日本集中营里面，但是他死之前英国的大使馆的大使是可以把他救出来的。后来看到的故事完全不亚于《烈火战车》的故事。天津市政府愿意把他看做一个天津人。

另外我们请到的是比利·奥古斯特先生，他也是奥斯卡奖得主，他有一部影片《比利小英雄》，大家也很熟悉。我们请到的第三位嘉宾是格瑞格·莱特先生，是一位编剧，跟比利·奥古斯特有很多合作，其中有一部就是《再见巴法纳》。

欢迎来到上海国际电影节，刚才我说过你们两个的影片都是得过奥斯卡奖的，领奖的时候是谁上台？

休·赫德森：是制片人。

周黎明：当你拍《烈火战车》的时候你的制片人有没有给你束缚？

休·赫德森：没有任何的束缚。

周黎明：在预算方面是不是有限制？

休·赫德森：当然。我们这个影片没有超过预算，当然也是有限制。我们要共同去执行这个预算，我不认为导演是上帝。

我想在所有的这些潜在的冲突当中，其实所有的人都知道谁是制片人，谁是导演，其实是制片人发现了这个故事，他告诉了我。他是一个非常好的制片人，他很好地完成了他的工作，其实在工作当中制片人是非常重要的。

周黎明：你刚才说你跟制片人关系非常好？

休·赫德森：他并不是在我导演电影的时候总是在旁边监督我，他的工作就是在电影制作之前和制作之后发挥重要的作用。我觉得制片人和导演之间的合作是至关重要的。

周黎明：奥古斯特先生在导演《征服者佩尔》的时候已经非常著名了，你跟制片人是什么样的关系？

比利·奥古斯特：我觉得跟制片人有同样的理解就没有问题，但是如果你们一开始就有分歧，之后就很难消除了。当然，制片人的工作是非常艰辛的，他要负责预算。如果两个人能达成共识，一个和导演关系友好的制片人的帮助是非常重要的。编剧也是如此，能够更好的帮助我们讨论电影制作方面的问题。

周黎明：所以你觉得导演和制片人不一定要一个人来做？

比利·奥古斯特：我觉得合作很重要，在独立的电影当中，你要去融资，你需要1000万美元，但是制片人说我们已经有1000万了，那么我们如何更好地利用这笔钱，也就是你得到的这笔钱如何更好地用来制作电影。

周黎明：在我了解的信息当中，其实制片人是真正的导演，而他选择的导演承担的只是助理导演的角色。

比利·奥古斯特：这是在以前，现在这种情况是没有的，一般都是导演和制片人的合作。

周黎明：中国现在有这种共识，所有创意是导演来做，然后制片人是行政的工作，你觉得这是对的吗？至少在中国是这样的。我们对于导演和制片人角色的理解是这样的。

休·赫德森：我觉得比利·奥古斯特说得对，其实导演和制片人是合作的关系。另外就是编剧。

周黎明：你一直在强调编剧。

休·赫德森：是的，因为没有剧本你就没办法拍。我觉得最重要的关系还有制片人和编剧之间的关系。

周黎明：所有婚姻都会争吵。

休·赫德森：我在非洲有一个合作的制片人，他就干涉进来，后来我不得不把他的工作加以限制，因为在选演员的工作当中，他就不停地干预进来。当然制片人可以发表他们的观点。另外，我还遇到过一个美国的制片人，当这部电影结束之后，结果不太受欢迎，他没有帮助我去推广电影，我觉得这个做法是不对的。也就是说你是制片人，就要承担这个责任，你要在电影制作之后推广和宣传。

周黎明：刚才你给我们举了两个例子，都是制片人不应该怎么做。你能不能再举个例子说说制片人应该怎么做？

休·赫德森：有时候你不能够将整个电影项目看得非常清楚，在这个时候制片人就非常重要，他在电影完成之后发挥的作用也非常重要。所以我不认为导演和制片人应该是一个人。

周黎明：假如说，导演说我希望你在这件事情上投入100万，但是制片人认为不是这样，认为只需要5万就够了，谁应该听谁的？

休·赫德森：假设我拍摄这部电影需要1000万，然后你认为1000万不行，你需要更多的钱，那么制片人就不得不削掉其他的费用。根据我的经验，大部分的情况下，双方要协商找到最好的解决方案。我还要再提一下，剧本是非常重要的，如果在电影拍摄之前，你没有解决剧本问题，你最好不要拍。我就曾经面临剧本的问题，当时我们要开拍了，但剧本的问题没有解决，然后我开始想没关系，可以先等一等，然后在制作音乐的时候再解决剧本，但是最后也没有解决。

周黎明：首先你在拍摄之前要有完整的剧本，但是我们知道有一些电影在拍摄之前只有一半的剧本。

休·赫德森：我们知道有的导演不太注意编剧，但那也许是因为他拍摄的是非常个性化的电影。

周黎明：超预算或者超过制作的时间是可以理解的，但是导演是有财政职责的。

休·赫德森：是的，作为导演你必须遵从预算，跟制片人合作，不然你就不知道这个钱是怎么用掉的，导演必须要承担起责任。

我曾经拍摄电影的时候想避免这个职责，之后就不得不面临这个问题。虽然制片人认同我，但是给他带来了很大的麻烦。好在他是一个美国的制片人，他有很多的经验，最后解决了这些问题。

周黎明：如果有人过来告诉你说我们只有300万美元了，这种情况会不会很困难？

休·赫德森：我曾经拍摄过低成本的电影，钱比较有限，但是我得到过这方面的培训，也就是说你必须承担职责，不然的话你不可能拍摄好的电影。只有承担起这样的职责，当你拍大制作的电影的时候，你才能做的更好。如果说你没有这种责任感的话，你就不能很好地完成影片，所以导演必须承担巨大的责任。

周黎明：我想问格瑞格·莱特先生，刚才休·赫德森和比利·奥古斯特先生都提到了编剧的问题，你就是一位编剧。在中国的编剧看来，他们没有得到很好的对待。

格瑞格·莱特：如果导演和制片人来问我的意见，当然会很不错。我也不是特别在意这个事。以前写过一个剧本，每一个场景都拍了，然后他们还要拍四个场景，但是制片人的钱已经用完了，他们是6个月后才回来想要把这个四个场景拍出来的，又请我把这个四个场景写出来，对这个电影是锦上添花的，我觉得这是可以的。我也碰到过跟制片人斗争的事情，以前有一个制片人找我写一个电影，预算是有限制的，但是他不说具体数字是2000万，还是5000万，我觉得预算的限制是剧本写出来之后才估算出来的。

周黎明：是不是你写了很大的场景，比如战争的场景。

格瑞格·莱特：我觉得写什么场景的关键一点是看它是否对电影有用。

周黎明：我觉得编剧和导演如果合二为一，是很好的工作，但是导演和制片人的工作合二为一就不是很好。

格瑞格·莱特：我觉得不应该是导演应该那样，制片人应该这样。这个行业变化很大，所以我们不应该太死板。有些制片人非常有创意，他们本来如此，而有些制片人按部就班，他们也是本来如此。

周黎明：我觉得我们最缺的是编剧，但是有些人不这么认为，他们认为我们最缺的是制片人。

比利·奥古斯特：我对制片人不太了解，我觉得制片人对电影应该充满热情，至少他们会对要讲的故事或者对某一个主题的电影感兴趣。也就是说除了筹资、安排钱方面的事情，他们应该真正感受到电影的乐趣，这点很重要。

周黎明：休·赫德森先生你认为呢？

休·赫德森：我当过两部影片的制片人。

周黎明：是不是应该先做导演，再做制片人？

休·赫德森：有可能是这样。我觉得好的制片人应该是学校可以培训出来的，这方面的学习应该是有帮助的，但是我是在实际的工作中学到如何做一个制片人的。制片人知道整个电影拍摄过程中所需要知道的东西。也许制片人基本的工作就是在找钱,但导演的一个工作也是找钱,导演也不能什么都不管。

周黎明: 对,因为是一个团队。有没有制片人成为导演的例子?

休·赫德森: 大概有。我知道有一个美国的制片人后来成为导演,但是不是很成功。

如果我们不想拍电影了,我们肯定会成为制片人,因为我们知道钱是怎么来的,我们知道工作是怎样做的。我们知道制片人要有能力,就像将军打仗一样,怎么样去调配装备,怎么样去调兵遣将。而做导演就像将军打仗一样,拍电影就是做几个星期的将军。

周黎明: 导演是不是要懂编剧?

比利·奥古斯特: 我觉得导演至少要了解编剧。比如我跟格瑞格·莱特合作,我觉得格瑞格·莱特是很好的编剧,我理解他的工作。要我来做的话,我觉得我的技能要比他差。

周黎明: 格瑞格·莱特你怎么看?

格瑞格·莱特: 对我来说,我无法做导演或制片人的工作。如果你单纯给一个导演写剧本的话,你就会局限于他的故事规模,他的感觉,你可能太受限制了。如果没有导演在指挥你怎么做,其实你自己会像一片自由的天空。在我写故事的时候,最重要的是跟导演有很好的沟通,让我们两个共同感知合作的方向。

周黎明: 会不会你写的是一种风格,导演拍出来的是另外一种风格,你有没有这种感觉?你会不会想自己来做导演?

格瑞格·莱特: 我不会去做导演,导演太难做了。你说中国缺编剧我想这是因为太多编剧想成为导演,所以导致编剧的缺乏。因为你要看这是一个手段还是目的,你要想清楚你想要的是什么。大部分的编剧想成为导演,是因为想成名,但是我觉得导演工作太难了,我一点也不想成为导演。一个导演在拍摄的时候可能直接跳到最后的部分,但是编剧是一点点开始,从开头慢慢写到结尾,但是导演却要能从开头就看到结尾。

周黎明：在中国最主要的原因是编剧的薪酬太低。大部分制作方也没有办法许诺给他们多少钱。

格瑞格·莱特：全世界的编剧都嫌他们的钱拿的少。

周黎明：你可能不知道中国的编剧拿多少钱，只有几个顶尖编剧薪酬还可以，其他的就不行。有些人可能都拿不到钱。

格瑞格·莱特：我是这样的，整个拍片的成本我可以拿到20%。

周黎明：你是一开始拍片的时候就可以拿到一定比例的钱。但是在中国可能只有冯小刚可以拿到这个钱。

我们换一个话题，比利·奥古斯特先生你基本上做两类电影，一类是《征服者佩尔》那样的外语片，另外一类是英语影片，大部分人都很熟悉你的电影。像《金色豪门》这样由名著改编的电影。这两类电影对你来说有什么不同？

比利·奥古斯特：这两类电影有什么区别？我们那种地方市场的影片大概40个人在拍摄现场就可以了，但是像拍大片的大牌演员他们是有很多的助手在旁边，但是我觉得还可以，虽然你说大牌有大牌的脾气，但是谁没有自己的主意？如果他们的理解跟我的影片有太大的差距，我可能一开始不会邀请他们来。

周黎明：是不是针对特定地方的观众，你会特别制作一些电影？

休·赫德森：我有为美国特别制作的战争大片，但是当时争执很大。当他们去试映影片的时候，他们总是以观众的反应为衡量的标准。在美国都是先去试映一下。

刚才我们说到试映，这是一个导演特别好的工具，因为你通过试映可以看到观众的态度。制片人对于影片总体负责，通过观众可以看到影片反响如何，这是必不可少的。但是有时候我会跟管钱的人意见不同，争执很大，有的时候美国人会逼着你去按照他们的想法做。

那是一个很聪明的人，我跟他拍摄过一部电影，然后我们争论，我有我的版本，他有他的版本，于是我们就试映了两个版本，最后我的版本赢了，但是他最后甚至把这个电影收起来，因为我没有用他的版本，如果你不遵从他的意愿，他甚至不发行,这很奇怪。

周黎明: 比如说他可以把张艺谋的《英雄》雪藏半年?如果一部英国电影让美国人拍,你觉得合适吗?

休·赫德森: 可以。

周黎明: 如果说他们一定要坚持美国演员来演,你会同意吗?

比利·奥古斯特: 他们一般会要求用自己的演员和明星。

格瑞格·莱特: 很多年以前我有一个经历,他们说要拍一部南非的电影,然后其中的一个角色让英国人来演,或者说用一个美国演员来演,他在英国非常受欢迎。遇到这样情况,我不得不服从他们的要求去写这个剧本,但是最后出来的效果非常差,因为这个剧本没法读,太过商业化了。

比利·奥古斯特: 我们有一部电影,当时有一个美国的制片公司想出钱,然后他们提出了很多的修改意见,但是不是很合理。

休·赫德森: 我也有这样的经历,就是演员选择不合理。如果跟我的预期相差太大我会放弃。

周黎明: 有时候在一些配角方面,他们会让你用美国的演员?

休·赫德森: 我有用过一个美国演员,我忘了他的名字,但是他们都是演配角,他们不是大明星。但是如果你用美国演员演配角,就能够让这些制片公司比较舒服,比较放心,这并不是一种妥协。但是从中国的合拍片来看,可能你们面临一些问题。

我曾经拍过一部片子,就是选演员不太适合,是索尼的一部投资3000万的片子,而且确定了上映的日期。后来我们不得不在没有准备的情况下拍了那部电影,这是一个错误。

另外一个错误是让美国人演意大利人,这是一个意大利故事,我们让一个美国人演,这是错误的。

周黎明: 现在有很多国际制作的电影,也就是那些用英语拍摄,然后给全世界放映的影片。如果是发生在美国或者英国用英语没有问题，但是如果发生在法国，他们应该用什么语言拍摄呢？

休·赫德森： 比利·奥古斯特拍摄过这类电影，让他来说。

比利·奥古斯特： 一般来讲，我们会用亚特兰大的口音，这是一种比较中性的口音。如果说这个故事发生在意大利，然后用英语来讲，这是很奇怪的，有时候观众能够接受，有时候观众不能够接受，这就取决于电影的主题以及电影的基调。

周黎明： 如果说全部用美国人来演英国的故事，你觉得会成功吗？

休·赫德森： 我做过这样的事情，我那部电影都是用英语来讲台词，但是都是美国人来演，他们演贵族，而且低等的人都是用苏格兰人来演，但是结果非常好。

周黎明： 我们谈一下"英才孵化"计划，你们是艺术总监，你们怎么看？

休·赫德森： 我还没有具体来看，我在这个当中可能会选择一个故事，第一我喜欢这个小故事，我选择这个故事的原因是它在预算上面并不是太有野心，比如说有人提出来要400万投资，我觉得不太现实。我选择的这个是100万，但是我觉得这100万已经很雄心勃勃了。

就是那个故事：一个中国人发现他实际上是日本人，不仅他的妻子知道他是日本人会非常痛苦，而且他的孩子也很痛苦，这样一个悲剧感，我觉得不错。

周黎明： 你觉得让哪国演员来演比较好？

休·赫德森： 这个项目的导演是位女性，她说英语非常好。我想她在中国拍摄就好，而且用中国演员就可以了。

周黎明： 现在有一些很好的日本演员在台湾非常有名，像金城武。

休·赫德森： 我也看了这个故事，这个故事非常好，而且这个导演住在伦敦，我可以跟她很好地沟通。

周黎明： 你选择了这个？

休·赫德森： 我还没有确定。我会持续跟踪和关注这部电影，我会提出我的建议。因为我在摩洛哥教过两年的书，所以我非常愿意跟学生合作，当然这个导演不是学生，她之前拍摄过电影了。她昨天拿到了一个奖项，所以她非常幸运。

周黎明： 比利·奥古斯特您拿到资料了吗？

比利·奥古斯特： 昨天我也参加过颁奖。如果想要靠拍一部电影出名和赚钱，最好不要来做，如果享受这个电影的话，我觉得非常不错。

周黎明： 所以您会在剩下的电影当中选择一部吗？

比利·奥古斯特： 我还没决定。

休·赫德森： 拍摄电影是一个体力活。我想说你做导演，体力必须强，演员不需要体力太强，但是导演不行。演员也会有灵感枯竭的时候，但导演也会有高潮和低谷，有的时候拍摄没有灵感，很糟糕。在那一天你不能拍摄出你想要的东西，你没有办法把拍过去的东西拉回来重拍，这是一个很遗憾的事情，所以导演也有低谷的时候。

周黎明： 导演也是人，有的时候大家会把导演当成上帝，无所不能。你觉得对吗？

休·赫德森： 这样想会把导演给毁了。

周黎明： 导演不能说今天没灵感，不拍了。

休·赫德森： 有的人会说不拍了，但是如果今天有很多的演员在现场，你说不拍了，这样是不负责的。斯皮尔伯格也有电影公司，但他跟我们不一样，他是上帝他是太阳神。

比利·奥古斯特： 大家都要等你的话，会浪费时间。那么多有创意的人在你周围，坐在剪辑室里面。

把你想要的感觉完美地呈现出来，那个时刻你会觉得非常享受，哪怕只是瞬间，我觉得这就是拍电影最享受的时刻。

周黎明：我们有时候会听说导演灵感枯竭，导演是不是应该掩饰起来，不应该说他碰到了困难，还是应该直接跟大家说他今天状态不好？

比利·奥古斯特：应该说你所拍的片子能不能在电影上映的时候跟观众共享，其实这是一个很私密的东西，如果你能够跟观众心灵上碰撞，形成共鸣，这就非常好。

休·赫德森：可能电影只是一个媒介，是用来讲故事的。但现在可能最好的用来编故事的媒介是电视剧。

格瑞格·莱特：我觉得电视剧是编剧表达故事的媒介，而电影是导演表达故事的媒介。

休·赫德森：我觉得是这样。其实是现代小说家的呈现形式。

格瑞格·莱特：刚才比利·奥古斯特在讲，有时候你能够通过你的片子跟你的观众达成心灵上的契合。但是电视剧没有这种感觉。

周黎明：像《征服者佩尔》都是时间很长的电影，而一般的片子没有那么长。

比利·奥古斯特：那个时候都是想把好的故事呈现出来，不会想拍这个要多长，拍那个要多长，那个时候不会想太多，也不会考虑是拍给本地观众的影片还是全球放映的影片。

周黎明：有一些中国影片拍的很好，如果说你只拍一种，你想拍哪种？

比利·奥古斯特：我不在乎拍哪种语言的，关键是哪种片子，如果它是全球的，它就是全球的。如果说你一开始就很狭隘地定位成本土影片，可能本土都卖不出去。

休·赫德森：我喜欢李安的电影，他是一个极其敏感的人。《断背山》拍得非常细腻。他非常绅士、礼貌，极其博学，他是出生在台湾吗？

周黎明：对，他在台湾出生，然后在美国上学。

休·赫德森： 还有《卧虎藏龙》也非常好。

周黎明： 还有一个特别好玩的事情，在李安的英语片当中，很多影迷找到了中国的元素，他们觉得这是一个很中国化的东西。我不知道你有没有察觉到在李安的作品当中有一些中国的迹象。

休·赫德森： 我不知道，我觉得有些作品是超越文化的。

周黎明： 他所有的作品都有一些相同的地方，像《卧虎藏龙》可以看做《饮食男女》的武林版。

比利·奥古斯特： 我觉得李安的电影谈论的是很通用的人性的东西，你很难说只是中国的，全世界都有。

周黎明： 你是不是觉得中国电影应该拍摄一些全球大片？这是中国导演的全体梦想。

比利·奥古斯特： 我喜欢意大利的影片，因为它反映了意大利的人心和灵魂，我喜欢意大利的东西在影片当中，我觉得中国也应该是这样的情况。如果拍全球大片，可能会失去中国本身的特质，也会失去自己文化的特性。

周黎明： 这种认同感对你来说有多重要？有些人在拍"泛亚"电影，就是拍一类在亚洲都能够找到共通性的电影。

休·赫德森： 在欧洲也有"泛欧"电影。好莱坞经常会吸引到欧洲的导演，最早期的一些欧洲导演，他们都在好莱坞拍出过很棒的片子。现在好莱坞都是一些大公司，他们就像生产罐头一样拍电影，这样很赚钱，但是他们不像以前那样有想象力，有远见。早期的好莱坞导演，那些法国人、俄国人，他们都非常有想象力，那个年代是非常好的年代，现在已经完全不一样。

周黎明： 你拍摄过很多电视广告。在中国有一种电影的类型就像广告，专业说法叫做产品植入式广告。但是广告植入得太多了，就像宣传产品的电影一样，你觉得这个事情对不对？应不应该这样做？我觉得电影很有影响力，所以他们想把广告植入到电影当中，让他们删不掉。

休·赫德森：我觉得没什么不对。

格瑞格·莱特：我觉得生活在这个商业的社会当中，非常尴尬，但你不能说这是错的，只能说很无奈。

休·赫德森：这就是一个全新的世界。在美国，那些电影公司要成功，他们排除掉了很多的严肃电影，然后吸引观众到电影院，但是真正好的电影就很少了，就像我拍摄严肃的电影就很难到美国融资，有时候你必须要独立做，你必须要跳出来进行独立思考，你不能总是拍浪漫的电影。我觉得这是一种悲哀。

周黎明：每年奥斯卡评奖，他们就会忘记这些畅销的电影，他们会去找那些小成本高质量的电影。

休·赫德森：是的。有时候就是特许经营，就好像建立连锁店，我觉得对我和比利·奥古斯特这样的人来讲是一种悲哀，这种一是现实，我们都在批评。其实其他类型的电影应该有更大的空间。

周黎明：你觉得要给你多大的空间来拍你想要拍的电影？

比利·奥古斯特：我想说未来电影都在观众的手中，在我选择主题的时候，我发现在美国很有趣的是，像 HBO 这样的电视频道，他们会拍一些我们感兴趣的电影。但是在欧洲拍高质量的电影还是比较多的，你能够得到很多的支持。但是也有很难的时候，尤其是金融危机以后，越来越难了。

周黎明：我们留一点时间给大家提问。

现场对话

提问：我是一个纪录片的制片人以及编剧，我想问编剧一个问题，在你选择以真实故事改编的这种剧本的时候，你面临的挑战是什么？

格瑞格·莱特：当然这很微妙，如果这是一个真实的故事，特别是一本书，根据真实故事写的一本书，你肯定要忠实于这个真实故事的精髓。我不认为在这个真实的故事里面，我们是不能够创造场景的，其实还是可以的，如果我们能够创造场景，然后服务于这个场景就是很好的。

周黎明：奥古斯特你的《善意的背叛》其实也是根据真实的故事改编的。

比利·奥古斯特：这个故事是关于父母的一本书。我们讨论了很多，如何来更好地改编这个故事和发展这个故事。在我拍摄这个影片之前，我写一封信给作者，他说只要我们尊重故事就可以。

周黎明：还有人说这个影片远离了这个故事。

比利·奥古斯特：其实我们没有把剧本发给他，但是他说只要尊重故事他就可以接受。但是在电影中要有一些戏剧性，不然没有办法吸引观众。

周黎明：在《烈火战车》中你是否尊重了事实？

休·赫德森：我想跟比利·奥古斯特一样，我们进行了一些改编，也被别人批评了。

周黎明：在改编的时候你想清楚了吗？

休·赫德森：是的，为了突出效果，但是我也没有改变事实，这还是一部纪录片。纪录片是可以通过改编来扭曲这个事实的。

周黎明：为什么有时候电影会为了效果扭曲事实？也就是说这个故事的框架之外，其他都是假的，但是他用了真实的名字？

休·赫德森：如果你评论这部电影的话，从制作方面效果非常好，很让人享受，很受欢迎，但是它是对政治事实的扭曲。可是通过戏剧化的扭曲，会让观众更欢心，从电影来讲是可以接受的。

提问：我是一个独立导演，我的问题是问给两位导演的。如果你们拍一部电影，想要打开中国市场，但是中国政府说太悲惨了，太黑暗了，你们会为中国审查的要求改变你的电影吗？

比利·奥古斯特：我想说这个太晚了，因为这个电影已经完成了，我们不可能改变任何东西。

周黎明：如果你的电影放在中国市场会被认为结局太黑暗，不利于道德的鼓励，你会放弃这个市场吗？

休·赫德森：从来没有人跟我说过这个事情，但是我会去争取。

周黎明：但是你没有权力选择。

休·赫德森：我想我可以选择在中国上映不上映？

周黎明：你可以有选择，也可以作出改变。

休·赫德森：我想我会坚持自己的原则。

周黎明：你的电影不在中国上映的话，那么盗版就赚钱了。

比利·奥古斯特：就让他们赚钱吧。曾经有的发行商觉得我的电影太黑暗了，他们加入了一些音乐，他们加入了一些喜剧的音乐，这太有趣了。

周黎明：《无间道》在中国大陆上映的时候，它的结局进行了改变，原来的结局里其实坏人是没有被抓到的。

提问：在早期二三十年代的时候，电影会在比如说上海的星光大剧院里进行试映。在美国试映过程中，美国观众所处的位置是一样的吗？

周黎明：1931年中国已经有试映了，然后根据试映的结果来判断是不是发行影片。

休·赫德森：关键是要看试映完了之后是什么样的结果，会不会对影片做修改，因为在真正意义上的试映之后，导演会做一些修改。因为试映之后你才会知道大家的反应是什么样子的。有的时候出于商业的原因，你的影片会受到侵犯，关键是试映的时候你要知道哪些是该改的。

提问：你以前有没有接触过数字影片？

休·赫德森：这只是一个工具而已，如果说只是注重数字技术，你只是在玩工具，不是在拍电影。但是我相信数字放映的技术也在不断改善。

比利·奥古斯特：现在的镜头比以前进步太多了。

提问：一个中国内地的电影——是比较精彩的电影，他们是在海外拍摄的，还有一到两位的海外演员——去争取美国、欧洲的海外发行权会怎么样？世界市场对于中国的电影是陌生的，我不知道这样的电影会不会成功。假设我们一个镜头拍摄完之后，再拍摄一个，一个是中文的，一个是英文的，如果中国电影想这样做，是否可行？对我来说我不希望这样做，我想以中文为主，如果这样做是不是可以成功？

休·赫德森：我理解这个问题是这样的，关键是你是注意力放在哪里，是关注中国市场，还是海外市场。

比利·奥古斯特：我觉得做两种语言，对演员来讲很容易把脑子搞乱。我建议，你可不可以拍好之后再配音。

周黎明：我可以补充一点想法，因为我是做双语写作的。我一般的做法是用同样的素材，然后再写一篇，因为里面不光是语言的区别。比如说这个笑话，在中文里面可能很可笑，用英文可能就不可笑了。我比较认同休·赫德森先生的意见，以一种语言为主。用两种语言拍摄我觉得可以尝试，理论上可以做到，实际上很难。

提问：我觉得他还有一个问题，或者我理解的还有一个问题，我用中文字幕，但是用英文对白，会不会让外国观众对这个产生抗拒，影响观众的接受度。

休·赫德森：我觉得有的时候海外的观众对字幕有抗拒。如果中国电影和日本电影有字幕，可能会很少看，我觉得英美观众都会有抗拒。

比利·奥古斯特：我们的做法是都会配字幕，但是观众都是想听到原声，比如说中国语调的电影。我觉得中国电影可以成功，比如说李安拍的电影在美国就非常成功。

周黎明：字幕在中国的接受度很高，因为以前的外国电影都是配音的，现在既有配音版，又有字幕版，因为大家想要听原声。

休·赫德森：他们配音可以跟着口形走是吗？

周黎明：是的，有一些配音演员做的非常好，

格瑞格·莱特：我很好奇，你刚才说字幕，同一个版本配上音的也有，字幕版和配音版都有，哪种放映场次多？

周黎明：大部分时候配音版更多。

提问：试映环节在影片上映前多长时间会有？一般来说还会有多长的修改时间？

休·赫德森：试映一般是在你的电影关机之前的几周会有。我非常喜欢试映的方法，我自己可能不能证明这个地方不对，但观众看了之后会告诉我。我也

不会全被观众的感觉影响。你可能试映三次，改了之后再试映一次。我在英国会经常试映。跟美国的电影公司签订合同的时候会有这方面的要求，音效全部做好之前会做这个事情。

提问：我有一个问题，今天在座的多数是年轻电影人，当你有一个比较好的剧本，怎样推荐给制片人，三位有什么样的经验介绍给我们年轻电影人？

格瑞格·莱特：首先要让他舍不得放下，如果说导演爱上这个故事，他自己就会找制片人。关键是你要有一个好的剧本。

提问：不知道你们有没有看过冯小刚的电影，据说在海外有很多人看不懂他的电影，你们怎么看待这个问题？

休·赫德森：他执导的《唐山大地震》我觉得很好。他总是抱怨说他的影片不好卖，外国观众不理解。然后他认为他的商业大片更容易理解，他在几年前就提出了这种不满。他的《唐山大地震》是非常不错的，然后是《非诚勿扰》，但是它是中国的喜剧，外国人不是很理解。比如说《夜宴》不太成功，是哈姆雷特的中国版，任何《哈姆雷特》的改编都不太成功。

周黎明：他把它变成一个现代版本，而且更加黑暗。

休·赫德森：好吧，那我要去看一下。

周黎明：谢谢三位大师跟我们分享他们的创作经验！也谢谢大家！

休·赫德森：谢谢大家，大家的问题提的非常好，谢谢！

Part 4
电影新浪潮

品牌娱乐营销的"万有引力"

在娱乐产业与娱乐市场日益活跃的今天，通过整合娱乐内容进行多元营销的方式已经被普遍接受。近年来，中国品牌成功地与好莱坞大片进行从植入、联合推广到授权（特许经营权）的全面合作；在国内，品牌利用影视剧、微电影、娱乐节目进行整合营销也逐渐成为主流。娱乐营销的万有引力在电影领域中越来越显现出来。

对于品牌，如何利用合适的娱乐内容进行有效的市场营销，如何考量和评估娱乐营销的投入产出比，是包括品牌自身、娱乐内容制作方、娱乐营销公司以及第三方评估机构不断探讨的话题。对于娱乐内容制作方，如何提供有创新意义的娱乐内容，既引人入胜又能成为品牌开拓的有效载体，不仅能够拓展影视产品的利润渠道，而且最终形成品牌与娱乐内容相得益彰的整合娱乐营销模式，也是业内人士不断探索的课题。

本场将邀请好莱坞制片公司、艺人经纪公司、谙熟娱乐营销的国际品牌、国内著名影视制片人、专业娱乐营销及娱乐信息咨询公司在内的业内翘楚，揭秘好莱坞娱乐营销的游戏规则，介绍国内娱乐营销方式的最新信息，并为中外同行提供进一步交流和探讨的机会。

■ 嘉宾简介

戢二卫，制片人，瑞格传播执行董事、天使之翼（北京）影视投资公司总裁

鲍勃·萨布尼（Bob Sabouni），漫威娱乐公司全球市场合作执行副总裁

魏江雷，联想集团副总裁、中国区首席市场官

唐纳德·德·莱恩（Donald De Line），制片人

钮承泽，导演

郏寿智，艺恩咨询总裁

凯西·范德林（Kathy Findling），THA公司品牌合作执行副总裁

郝义，TCL多媒体首席销售官兼海外业务中心总经理

朱峥嵘，腾讯游戏市场助理总经理

凯文·阿诺德（Kevin Arnold），20世纪福克斯公司产品植入执行总监

马里·格斯·罗比诺（Mary Goss Robino），索尼影视娱乐有限公司全球市场合作资深副总裁

主持人：各位来宾，大家下午好！今天下午我们开场的"品牌娱乐营销的'万有引力'"研讨会是本届上海国际电影节"电影新浪潮"系列论坛的一个开篇。近几年来企业和品牌与电影的深度合作已经成为全球业界热议的一个话题，中国的一些品牌也纷纷走向好莱坞，与国际的一些热门的电影进行合作，比如说像2010年中国服装品牌森马与《钢铁侠2》合作，2011年的联想、TCL与《变形金刚3》的全面合作，都给观众留下了非常深刻的印象。今天非常荣幸邀请到了将娱乐内容与娱乐品牌结合起来的各方面的推手，包括好莱坞几大制片公司的高管、制片人、著名电影导演、经验丰富的好莱坞娱乐营销公司的负责人以及中国知名品牌负责人、产业界领先的调研咨询公司的负责人。

在今天的研讨会上面我们的演讲嘉宾将跟我们在座各位来宾分享成熟的好莱坞经验以及品牌的娱乐营销策略，相信他们的真知灼见将成为活跃中国市场的一支强大的力量。

可能各位也已经注意到了，第十五届上海国际电影节的论坛都在围绕当下中国电影发展的热点问题，比如说内容创作、产业链的延伸、文化附加值的提升以及整个中国电影产业的全面升级换代，这也是我们的运作团队对中国当下电影发展的一番诚意以及我们做出的一些思考。

在这里我们要特别感谢在中国领先的具有国际水准的娱乐营销专业机构以及娱乐内容提供商瑞格传媒的大力支持，为本届论坛他们付出了大量的心血，特别要感谢瑞格传播执行董事戢二卫先生，他今天将担任我们本场论坛的主持，我们现在就有请戢二卫先生。今天的论坛一定会亮点十足，有请！

戢二卫：各位电影界、品牌界、企业界的同仁和朋友们大家下午好！欢迎大家参加今天的研讨会。1982年的时候，好莱坞有一部关于外星人的电影开拍在即，剧本中有一个小主人公拿一个巧克力豆吸引外星人的情节。后来导演找到了一家巧克力公司，但是遭到了拒绝，因为他们认为这位导演太年轻了。于是制片公司找了第二家巧克力公司，一百万美金，这家巧克力公司拿下了这个项目，获得了这个电影整个广告经营权，这个公司同时还买下了电影上映期间所有影院的商品货架，没有想到这个电影票房大卖，而且成为部经典电影。这家巧克力公司也借这个事，一跃成为了20世纪80年代末的巧克力第一品牌。

这个巧克力品牌就是"好时"巧克力。这个电影叫做《E.T.外星人》，当时不被看好的年轻导演是史蒂文·斯皮尔伯格。

从这里面要带出一些问题，电影为什么需要跟品牌合作？是电影更需要品牌，还是品牌更需要电影？品牌娱乐营销，除了产品植入还有什么样的操作方式？在好莱坞电影中，真的像我们大家传言说的只有好人才用苹果笔记本吗？还有一个说法，是这次一个好莱坞嘉宾给我们提的，据说有一个大牌的好莱坞演员，在电影中只要出现在他周边两米半径之内所有产品的广告费他都要分成，是这样吗？带着这些问题，今天我们请到了有关的嘉宾，现在我就把第一个环节，我们论坛部分的嘉宾请到台上，他们分别是：

鲍勃·萨布尼，漫威娱乐公司，全球市场合作执行副总裁；

魏江雷先生，联想集团副总裁，中国区首席市场官；

唐纳德·德·莱恩，著名制片人，作品有《偷天换日》以及《绿灯侠》等等一系列好莱坞大片，是一位著名的商业大片制片人；

著名电影导演钮承泽先生，在刚刚获得票房巨大成功的《爱》里面有很多品牌植入，这一次为了这个会我也专门统计了一下，一会儿问一下关于这个品牌植入，他作为导演的感受；

艺恩咨询总裁郜寿智先生；

还有一位是好莱坞非常活跃的营销公司的执行副总裁，这家公司叫Terry Hines&Associates，执行副总裁凯西·范德林。

我们论坛分两个环节，第一个环节我来主持，是一个圆桌讨论，第二个环节由瑞格传播的李颖主持。我们第一个环节现在就开始！

我先从轻松一点的话题开始说起，提到品牌营销，大家首先就会想到产品的植入，品牌娱乐营销的产品植入可能是一个重要部分，但是不止于此。艺恩中午的时候举办了他们每年一度的电影产业奖。现在这个电影奖中有几个都是跟电影植入相关的，首先我想请郜总给大家简单盘点一下在今年你们颁奖的国产电影中，有哪些是你们从专业角度认为操作比较成功、比较有亮点的？

郜寿智：中午我们刚刚举办的活动，有两个奖项比较有亮点，一个是最佳植入品牌,另一个是最佳植入影片。艺恩这样的奖项更多的是去表彰行业的创新,包括推陈出新的目的。中午在我们那个活动当中,刚刚提到两个奖项,会有不同的指标侧重跟评价。像最佳植入品牌,更多是基于广告的好感度,包括品牌的记忆率,也包括品牌与目标的契合度。最佳植入影片的选择更多的是根据它植入的形式,包括植入广告的数量,也结合包括我们整个品牌跟人群这个定位理念的契合度。

国内这方面开始比较早,早年有一个经典案例,有一个台词是非常深入人心的:支付宝让天下无贼。这算是国内当时一个鼻祖的案例。近些年,根据艺恩的评选来看,我们中午也做了一些盘点,包括像之前的《将爱》、《爱》,都是非常不错的代表案例,包括中午评选出来的《亲密敌人》、《我愿意》,还有一个《爱出色》,都是提名过我们这样的奖项。所以从这些奖项的获奖影片来看,品牌植入形式越来越巧妙,国内近几年市场发展越来越成熟,还有影片都是属于爱情片这样的类型片,跟这些品牌的契合度也是越来越高的。

戢二卫: 其实刚才我也说到了,作为品牌娱乐营销,产品植入很重要,但是还有很多这之外的操作。现在请鲍勃·萨布尼谈一下,漫威动漫以及迪斯尼作为他们的母公司,在整个的品牌娱乐营销的操作过程中,他们公司的规则——某种程度也代表了好莱坞的操作规则——以及与品牌方合作的方式。

鲍勃·萨布尼: 谢谢!我觉得关于这个没有硬性的规定,我们一直专注的一点就是不要去破坏电影的故事,如果你破坏了故事的话,会影响消费者的观感,也影响品牌的形象,这会给大家带来不好的看法。我们经常使用的一个词就是"有机",当然这并不是说你们也要这么做。关于这个植入广告的好的例子,是在《钢铁侠》当中植入的一个品牌,这个品牌植入是非常自然的、非常有机的。你看一下钢铁侠这个角色,他有一个外衣,可以到处去飞翔,这个外衣可以变成一个箱子,能够很容易地放在一个地方,很方便,不用像停车一样麻烦。我们帮它带来了一个合作伙伴,也就是说让它有机会和别人合作,把它的合作伙伴融入到电影当中,而且要自然的融入。这并不一定本身是自然的,但是要给人感觉是非常自然的。

然后是在电影之外你做什么,不光是注重电影本身,还有很多别的机会,唐纳德·德·莱恩等一下会谈《偷天换日》的例子。一般的植入广告,比如说

一个大的广告牌,这样的广告是比较好的,而且你也可以跟你的老板说我们做了很好的广告,是很好的机会。但真正重要的是,你有了这个机会,怎么做?你怎样在电影之外来进行它的推广,你怎样和制片厂进行合作,来确保你的品牌得到曝光。

戢二卫: 不但是片中的合作之路,还有片外广告的推广,这是非常重要的。还有讲到植入的自然,就是要自然到像进了影片的基因、精神气质层面,才有可能令品牌有一个特别好的,借助电影这个媒体的呈现。刚才听到电影出品方的观点,现在想请魏先生讲讲联想公司的情况,联想是在品牌植入上面的先行者,跟我们分享一下,联想在这个方面合作的得失以及整个品牌营销上面的战略。

魏江雷: 我们把电影植入分成三个不同的档次。第一个档次,我们叫做品牌跟产品的露出,好比今天在《变形金刚3》里面看到的笔记本,《亲密敌人》里你会看到会议的场所里都是我们的笔记本电脑,会看到有记者在用我们的智能手机打电话。这是第一个档次,强调品牌的露出,一个产品的品牌在电影当中出现多少秒，LOGO 的清晰度，摆放的位置，跟剧情的互动。刚刚鲍勃·萨布尼也讲，我们要尊重整个电影的节奏，不能说一个品牌的露出打断了一个电影情节的节奏。

第二个层次是我们现在尝试更多的，把产品独特的特点，深度植入到一个剧情中去。比如说今天你看到的剧情是由产品特别的功能依托的，不会感觉说今天这个产品的露出干扰了剧情、干扰了整个故事的发展。今天下午会发布一部电影，现在没有办法讲这个电影的名称，中间有一段汤唯离开家乡的时候，在机场泪流满面对她恋人讲一段话，她是用我们智能手机讲了三分钟的话。这个手机有一种功能可以把语言变成文字，她讲完了之后变成文字，选择是要发短信还是发微博，因为短信，可能在别人手里面，会被别人截获，最后她选择了微博——只有了解我的人才知道我讲的是什么。这段情节是讲她的感情历程，内心告白，你不会关注到这个 LOGO，你看不到，但是这个过程是跟你的产品有一个深刻的互动的，这是非常的自然。第二个层面，就是桥段深入阐述我们的产品独一无二的特点。

第三个层次是品牌的定制剧。比如说联想这个品牌的特点：我们创造工具，每个人用它实现梦想，联想为梦想而生。为了表现这段话，我们会寻找和它相关的行动派。比如说今天做服装设计，你如何让一个设备帮助你实现梦想，我们会做深度品牌内涵的定制。这就要求不光在一开始跟剧本、导演、制片方有深度配合、讨论，更多的是需要找到一个跟我们品牌非常相符，利益非常吻合的机会。

戢二卫：说到产品品牌精神气质和电影结合的契合度。唐纳德·德·莱恩，有一部大家津津乐道的电影《偷天换日》。当然汽车品牌，我们这几天都在讨论，是在电影当中最容易呈现的，车的功能，车的 LOGO 更不要说了。汽车品牌，面对不同的消费群。你们是怎么开始合作的？还有一个问题是，这个电影的主人公是一帮贼，这对品牌有什么影响？听一下唐纳德·德·莱恩的经验。

唐纳德·德·莱恩：首先，用宝马的 MINI COOPER 是不是做计划的时候就想好了？其实不是的。开始的时候并没有提出这个概念。《偷天换日》1969年有一版老电影，当然我们这个新拍版和以前有一些不一样，我们使用一些非常新鲜的动作片元素。我们希望用一些小型车，可以很快地超越其他的车，或者进入其他车去不了的地方，我们并没有在之前就和他们做很多的这种讨论。在制作阶段，2001年的时候，我们意外地发现宝马正好要重新设计他们的MINI COOPER，然后在美国投放一个新的车型，在这之前，除了特别喜欢这个车的人，其他人根本不知道MINI COOPER。后来我们就打电话给他们，他们赶快读了我们的剧本，也很有兴趣，因为他们觉得正好2002年电影上映的时候推出这个车型时间配合非常好。他们给我们提供了32部汽车，让我们在拍摄中使用。我们用不同的方式使用它们，有一些是主角车，有一些是配角车，有一些车上装了一些摄像头，可以进行特技效果的拍摄，拍一些动作的场景，还有一些车撞毁了。最后他们还给了我们一些摩托车供我们拍摄。这是非常棒的合作关系。

在电影推广方面，我们有没有合作？确实他们没有花很多钱。他们并没有做任何的电视广告，所以他们的贡献，在我看来主要是创意，还有给我们电影提供了很多拍摄的工具。当然我不知道这些车值多少钱啦，大概很贵吧。但是我们的电影推出之后大受好评，汽车在美国的销售情况也令他们很高兴。他们说MINI COOPER销售额增加了25%，所以很多人认为对于MINI COOPER，这一次合作是更有利的。这确实是非常美好的时刻，当时美国小型车并不是很常见，要卖小型车是很困难的，这是新的概念。人们之前不知道有这种小型车可以这么好用，大部分人喜欢开大型的美国车，所以MINI COOPER可以说是异军突起。

还有就是我们的主角，他们是非主流的英雄，他们是盗贼，有自己的道德标准，他们偷的东西其实是那些所谓为富不仁的人的钱，他们不危害那些普通的人，也不杀人，他们是很好的"坏人"，希望帮助别人的"坏人"。所以这对于宝马MINI COOPER品牌没有任何负面的影响。

戴二卫："好的坏人"这个概念挺好，也希望咱们中国电影当中出现反面角色可以做品牌的植入。

下面问一下钮承泽，刚刚跟您沟通也说，作为导演，当然是创作第一位、电影第一位，那么在这个过程当中，有品牌的参与，有这些干预，不知道对于创作有什么影响？《爱》这部电影中其实也有很多的植入，我自己数了有11个品牌在里面有植入，包括有一句台词，舒淇说请到W酒店楼下等我，等等。不知道在拍摄过程当中，这些品牌植入干扰大不大？烦不烦？

钮承泽：我不太知道我会被邀请到这个论坛，作为创作者我更想参与类似"华语电影救赎之道"之类的论坛。后来我想通了，因为我也是一个电影公司的经营者，所以今天听不到我"放炮"的言论。每次在收益这件事上，以及能够扩大我们产品行销影响力的事上，身为一个制片人，我是求之不得的。但非常有趣的是，我同时也是创作者，所以我必须有一条那样子的线，我要实时地站在线的两端，会互相地提醒与检查，甚至争论。

其实《爱》这部电影，在拉赞助这个事上面还不算成功，尤其我合作的单位是华谊兄弟。我原本会预期说，跟业界互动上面会有更大的可能性。因为我自己是创作者，而且经营公司挺久了，从2001年开始当导演拍偶像剧，那个时候就已经开始做植入，所以我们算是一家比较有经验的单位。我记得2004年我拍了一个偶像剧叫做《求婚事务所》，当时制作上比较粗糙，一心生怕对不起付钱给我们的客户，只能拍大量的特写，那一次对我是很好的教训。在那之后，自己的标准就是在不影响创作的情况之下，在不会让观众反感的情况之下，如果我可以为电影再创造一些收益，扩大行销上面的影响，我觉得这是双赢的状况。

除了电影里面看到的这些品牌的植入，其实我的电影，以《艋舺》、《爱》为例，我们有非常好的营销的例子，其实不是跟企业，而是跟地方政府。通过跟台北市政府的合作，通过对那个城市的情感以及了解，透过剧情需要以及他们在推广城市形象上面的需要，当我们找到交集之后，产生了一些非常正面的例子。比方说可以得到公权力的资源，封街拍摄，或者进入一些平时很难进入的场域进行拍摄。以《艋舺》为例，我刚好需要一个几乎像片场一样方便使用的往日的街道，思考了很久，我选择了那个地方，我们把那里一个老街重新翻修。对于拍摄方而言，我省下非常多的搭景的费用，我有一个完全支持我的很有力量的团体。对于台北市政府而言，原本可能花了大量的纳税人的血汗钱，最后就只有蚊子在那边飞来飞去，可是因为一个电影的推动，带来了很多人次的观光潮。台北市政府也是我们合作的重要对象。但前提是因为我对这个城市有很深的情感，我深深地想要跟世界分享这个城市的美好，于是这样的合作就变得非常的有正当性。

所以我要说的是，在创造收益，在扩大营销的影响的同时，我们也要尊重消费者，以及自己的创作良心，我们永远要有一把尺。

戢二卫：跟台北市政府合作，谈的时候他们有没有什么要求？比如说不能展现什么？有没有具体的要求？

钮承泽：我绝对不会"放炮"。其实台湾之前也是这样，就是有很多底层的、阴暗的东西，当然公权力比较不希望大家过度的关注、渲染，以造成对这个美好城市的不当理解，这个事情我是体谅的。过去20年，我们经历了很多过程，不管是在社会的形态上面，还是电影工业的发展上面，我们已经有了一些过程。以我跟台北市政府相处的感受是，有时候你得帮他想，他当然还是会觉得，尽量都看到美好、光明、漂亮的一面，但是可以沟通的。比方说《艋舺》这个片子，当时也有负面声音，因为我们是打打杀杀的。在市政府方面，或者是当地的居民中，也是会有一些疑惑的声音，可是经过沟通之后，让他们知道，一个城市之所以伟大，它一定是包罗万象的，一定有光明、有阴暗；有正面、有负面。一个城市之所以伟大、之所以能被记忆，其实就因为它有故事，而故事当中就一定是包罗万象的。通过这样的沟通，其实后来拍摄是比较顺畅。但是，我觉得当政者永远会有一个他们自己的脑袋与思维。

戢二卫：这段话特别好，在座有媒体，可以作为今天报道的标题，真的，不但是产品植入，还包括场景、城市的宣传。现在国内大量的城市都有影视基地，而且很多城市都想借助影视作品去做城市推广，但是有没有这样的胸怀、有没有这样的眼光、有没有这样的气量让创作者展现一个城市的不同风貌，这是值得探讨的话题。

下一个问题要问凯西·范德林，在好莱坞成熟的电影工作中，娱乐营销代理公司起到特别大的黏合、沟通、协调作用。Terry Hines&Associates是好莱坞非常活跃的公司，凯西·范德林在这方面也有非常丰富的经验。

凯西·范德林：确实，像我们这样的一些公司，本身就是品牌会来找我们，我们首先要了解这个品牌的目标受众，另外我们也帮助他们找到适应他们的电影和这个角色的品牌。所以我们是一个桥梁的作用。我确实也和很多的制片方有过合作，比如说一些非常有名的电影，我也和他们合作过。从我们这个角度来讲，我们首先是一个品牌的保护者,也要帮这个广告商找一个非常好的植入的机会。我们这个公司已经有40年的历史了。

戴二卫:还有一个问题,与传统的广告、公关、营销的方式相比,品牌娱乐营销,包括品牌的植入,它的效果的评估,是一个挺大的课题。比如说片中产品需要出现多少秒,在什么样的景别里,和哪一个角色有关,等等,从评估体系上面他们作为产业调研公司现在有一些什么样评估的技术手段、统计手段?

郜寿智:目前来说,我们也是根据两大指标:第一个是品牌影响,我们会有一系列的测评指标,比如说好感度,观影人次,品牌好感度的提升。除了这一部分之外还有一个叫做购买影响,购买影响重点从两个部分来看,第一部分是消费倾向的影响,比如说有多少人通过这样的广告,对产品产生了购买的冲动、购买的欲望。另一部分就是对销量的直接影响,包括可以统计到的数据。除了销量统计相对直观一些之外,其他所有指标体系更多是通过做市场调研的方式,然后做样本的信息采集,也基于样本不同的比重,最终形成一系列直观的数据结果,让我们的广告主更好地去了解比较直观的效果。

戴二卫:《变形金刚3》的广告植入对于联想销量有什么影响?

魏江雷:这个衡量标准非常难。对于网络电影可能相对容易,比如说跟优酷合作电影,之前合同说好,这个有多少人会看,这里面的时间,品牌的露出、产品的露出,同样做一个广告,花多少钱。现在跟优酷、乐视,很多网络电视台合作,我们以曝光的方式,点击出来看。还有一种叫做对赌协议,比如说拍一个微电影,三千万以内的点击,我付这个价钱,超过了,我加多少。

但是电影非常困难。电影往往首先会看有多少块银幕,保证多少人会进电影院看,第二看发行多少拷贝,第三在这两个指标之外,看在网络上面的下载量,这可能是一年半载之后的事了。在电影植入方面,要冒很多风险。这一次和薛晓路导演合作,第一次没有说要曝光多少秒。因为制片方让我们坐下来谈,薛导很不开心,说为什么让我见投资人,不爱见,后来我跟她说,我不会跟你衡量多少秒的曝光,她非常诧异,你不衡量曝光,你怎么算?我说看我们深度植入的机会,这些桥段有机会把产品非常自然、非常理性、合理的植入到整个的情节当中,不要求你有多少秒，但在这几个桥段有一个产品的体现。

电影已经杀青，我对马上在年底上的电影有很多期待。如果双方有一个非常深刻的了解，有可能会带来不一样的体验，希望这个合作方式让每一个导演、制片人觉得容易操作。另外，希望他们也可以在不破坏电影整体性和艺术美感的情况下帮助品牌做一些工作。

戢二卫：谢谢！下一个问题是问凯西·范德林，除了电影植入操作经验之外，在美剧里也有很多产品植入的操作是凯西·范德林做的。比如《生活大爆炸》，中国的粉丝特别多，大家特别关注。这里面品牌的植入和操作，尤其包括定价、效果评估等方面，想听听凯西·范德林的看法。

凯西·范德林：确实，《生活大爆炸》有很多的粉丝，基本上我们选择的是适合《生活大爆炸》的一些产品，适合剧中的人物性格，他们吃什么、喝什么、接触什么。但是电视上面的这些东西会在 CBS 上面做很多的媒体购买，或者是在一集当中做品牌的植入，或者说干脆做一个直接的产品的植入。所以有各种各样不同的方法。

戢二卫：下面是问鲍勃·萨布尼的。《钢铁侠》接下来会有第三集，你考虑过在中国拍电影，用中国的品牌产品进行植入吗？我想知道你在中国参与《钢铁侠3》的制作上和中国品牌营销的机会上，是否有一些新的计划？

鲍勃·萨布尼：是的，我们确实对于在中国拍片非常的感兴趣。其实我们觉得在中国的品牌植入机会非常多，而且我觉得其实也可以有一些非常自然的广告植入。我很幸运，拍的片子总是一些有超级英雄的影片，但是他们是真实的人，而且是居住在真实的世界当中的。在真实世界当中就会有各种各样的产品，所以在这样的真实产品世界当中，我们会有非常好的机会来和其他的广告主进行合作，包括我们现有的广告主的合作和外来潜在的合作。

当然了，我们也可以在电影之外有一些合作的机会过去人们说要有几分钟的曝光，但事实上，一秒钟已经非常长，特别在凝视一样东西的时候，一秒钟是非常长的。我们可以来做一个实验，比如说凝视着一样东西 10 秒钟，你们可以尝试一下，10 秒钟，凝视一下。刚才就是过了 10 秒钟，事实上凝视一样东西 10 秒钟是很长的时间了。

所以到底有多长,并不一定多么重要,而要看你的植入质量以及在之后你会做些什么。

魏江雷: 我是不是可以补充几点。我觉得外国影人在中国拍电影对我们来讲是非常有用的。比如说有国际影星参演,我们的品牌就可以有非常好的曝光机会。

唐纳德·德·莱恩: 现在是一个全球化的世界,《偷天换日》的制片人也在这里,我跟他讲,我会来参加上海国际电影节的一场论坛,他非常开心,他也来了。我们非常看好上海这边的市场。

戢二卫: 事实上每一个人都在这里,现在我们看到中国有非常好的机会。下一个筹备的项目当中,不管钮导演,还是华谊,开始考虑有品牌植入的合作吗?

钮承泽: 刚刚听到以上十几分钟的对话,真的感觉大军压境了,全球化的今天,这是很难避免的现象。对于好莱坞我是又敬又爱又恨吧。你看看,联想多欢迎好莱坞来啊。能够创造出像好莱坞一样的价值是我们自己最大的期许,能够有他们的专业、有他们对待工作的态度、有他们对于世界的影响力,这是我们华语电影应该努力的方向。

现在其实言之过早,对我而言还是怎么样把剧本写好,然后怎么样端出一盘在市场上,包括品牌、包括客户都会感兴趣的菜,其实这是最重要的。回到根本,就是我们要能够拍出好看的电影。如果我从现在开始,就考虑放这个品牌,那个品牌,我干脆改行拍广告好了。当然,也会有一些影响,还是会讲到城市,比如说《爱》在北京和台北拍的,在北京可以说是寸步难行,要拍哪儿,不知道,可不可以,能否申请,没有人理你,什么都不知道。我说拍天安门,导演在车上拍,拖车,只能在五环外,北京对拍电影是非常不友善的城市。以《英雄本色》为例,是我下一部跟华谊合作的当代城市犯罪电影,公安一定是最厉害的,看看《爱》就知道了,最好的角色就是北京公安。

在这个事上,我是可以接受的。因为本来就是邪不胜正,本来做了坏事就要付出代价,这于我创作的理念、我的洁癖都是无损的。这是一个很需要城市资源的片子,也希望可以多在内地取景,可是我可能不敢再在北京拍了,可能现在就在想有哪一个城市是有意思的,可以激发我创作想象的,并且对拍摄友善的，我现在会想的是这些部分，倒不是植入的部分。不过当然今天碰到联想了，如果你所有植入资金在好莱坞之外还剩下一些，我们很乐意再帮您扩大品牌影响力。

魏江雷： 有很好的合作伙伴，很多不可能的都会变得可能。

戢二卫： 刚刚说到城市，《偷天换日》在威尼斯拍的，除了看 MINI COOPER 的优越性能，对于威尼斯整个城市的展现也特别完美。聊天的时候唐纳德·德·莱恩谈了拍片当中的一些情况。请你跟我们分享一下一线拍摄的情况。

唐纳德·德·莱恩： 我们希望做一些别人没有做过的事情，我们希望能够在水上拍，在威尼斯的运河拍，一开始有水上快艇追逐的戏，有很多的特技。这需要威尼斯市政府给我们一些许可。我们的船的速度有一定的限制，拍摄的时间也有限制，好比中国一样，过程是很复杂的，但是一切都做成了，而且也遵守了法律。可是拍摄期间，有一天突然有人跟我说："今天你们不能拍，我们已经得到许可证了。"当时大家非常惊慌。然后就跟威尼斯市长进行了沟通，他们收到了威尼斯人的一些投诉，尽管我们遵守了所有的规则。因此我们不得不进行新的谈判，重新启动我们的拍摄。

戢二卫： 看来在中国拍摄的问题，也是世界的问题。

钮承泽： 跟市长沟通。

戢二卫： 有时候还得跟市委书记谈谈。刚刚谈了很多，把宝贵时间留给大家，大家可以随便提问。问哪一位都行，包括我。

现场对话

提问： 我想问萨布尼先生，我想知道你最不喜欢的，认为最不自然的产品植入的广告是哪一个？

鲍勃·萨布尼： 你觉得我会回答这个问题吗？

提问： 希望你能回答。

鲍勃·萨布尼：我喜欢我的工作，最不喜欢的广告植入？说实话，我并没有一个最不喜欢的，当然有一些是不太好，但我不会跟你们说这些品牌的名字。你们要知道，我的工作就是要保护导演，不让他受到品牌过多的影响，也保护品牌不受导演过多的影响，就是结合两者，创造艺术，并且带来资金。这有时候会很难，因为同时有两件事情要做。如果我们非常乐意与他们的品牌合作，你的电影、你自己，都不会受到损害，这是最佳的方式。

对我来说，最不喜欢的时候就是，有一些人会搞一个秒表来计时，有这样的人，我就不会跟他再合作了。

提问：我有一个问题要问凯西·范德林。像中国这个市场发展得非常快，你认为有哪些领域哪些方式可以让我们的市场进行创新，来吸引观众的注意呢？

凯西·范德林：我可能没有听懂你的问题，你说的问题是中国品牌怎样做到创新吗？

提问：现在越来越多的品牌进入娱乐行业，你认为在中国……

凯西·范德林：我觉得这方面关键的一点就是，不仅是要注意广告，如果广告能够跟情节结合起来，那最好。更重要的、更有价值的一点，对于制片厂和品牌来说，就是大家怎么合作、怎样进行推广，这是非常重要的。能够让这个广告从众多广告中脱颖而出，你的制片厂也要进行全面的营销，这可能比植入广告更加重要。我们要有开放的心态，要知道中国市场对于制片厂来说，是非常重要的市场。

制片厂希望这个市场越大越好，这对于你的品牌更好，能够在全球让大家认知你的产品，这是非常重要的。

戢二卫：有一个很有意思的现象，中国品牌与好莱坞电影的联姻合作，品牌市场主要在中国，其他好莱坞的电影是全世界来发行，那么其他的市场，这部分的投放、这部分的收益又是怎么来衡量？对于很多中国品牌，比如说下半节会谈到的 TCL，本身是国际品牌了，包括联想，他们跟好莱坞合作的时候，在各个市场的联合推广，搞的营销活动，实际上是一个更有效的合作，但对于很多可能还没有走到海外市场的品牌来说，只能在中国市场这部分投放，其实它的价值我自己觉得已经能够收回它的投入了，因为中国市场够大，而且从很多产品的领域来说，中国市场占了全球市场相当大的一个比重。

提问：我有一个问题，作为一家在娱乐营销领域走得比较快的企业，今天联想能不能给那些想进入这个产业的其他广告主提一些建议？

魏江雷：我觉得有几个方面的考虑，第一个是考虑你的品牌内涵和你产品状况是不是跟这个电影相关。比如说如果是一个古装题材的电影，相关性非常少，是和你的品牌完全不一样的电影，是否能够最合适的植入。另外，从财务上面考量。对于联想来讲，每一笔植入的投入，投一百万在一个影片里面，拿出三百万资金做这个宣传，一方面是我们对导演、制片方以及整个电影的承诺，一方面也是利用这个机会。这个投入必须保证你品牌的特质和影片内涵、调性有相关性，否则投资没有办法收回来。

最后，要考虑你这个行业是否长期做下去，比如说娱乐营销是联想从过去的两年开始的，我们在体育营销、娱乐营销、时尚营销等领域都在做，这不是一年、两年，而是一个长时间的积累。在跟不同的导演、不同的制片方、不同的公司合作过程当中你才会发现哪一个合作是最合适的。不是说靠一个电影就能出名的。

戢二卫：谢谢！我看那边还有想提问的，发型跟我一样的先生。

钮承泽：一模一样，他的发型比你还丰富一点。

戢二卫：差不多吧，形状差不多。

提问：各位好！我问一个问题，想问钮承泽导演和唐纳德·德·莱恩先生。因为我们也是做娱乐营销的，想问一下，中西方的对比来说，这类投入占到电影的投资里面的比例大概是怎样的一个比重？想听一下美国和中国是否不一样？

钮承泽：我也想知道，我发现你跟二卫的发型一样，但跟我的心思一样。我刚刚正在想你现在提的这个问题，我也想问他们。听了那么久，那个游戏规则到底在哪儿？确实国内拍了很多片子，植入上面所占收入比例是非常高的，所以久而久之，会变成一种杀鸡取卵的行为。消费者开始会对整个植入这个事情产生强烈的反感。但是像我的片子里面有一些状况是没有拿厂商一分钱，只是出于我自己的品位，或者我觉得我非要那个产品表现我作品的时候，我甚至是无偿的，我可能还要拜托他让我用。而有时候看到消费者批评说，看看钮承泽这孙子，挣钱挣得这么不要脸。消费者已经对这个东西产生反感了，这会严重影响到整个电影产业健康的发展。

刚刚你提的问题也是我心里面的问号。

唐纳德·德·莱恩：就我的经验来说，我们没有这方面的公式，我是负责创意制作的，这是制片方的问题，植入的广告以及这方面有怎样的收入，我觉得凯西·范德林可以讲一下这方面的情况。在我看来，我们不是把这样收的钱放入电影制作当中。比如说《偷天换日》当中，我们有宝马的车，这个钱我们省出来了，就不用买 32 辆 MINI COOPER 了，这就是一个直接的制片方的收入。如果没有这项赞助，我们就要从预算当中扣除这笔钱。这已经进入电影的广告和营销了，和品牌合作方一起营销了。在我看来，并没有一个比例，我们也不会基于这个来考虑。

戴二卫：作为公式，能够支付多少制作费用，很难说。但我个人觉得品牌娱乐营销当中除了付产品植入的费用之外，在联合推广上面客户，实际上为电影、制片公司节省了大量的成本。还有，就是衍生产品的部分，这里面涉及授权产品的生产销售，这也是相当一部分的收入来源。要从全产业链来看，是更有价值的。

提问：我有一个比较讨厌的问题，刚刚提到了，在你评估这个广告植入的时候，也要考虑有多少次的电影下载量，你说的包括非法下载吗？对于盗版，品牌方面有怎样的看法呢？因为如果有很多盗版，这样电影看的人就更多了。

魏江雷：我们和制作方进行合作，从来不计算盗版。在发行之前不能计算盗版的情况，而且中国现在也在和监管方合作来确保盗版不会影响电影的收入，这对于双方来说是有益的，我们不希望有盗版，因为这不是我们能计算的。不能告诉我的老板，说有一百万的盗版，这也是我的业绩之一，我不能这么说。我觉得对于电影制片方来说，他们也要确保没有盗版，他们也会和优酷、土豆进行合作。如果人们可以在网上免费看的话，他们就不会花十块钱买一个盗版的碟了。如果你操作网上付费业务的话，就会带来很大的收入，这个业务模式在过去几年发展得非常好,而且这方面会发展得越来越健康。所以不仅要和制片方合作,也要和优酷、土豆这样能够在线观看的视频网站合作。

提问:有一个问题想问凯西·范德林先生。请您跟我们讲一下,电影制片方怎样能够受益于这样的合作呢?

凯西·范德林:制片方的获益可以是现金或者是产品,比如说对方可以提供很多车,可以省很多。当然,通过这样的合作,能够给我们带来的就是产品的宣传,并且让大家关注这个电影,这样的话,就是很好的合作。

提问:其实我主要想说,经济上面的双赢肯定是品牌营销可以达到的一个效果。我想问一下钮承泽导演,除了经济方面的,品牌合作给制片方带来的好处是什么?谢谢!

钮承泽:我觉得分几块,一个是制作费的节省,《偷天换日》是非常好的例子,宝马提供了 32 辆 MINI COOPER,原本他们也要花钱购置那样的道具。再有,也是刚刚联想非常棒的一点,你们真的是一家思路好清楚的公司——投资一,后面要有三。这也是我们现在非常需要的,就是在广告的部分,这个广告最好和我的产品的调性、跟我产品的特色、跟我产品的品质能够是一致的。

再来,我觉得在一些很特别的时刻,其实还可以在彼此的内在上,或者在故事性上有一些动人的火花。可是我一下子举不出什么太好的例子,但是我有经历过这样的片刻。

戴二卫:说到收益的问题,我跟鲍勃·萨布尼也讨论过这个。品牌娱乐授权这一块儿到底怎么操作的。

鲍勃·萨布尼:在真实世界当中拍电影,要用到很多产品,让别人相信这些故事是真的,而且他们正在现实社会当中发生着。如果这个主角喝的东西是苏打水,这会让你感到还不如是可口可乐。拍现实生活产品的时候,真的是要把现实生活中的东西放在里面。

所以我觉得当我看一个电影,如果有一个非常明显的苹果或者联想电脑在那里,但有人用贴布贴在品牌上面,这样更讨厌,还不如直接把苹果或者联想品牌标志露出来,也帮助电影更好的阐述它的故事线。

唐纳德·德·莱恩: 制片人角度来说如何受益于这个植入,我还有一点想补充,我们可以共同做一些推广活动、营销活动,我们在全球的伙伴都可以帮你做,这样我们可以获得更多的吸引力、获得更高的曝光率、获得更高的知名度。很多人可能并不知道这个电影,但是很喜欢那个品牌,只是那个品牌的粉丝。所以我们希望让我们电影在上映了以后,还能有延续的生命力,这就需要和其他品牌的合作了。比如说《超人》、《钢铁侠》等等,就达到了这个效果。

另外我们希望他们看了我们的电影以后,或者参加这个品牌活动以后,下一次能更好地了解我们的电影。

鲍勃·萨布尼: 您说的非常好,自己做广告,为自己的电影做推广。有些人会说我喜欢这个电影或者我不喜欢这个电影,都可以,但这其实只是一场电影而已,但是如果你走入一家杂货店或者百货商店,随处可见的东西都是《阿凡达》、《钢铁侠》,你就会有一种身临其境的感觉,这时候就不仅仅是一场电影的问题,而是这部电影已经成为了你生活的一部分,成为了流行文化的一部分,这时候人们就会想我是不是该看一看了。

戢二卫: 时间关系,这一节就到这里。第二节的部分将由瑞格传播联席总裁李颖主持。我们马上进入下一个环节。

李颖: 各位嘉宾,下午好!我是李颖,瑞格传播的联席总裁。今天上半节的讨论非常成功,也收到很多现场的信息,下半节会更精彩。大家已经了到了好莱坞的规则,从各方角度谈了品牌运作的经验。下半节我们会有一些具有针对性的非常具体的来自国际品牌的经验分享,以及包括好莱坞最著名的制片方。谈他们对于中国市场未来的打算,相信各位会有兴趣继续探讨一下。

下面我们把时间留给TCL多媒体首席销售官兼海外业务中心总经理郝义。

郝义: 今天很高兴在这里跟大家做一个分享。TCL在咱们国内已经是家喻户晓的品牌了,大家对TCL很了解,所以我想,为了尊重我们远方来的国际友人,我的这个发言用英文来讲。

TCL是我们中国最大的一个电子集团公司,在中国,2011年我们收入大概是90亿美金。我们同样也有三个上市公司,分别在深圳以及香港上市。我们不仅仅生产电视机，也生产手机、电子设备、白色家电、黑色家电。有人说，中国只要有家电，就有TCL。除此之外我们还有其他的业务部门，比如说房地产。

我们在世界上排名第五大电视机生产商，在我们之前还有来自日本、韩国的大品牌，我们刚刚超过了一些非常强的日本竞争对手。我们也相信将来会越做越大。这是我们全球的业务分布，大家可以看到在全球我们都有子公司，可以说我们的产品遍布了世界五大洲的各个角落。

谈到全球品牌营销，虽然我们是发源于中国，但现在我们有全球化的战略，我们可以说是最早进行全球化的中国品牌之一。我们认为娱乐行业是推动我们业务增长的巨大引擎之一。

通过和非常有影响力的娱乐公司合作，我们才能够从中借力。大家可以看到图中的红点，这不是我们TCL在美国的办事总部，这是好莱坞所在地，洛杉矶的好莱坞。后来我们决定做品牌营销、娱乐营销等等就搬到那里。之前我们和很多其他本地的机构合作，但我们相信从全球角度来说，好莱坞是勿庸置疑的大哥大，我们决定和他们合作进行品牌的营销。

我们希望把我们的品牌战略和品牌优势传达给全世界的消费者，让大家了解我们TCL是什么样的公司，所以我们选择了一些和我们高科技相关的电影，比如说动作片、科幻片，里面会用到很多的平板电脑、手机等等。这类电影对于主流观众，特别是年轻一代的观众很有吸引力。

做全球的营销，我们必须自己的质量要好。第一，我们有世界上最好的手机以及电视机生产平台，采用了世界上最先进的技术。第二，就是我们和其他产品的区分度，我们在进行产品植入的时候，大概有五万个卖点遍布全球，也就是两百万台电视机陈列在各家卖点的货架上面，遍布全球，24小时都可以在样机上面播放我们想关注的内容。在中国，我们也有非常重要的位置。我们市场渗透率从一级城市到五级城市，可以说打遍天下无敌手啊。此外，我们还有非常强大的合作伙伴，而且我们和中央电视台也有独家的合作关系，我们有3D频道。大家知道3D是未来发展的焦点，很多主要的城市都想推广更多的3D内容，打出了3D频道。

去年的《变形金刚3》还有下个月要上映的《蝙蝠侠前传2：黑暗骑士崛起》等等都和我们的合作。明年即将上映的又一大巨制也是我们和一个重要的好莱坞伙伴共同制作的，我们将拭目以待。

和《变形金刚3》合作之后,我们还做了一些全球的线上活动。比如说户外广告、宣传单,在巴黎的一个广告台宣传了我们 TCL 和《变形金刚3》。还有一个专门的网上站点,有很多在线材料和宣传品。

另外我们还有很多的公关活动,这也是非常重要的一些活动,通过这些活动我们可以给公众传递一种信心。

当然还有一些平面媒体的传播,我们在全球各地都有一些平面媒体的宣传,来推动电影以及 TCL 和电影的合作。还有就是销售点,全球有 TCL 的商场中,TCL 的电视机上都在播放《变形金刚3》的片花,这个全面的营销事实上让我们主要的客户,比如说像沃尔玛等等都非常的满意,因为在他们自己的营销材料当中,第一页就会放上我们 TCL 和"大黄蜂"的合作。因为这样的话,也可以吸引到消费者的关注。

所以,我们可以看一下这些数字,对于《变形金刚3》来讲,我们接触到了超过 1.5 亿的目标受众。另外有 4400 万用户通过网上接触到了这个信息,另外有 64000 人参加了我们的公关活动。除此之外,主要的中国电视频道在不断地滚动播放这条消息。还有很多的杂志、报纸报道了这件事。所以对于好莱坞来讲,《变3》在中国大陆的票房超过了 10 亿。而对于 TCL 来讲,与《变3》的合作推动了我们全球销售量的增长,这是一个双赢的结果。好比今天论坛的题目,就是"万有引力",就是"大"和"大"的合作可以做得更大。

李颖:谢谢郝总!下一位做演讲的是腾讯游戏市场助理总经理朱峥嵘先生,有请!

朱峥嵘:尊敬的各位来宾、各位朋友,大家下午好!非常荣幸借上海电影节这个机会和大家分享腾讯游戏在品牌营销与跨界融合上面的一些思考和探索。

我们刚才看到全球化的浪潮已经势不可当,而随着互联网、云流媒体、3D 视觉等新技术的不断涌现,分布于世界各地的影视观众、游戏玩家、文学读者、动漫拥趸,这些受众之间的界限已经越来越模糊了。就在几年前,如果用手机登陆视频网站看一部 3D 大片基本上是不可能的,但是现在不仅可以在手机上看到这些内容,更有机会在自家电脑屏幕上,在游戏当中亲身与大片的角色、场景进行互动,共同演绎跌宕起伏的剧情。跨界融合已经成为产业的一个必然的趋势。

所以说从去年开始，腾讯游戏正式启动了泛娱乐探索开发产业合作，推动游戏充分与电影、电视、文学、动漫、音乐等多种形态的娱乐内容实现跨界、交互的过程。腾讯游戏的泛娱乐化探索，主要依托于腾讯游戏海量的用户基础以及全球化的战略布局，这也是我们今天跟大家沟通的泛娱乐的基础。

我们整合了腾讯旗下丰富的平台资源，从跨界营销、娱乐平台、IP运营这三个方面进行布局，就是大家在屏幕上面所看到的。在腾讯游戏产品与热门影视作品的合作当中，我们会选择调性相适、气质贴近的泛娱乐尝试，希望用更加生动、更多元化的方式引起用户的情感共鸣，这已经成为腾讯游戏过去一年跨界营销的重要手段。

首先大家看到屏幕上是我们的人气枪战网游《穿越火线》，这款游戏和硬派动作片《敢死队》进行了合作。我们进一步推出了《兄弟们站起来》，使玩家直接进入电影环境，对于枪战、梦想有了更加直观和感性的认识。接下来看到的是中国风网游，开发了电影《狄仁杰之通天帝国》特别版。为游戏本身注入了全新的故事、剧本以及悬疑。音乐舞蹈游戏《QQ炫舞》选择与《舞林大会》进行合作，使得舞蹈品牌深入人心。除了电影，我们也跟电视进行合作，《七雄争霸》以战国历史为背景，全面围绕历史文化塑造品牌，传递正面积极的文化价值。还有我们的《摩登城市》推出了与《宫锁珠帘》合作的特别版本，使中国风的产品特点通过穿越剧和穿越文化得到了更加生动的体现。

我们与华谊电影《逆战》同步推出了一款同名的枪战网游。这是腾讯在2012年跨界营销打响的第一枪，这也是最新的一个跨界营销的合作。除了沿用片名和人物角色之外，我们也将电影当中表达的逆流而上的精神植入到游戏当中，让玩家体会到更深的情感共鸣。

在未来，我们还将继续加强这方面的合作。让品牌与内容相互植入和融入，通过电脑、电视、电影三大屏，为用户提供全方位的快乐体验，同时我们也会更加丰富和完善旗下产品的品牌个性，希望能赢得用户情感层面的认可和更多的一些共鸣。

除了刚才我所谈到的影视层面的跨界营销之外，我们在过去的一年也尝试利用更多的娱乐形式以及手段来传递品牌理念和品牌的价值。我们在2011年，与湖南卫视"快乐家族"节目组拍摄了一支广告，相信在座很多朋友可能看过这个广告，其中其实没有谈及任何我们的产品，只有一个纯粹的品牌推广，传达"用心创造快乐"的理念，得到广大用户一致认可和好评。还有就是我们与美国研发的《英雄联盟》与世界领先的乐团在主题音乐上面进行了合作，带来了国际化的视听感受。还有我们举办的"星动8周年"活动，使全民游戏理念进一步深入人心，鼓励玩家不断奋斗。我们的《英雄杀》、《逆战》打破了传统的代言模式，将游戏内容、品牌与艺人专辑、演唱会多方面进行了融合，实现了游戏用户与艺人、粉丝之间良性的渗透和转化。

在未来，我们还将与拥有丰富艺人的公司联手，打造百万在线联盟，形成线上、线下多元化立体营销的互动。在开展多元化的跨界营销的同时，我们将以腾讯旗下百万游戏电子竞技快乐大使，还有我们QT语音、视频、音乐等为基石，全面打造一个娱乐营销平台，为我们客户提供一站式在线娱乐的体验。腾讯游戏的泛娱乐探索，不仅仅是我们刚才谈到的这些，我们更希望以IP为核心，打通整个产业链，实现更多的商业化价值和产业的升级。

首先我们自己拥有丰富的原创IP，像我们腾讯自主研发的儿童社区《洛克王国》，最高用户数已经超过80万，在同类产品当中遥遥领先。系列同名动画电影，第一部在去年国庆档期已经上映，取得3500万的票房。第二部、第三部已经在制作中。我们同时还推出了原创动漫发行平台的全新业务，发觉具备市场潜力的动漫、影视、文学IP资源，以互联网平台，打通IP运营，为IP带来变现的机会，从而实现更大的商业价值，这是我们接下来重点会做的。

在今年，腾讯游戏还会全面开放研发、市场等资源，共塑IP计划。我们在不久的未来，也会公布一款我们共塑IP这样一个大的合作项目。

前不久我们特别邀请到了国际音乐大师谭盾先生、陆川导演、著名漫画家蔡志忠先生、清华大学的尹鸿先生、韩国著名的作家金民熙女士、著名玩偶艺术家刘建文先生，共同组成了腾讯泛娱乐大师顾问团，希望能以专业态度推动泛娱乐战略的布局，对我们跨界合作注入更多有力的指导和帮助，重新创造新的泛娱乐价值，这是我们美好的期许，共同开拓充满希望的新未来。

谢谢大家！

李颖：感谢朱总！腾讯和TCL以及联想作为在中国非常领先并且成熟的品牌为我们带来了很多非常有价值的经验。我希望今天在座各位都能获益匪浅。下面三位的演讲，可以说是今天的压轴戏，他们都来自好莱坞著名的制片厂，我们首先感谢他们千里迢迢来到中国，同时我们也非常感谢他们本地公司在中国办公室的同仁的支持。

第一位是20世纪福克斯产品植入执行总监凯文·阿诺德。有请凯文·阿诺德！他参与的影片超过80部，所有你能想到的非常有名的福克斯电影他都曾经参与过。让我们把时间交给他。

凯文·阿诺德：女士们、先生们，各位下午好！首先谢谢上海国际电影节对我发出的邀请，我在上海过得非常的开心。我们都知道，其实福克斯是美国电影的一部分，美国电影在美国以外的地方影响力也越来越大。来到中国，我们也接触到了TCL、腾讯、联想这样的公司，过去我们做产品植入的时候，只会考虑美国的公司，但是现在我们会考虑更多的美国以外的公司。我在这里主要讲讲我们在产品植入方面的程序、政策，给大家介绍一下我们未来可能会考虑的一些电影项目，另外给大家讲一下我们福克斯一般认为什么是比较理想的品牌植入和理想的合作机会。

首先我们会看电影是什么类型的电影。电影有脚本，当中会有一些人物，我们觉得这个人物或者脚本当中可能会有一些植入的机会，我们就会把这些脚本拿去找相关的广告公司，然后我们谈好的合同。另外我们把这些机会再告诉导演，然后导演跟品牌之间会有一个合作。基本上就是这样一个流程。

接下来给大家简单介绍一下福克斯公司。大家都知道福克斯是一家全球性的公司，我们有很多的大制作电影，在全球影响广泛。事实上，我们现在国际化的步伐已经超越了我们在美国的市场。我们可以和我们的合作伙伴一起推出更好的电影，能够帮助我们的品牌在不同的平台上进行推广。

福克斯有几个部门负责相关的业务，首先有福克斯，然后还有福克斯2000，福克斯国际部，就是几年前组建的公司，并且和蓝天公司也有合作。我们和我们公司其他部门合作来发行我们的电影，我们主要的一些电影，我想大家都是耳熟能详的，比如说《阿凡达》和《泰坦尼克号》，这些电影在中国的票房都非常好。另外我们也有动画片，包括《冰河世纪》，还有《里约大冒险》，都非常的成功，这些片子是我们公司不同的部门来做的。我们得到了很多的奖项。《冰河世纪》系列的第一部是非常成功的，第三部票房是8.8亿美元，这是全球的票房。我们主要的创意成员也都会回来制作第四部。这部电影，现在正在进行后期制作。

这是和蓝天工作室一起合作的作品,我们合作的作品票房超过30亿美元,包括《冰河世纪》、《里约大冒险》等等。我们正和梦工厂再次合作,准备拍摄《机器人启示录》。我们非常高兴能够和斯皮尔伯格再次合作。还有《人猿星球2》,拍摄将会在明年年初开始,还是由第一部的导演执导。我们也会拍《X战警前传2》,预计2014年的7月份上映。这是非常重要的一部电影。《阿凡达》的2和3,预计会在明年开拍,这个系列的第一部是史上票房最高的片子。《阿凡达》拿了很多的奖项,全球票房接近30亿美元,是由詹姆斯·卡梅隆导演的。2016年会上映该系列的第二部。

我们的电影在中国非常成功,《阿凡达》以及3D版《泰坦尼克号》在中国的票房很高。我们期待在中国能够继续取得票房成功。正因为如此,我们觉得一定要来到这里展示我们,并且和相关机构、品牌进行交流,因为我们认识到这是一个非常重要的市场,我们意识到植入广告是一个非常大的市场,我们在今后一定要重视。

现在我想简单地放一个短片,是讲产品植入的一部短片。里面包括我们在做营销谈判时所主张的一些内容。在制作方面,我们的目标就是给制片方省钱,可以有多种方式,其中收一些费用,或者以货易货,或者一些公司帮助我们承担一些营销,然后我们做一些植入广告。

(播放短片)

刚才举了一些例子,讲了我们怎样和品牌进行结合,希望能让大家了解一下我们制作的电影是怎样植入广告的,我们希望能够和品牌有怎样的合作。非常谢谢!

李颖:感谢福克斯,感谢凯文·阿诺德。下面一位也是重量级的,马里·格斯·罗比诺,负责索尼公司全球市场合作的高级副总裁,也是千里迢迢从美国赶过来和我们大家分享索尼公司在未来一些大的制作,包括市场的一些合作经验,感谢索尼在中国代表处同仁们的加入。谢谢!

马里·格斯·罗比诺:大家下午好!非常感谢,感谢电影节,感谢瑞格传播邀请我今天来到这里,我是负责索尼的宣传以及全球市场合作的。索尼包括电子、音乐、手机、影视等业务,影视有限公司就是我所在的公司,我现在放一下片子,讲一下我们即将上映的电影。

（播放短片）

抱歉，这个不如我们昨天放的时候那么精彩。《黑衣人3》在中国上映的时候非常成功，其中有6300万美元的票房来自中国。接下来我们会上映《超凡蜘蛛侠》，这是一部3D版的动作片。看一下今年秋天，会有《007大破天幕危机》，这是部"邦德"电影，这个系列的第一部是1962年拍的。

讲一下明年的电影。《重返地球》是部大制作的片子，这是一部动作科幻片，在美国评级是13岁以上才能观看。主演威尔·史密斯是最有票房号召力的演员之一，他现在带来的票房累计超过了60亿美元，他的儿子贾登·史密斯也给我们带来了很多的票房，他会和他的父亲共同主演这部电影。M·奈特·沙马兰会是这部电影的导演。品牌来说，我们的品牌经受了时间的考验，我们希望品牌是有未来感的，对13岁以上的科幻爱好者、游戏爱好者、漫画电影以及威尔·史密斯的粉丝来讲，可以说这部电影是一部受众很广的片子，我们希望的一些合作对象包括电池、电子产品、环保产品，还有保险以及技术等等公司的品牌。

（播放短片）

下面是《蓝精灵2》，这也是去年夏天非常成功的《蓝精灵》的续集，现在正在进行拍摄。这是一部动画片，目标是家庭观众，预计2013年八九月份会进行全球的发行。然后是《机械战警》的重拍版，我们会帮他们发行，这部影片是根据1987年版电影翻拍的，那部经典的电影有两部续集，也有很多相关的漫画书和电视剧集。定位是有一些特效的很受男性观众喜爱的动作片，是PG-13级。

之后又是一个索尼的动画片《天降美食2》。

（播放短片）

这是之前一个非常成功的电影的续集，第一部是在2009年发行的，当时在18个国家获得了票房榜首的好成绩，也发行了DVD，还有一些相关的系列产品，还有清洁产品，还有一些技术方面的产品。分级是全家可看的。会在2014年第一季度发行。

我想再谈一谈如何和索尼合作。我是负责我们业务的推广工作的，我会和我们产品植入，还有制作、资源团队合作。我们之前的一组嘉宾也谈过，如何通过伙伴关系在我们电影发行之后进行共同的推广，对于制片方和我们品牌来说，是互利共赢的。当然这不是单方的，我们也希望回馈品牌投放的广告主，我们也可以让他们获得我们材料的使用权,也可以在我们市场上相关的广告里做一些修改,还可以向你介绍我们电影里面出现的其他合作伙伴。同样的,我们也在网上提供很多链接。我相信任何的公司都可以从与我们的合作当中获益良多。

最后我们在中国有一个非常好的办事处,希望各位和我们上海办事处合作,你们可以给我们写一封意向书,你们有什么不同的要求,想看到什么产品的植入形式,或者你们对已有这些电影不满意,想在什么类型的电影上面投放你们的广告,都可以跟我们说。我们业务部门是综合产品的植入营销以及推广的,所以任何这种可能的合作方式,我们都可以谈。谢谢!

李颖: 感谢马里·格斯·罗比诺非常有价值的演讲,他甚至告诉了大家如何操作下一步,包括明年以及未来的一些片单。有兴趣的客户可以到我的同事那里获取信息。

最后一位演讲人本来是来自派拉蒙影业的李·安妮·斯特布尔斯,她因为家里面的紧急情况没有过来,但是她把她的报告委托凯西·范德林带来了。我们也感谢派拉蒙的支持。谢谢!

凯西·范德林: 我是代表李·安妮·斯特布尔斯做这个演讲,她家里面有急事,不能来,非常遗憾,要我向上海的朋友表达她的遗憾。

派拉蒙是好莱坞历史最悠久的制片厂之一,也是票房收入最高的制片厂之一。大家可以看看短片,回顾一下我们在历史上面获得票房排名第一的电影。

(播放短片)

我们专注于打造成功的电影,比如说《变形金刚》等等,还赢得了很多奥斯卡的奖项。派拉蒙和最优秀的最知名的导演合作。我们和全球很多的品牌合作,把它们放入我们电影之中,它们也是我们的营销伙伴。我们很多产品都有广告植入,包括电影《变形金刚》和《钢铁侠》。

(播放短片)

派拉蒙也给予了品牌很大的回报。我们可以在短片中看到这些非常成功的例子。说到合同,其实有两种类型,或者说合同当中有两种类型的合作方式:第一种合作方式是这个产品可以提供电影现金;第二种合作方式是共同做整合营销,这对于制片方来讲也是很有利的。

2013 年我们考虑过的新的电影，比如 2014 年的《变形金刚 4》等等。

现在看一下三部最成功的电影。《星际迷航》是非常成功的一部电影。而且影评人对它的评价非常好，是当年最好的电影之一，DVD 也是卖得最好的。J·J·艾布拉姆斯是导演，他是派拉蒙非常成功的一个导演。我们还有《星际迷航》的游戏版，会和电影一起推出。

还有影片《杰克·瑞恩》。主演是《星际迷航》的主演克里斯·派恩，我想这个电影上映之后，这位"库克船长"会更加有名。

《忍者神龟》2014 年的时候会推出下一集。影片是讲一群忍者神龟跟恶势力做斗争的故事。2014 年 5 月份上映，马上要开始开拍了，他们现在也很欢迎合作营销的机会。

《变形金刚 4》2014 年的夏天会准备开拍，过去一系列影片的票房是非常好的。电影 2014 年 5 月份开拍，有非常多的植入机会。

品牌如何和派拉蒙合作？可以和派拉蒙直接合作，或者通过第三方机构来合作。我们在上海有来自派拉蒙的办公室，一些同事也在这边，你们可以直接接触他们，看有没有和派拉蒙合作的机会。如果找代理的话，要有正式的代理信，必须要看到正规的代理授权信，然后才能相信你是真正的品牌代理。

谢谢！

现场对话

提问：我想问一个问题，关于电影营销，该由谁来做？因为感觉现在有几种做电影营销的，一种可能是纯做 services 这一类的，还有像华谊兄弟这样做电影植入的，还有像美国 CA 那个模式，提供艺人经纪，整合营销这一块。按照中国发展，到底做这种电影植入，是应该发展成什么样，到底由谁来做最好？我想再问一下，这类公司真正的核心竞争力到底应该在什么地方？

凯文·阿诺德：我觉得是这样的，独立的一些代理机构，或者说广告公司，因为他们可以代表品牌，所以他们唯一的使命就是代表品牌，他们会和制片公司有一些非常好的合作，或者他们和品牌也有直接的沟通，当中不再涉及其他的利益相关方了，所以你就知道你是和正确的人在谈，两边都认识，而且你可以直接对产品进行代理，第三方独立机构可能是最适合的一个机构。

凯西·范德林：我也同意，这样独立的机构是比较合适的。品牌想找人代理他们，独立的代理公司是最好的。好比凯文·阿诺德所说的，可以照顾品牌的需求，知道他们的目标。而且对于一个品牌来讲，只找一家代理是非常重要，如果找了非常不同的代理，会有一个利益的冲突，或者说代理机构之间可能会相互吵架，或者出现他们一起抢这个制片商的现象，一对一的独立品牌代理是最好的。

提问：我想了解一下关于电影产品的授权，无论是哪一个电影公司，或者是什么样的电影是不是都可以存在着产品授权的方式？因为这是我们公司现在比较感兴趣的。

戴二卫：你们是什么公司？

提问：凡客。

马里·格斯·罗比诺：我非常乐意回答这个问题。授权方面，我觉得对于我们来讲，是我们消费品营销的团队来负责的。我们会跟他们共同来做一个营销。另外如果合适的话，我们来做一个授权。另外还有一个部门，就是我所在的部门，我只能说我们自己的制片厂，当然我知道一些其他的制片厂，他们是不一样的。还有一些比如说由市场推广部做这个授权。

提问：我是来自湖南张家界的，请问福克斯公司的凯文·阿诺德先生，我刚刚听说《阿凡达2》、《阿凡达3》将于2016年、2017年出品。我们知道《阿凡达》在张家界取景长达35分钟，那么《阿凡达2》、《阿凡达3》还有打算在中国取景吗？

凯文·阿诺德：我知道卡梅隆他来过中国，而且他经常会来中国，他知道中国是一个非常支持他电影的国家。他也讲过2和3有在中国拍的这个可能性，但是我觉得他还没有问过制片厂，这是他个人的意见。但确实有可能一部分在中国拍，但是大部分会在中国之外拍，可能一小部分在中国拍，有这个可能，卡梅隆也表达过这个兴趣。

提问：我想问一个问题，就是我们中国电影，在美国，尤其是北美市场上几乎很难在主流院线上映，但是美国电影到我们国内状况就不同，虽然说政府有配额，但实际上我们国内的电影市场基本上是被好莱坞大片垄断的。我问过很多人，有一些学者跟我说西方和我们价值观不同，我们的电影无法在他们的市场做大规模的放映。其实我想一想，这个问题可不可以这么理解，好莱坞已经强大到我们无法渗透了，实际上他们在设置一个隐形的壁垒，包括索尼他们自己的公司，虽然他们收购了哥伦比亚，但实际上日本的电影在美国市场也不好。我就不太理解，为什么美国市场对这些东方的电影不存在一种包容的状态？这就是我要问的问题。谢谢！

戢二卫：这个问题挺有挑战性的。

马里·格斯·罗比诺：我觉得导演可能更适合来回答这些问题。我不知道具体答案是什么，但是我要说，其实反过来也是这样的，其实有时候一些美国的电影，特别是美国的喜剧，可能不能很好的在国际市场的其他地方得到接受，所以某一些类型可能就是这样的，可能跟电影类型有关。

凯西·范德林：我觉得这个倒过来也情况是一样的，并不是说只是美国人不接受中国的电影。

戢二卫：刚刚你提了"垄断"这个词，其实还是国产片票房高，今年的形势是上半年到现在，可能百分之三四十是国产片的票房。大家认为，不是说垄断，而是因为票房占的份额太低了。但是我觉得，我们广电总局的领导和咱们发行公司应该一起努力，让国产片的比例低于50%。所以好莱坞垄断中国市场也谈不上。

至于国外市场的问题，刚才马里·格斯·罗比诺也说过，应该问导演、制片人的问题，跟今天讨论的话题稍微有一点跑偏了。

提问：我的问题想问马里·格斯·罗比诺和凯西·范德林，因为电影既然向品牌提供广告植入，反过来怎么向广告主提供效果测评以及测评的数据或者指标？谢谢！

凯西·范德林：比如说吸引多少的眼球，多少人来看这个电影，当然这也有主观的成份，比如说它的知名度多高，比如说如果台词提到了产品，或者产品突出在一个镜头里面，可能效果更好。现在并没有一个广泛接受的公式来计算，但是大家都用刚才提到的比如说广告多长，吸引多少眼球，有多大的曝光度这些来衡量，另外这也要看不同类别的广告。比如说有一些器械类的产品，它的曝光是非常厉害的，会影响到它的销售。衣服这类附属产品的销量影响力也非常大，因为人们希望穿得和电影明星一样。这是一个创意的行业，并不是一个简单的商业行为，并没有什么通用的评估办法。另外公关活动也有很高的价值。之前讲过公关的曝光以及相关的合作关系为这个品牌带来多少销售量，这些都是非常重要的。

凯文·阿诺德：我想再补充两点。第一点要看制片方对于电影的一个愿景，如果是一个大片，肯定会有很大的营销；还有要看有多少人才参与了这个项目，这也是评估的两个方面。

提问：我的问题可能不太专业，但是我非常好奇，我想问一下制片方的代表，你刚才给我们介绍了一些电影，你是否确信这些电影会在中国上映？可能我的客户想做一些植入的广告等等。中国是一个特别的市场。

马里·格斯·罗比诺：我想说我们现在并不确定，我知道现在中国正开始接受越来越多的电影，所以可能性比以前要高了。但是可以保险地说，如果第一部电影在这里发行很好的话，那么它的续集也可能会在这里表现的非常好，我们一定要非常积极，我们希望所有的电影都能够在这里上映。

戴二卫：下面我们从网友那里接受几个提问。有一个问题跟朱总、郝总有关，他的问题是：这次电影节很多人在谈合拍片，这种更多的密切合作的趋势，对于中国品牌做品牌植入、娱乐营销有什么影响？今后会有越来越多的合拍片，这样的合拍片对于品牌有什么好和不好的影响？

朱峥嵘：其实在 2011 年我们在合拍上面已经进行了一些尝试，刚才我在 PPT 里面也介绍到，有一个儿童产品，《洛克王国》。我们当时跟上海炫动，北京优扬，我们是三方投资来合拍的，应该说，我们认为取得了超出我们预期的成功。首先票房收入来说远远高出我们的投资。另外，更大的意义在于，可能我们找出了一个很好的适合我们本身产品的一个模式，对我们儿童社区产品本身的拉动是非常强的，而且持续了相当长一段时间。除了产品本身受益之外，在整个 IP 授权上面也获得了非常多的收益，我们当时电影类相关的图书的授权，以及周边一些产品的授权，也是在这个市场上面取得了非常好的收益。合拍之前大家应该想清楚找什么样的合作伙伴合拍，合拍之后要考虑你的受益点在哪里，获得什么样的收益、回报，只要做好这些准备，就可以大胆地向前迈出这一步。

戢二卫： 朱总更多地谈到了中方不同的媒体公司、传播公司之间的合拍。我想请郝总谈一下中外合拍，中国和美国，和好莱坞，未来合拍片对于 TCL 做品牌植入的影响。

郝义： 对于终端的产品来讲，其实合拍影响并不是很大，对于我们来说，好比我今天在做演讲时候讲的，关键是产品对于我们企业的形象是否有一致的感觉在里面。无论是合拍还是单拍，其实区别并不是很大。但是有一点，在我们每一个区域实际的产品或者品牌推广的策略里面有一定的区分。比如说合拍的片子，可能在大陆，和我们在欧洲北美推广的思路也要有一定的不同，在宣传过程当中和推广过程当中有一些相应的区别，但是总体来说大环境应该对厂家没有大的区别。

提问： 我代表上海一家影视公司有一个问题想问一下。在影视拍摄流程里面，从剧本到拍摄，到后期，通常像国际大片，植入一般在什么阶段就开始操作起来？是剧本创作阶段，还是在更前期的阶段植入，或者说从制片公司来看，更希望什么时间点进入？

凯文·阿诺德： 有时候植入广告可以写入剧本，一般从我们的电影来说，你会看到有些时候广告写入了剧本，根据我们不同的协议，你可以找编剧或者制片人，跟他们讨论把广告写进剧本里。比如说有一个大片几个月以后要拍，我今天在这里见到 TCL 的负责人，他们和我们说想要参与，我们的电影会在全球上映，肯定会票房非常好，我们一起在这个电影上面合作。可能剧本已经写好了，这个时候我找拍片人，跟他们讲我们这里的交谈，然后通过合作的方式找一个方法，在电影里面体现 TCL 的产品，这样的方式也是经常出现的。

郝义： 谢谢！

戢二卫： 马里·格斯·罗比诺有没有要补充的？

马里·格斯·罗比诺： 没有，我们差不多也是同样的方式。有些时候会直接写入剧本，会体现制片人的愿景。有时候品牌也会更换，有时候拍摄人希望有一个特定的品牌能够推进故事的发展，再有时候通过和品牌进行讨论，我们会给拍片的人说这个情况，告诉他们我们为什么要引入这个品牌，为什么要选这个，而不是另一个品牌，这是不断变化的。

提问：想问一下，制片方会想请明星，又想植入，有时候两者会有冲突，关于这个品牌植入和演员肖像之间可能会产生的冲突，不知道好莱坞有怎样的规则来平衡这个冲突？比如说我找一个明星来演出，但是品牌方可能会对这个明星参与到整个推广当中的尺度和明星的经纪方产生冲突，制片方如何平衡？他们一般是怎么做的？

戢二卫：大家都可以回答这个问题。

凯文·阿诺德：我们之前也讨论过，这也是一个非常有挑战的问题，包括肖像权，有一些级别的影星，他们有肖像权的问题。在这些年来植入广告发展很快，有很多经纪人也开始意识到这样的宣传、这样的广告植入是非常有价值的，大家希望能够参与到这个业务当中。现在一线明星，他们可能参与一个项目之后就说，一定由他们来批准植入的广告，或者有些时候他们会拒绝提供他们的肖像权来做一些宣传活动，你会碰到这样的挑战。你总会希望说服电影明星，希望明星能够批准你做一些宣传。有时候，如果你能够使用肖像权的话，你就能让人们觉得这些明星在支持这样的品牌。有些时候用一个短片，或者用一个宣传画来展现明星在电影中的角色。当然这要取决于制片方和电影明星的协议。

提问：我是一个编剧，中国编剧写的剧本，你们会接受吗？

凯文·阿诺德：我的工作一般都是在已经确定剧本之后才展开的，所以我对于这个没有什么发言权了，我只是做我们已经接受的剧本。对于我们的制片方他们选择怎样的剧本，我是没有决定权的。

戢二卫：你的剧本中有品牌植入吗？

提问：是一部科幻片，悬疑惊悚的。

戢二卫：可以先跟郝总聊聊。

郝义：我们可以沟通一下。

戴二卫：好的，我们今天就到这里了，整整一下午的热烈的头脑风暴。

李颖：再次感谢大家的光临，如果有任何有关品牌娱乐营销的项目，瑞格公司愿意跟您一起合作，如果愿意留下信息，我的同事在这，可以帮助您。大家对这几位有兴趣，我们可以把各种信息搜集到，转给在中国办公室的朋友。谢谢！感谢大家的光临。

新生产力：明星制片

明星纷纷出任制片人甚至出品人，成为 2012 年中国电影行业的一道奇观。明星做制片人，从影片本身看，可以最大限度地放大明星效应，给单个电影项目带来从资金、制作、发行、营销到衍生产品的全程保障，当然对延长明星的职业生涯也是一种"风物长宜放远量"的人生部署。如果将这一现象放在一个产业大背景下看，这一新潮流或许对处于困境中的产业，尤其对通过明星效应联合优秀创作力量，强化生产力来说，不啻为一种更有效的方法。

本场论坛将邀请几位明星制片人，以论坛的形式讲述作为制片人的甘苦和心得，探讨明星制片人如何完善机制，如何拓展更多的手段与方法，带动并培养中国电影新生力量的全面升级。

这些将对困境中的中国电影行业具有积极意义。

■ 嘉宾简介

黄斌，制片人

黄晓明，演员

文隽，香港导演、制片人

乔青山，创新艺人经纪公司（CAA）中国区代表

金依萌，导演

主持人: 各位来宾,大家上午好!欢迎大家来参加上海国际电影节"电影新浪潮"的第二场:新生产力—明星制片。这次非常特别,也是上海国际电影节创办以来首次有大牌的明星作为论坛的主讲嘉宾。从黄晓明踏进会场,大家已经感受到了今天会场的与众不同。由电影明星担任出品人或制片人可以最大限度放大明星效应,也是电影项目投资、制作、发行、营销的保障。在当前的产业环境下,如果运作得当,这是对中等投资的电影和年轻导演影片最大的支持。黄晓明先生之前投资的《匹夫》,让大家看到了行业先锋的创造力。今天他会以资深出品人的身份向我们讲述作为制片人的甘苦和心得。明星制片人如何拓展制片手段与方法,来带动中国电影新生力量的全面升级?这样的探讨对中国电影行业具有非常重要的建设意义。我们也要特别感谢今天到场的文隽导演,来自CAA的乔青山先生,特别感谢黄晓明先生。今天在场的来宾的年龄结构与之前不一样,年轻人特别多,甚至还有年轻的粉丝,五六岁的小朋友也来到了现场给黄晓明哥哥助威。现在有请著名制片人黄斌先生为我们主持今天上午的论坛。

黄斌: 大家早上好!我先把今天到场的各位嘉宾请上台来。第一位来自美国的朋友,他其实是一个中国通了,乔青山先生,CAA的中国区的代表。欢迎您跟我们分享一些美国经验和中国经验。

第二位介绍一下文隽老师,著名的电影人文隽老师的电影总是带给我们很多启发。

第三位是才女加美女的金依萌导演。她之前导演的电影《非常完美》取得了非常完美的票房。

最后一位请出黄晓明先生。晓明刚从《大上海》片场赶来,很辛苦。

欢迎大家的到来,先从文隽老师开始,给大家先打个招呼。

文隽: 大家早上好!今天大会请我来讨论这个话题,我有点担心,因为我一般都是泼冷水,唱反调,所以大家要有准备。

黄晓明: 大家早上好!我是黄晓明。其实我并不是一个很擅长说话的人,所以今天可能说不好,所以请大家原谅。

乔青山:大家好!今天能参加论坛是我的容幸。我只能说我所知道的,不能说更多的。谢谢大家!

金依萌:大家好!感谢上海电影节,感谢黄斌的邀请,终于有机会可以把压了很多年的话说出来了,感谢这个机会。

黄斌:今天欢迎吐槽。今天大家来到论坛,都因为中国电影产业的魅力。随着中国电影票房逐步增长,有更多人关心中国电影产业,并且身体力行进行了投资。有一类人更加光彩夺目、闪耀无比,他们就是明星。明星参与中国电影的投资和制片成为了独特的风景,今天我们聚在一起就这个话题进行探讨,希望对产业和对于电影制作能有一些启发。首先请台上四位朋友先亮出你们的观点,到底比较支持明星参与电影的制作投资,还是不太同意这样的方式?

文隽:明星制片可以这样去理解的,因为在电影界有很多制片人,他们的能力和号召力本身就是明星级别的,但是他们不一定在台前。但是估计台上的题目说的是在目前演出的明星同时当制片人的情况。其实过去十年来,内地的商业电影是从2002年的《英雄》开始的。《英雄》带给我们一个新的观念——电影原来是一盘大生意,可以赚到2个多亿的票房。跟以前拍的片不一样的地方就是《英雄》里面聚集了很多明星,就是靠明星的号召力,所以有这样票房。之后,一个大片一个大明星不够,两个、三个、四个,都是把很多明星堆在一起。慢慢地,如果观众比较经常吃鱼,那么最后吃鱼已经不能满足他们了。所以我们面临的问题是,为什么有号召力的明星就是那么几个?他们有号召力,所以他们的片酬急速增长。我们当制片人的经常找一个明星拍戏,这个人的价码七位数已经不止了,要到八位数。这个片子怎么拍才能收回成本?

前几年大家都在讨论明星的片酬影响了整个行业。有很多资深的导演回忆当年,以前我们拍戏哪有几百万价格的演员?也没有那么多的助理。但是我们知道现在时代进步,我们中国电影也在与世界接轨,起码在与香港接轨。香港带给大家好的东西,也带给大家不好的东西,不好的就是经纪人制度。以前一个明星去现场就是一个助理,现在很多明星去现场有十几个助理在后面。在电影里,明星除了演出以外,生活中他的派头、他的场面、他的江湖地位也慢慢地形成。

我认为有些明星他们不一定需要那么多人跟着，但是他的经纪人会说，谁谁谁有八个人跟着，你不能比他少，必须有多少人跟着你才有感觉。所以这个事情真的对我们制片人来说有一点为难，因为他们的片酬太高了。

但是近两年有比较健康的变化，比如晓明可以降低身价去拍《匹夫》，他换一个身份，也是投资人。管虎是好导演，但是《杀生》如果把明星的片酬加上去，可能血本无归。这些明星为什么会同意降低片酬？因为他们知道好的剧本、好的班底是很难得的。我看《匹夫》的导演非常有潜力，所以晓明把这个宝押上去没有错。但是这部片子的市场发行局面不利，尤其在四五月份两个好莱坞的电影把国产片打到根本没有还击之力。明星帮助好的剧本、好的班底，从这个角度出发，明星当制片人我是认可的。但是如果明星不好好演戏，觉得既然人家请我，拍戏赚钱，我为什么不把该赚的全部赚走？他们当制片人角色，就有点本末倒置。在香港，刘德华过去几十年都当老板，赔了又当老板，最终在去年开花结果。好莱坞一线明星经营一个电影公司拍片，他们职权分得很清楚。但是在内地，中国的电影市场就不健康。发行的人他们不光是发行，他们想：如果我拍片，我发行，不是赚了吗？在外国发行就发行，制片就制片，卖光碟就卖光碟，没有人说全部我来做。所以产业分工每一个链都要明确大家的岗位，不能混在一起。

所以我对明星制片有点担心。明星成立自己的工作室我非常赞成，因为要经营形象，所以要挑好的剧本，但是经营电影的话是为了做生意还是为了好的项目？我觉得是不是进入了误区？所以我对这个问题持保留态度。真不好意思，从相反的角度讨论这个事情。

黄斌：文隽老师一开始抛出了很多问题，谢谢文隽老师。很多话题可以继续聊，因为明星当制片人和参与投资，不是一概而论，要分析具体的情况。刚刚文隽老师提到了很多外国的情况，包括好莱坞的模式，我特别想听听乔青山的意见。因为CAA是世界闻名的经纪公司，您是中国区代表，我非常想知道您在好莱坞有没有参与制片和投资的行为？好莱坞的情况和中国的情况是不是有很大不同？

乔青山：首先，在好莱坞自己开公司的演员，应该算是少数。我认为无论是中国还是美国，都有很多相同的地方，我们可以分析哪里不一样。我觉得因为他们是演员，有相似的因素和动机，他们才会去做这个工作。当然，第一种是大家可以想到的。演员在所有的电影拍摄过程里,虽然不能说是最被动的,但是他的参议度和他的主控权的比例较低。从头到尾都是演员的大脸在银幕上,但是片子不是他写的,也不是他做导演,也不是他剪的。编剧可以改剧本,但是演员在这个方面很被动。演员制作电影可以掌控他们的未来,他们的机会,他们的命运,这是最重要的一个理由,大部分的演员愿意这样做。

另外一个动机也很重要。演员基本上都是创意比较丰富的人,都会主动寻找机会去发挥。比如说公司起名或者物色导演。在好莱坞,这些大片都会走比较商业的轨道,但是演员作为创意人物,他们肯定会想有自己发挥的空间,这是很正常的。

另外比较重要的一点,这点在中国也很重要,如何积累资源?比如说通过买版权可以控制一个未来的大家会想拍的电影。通过买版权,无论是买剧本还是买书的版权,都可以在行业内主控一些资源、一些实力、一些话语权。

还有一个非常明显的特点是参与制作可以帮到你喜欢的人。比如贾登·史密斯在中国拍《功夫梦》等等。真正可以和你想合作的人合作,美国和中国不分这一点的。

最后说一个比较令人关注的事,布拉德·皮特的片子非常成功,但并不一定自己主演。去年的《生命之树》,还有美版《无间道》,也是他的公司买的版权、开发、物色导演和制作的。

这里我顺便提一下,中国明星制片人的环境跟美国有什么不一样?中国的情况是有很多演员想做这个,但是,明星已经有了,制片人在哪里?今天在座的,比如黄斌老师,他和演员合作,发挥自己对电影的爱好和经验;文隽老师当过很多次监制和大制片人。但是,在背后帮一个演员开发公司、开发剧本的人比较少,但是像布拉德·皮特、汤姆·克鲁斯等等,他们背后都有很多不起眼的人做这些工作。这个很重要,在中国,这方面还远远不够。

黄斌:我们现在对一些概念分得不是很清楚。比如说出品人、制片人,好像制片人被大众知道的比较多。其实明星参与制作和投资分很多种情况。我知道晓明之前参与《匹夫》这个项目,其实他不是担任制片人,而是出品人,有点他是误打误撞地参与到这个项目中的。你是怎么成为《匹夫》的出品人的?

黄晓明:我完全是被制片人骗的。有一次我们提起制片人,我就跟他们开

玩笑说:其实制片人就是骗人的,总制片人就是总是骗人的,总是骗人家钱,然后过来拍电影。因为中国电影处在比较混乱的阶段,所以各种各样的人都有,有好人也有坏人。我这个制片人就是被骗过来当制片人。

我自己很清楚这个电影并不是特别大的电影,这个导演也不是很大的导演。不过我很看好他,我认为他将来会成为非常好的导演。我明明知道这个东西成功率很低,也就是百分之二三十的成功率,但我还是做了,因为我觉得中国需要像他这样有冲劲、有才华、很努力的导演,所以我这次演出跟勇气和情谊有关,与金钱无关,我可以不要赚钱,但是我觉得做了一件对的事情。

黄斌:具体到这个项目而言,金钱的投入是微乎其微的,主要是一个名份上的?

黄晓明:这个戏并没有投入太大。但是这个戏从做的时候就没有打算赚回来。

很多圈里人都知道，我是个特别容易感情用事的人。举一个例子，是另外一部电影，第一我不是主演，第二我也是投资人之一，那个片子投入的钱比这个多，但是我合同也没有签订。内部有问题的时候，有一部分人说他们没有收到我的投资，另外一部分说收到了投资了，但是我的片酬没有付，我自己没有拿到，我自己一大部分投资没有踪影。对于我来说，所谓的制片人只是一个起步。对于中国来说，我们没有办法和好莱坞比，很多人只是尝试而已。我们只是一个小学生。所以我们面临很多很大的问题，也是需要我们这些人去承受的。

我说一下关于文隽老师之前说的几个问题。第一，就是关于演员片酬的问题，我其实很同意文隽老师说的观点，但是我有一点自己的看法。首先片酬像老百姓到市场买菜一样，今天我的大蒜卖5元，大家都一样。突然今天我不想卖5元，我卖10元，买菜的人可以不买你的，去买便宜的，所以演员不可能自己提价，这个东西还是看市场，不是由我决定。以前投资几百万，演员拿不了多少片酬，现在动不动上亿，自然而然市场价格就上来了。昨天我开玩笑说朝伟哥拍片子的价格以前没有这么贵，因为以前只卖香港市场。现在的片子可以卖整个中国这么大的市场和亚洲市场，以前几千万票房已经很高了，现在卖几个亿，上千万的片酬不是很过分的要求。

第二，关于助理的问题，现在很多剧组是严格规定演员带助理的人数的，尤其我自己比较注意这方面。我经常和前辈老演员拍戏，带多了很不好，但是有几个必须必备的，剧组觉得没有问题。

首先我有一个司机，再其次有一个助理，这是比较标准的设置。因为我觉得自己的英文很烂，又想和外国人交流，所以有时候不得不去带一个外国老师。我整天飞来飞去没有办法学习英文，如果剧组可以帮我负担一下他的食宿最好，如果剧组不可以，我就自己负担他的一些住宿和吃饭的费用。标准配备就是这几个人。这是我自己的一点点看法。

黄斌：这个对话很有趣，本来想请金导演聊一下跟大明星合作的感受，但是我把抱话筒给文隽老师，因为刚刚晓明说的话，大家可能想听听文隽老师的看法。我特别了解，有一类演员他们参与一部电影的投资包括制片可能有点感情用事，喜欢某一个导演就帮一下他。乔青山说的好莱坞大明星很多都有自己的独立公司，中国目前的情况刚刚起步，不知道文隽老师认为这种感情用事的行为是可取的还是不可取的？

文隽：我认为是可取的，但是我也要回应一下片酬。我非常同意晓明说是市场来定的，我们理解明星片酬，好的剧组好的班底，你预算是多少我愿意来。这是合理的价格。但是 2000 万或者 1000 万的片酬，不是对每一个片都是合理的。只是对有经验的、靠谱的演员是合理的。因为我们现在的电影市场太不健康了，我们都知道 70% 的人赔，20% 打平，10% 赚一点点钱。我曾经听过一个好朋友说，在华南地区一个大老板做很大的房地产生意，这个人说：导演，演员为什么那么牛？不论他们多少片酬，我给你 10 个亿，替我把冯小刚、陈凯歌这样的人请过来。做生意的人认为有钱就可以了，什么都可以买到。但是电影正好相反，我们说的小刚、姜文、陈凯歌，他们不会说给 3 亿就替他拍片。有些明星是恶性循环，明星和明星之间也要比拼所谓身价。一部片子里面有好几个一线女明星，会攀比谁的片酬比较高，或者在化妆间闹不合。

因为我们的市场不健康，就出现了很多有诚意的，有想法的明星。他们就会觉得，钱我赚了，但是有前途的导演也支持一下。我的片酬变成投资。去年有一部电影是秦海璐演的，投资太少根本没有办法拍完，秦海璐就说：一定要拍完。她是为了把好的作品完成。所以情况有分别的，我觉得明星有自己的工作室，为自己的前途选好的班底理所当然，但是如果明星觉得既然有这个方便，为什么不当老板？如果当老板开餐馆，都不要投电影，大家知道投电影有风险那么大，明星投资电影不是笨蛋吗？不光是片酬多好？所以我认为明星制片不会长久的。

黄斌：大家对于明星也有一种误会，因为明星比较光耀，所以所有的矛头都指向明星。

黄晓明：首先我要声明，对于我来说确实存在这个问题，但是如果要赚煤老板钱，都是通过广告赚。有可能我演的电影都是比较大的电影，比较好的电影，但也有一些年轻导演的电影。如果碰到好的剧本好的导演，我可以降低片酬，甚至不要片酬。

黄斌：这是晓明的宣言，愿意为好的作品、好的电影降低片酬。

黄晓明：我记得之前有一部戏时间不够了，钱也不够了。我跟导演说我觉得这个戏特别重要，我自己出钱拍行不行？很多时候碰到过这样的问题。

黄斌：还想听听金导演的意见，因为之前操作《非常完美》也是章子怡担任的制片人，分享一下你的甘苦。

金依萌：明星制片是一个趋势，因为在好莱坞明星有自己的公司，有自己的工作室是非常正常的，特别是有了一定的资本以后。因为有自己的团队帮你选择特别想演的角色，还有最了解你的人帮你做创作是特别好的事。但是多数时候不是自己投钱，多数时候只是发行合作。这个时候对明星来说自己公司的压力小了很多，会有很多钱养很多人，很优秀的人帮你选剧本，做剧本，自己也不会太过多投入具体的管理当中，可以很冷静地看待这个问题。我想，因为中国毕竟走商业片路线时间还是很短，所以肯定会有一些不圆满的地方，大家都是在一点点往前走的，但是我自己本身是一个明星制片的受益人，因为我的第一部商业片《非常完美》，就是因为当时章子怡看到剧本很喜欢，决定投资一起做的。

作为新导演，我刚刚从美国回来，也不认识任何人，但是一下子有这个机会是特别好的事，到现在也感谢章子怡给我的机会。有的人说我太幸运了，一回来就有拍片子的机会。我也是觉得太幸运，但是同时我也觉得机会都在等一些有准备的人，同时作为导演是要负责任的。要对投资人负责，还要对相信你的明星和演员负责，同时还要对观众负责，特别是你的投资人又是明星，就要加倍负责。因为她给了你机会。所以在整个过程中要加倍努力。

导演跟明星一起拍片子信任和责任很重要。排明星档期的时候很难做。如果合作的是新人，拍片的时候，可以让他到片场一直等你。他可以九点来，然后下午三点才拍到他。但是和明星合作的时候，要准确告诉他几点来几点拍！对导演来说这是特别大的挑战。

明星都很忙，这是没疑问的事情，接你这部戏本来降低了薪酬，而且给了你机会。他们当然也有其他安排，不可能这三个月都是你的，有的时候给你的档期是这个月中的十天，中间我要走两天，再回来给你三天。这样的情况下如果有三四个明星在你这里，都是这样，你就得很准确地安排你的拍摄时间。

比如说有一场大戏，需要四天拍完，但是算了一下这四个人凑在一起的时间只有一天半，那你就要在一天半时间里都拍完，而且要达到你的水准。对于一个导演来说是这是很大的挑战。我记得当时在拍完《非常完美》以后，去美国和一些人见面。有人说,我看完《非常完美》,非常喜欢,你的心得是什么?我的心得就是学会了怎么样和明星合作。他说你毕业了。所以我特别感谢当时有了这个机会,也体会到了怎么样和明星一起合作。我也很感谢晓明这样,子怡这样降低薪酬甚至不拿钱支持年轻导演给他们机会的明星。

黄斌: 经历过这样的过程会不会上瘾?以后会不会继续跟明星合作下去,或者以大明星主导制片的模式合作?

金依萌: 对多数导演来说肯定会觉得跟明星合作是一个非常好的事情。因为多数的观众还是在看演员,所以为什么明星的片酬比较高。要创立导演的品牌估计还要几十年。经历了《非常完美》之后,对我来说起点有点高,所以我在拍第二部戏的时候,大家会说下一部戏里的明星是谁?确实有压力。

黄斌: 我问一下文隽老师,一些新出来的导演,他们要被这个市场所认识,观众所认识,跟大明星合作是一个非常好的机会。当然可以坚持自己的风格,找一些非职业演员也是一种模式。您怎么看这个问题?

文隽: 看导演拍什么题材。香港有一个导演从出道到现在用的都是一线明星,这个人叫王家卫,他第一部电影已经用了刘德华、张曼玉等等,王家卫本身已经是明星了。多大的明星在他面前都是让来补戏就补戏,拍完了又拍,所以他的《一代宗师》不知道还要好久才能和大家见面。

导演做的是商业行为,我是新导演,用大牌明星帮我,打造我的知名度,我成功了就会有很多明星愿意来上我的片。因为拍电影是人才的活儿,跟盖房无关。有才华的人,能够号召一些好的演员,比如说刘伟强、麦兆辉、庄文强。有的人说喜欢张艺谋导演,就希望拍他的片,问题是张艺谋愿意不愿意找你?所以演员不要从这个角度出发,是不是导演选你不重要。比如香港有一个导演一辈子拍了一部片,拿了最佳导演奖,他叫麦当雄,也是我的师傅,他拍的《省港骑兵》,做得很成功。

内地影视过去十年来都已经是明星主导的商业片。当然有些明星因为拍某些导演的片,原本不是明星后来变成了明星,比如说张涵予,拍《集结号》以后就是明星了。如果你没有本事,找多少明星来演,都会砸。比如说有一部片子有舒淇、张震、刘烨、孙红雷,结果这部片子很糟糕。我经常上编剧课,问他们这部片子怎么样？他们说不错。我说你回家吧，你连一部电影基本的好坏都不知道，就不要入这行。明星和导演的关系相辅相成，不能一概而论的。

黄晓明：我觉得非常对，所谓的明星制片，其实不只是说演员明星而已，也包括刚才说的王家卫，他也是明星。

黄斌：导演是中国市场最大的明星。

黄晓明：张纪中也是明星制片人。明星不止是指演员，今天讨论只是说到演员而已，但是我觉得是不是演员并不重要，重要的是能不能对我们中国电影带来有利的发展，这才是最重要的。像子怡是非常成功的案例，我是不成功的案例，但是总是会有一些人死在沙滩上，令后人做得更好，所以我愿意做牺牲在前面的人。

黄斌：自有后人在。刚刚接着晓明的话题，我想到了另外一个话题。大家对于明星参与的一些影片，一下子把定位变了，其实本来是独立制作或者具有导演鲜明风格的电影，但是由于明星参与，会成为商业片。电影出发的时候决定了最终的方向，比如《匹夫》这样的电影，一开始我们知道导演是具有鲜明个人风格的导演，这部电影有探索风格。但是晓明的参与让这部电影往一个纯商业电影方向发展了。有些明星投拍香港电影，参与甚至包括《桃姐》和《打擂台》这样特别的、独立的片子。明星的参与，他们的初衷是扶持艺术导演或者艺术片，但是最后却被大家误会。

文隽：你刚刚提到刘德华先生，他是我们非常尊敬的，也是非常热爱电影的人。他在九十年代初已经成立自己的天幕公司。他调侃说没有赚钱，全部都是赔钱。他当初成立公司主要的初衷是为了拍到自己喜欢的角色。后来刘伟强跟我说了我一辈子难忘的话，因为他后面卷入很多官司，很多纠缠，让他非常不好过，但是发现刘德华是另外一种人——刘德华跌倒了赔了，还是继续。《疯狂的石头》参加了刘德华的亚洲新导演计划，宁浩导演出来了；《打擂台》得了金像奖最佳影片奖，但是票房估计在内地连200万都不到，在香港也不卖座，但是对于刘德华来说，他的满足感肯定不在于这部片能够赚多少钱。好人有好报，好戏也有好报，他从九十年代初不断投入当制片，终于到《桃姐》开花结果了，名利双收。

很多明星能不能向刘德华学习？二三十年了，不是每个人都像他那么坚持。

我担心像刘德华这种心态的明星制片人比较少。有一些明星心态不好，既然我有号召力，为什么不是我一个人全部赚了？如果有这种心态，是一点都不应该支持的。为了打造自己的事业，跟我想把所有钱赚到我口袋里面，这是两个不同的态度。

黄斌：刚刚文隽老师分享的刘德华大哥的案例让我们感动。晓明在《匹夫》之后发表了一篇文章《我爱你与你无关》。他表示他对年轻导演的一系列投资和帮助一如既往，有点飞蛾扑火的感觉。

黄晓明：刘德华先生是我很喜欢的人，除了演戏之外还喜欢他的为人。我准备扶持我们的青年导演，尽自己的努力帮助他们。是不是明星制片不重要，重要的是做的事情是不是促进中国电影的发展。如果是的话不管是赔钱不赔钱，不管怎么样，我还会继续坚持下去的。

黄斌：谢谢晓明对于中国电影的热情。中国的明星已经开始在把握住自己的商业价值的同时，愿意扶持和帮助一些年轻人或者年轻导演的成长。但是在国外，乔青山之前提到的《生命之树》等等都是独立制作，文隽老师提到的，用我们现在的话说，细分了，它的市场比较专业。

乔青山：首先我想说一句关于刚才观点的声明，赶快避免一个误会。我不想给大家的感觉是，如果想当一个全面的演员或者明星，就得开自己的工作室或者制作公司。并不是这样的，都要根据个人的爱好、个人的兴趣和艺术的欲望，包括本身的真诚和责任感。

黄斌：有一部电影《铁娘子》，主演梅丽尔·斯特里普掌控所有的局面，不仅掌控所有的钱，同时掌控所有的环节，所有的部门为她服务。《铁娘子》和年轻的导演合作，出来片子口碑不是很好，但是表演最后顺利拿到了奥斯卡金像奖，这样会让我们有个联想，明星跟年轻导演合作能掌控更多事情。

乔青山：这部影片在北京也办过一个放映。有人问了同样的问题，但是《铁娘子》的导演并不是年轻的导演，之前拍过《妈妈咪呀》。任何一个明星和相对比他低一点导演合作，都可以控制局面。但是提到《铁娘子》，也可以提出另外一个有意思的结果：作为一个演员，女性无论是在政治环境还是在别的社会环境里，虽然接演的影片轮不到我说，但是起码可以演出一些可能在某些方面受人尊敬的人，为女性带来荣誉。

黄斌：金导演，自从《非常完美》成功以后，是不是也很多明星拿着剧本找你执导，这样的情况是不是有很多？

金依萌：有这种情况，也有一些公司拿剧本过来。但是我自己是一个编剧，所以我很多时候还是想自己写。

我说一下关于控制的问题，我觉得很多明星为什么喜欢自己拿钱来投一些有意思的剧本？就是因为他们在很多的投资人或者观众心目中，是已经被符号化的演员，所以有的时候可能一拍戏，大家马上会想到这就是他的符号，他的路子。这实际上局限了一些明星演员的发展。我觉得对很多已经非常有成就的演员来说，他们希望能够在一些新的剧本里找到新的灵感，这样他们有机会创作一些有意思的人物，这是作为演员最快乐的事情，因为不是在重复自己。这样的时候他们肯定是先选择剧本。我记得从电影学院毕业的时候，所有的前辈都告诉我说，你不要做副导演，不要做其他的工作，如果你的梦想是做导演，只有一条路：先做好编剧。新的导演如果想和明星合作，首先自己要写出非常好的剧本，当明星爱上你剧本里的角色的时候，他就会信任你了。因为他看到了创作激情，想创作这个从来没有见过的角色，同时在剧本里面他看到了很多不一样的火花。

我不觉得明星或者演员选择一个新的导演的原因是因为他可以控制你，这样是很不明智的选择。个聪明的好的演员，当他选择了一个角色，他特别想塑造好它的时候，他会完完全全把自己交给那个导演，这个很重要。就像两个人结婚的事，既然我爱你了，要跟你走一段路，我当然相信你，或者共同生一个孩子，互相信任，互相支持。同时对于导演来说，人家信任你，你也不能把人家毁了。

我听说《匹夫》是非常有风格的电影，这就成功了。一个电影如果做出味道就可以了，商业上是不是成功有的时候要很多年以后才能看出来。我也是那种导演，我希望做一部电影最重要的是保持着自己的风格。十年以后，回头看，这是很值得做的一部电影。对于一个好的投资人来说，特别是明星制片人来说，这是一个特别明智的选择，你做的片子是不是一个十年以后拿出来还好意思给别人看的片子。这个很重要。

黄晓明：一个电影放在一个好的导演手里可以做得很好，放在不好的导演手里会减分。我是职业演员而已，不是所谓的大明星。对于我来说如果我有能力掌控一个东西，以我现在职业演员的身份，我能有幸做一些帮助年轻导演的事情，我也会非常尊重他们。

在《匹夫》拍摄现场我就是普通演员而已，所有的事情该导演定的，导演决定，在现场拍片过程中，我是演员的身份，我有二度商量剧本的权利，当我们之间产生矛盾和问题的时候，我从来以导演为主，因为这是导演的作品。这一点我分得很清楚。

黄斌：文隽老师说明星参与制片或者投资，不是一步的事情，可能十年以后，他这样做的意义才凸显。晓明说，无论是帮朋友，还是帮助这部电影，无论结果如何，大家都能够理解你的那份心意。

欢迎大家和我们分享关于明星制片人的话题，现场观众朋友和新浪微博的朋友们，今天请到了四位嘉宾跟大家一起分享明星参与制片和投资的有趣的故事。

下面问一下文隽老师，还有一个话题大家比较感兴趣，就是关于演员票房号召力的问题。现在大家说某某演员没有票房号召力，但是我们看到的数据非常滑稽，同一个演员在这个电影里面得到非常高的票房，在另外一部非常低，您怎么看？

文隽：举一个例子，去年有一部小片叫《失恋33天》，在光棍节上映。最早电影公司目标能够卖1500万就心满意足了，结果第一天就不止1500万票房，到最后是3个多亿。在这个之前，我们找文章来演戏，但是我们找文章的时候，他在做《白蛇传说》的宣传，他给我的感觉有点像周星驰，是创作性的演员，非常聪明。所以我跟导演说一定找文章演。

我们这部《亲家过年》十月底开机，他拍了三天之后说我要了做《失恋33天》的宣传，结果十天回来他已经变成几亿票房的明星了。当时中影所有人都说我们捡到了宝，一部片子卖3个多亿。很多人说你们香港导演谁红就找谁，其实我们找文章的时候他还没有红起来。我们对这部片子充满信心，结果在春节放的时候，票房一般，好象只有1000多万。

每一部片子有它的命，当然这个片子命不太好。因为是命题的片子，必须要赶在春节档。当时有很多大片,后面有《谍中谍4》,大家都抢档期。大家都说了文章的号召力原来不过如此,我也觉得对文章不公平。我认为文章肯定有号召力的,要不然我在抢拍的时候,陈可辛不会拼命跟我争文章去客串《血滴子》。但是一个明星的号召力不是光靠个人的,是一个整体,要看拍什么类型,看怎么档期,看怎么宣发?

你们看余文乐不错,内地票房1000多万,香港也有2000多万,他有没有号召力?我不敢说。但是演员谁不想有号召力?问题是他是不是一出来就能够完全做到票房成功。能做到这一点的只有一个人就是周星驰,他基本上有票房保证,其他人哪怕是梁朝伟都不敢说一定有号召力。票房号召力是看综合因素,有明星会加分,但不是说一个明星就能有500万,那有十个明星不是会有5000万?不是这样说,拍电影不是1加1等于2,没有那么简单。

黄斌: 我们的论坛总结就是:大家宁可开饭店,也不要做电影。这个行业无论对于票房还是明星来说,都有不确定因素,跟机缘有很大关系。片酬的问题,因为没有准确的票房依据,这个明星等价为票房数,那么片酬也是弹性的。

文隽: 刚才晓明说了在超过1亿的预算里,一个有号召力的明星拿几千万也不为过。到今天李连杰、周润发这些人片酬以好莱坞标准计算,要1000万美金,500万美金,这还是信任你。李连杰的《龙门飞甲》是5000万片酬,后来有人问,如果《龙门飞甲》不是李连杰演,能收5个亿?李老板片酬那么高,票房要多少才回收?《白蛇传说》亏了,1亿都不到。李连杰当然有号召力,但是问题是你是投资方,你觉得我有李连杰,能够吸引观众买票入场,你就愿意付出这个片酬,没有人拿枪指着你。反正这个市场是周瑜打黄盖,谁都不能埋怨谁了。

黄斌: 国外明星的片酬都是固定的,2000万就是2000万俱乐部,所以在国内,是不太适应这个变化吗?

乔青山: 我只能说每个市场不一样,每部电影也不一样,当然每个演员的兴趣和想法都不一样,关键是有活力,每个演员应该有最后的主动权。

黄斌: 把最后的决定权交给演员,看他愿意不愿意合作。我还特别想知道,文隽老师,在现在整个中国电影圈,谁的话语权更大?是好的导演、好的编剧、好的制作公司、还是好的明星？

文隽：我非常同意刚才金导演说的，一个导演要打动明星，打动投资方，先什么都不要做，把剧本写好。现在我们中国电影市场缺什么？我们不缺资金，不缺明星，我们缺的就是创意。经常看到一些片拍的都是老掉牙的一看就知道结局的故事，没有什么新意。我要替香港片喊冤，为什么香港片没有以前八十年代我们在录像厅时那么精彩好看？为什么香港导演来内地北上拍戏之后全部退步了，全部没有以前的活力了？真的很冤的，因为香港八十年代中期开始，十年黄金年代，香港导演拍的是什么？美国影评人说的，皆尽癫狂，皆尽过火，天马行空创作力不受任何审查，爱怎么拍怎么拍，有鬼就有鬼，色情就是色情，拍黑社会就拍黑社会，拍蛊惑仔就拍蛊惑仔。因为我们的好坏由市场决定，观众喜欢你就买票，但是所有导演来内地拍戏，只能用到他们的经验，他们的效率，但是他们在创作上绑手绑脚了。

我看到一篇文章说"香港导演的七宗罪"，我感到非常恶毒。恶毒的是他们的心态，不说华语片不如好莱坞片，把全部责任推到香港导演身上，比如说我们不是古装就是明初，现代题材不能拍。最好就是拍解放前，上海三十年代，多少跟国民党有关，跟共产党无关，唯有把以前擅长的黑帮火拼和枪战全部放到了这个年代。古装更好，要不然姜文不会选择这个背景拍《让子弹飞》，因为只是审查的问题。还有一宗罪，是为了"拼盘"而"拼盘"，我表示，香港导演对这本周刊说"不"，我们不接受他们给我们的七宗罪。

有一个微博上列出 2009 年、2010 年、2011 年的 99 部烂片，只有一小部分是香港导演拍的。我们不要用"烂片"这个词，因为没有一个导演说我正在拍烂片。导演和演员都是很认真的，你们满意不满意和他们的用心无关，所以我们要扶持中国电影。不能总是用外国的标准。美国也有很多烂片，能到内地放的一年只有 34 部，几百部里面挑 34 部，当然是最牛的。他们的烂片我们没有办法见到。所以把罪名按在电影人身上真的是太不公平了。

黄斌：所以我们现在更愿意说的是华语电影，我们希望能够把华语电影的概念更加推广出去，华语电影能够抱成一团，等到好莱坞电影进来的时候，我们以华语影片的整体面貌和人家对话。

文隽：香港导演和内地导演最大的分别是，香港导演完全理解他们在拍的是什么。华语片市场缺的就是类型片，比如几个月前我们非常好的导演，张扬拍的《飞跃老人院》，包括管虎的《杀生》，他们的片子很棒。最重要的问题是他们没有打算明确告诉大家这是什么类型的片。《杀生》是好笑还是不好笑？我熟悉的内地导演都是好朋友，他们没有明确拍类型片。

金导演的《非常完美》完全是类型片，就是喜剧、爱情、浪漫、时尚，很明显就知道是什么。大部分国产片导演只是有一个想法，希望把心里话拍出来，问题是他们没有想到你的心里话。人家愿意听你的心里话才行，而不是我行我素。无论是老人片还是小孩片，都不是在电影院里面买票看电影的首选类型，首选我当然看《黑衣人》，都是六七十元一张票，所以我们把类型片打造成为商业行为，是导演必须要妥协必须要面对的现实。现在王晶、刘伟强、尔东升，他们都在拍类型片，这是现在我们华语片能够争取观众进影院的一个比较有希望的途径。

黄斌：谢谢文隽老师，现在请四位嘉宾分别用一句话总结一下今天的感受。

金依萌：从导演的角度出发，不要太浮躁，好好写剧本，好好做好的作品。我特别同意文隽老师说的，要负责任，多花时间在剧本上。因为在好莱坞一个导演花三五年拍一部戏很正常，因为花很多时间把这个剧本抠好，然后再拍出来。但是现在的中国导演因为钱很多，就变得特别浮躁，只要有人投钱，又有明星愿意马上拍，不管结果是什么，一个接着一个拍，中间连休息的时间都没有，也没有给自己很好的时间沉淀这些想法，结果片子一部不如一部，把自己的品牌给搞砸了。从导演的角度踏踏实实静下心来开发好的剧本，对投资人负责，对演员负责，对观众负责任，又要保持商业性，同时要保持自己的风格。如果每一个电影人，从年轻导演开始都是这样做，中国的电影市场会非常好的，而且也会能够跟好莱坞大片竞争，同时我也希望有更多像晓明、子怡这样的投资人、明星制片人来帮助新的导演。

黄斌：也期待您的新电影能够早日让我们看到。

乔青山：刚才说的章子怡、黄晓明，他们为年轻导演提供的机会非常重要。无论是在中国还是在其他地方的电影行业，通过所谓的明星制片，能够看到更多元化的类型，这是非常有利于电影行业的可持续发展的。如果这些演员不去做，商人也不一定会做的，电影行业非常需要这些明星制片。

另外一点也很重要，文隽老师刚才说的导演需要了解他们自己的类型，别给观众一个错觉，这个非常有道理。同样做工作室或者做制作公司的明星，要非常清楚你的目的是什么？有的是为了赚钱，有的为了帮朋友，有的是为了提高整体行业水平。如果你的目的很清楚那么就一定能够实现，而且大家都会获得乐趣和收益，所以感谢明星制片人。

黄斌：谢谢你，只有中国电影和好莱坞电影、中国娱乐业和好莱坞娱乐业更好地交流才能促进成长和交流。

黄晓明：首先感谢文隽老师刚才说的话，他把我不好意思说的话都说出来了。在中国现阶段做电影真的很困难，我拍了两部电影知道，我有很多想法，觉得拍出来很好看，但导演说：对不起拍了也没有用，耽误时间到时候过不了审查。所以真的很困难，毕竟我们的国情不一样。所以不管什么形式，明星制片人也好，或者以各种各样形式做电影这个行业也好，都不重要。我们《匹夫》和《复仇者联盟》斗，不能说自己不够强，是自己还没有做好，所以今天讨论的不是其他的，而是怎样对中国电影有利。像今天讨论的话题，新浪潮、新生产力，所有的问题都是涉及"新"字，我们怎么样想出更好的办法？让我们中国电影有一股新的动力出来，能够促使中国电影更好地发展，我们做的一切都是为了这一个目的。最重要的是两个字叫坚持，这个坚持不是一天、一个月、一年，我觉得可能将会是我们要坚持一辈子的事情。

黄斌：也谢谢晓明，今天至少晓明给我们一个讯息——黄晓明工作室会一如既往支持年轻的创作力量，有钱出钱有力出力，只要有好的剧本，好的项目，晓明的片酬不成问题。

文隽：今天早上说得太多了，说完了有点后悔，可能会挨骂或者挨揍，到处点火。但是和在座的朋友一样，我们愿意在这里讨论两三个小时，都是对中国电影、对华语片还有一点期待，还有一点包容。我们现在已经一年130多个亿票房，今年估计有160多个亿，上万块屏幕，我们的市场越来越大，我们面对的压力越来越大，但是我希望无论从官方或者观众，甚至到行业里面，每个人都尽守岗位，做他们本分做的事情，让我们中国电影与时俱进。当然官方也要进步，这一点比较重要。

黄斌：所有的探讨都是为了让我们的华语电影越来越好，我们还在路上，我们会坚持努力，谢谢大家关注今天的上海电影节"新浪潮"论坛，我们明年见。

硬币的两面：好莱坞合作模式备忘

2012年中美电影合作协议签订，引起双方热议。美国人认为这是"最无争议、最受美国朝野各界一致赞赏和欢迎的决定"，中国电影的一些从业人员却又有些许迟疑。事实上在这之前，中国在中美合作中并未像美方认为的那样占尽天时地利。美方在版权问题、代理费问题上的强势，使中方在合拍项目收官阶段频频处于下风。协议既出，让业界对新的合作模式拭目以待。

本场论坛作为中美协议公告后的首次公开讨论，将注定为建立新的合作模式开拓视野。

■ 嘉宾简介

戢二卫，制片人，瑞格传播执行董事、天使之翼（北京）影视投资公司总裁

萨拉·斯切科特（Sara Schecter），华纳公司高级副总裁

艾秋兴，威秀娱乐集团亚洲公司总裁及首席执行官

迈克尔·安德林（Michael Andreen），资深美国制片人、前迪斯尼高级副总裁、传奇影业专业顾问

裘华顺，新原野娱乐传媒董事长兼首席执行官

张昭，乐视影业执行董事

高军，北京盛世华锐电影投资管理有限公司总经理

吴鹤沪，上海联合院线副总经理

主持人： 各位来宾，大家下午好！今天下午我们开始的是第十五届上海国际电影节"新浪潮"论坛的最后的一场。通过前几天的讨论，无论是在行业层面还是观念层面论坛都获得了大家的关注。今天下午，论坛将为建立中美合作的新格局拓展新的视野。今年三月，中美新政的签定引爆了各种关注，今年上海国际电影节来自美国业界的同仁人数比以往增加了30%以上。从制作到市场多种模式的出现让中美之间的新合作引起了业界更多的关注。

今天邀请到的嘉宾都是中美合作专家或是受到中美合作前景影响而投身创作的业界人士，相信他们的讨论会为中美之间新的合作模式带来新的参考。

我们特别感谢今天到场的美国嘉宾，来自华纳的高级副总裁萨拉·斯切科特女士。

威秀娱乐集团亚洲公司总裁及首席执行官艾秋兴女士。

资深美国制片人，前迪斯尼高级副总裁，传奇影业专业顾问迈克尔·安德林先生。

新原野娱乐传媒董事长兼首席执行官裘华顺先生。

乐视影业执行董事张昭先生。

以及两位赫赫有名的市场专家，光彩照人的高军先生以及吴鹤沪先生。

我们要再次请出今天的主持人，戢二卫先生。他是最早涉足美国电影业界的资深人士，他深谙中美文化融合以及制作之道。昨天他分享了品牌营销的理念，今天下午他继续主持关于中美合作的论坛。

戢二卫： 我是从1996年开始参加上海国际电影节的。十六年时间内，我亲历了上影节从成长到成熟的过程。在座的也许有人不知道，上海电影节是完全没有资金投入，完全靠组委会同仁们依靠商业赞助和找免费资源动作起来的。不管大家现在对上海电影节还有什么样的意见，上海电影节是真正热爱电影的人来举办的。

本来今天是安乐影业的姜伟主持，因为姜总临时有事，所以我临时代班。我们从1996年开始参加上海电影节。今年，虽然刚到6月份，就可以算是电影界从 1995 年底引进进口大片到 2002 年院线制改革之后第三个高潮迭起的一年。从中国成为全世界第二大电视市场，到万达收购 CMC，到新闻集团入资博纳影业，习主席访美，这些消息都有共同点。中国电影与海外与好莱坞电影业的关联日渐密切，这种关联让国内电影人有各种复杂的反应。

这几天在电影节论坛中不断提到，如何向世界讲述中国的故事，如何面对好莱坞电影大量登陆的话题，可以说华语片救赎之路非常悲壮，所以我们这样的一个论坛的话题，大家就特别关注。尤其是电影节请到了来自好莱坞业界的重要人物，可以跟大家分享他们对华语电影的发展以及中美合拍片未来的发展之道的建议。

我们的论坛基本分为两节，各有一个小时。首先请第一节的几位嘉宾上场，第一位是华纳兄弟公司的高级副总裁萨拉·斯切科特；第二位是迈克尔·安德林，是传奇影业的专业顾问，著名制片人；下一位是艾秋兴，也是在中国待了很多年的制片人；另外代表中国制片公司的裘华顺先生，他是新原野娱乐传媒董事长兼首席执行官，《云图》的出品方；还有一位乐视影业的执行董事张昭先生，他们是《敢死队 2》的出品方。

我不知道在座的有没有"85 后"？对于"85 后"来说，进口大片如像是与生俱来的。但事实不是这样，在 1994 年 11 月之前只有所谓的译制片，就是很旧的外国片。从 1994 年，好莱坞主流八大制片公司（或者现在说的六大）的电影才以分帐模式引入中国。第一部就是华纳的《亡命天涯》。从引进第一部国外大片开始，就形成了丰富多彩的放映格局。直到 1995 年的时候，《真实的谎言》成为首部银幕大片。那时候票价只有 10 元左右。后来到了 1998 年，《泰坦尼克号》也引进了。中国的票房和中国本土电影市场一起在成长。

直到今年，由于好莱坞新政，大家知道提高了分帐比例。这些新变化都对中国的电影产业形成了影响，如何面对新政是今天要探讨的话题。

首先我想先从艾秋兴开始。因为很多人非常熟悉艾秋兴，她是在中国工作了很多年的美国资深制片人。最早从《面纱》、《疯狂的石头》开始，现在她又成为威秀的中国负责人。我有两个问题问艾秋兴，一个是威秀在中国做合拍片的思路是什么？还有现在做的《太极侠》在合拍操作方面有什么经验？

艾秋兴：我在上海工作了十年，在北京也住了十年，都是在电影业打拼。

一开始，我们在北京建立第一个办公室，为华纳兄弟工作。我们进口了第一部引进片《亡命天涯》。我经常跟中国的朋友们说：中国文化就是一个宝库，还有很多没有充分挖掘出来的故事、作家、人才，还有观众。所以我们花了很多时间在中国进行合拍。华纳兄弟在中国做的第一个合拍片是《面纱》。这部影片有相当多优秀的好莱坞艺人参与，是一个非常好的本子，而且有一个非常清楚的规划：我们会找哪些影星？创作团队会是哪些人？包括摄影、摄像以及拍摄地点和拍摄方式等等。

这个时候，我们需从头到尾都要有一个完整的、综合性的创意眼光。在拍片一开始我们就要知道目标是什么？产品是什么？目标观众是谁？在合拍片的这种战略上，我们就是要从一开始就要知道结果是怎么样的？我们需要知道这个电影有没有合适的人来拍摄？它的预算对不对？艺人合适不合适？剧组合适不合适？我们对这个产品比较满意，然后才向全世界进行分销。

戴二卫：我下面想问迈克尔·安德林一个问题。迈克尔·安德林在前年已经在中国做了合拍片，这个合拍片又有另外的经验可以和大家分享，因为迈克尔代表迪斯尼做了一部电影，叫做《歌舞青春》，根据美国版TV改编的，在中国的票房不尽如人意，我想听下迈克尔的经验分享。同时他在传奇影业做顾问，也参与了跟中国的合拍片《长城》，所以也想请迈克尔谈谈《长城》的情况。

迈克尔·安德林：首先感谢您提了重要的问题给我。我觉得我在这里有很多东西要学。我之前在华纳学到一点：就是在成功当中学到的东西可能很有限，而在失败当中可以学到更多东西。

《歌舞青春》是一个美国企业做出的商业决定。我认为市场还没有成熟，没有办法和观众建立起连接。对我来说，中国观众是世界上最棒的观众之一，非常年轻，他们有自己的观点，敢于表达，他们希望有一些真实的东西，原创的东西，需要有一些高品质的东西。我们在事后才明白，一定要倾听、倾听、再倾听。现在我已经不在迪斯尼做了。

《长城》这个项目我直接参与的不多，但是这个故事本身也是发源于美国，有一些中国的元素，最终的结果拍出来会怎样，大家拭目以待吧！

我想感谢唐总，以及上海国际电影节。四年前我第一次参加电影节，也是我第一次来中国，那时《面纱》刚刚首映。我和艾秋兴进行了有趣的交谈，见到了很多朋友和同事，印象非常深刻。这样的经历改变了我，我现在住在这里，除了在传奇影业的工作，我也做其他的一些项目。像刚刚艾秋兴说的，我感受到中国的文化底蕴，在中国有一种讲故事的 DNA。我们和伙伴合作的很好。我觉得《歌舞青春》做得太快了，我应该多花一些时间考虑如何拍好故事。我们希望我们的合拍伙伴可以把讲故事的 DNA 和文化的 DNA 结合起来，把美国和中国文化的 DNA 结合起来。

其实在好莱坞最早做电影的一批人是从柏林来的移民，所以很多电影术语都是德语的，结果这些说法和这些术语就被一直保留了下来。这也让我意识到好莱坞不是单一的地方，其实也是多元种族的融合，我们也希望这里是一个文化融合的地方。

戢二卫：我们也看到了有一些中国人现在到好莱坞发展。华纳是一家大公司，我个人以前在华纳工作过，而且跟迈克尔·安德林工作过，所以对他说的现象非常有兴趣。华纳考虑到中国发展，在制片方面是否有针对中国的策略？华纳对中国市场的态度是怎么样的？

萨拉·斯切科特：华纳是一家很大的公司，所以我不能代表所有的人来讲话。我们致力于全球娱乐业的发展，无论是在美国、在德国、在澳大利亚，在中国，我们都希望能够拍出好的电影。中国市场发展很快，我们非常享受拍电影给所有人看的过程。像迈克尔刚刚说的，电影的魅力在于我们有一个共同的语言，中文也好英文也好，电影本身就是一种全球化的语言，它是感性的，是所有人都可以体验的，无论你来自何方，无论说什么语言，都可以分享电影。所以对于华纳来说我们希望可以拍出所有人都喜闻乐见的电影，所有人会去电影院看的电影。不知道在座有多少人在华纳工作过？我们非常致力于全球化的工作，不仅仅是拍电影给美国人看，我们的作品是要经得起时间和文化的考验的。

戢二卫：你们有没有什么计划？比如说要在中国拍多少部片子？

萨拉·斯切科特：我来自华纳的洛杉矶分公司，我们希望拍电影给所有的人看，特别是在这里拍电影给中国观众看，我们也想在这里学习你们怎么拍电影？我们应该保持沉默，好好学习，可以用我们的专长、好莱坞的关系、人才、资源，来拍出一些中国需要的电影。索尼的一些作品，很多美国人都喜欢看，中国的电影很多美国观众也很喜欢，但是对很多美国人来说，中国还是一个遥远神秘的东方的一个国度，在我们很多电影特效当中已经看到过了。

戴二卫：刚才三位来自好莱坞的制片人分享了他们的经验。下面这两位"大佬"是重要的操盘手，乐视今年参与了电影《敢死队2》的操作，大家不要只感觉到好莱坞登陆中国，中国也在反扑好莱坞，我们听张总谈谈《敢死队2》的情况。

张昭：这是一个玩笑话。中国和美国是世界上两个最大的电影市场。我们要把这个所谓国际化问题，集中在两个最大的市场解决，这是第一步。如果我们有一个电影能够让两个国家的观众喜欢，先不谈世界上其他的国家，我们基本上就走出了第一步了，因为占领了两个最大的市场。这个事要一步步来。

我从1997年回到上影做的第一部片子就是合拍片，叫做《太空劫持》，是和一个很小的美国独立制片公司做的。从那天开始到今天，不光是对我，对中国所有的做合拍片的人来说，问题依然很多。中国电影系统和美国电影系统不同，在每个口上的对接都是问题，不是仅仅内容上的合作，这是我这么多年一直再三强调的。我觉得这是这么多年在寻求合拍的过程中的最大体会。

拿《敢死队2》做例子，我跟电影局沟通为什么做这个片子，电影局关心的是内容上怎么样，我说内容怎么样这个事有人做，我们做的事情是通过跟好莱坞这样一个A级片的合作搞清楚人家的财务制度是怎么样的，人家的保险制度是什么样的，人家拍片一个亿美金的投资，钱是怎么花的，然后钱怎么回来，这个最重要。这是全世界的问题。我做片子有这个想法，希望我们走一圈，因为我们是做公司，不是做一个电影，做合拍片是不可复制的，难道这个合拍片成功了大家都学这个故事吗？没有这样的事情，所以你必须要有一个长久的机制，所以我们才做《敢死队2》。

戴二卫：张总提了一个很重要的理念，是中美合作中操作理念上的接轨，跟美国机构联系，包括工会。这个工会和演员工会、导演工会完全不是一个概念，工会有最低的报酬。跟美国的合作就要考虑到工会，考虑到他们有什么样的政策。也有一些不完全要跟好莱坞规则走，但是了解了以后有规避风险的方法。

比如说我有一部片子做合拍片请美国演员过来，你就要考虑最低工资怎么样，包括每天工作八小时时间，中间休息时间，只能拍到周六等等，这些在中国不可能都实现。知道规定之后就可以以制片人的身份做很多工作,比如规避工会对于演员的限制。

裴总在做一部很大的电影《云图》,大到太神秘了,神龙见首不见尾,汤姆·汉克斯主演的,导演是《黑客帝国》的导演,现在是沃卓斯基姐弟。片子从制作规模到融资方式,都很有开创性,我们听听裴总的分享。

裴华顺:在合拍片上我是一个新兵,所以今天给大家交流的只是工作过程中的经验和体会。这个项目是我们在一年半以前通过一个美国朋友引见,我认识了《泰坦尼克号》的制片人。当时他介绍就是非常大的项目,只是说这个剧本是他这一生当中见过的最让他兴奋的剧本,当时是比较粗线条的东西。对我来说,不要说这么大的合拍片,哪怕是国产电影,我们都在摸索尝试中。我们跟他谈的过程中问他,你这个片子投多少钱?他当时说这个项目会投1.8亿美金,这是一个大螃蟹。对于一个从来没有吃过螃蟹的人,这个东西端到我桌子上,我怎么咬这个东西?我亲自拜访高总,问他这样的事情怎么做?高总指点我,生意怎么谈价钱怎么谈,我们当时从概念谈,慢慢清晰起来,这个过程谈了半年时间,双方动用了七个律师,我方是六个律师,他们是一个律师。当框架一点点清晰起来了以后,进入到实质性阶段,作为一个对合拍片完全陌生的制片人,1.8亿美金投下去怎么回?这是谈的最多的问题。

戴二卫:1.8亿美金您占多少?

裴华顺:那个时候要求我们投到10%。后来谈到五月份的时候,基本上清晰了。三个导演,包括《黑客帝国》的姐弟俩,还有拍《香水》和《罗拉快跑》的那个导演,他们在一起,看到了剧本觉得很好,他们是很好的朋友。当时找的明星是2010年的影后,她看到剧本以后二话不说就接了本子,第二个就是汤姆·汉克斯。后来影后怀孕了不能演这个角色就找了另一个演员,一个个找,后来这部影片所有得过奥斯卡提名的人的奖项加起来一共有五十多项,包括演员、主创、摄影等等。在这样的情况下开始进入他们实质性的操作。他们当时资金非常缺乏,希望在中国能够得到绝大部分的投资。我们当时和他们谈成本问题,经过半年艰辛的谈判,我们谈到了1.05亿美金完成制作。省了8000万美金。

这时候一大堆技术问题出来了,虽然给我们承诺的是1.05亿美金,但是超支怎么办?这个电影不能继续拍下去怎么办?他们每天提出稀奇古怪的问题,一些根本不会发生的问题。最后谈成的结果就是新原野娱乐传媒拿300万美金获得影片的大陆发行权,用500万美金获得全球5%的股份,我们以信用支付的方式支付这笔款项。第一,我们要有美国最大的担保公司对这样的投资进行担保,因为我们不能预测这么巨大的项目,在投资过程当中会发生一些什么事情,包括演员、导演,包括其他等等制作方面的一系列风险。

第二,我们虽然得到全球股份,但是是不是真正能够实实在在得到收益?因为以前有很多片子在发行过程当中,在分帐过程中会有一些麻烦的问题出现。我们又要求请全球最大的分帐公司,像银联一样带领我们收帐。

第三,既然我们以300万美金拿到了中国大陆的发行权,我要求在我们合同签订以后,这个马上生效。五月份的时候,基本的框架已经谈了下来,一切我们担心的事情美方都做了极大的让步。整个谈判过程非常艰辛,中国电影在海外没有得到好的票房回收的情况下,我们新原野第一次在《云图》项目上,以投资人的身份成为第二大股东。

华纳当时没有投资,他们所有的导演、制片人、演员都是以股东的身份分红,我们先拿75%,他们拿25%,当投资收回以后把50%分给他们。这样的模式很安全。1.05亿美金,先分75%,把产生的利润50%分给他们,这是已经极大的保护了我们中方的投资利益。而且我又是中方的发行公司,我们拿到了跟美国华纳一样的发行费用的30%,可能也是目前最高的发行费用。我们在条约当中谈到了,如果还有一个国家发行的条件比我们更优惠,我们要享受最惠国待遇,就是要把我们的条款做一些调整,《云图》目前的投资情况是这样。

现场对话

提问:我想问迈克尔·安德林先生一个问题。我们现在拍大片都是比较重视明星、名导,但是最近市场上有一些电影,比如说《异星战场》,这个电影有明星,有名导,还有名公司,但是失败了,听说赔得很惨。还有很多电影到我们中国市场之后,我们根本不知道导演是谁?也不知道演员是谁?但是我们非常喜欢这个电影。请问好莱坞有没有更多意识到电影的故事和质量的重要性要大于明星的影响力?

迈克尔·安德林：谢谢您问的这个问题，这个问题特别好，我尽量简单来回答。我觉得故事非常重要。

我在电影制作公司有很多朋友，现在已经很难说我们请了一个大明星就没有问题了，肯定会有人看，票房肯定好。中国的观众更关心的是电影的故事，电影讲了什么？

我在这个行业做了那么多年，总是在看怎么样才能让一个电影获得成功。电影制作的成功之谜是什么？我想说的是，一旦你有了一个好的想法，如果你有一个合适的演员去演，我希望他能够在银幕上散发魔力，能够让观众真正地感兴趣。故事的本身要具有吸引力，这点非常重要。为什么观众要到电影院去看电影？在家里也可以看，或者上网也可以看，或者同朋友和同事出去吃饭，为什么非要去影院看电影？故事以及电影所传达的情感，它视觉上跟观众的沟通都是非常重要的因素。

提问：非常感谢裘总谈到了《云图》案例细节性的问题，这是很宝贵的经验。我有几个问题，您谈到公司在中国地区做片子发行，合拍片进行运作和进口片运作的区别是什么？因为这两者差的非常远。第二个问题是您购买了《云图》的股份，指的是收益权还是最终版权？另外一个问题就是很多的中国企业想了解，好莱坞的制片公司想跟中国的合作伙伴共享电影版权吗？

裘华顺：在《云图》这个模式没有出现之前，很多事情没有发生过，所以没有案例参考。《云图》我们从投资规模上，包括刚才提到的第二个问题，我是有十五年的全球版权收入。

提问：你好！我想问萨拉·斯切科特一个问题，我是来自于澳大利亚的，在澳大利亚的模式当中，发行商的参与非常活跃，因为他们知道澳大利亚的观众要什么，那么在中国你们是不是也会采取相应的模式？让中国的发行商在早期就参与，因为他们对中国的观众所需非常了解。

萨拉·斯切科特：对，我知道中国有非常好的发行商，而且他们有一些非常好的信息。华纳兄弟在中国也有本土的员工，他们对于中国的文化非常熟悉，因此我们对此非常重视和尊重，我们希望拍出来的电影是大家都喜欢的，无论澳大利亚还是中国，我们采取的模式有一些相同之处。

提问：我是一个编剧，我这个问题想问三位制片人。大家知道中国电影市场是非常大的，而且中国的电影观众非常可爱，对好莱坞的电影非常支持，我的问题就是好莱坞和中国合作，对于中国题材的剧本有什么要求？第二个问题就是你们获取中国题材剧本的途径是什么？

艾秋兴：中国有很多非常好的故事，来自于中国文化和中国的现代社会，所以当我们看这个剧本的时候，我们注重真实的剧本、原创的剧本，希望是剧作家从内心深处写出的剧本。剧作家写本子的时候，不要想怎么样能够通过审查，更多的是想怎么样写好情节，写好故事。审查是后面的事。如果一上来情节非常震撼，华纳公司就会被你的剧本吸引，他们就愿意投钱给你。

有种模式我并不是非常感兴趣，但是有的人可能会感兴趣，就是在好莱坞的影片里放一个中国角色或者有一个情节在中国发生，但是这个故事和中国没有什么关系，也不是中国文化产生的情节。这个对很多人来说有效，这个商业模式是成功的，但是我并不感兴趣，因为这种做法不是非常真诚的，我们想诚实地扎根于中国生活。

第二个问题，我们买任何本子的方式是一样的，我们和剧作家达成协议，签订一个合约。我们会有权利在剧本基础之上进行改编，在此基础上拍成电影。我们也可以购买它的版权使用权。

迈克尔·安德林：对于我们来说，我们看本子付钱，我坚信本子的重要性，我坚信剧作家的重要性。好的本子不是很多，只要是好的本子，我们就开始抢，我们尽可能得到你这个本子，除此之外我们将会迎接一切的挑战，不管多么大的困难，我们一定会把本子拍出来。

我们在这里提供给中国朋友们一些建议：我觉得中国的电影业应该更多地关注编剧，关注本子的质量，这样会比较高效。

萨拉·斯切科特：我对你的建议是这样的，首先要看很多的本子，看成功的本子，也看不成功的本子。讲一个大家爱看的故事，而且找到一个办法，以视觉的语言进行对话，这个过程中要考虑到，要超越语言的界限。

美国的好本子都有一些模式，如果这些基础的要素没有就不行。你不能在

20页里面只有一段对话,肯定要其他的方式,我们有一些最基本的条件要满足,没有这个条件不会受关注。我们一周至少看15-20个本子,我的同事也是这样,我的下属看的本子还要多,一周看20-30个本子,在中间要脱颖而出很难。

提问:我觉得艾秋兴讲的一个好的剧本非常重要,在中国这边的确有非常好的剧本创作,但是要怎么样把故事讲好?同时让东方、西方的观众都能够接受?这是非常困难的。比如在中国通常用称谓表示很简单的关系链,像大婶、大伯、岳母、岳父等等,在美国不是这样,美国用剧情的方式来解释所有的关系链。我的问题是当你们在合拍时候,你们面对这两种文化冲击的时候,双方要消除掉语言界限肯定是非常困难的,所以你们如何合作,来满足两种不同目标受众的需求?

萨拉·斯切科特:很多的美国的电影,美国的电视剧中也会叫弟弟、妹妹,人们在生活中不一定会这么叫,在电影里面会这么说只是帮助大家了解两者之间的关系。消除文化之间的隔阂非常有意思,而且非常有成就感,可以让我们找到道路在什么地方?我们在原始森林中寻找的道路,在寻找道路的过程中我们非常谨慎小心。

我们认为猫和狗都可以生活一起,消除语言的障碍。首先让猫和狗住在同一个房间里面,组成一个团队,让它们了解彼此的文化,自然生活在一起。

艾秋兴:我不认为合拍片就要让所有国家的人都能够接受和喜欢。1992年的时候,一个制片人来上海一家集团公司做讲座,当时也有人问他同样的问题,他说不要问这个问题,要问怎样才能做一个好电影?一开始想的问题就是要满足中国人和美国人,最后的结果往往是四不象。首先要了解人物的社会角色是什么,历史角色是什么?这些角色如何用自己的语言说话?首先要搞清楚这个片子用什么语言?是英文的片子还是中文的片子?不可能同时要想太多的东西,写一个好本子已经不容易了,所以只要聚焦一点,就是观众是谁?你的故事情节是什么?情节里面的角色是谁?角色的特点是什么?这些角色怎么说话?怎么表达心理?是岁数大的还是岁数小的,是城里人还是农村人?每个片子都要做到这一点,这是不容易的过程,而且需要非常多辛苦工作,和编剧、演员、导演进行充分地沟通,这就是成功的方法。

提问：请各位嘉宾介绍一下独立影片的合拍情况，我们知道现在很奇怪，好多国外人认为和中国合拍片都是和中国政府进行合作，请给大家介绍一下中国独立制片人。如果独立的美国制片人和中国独立制片人进行合作，能不能成为大公司之间合作的一个好的替代的方法？

张昭：美国除了好莱坞六大公司以外其他都是独立制片，这是我的看法。因为你从制片的角度来看，只有六大公司主要以发行作为一个基本的业务，是全球市场的概念，不是从产品出发的。我们其他的公司多多少少都是从产品去运作的，从产品运作的概念都可以称之为独立制作公司。

你提的问题很对，世界上有这么多国家在生产电影，不光是好莱坞电影，还有没有其他国家的电影？比如说印度那么大的市场，有没有中国和印度合作的可能性？完全有，但是这里实际上时机还没有到，跟任何一个国家大量合作的时候，那个国家的电影在你这个国家需要有品牌基础。像我们跟香港合作一样，香港都是独立制片人，我们和香港合作因为香港电影经过几十年发展在中国市场已经有了非常好的品牌基础，观众已经接受香港电影了，所以我们才能和香港合拍。

戴二卫：第一节到这里告一段落，张总和裘总留在台上，现在有请上海联合院线副总经理吴鹤沪先生和现在北京盛世华锐电影投资管理有限公司总经理高老师。

刚才叫中美对话，现在开始国内对决。刚才更多地说制片合拍，现在发行方，尤其上海、北京两大市场的发行大佬来了。第一个问题，请你们说一下刚才讲的合拍片未来进入中国市场以后，从发行的角度来讲对市场有什么影响？

吴鹤沪：我们是搞市场的，至于什么形式的影片，可能观众关心的是好看的影片还是不好看的影片。但是作为合拍片，不管是中国和美国，还是和其他国家合作，只要是合拍片，它的票房分类就属于国产影片，至少在市场上国产影片的市场份额会提高，这是我们希望的。

高军：我想先给上海电影节说一句话，十五岁的上海电影节，今年尽管感受到了某种压力，但是我必须说，上海电影节的专业性目前在国内仍然是首屈一指的，特别是上海电影节的论坛是最有光彩的一个环节。我们有很多朋友说的特别好，说上海的论坛可以诉苦，可以发泄，冯小刚一来就放炮，陆川一来就大哭，都是对上海电影节的肯定。

至于刚才谈到的问题,我同意老吴的说法,合拍片上座率高一些,相对国产片而言。但是我有一个小小的隐忧,为什么要做合拍片?实际上这是面对目前市场的巨大压力,国产电影寻找的一种出路,也就是说当你不能改变世界的时候,你可以试着改变自己。合拍片就是中国电影在改变自己的一个尝试,为什么要做这个尝试?在前不久的一个电影产业论坛上,我说过一个事情,进入2012年,中国电影面临着巨大的生存压力,盈利能力急剧下降,市场空间特别狭窄。到目前为止我数不出来今年哪部纯粹的国产片赚钱了,我能数出几部保本的,《黄金大劫案》、《车在囧途》,别的不知道,赔钱的很多。这一定会牵扯到整个行业所有环节,包括我们院线和影院。国产片不好的话,我放进口片,仍然可以活得很好。其实并不尽然,原因在于当影院和院线对好莱坞影片的依赖度很高的时候,你的谈判筹码还有多少?你的话语权还有多少?所以其实中国的院线,中国的影院和中国国产电影是唇和齿的关系,所以有一些隐忧。

合拍片可以做,也可以做得很成功,因为好莱坞毕竟开始倾听中国的声音了,开始重视中国的文化了,但是合拍片不能解决中国电影的全部问题。我个人认为,不能让中国电影沦落成1993年的韩国电影,到了只占整体市场份额的17%的时候,再唱《国际歌》,那时候为时已晚。所以我们的论坛也作为呼吁包括电影从业人员、电影主管部门和全国的观众来关注、扶植国产电影的平台,如果能够达到这个目的,我仍然会为上海电影节的论坛叫好。

戢二卫:谈的非常好!这次电影节我也注意到,尤其是昨天"华语片的救赎之道"的论坛,王小帅、陆川、贾樟柯都上来了,对内容审查谈得很多,这次更实际。因为现在合拍片很多,有"真"的合拍片和"假"的合拍片,各种形式的合拍片。比如说中法合拍的《面纱》,还有《功夫梦》、《雪花秘扇》等等。《功夫梦》表现一般,在美国上映票房过亿,中国人没有对它太感冒,但是美国市场很好。还有《雪花秘扇》无论中国和海外都没有太大的影响,这部片也有大明星,也有两国合作。合拍片的成败得失的原因从市场的角度你们怎么看?

吴鹤沪:合拍片的票房属于国产片的票房,为什么强调这一点?刚才高总也说了,在好莱坞大片数量增加的情况下,今年以来,我们从官方的宣传上知道,中国现在正在从一个电影大国向电影强国迈进。从具体数据上来说,影院越来多了，影片越来越多了，观众越来越多了，从而得到的票房越来越高了。

作为电影产业的终端，院线和影院在票房积极攀升的状态下，我们脸上的笑容掩盖不了心中的忧愁，我们现在是幸福地烦恼着。幸福在于票房高了，一切都好说，烦恼在于在好莱坞大片大举进攻之下，我们国产影片在市场的份额受到了严重的挤压。

我来自上海联合电影院线，我们院线去年票房13.35亿，占全国票房的10%。有些数据在这里讲一下，说明我们目前的国产影片的严峻的状况。第一个数据是今年从1月1日到昨天为止，我们院线票房最高的十部影片中九部是美国好莱坞影片，只有一部国产影片叫《喜羊羊与灰太狼》，排名第八位。

第二个数据，是今年开始到上周一共是24周，24周中间除了第1周最高票房的第一位是《金陵十三钗》，第3周到第24周，每周票房冠军还是好莱坞的引进大片，其中有4部影片是连续三周的票房冠军。

第三个数据，往年四五月份都是市场淡季，今年因为新的市场出来以后，在短期内3D、IMAX影片增多，预热了市场。在这个中间有五部好莱坞大片，像3D版《泰坦尼克号》等垄断了票房排行榜前五位，在市场放映空间占到了54.3%，观众拥有量占到了76.8%，在票房的市场份额中占到了81.2%。用100%减一下，就是剩下的国产片再加上其他进口影片的数额比例。

这种状况对我们国产影片应该说压力比较大，我认为引进影片在市场上占有率这么强劲，国产影片生存空间被严重地压缩了。我想有两大原因是应该考虑的，一个就是国产影片总体数量要减少，而质量要大幅度提高，因为我们引以为自豪的往往是影片一年生产多少，去年是700多部影片，故事片558部。我们也看到在电影市场上每个星期五都在举办"集体婚礼"，6月1号8部影片同时上映，6月5号又来8部。共用市场的结果是市场被压缩，观众被分流，票房淡薄了。还有银幕数和人口众多的市场。我们在大城市建立了那么多影院，在偏远地区的中小城市也应该建立更多影院，容纳更多影片的放映。

电影终端技术也在发展，十四年前放《泰坦尼克号》，我们分首轮、二轮、三轮。现在电影数字化，一个密码改了以后各影院可以同时放一部影片。从市场化角度看，把场次留给最需要的影片，在好莱坞大片上映的首周、二周出现国产影片很难生存。多拍合拍片也是提高影片质量的一个方面。

戴二卫：你说的数字很可怕，我觉得好莱坞影响力非常大，但是没有想到大到这个程度。

高军：我也接着吴总补充两组数字。第一组数字，目前中国的 3D 银幕数量大约占总银幕的三分之一左右，而中国的 3D 制作远远不能满足市场的需求和观众的需求，这些 3D 银幕就是为好莱坞预备的。还有一组数字，到今年 5 月底的时候，全年上映新影片 155 部，其中国产片 81 部，仅占上映数量的 30%。二十几部进口大片占了票房的绝对值。大家可以散会以后到横店看看，去年同期横店这个时候有五十多个剧组争抢场景，制片主任还打了架。今年冷冷清清。是不是说国产片一定要用这个方式减少生产数量？提高优秀率比单纯减少数量更为重要。

戴二卫：张总说到一个情况，国产片的空间被挤压，好莱坞大片这么多。除了《敢死队 2》之外，乐视还做了很多国产片，会不会在包括合拍片甚至 PPM 方面有哪些规划呢？

张昭：是的，对于规模化的电影公司或者规模化的电影行业来说，这次增加 14 部影片，从长期来讲一定是好事，基本每个场合我都是这样说的。当你面对全球化市场和面对一个平板市场的时候，你就会用不同的视角去看待自己应该做什么。其实迟早要来的。2001 年当朱镕基签署 WTO 协议的时候，有过十五年电影市场完全开放的承诺，这是对世界的承诺，是不能改的。问题是门什么时候开？用什么样的速度开？中国的电影产业什么时候能够有准备？我觉得中国的电影产业基本上是一个被政府惯坏的孩子，不经风雨是不会长大的，有的人会就此倒下。

高军：政府从来都是娇惯民营企业的。

张昭：从我们自己来说，因为我自己经历过美国电影行业的变化，我跟艾秋兴说，做电影在世界上没有一个地方是容易的，在美国也不容易，所以我们也别想的那么容易。从我们自己做起，要认真对待全球市场。从乐视角度来说，有两个经验跟大家分享。这一年，如果真的做国内的影片，不要"洋泾浜"，有的学海外的东西，又不能学到位。很关键的是要用跟好莱坞大片不一样的方式做推广,乐视影业主要的着眼点在这里。产品由消费者说了算,我们对消费者有多少了解?这是一个大问题,你的营销、你的发行是最重要的。

另外一面如果做合拍片,我觉得问题不是等到什么时候再唱《国际歌》,而是要尽快跟国外合作"强身健体",合拍是为了要"强身健体"。

戴二卫：说到影片质量,下面这个问题问裘总。看了《云图》,华纳发行人说这个片子用1-10分已经不能评了,水准超过了10分。有56位曾经获得奥斯卡提名的主创一起完成这部电影。这个片子从操作层面上很有意思,除了周迅出演,还有一个中国女孩子朱珠也参演了该片,从拍摄到情节和中国没有太多关系,但投资是中国的钱。

裘华顺：血统问题自己不能说了算,决定权不在我们自己这边。新原野成立四年以来一直在研究中国电影市场的一些现象。今天这个论坛让大家谈到的一些话题,大家有些悲观,中国电影被好莱坞大片挤压到了几乎已经无招架之力的地步。这两年我们做什么事？2008年注册的时候,北京只有200多家文化公司,到2010年已经有2000多家影视公司,包括院线,包括制片方,中影、华谊兄弟包括乐视,大家都在努力拍好片子抗击好莱坞大片。有一个现象没有引起大家足够的重视：中国哪怕是100%的市场,在全球的市场份额当中还是很小的一块,5%或者10%,这一块战场上的拼杀已经是刀光剑影,血流成河,几乎没有赚钱,大家还在拼杀。但是有一个市场被忽视了,就是90%全球的电影市场,这部分难道固若金汤？怎么样盈利？怎么样占有全球的市场？这里就是我们从《云图》合作过程中,发现的非常奇怪的事情。如果说一个电影项目是一把茶壶,茶壶下面烧的是制片人、编剧、导演、演员、制作团队,是他们组成了一个很棒的电影项目。

如果《云图》在商业模式上成功,会有很多好莱坞好的项目慢慢平移过来。在跟中国制片公司合作过程中,中国的资本因为扮演了重要的角色,其他的一切会慢慢变得融洽起来。对我们来说是学到什么？就是他们先进的理念和制作经验。这个片子在德国拍在德国看片子的时候,我很震惊,原来好莱坞大片是这么拍的,汤姆·汉克斯来的时候每天都是一个人来一个人走,从来没有助理,来了拥抱打招呼,拍完了一个人走,你会很震惊。餐饮都有餐车,到了时间拿卡随便吃。

高军：我特别力挺裘总,既然允许来"圆明园",我们也能去"白金汉",

我们也折腾一下。

裘华顺：《云图》是合拍还是引进？我们还在等待，但是媒体非常关注。去年《纽约时报》和《洛杉矶时报》，包括香港的《南华早报》，很多报纸找到我们这边打听《云图》，这已经不是娱乐事件，其实是一个财经方面的话题，因为我们在思考的是全球市场到底是谁在把控？因为八大公司其实只是发行商。《云图》当时找华纳的时候，华纳根本不敢接。当时卖到日本的时候，日本也卖不动，说吃不准，这次我去嘎纳看片子的时候，日本版权没有卖掉，100个发行商看片子，除了我们版权方自己发自己以外，包括新加坡很多地方又被华纳拿走了。发行还是在八大公司发行，制作就是一帮人在制作。如果有好的项目，假如说我们的投资有保障，有各种各样的分帐、担保，合理的发行收入，一个全透明的分配方式，我们自己认可的全球的版权比例，那么，在全球的电影市场中中国人应该扮演很重要的角色。我们的《云图》希望给大家一些启示。

戴二卫：所有的演员都是拿低酬金，周迅也是这样吗？

裘华顺：周迅是因为很喜欢这个电影，所以周迅没有分成。

戴二卫：还有一个技术问题。因为涉及合拍，尤其是中国去好莱坞进行的合拍，涉及财务问题，中国的人民币出入境还是受到限制，不像全球资金随便流动，您的资金从中国怎么出去？以及未来的海外盈利怎么回来？外汇进出的问题怎么解决？

裘华顺：在整个《云图》投资过程中，到现在为止这场仗打下来，我的精神压力是前所未有的。我们动用了六个律师，从春节以后开始谈，谈到五月底的时候，基本上合同定了下来，但是我们在合同当中没有写明付款的时间。当时我们的解决办法，第一肯定是向发改委、外管局、主管部门申报这个项目，然后再促进。但是《云图》遇到了什么困难？我们谈到7月15号的时候要签订框架协议，但是我们的付款还没有到。当时我想人民币存在中国银行香港分行，由香港分享出具内保外贷信用证，遇到了问题，审批需要一个月时间。当时由于审批时间来不及，也曾经想放弃《云图》这个项目。

到了7月28号那天，制片人说了，德国方面希望在8月1号收到中国方面的信用证,要不然德国那会边就很麻烦。他说《云图》这个项目在德国注册,这个项目公司有导演、制片人,有这么多合伙人,如果这个钱不打到,资金链会出现一系列问题。8月1号,这么多好莱坞大片明星就要拿到片酬,在西班牙拍戏,但是信用证还没有开具。6月16号我去了香港,想通过朋友的帮忙借钱给德国方面,让他们先拍起来,我们在香港待了七天以后没有借到一分钱,所有朋友都告诉我投资电影风险太大,1000万美金借给老外,将来出了问题怎么办?

戴二卫: 您是钱在中国出不去,所以转到香港?

裘华顺: 我要审批一个月时间,但是他们半个月之内要用,要不然会破产,包括制片人和导演会遇到非常大的麻烦。我们到香港用一个星期时间借钱帮助《云图》制作公司渡过难关,结果我们无功而返。

到了7月28号我们就回来了。去年五月份我参加戛纳电影节,见到去年金棕榈最佳影片《生命之树》的制片人,也是《泰坦尼克号》的制片人,我在六月份收到了一张海报,就是《生命之树》。我很感动,那么大的制片人,在百忙之中还记得给中国朋友寄海报。《云图》吸引的是每个国家的艺术家以不记酬劳的方式参与其中,如果我放弃,可能《云图》就不会成功。所以29号我再次带着制片人去香港借1000万美金。乔青山做了非常了不起的事情,没有拿到钱,下面怎么办?钱不能过来,戏要拍了,老乔说:"我见过这个中国人,他们说过的事情我相信他们能够做到。"CAA这么多演员是第一次没有拿到全部的酬金先加入了《云图》的拍摄,在这里向老乔表示感谢!

戴二卫: 经过一番周折才救了这个项目。昨天听裘总说他一到拍摄现场大家起立鼓掌,中国的救星来了。因为今天两个环节都很精彩,我把下面提问时间留长一点,有问题大家可以互动。

现场对话

提问: 我觉得我们都应该关心中国的电影产业,现在中国电影产业仍有各种各样的担忧,我们这次的论坛是讲合拍片,但是我觉得合拍片需要有一个定义,因为在这里我们听说了有各种各样的合拍片,所以我想要区分一下共同出资和合拍是不一样的。合拍是一个真正的合作,所以除了这个词语上面的差别之外,就是合拍当中是有很多真正问题,现在这些问题大家都没有真正明确,所以可能有一些误解,这是正常的。

我们对于合拍片有什么样的期望?我是欧洲人,我很遗憾的是作为欧洲人,我们在合拍片方面现在并没有做得很好。我们历史上面是很强的,以前是自己拍片,之后我们开始寻求合拍,运用合作伙伴的知识或者是他们的资金。

我主要是想引发大家的一场讨论,不是说要特别问哪一个嘉宾,我很遗憾欧洲没有参与这场讨论,因为我们现在只讨论的是中美之间的合作和合拍,所以我非常遗憾这里并没有欧洲代表。所以我的问题是,中国现在在很多产业都跟海外合作,在很多的行业当中,中国最后都发展了他们的产业,甚至取得了巨大的成就,但是我觉得文化是不一样的。文化是没有边界的。多年来,文化在中国发生了非常深刻的变化,我想问的是你们觉得合拍片会不会推动中国电影的发展?你们希望从合拍片当中得到什么?专业的知识吗?你们也有很多很出色的团队,但是现在在培训团队方面没有很好的手段。

戴二卫:如何让本地人从合拍片当中更多的学习和借鉴;通过合拍怎么对中国本土的电影业和电影人有所帮助?

张昭:这个可能是最关键的问题,第一合拍是关于市场的合作;第二是关于内容的合作,内容上怎么能够在不同的市场分享;第三个大家彼此学习也是很重要的。

每一次跟国外的合作我们都是非常期待的,比如说《敢死队2》。我们去保加利亚看实地拍摄,老式动作片拍法非常有意思。老式特技怎么拍?跟现在不一样。他们一些拍法跟中国武打片拍法很像,但是又是不同系统的。可惜我没有办法把很多中国制片人带去,如果我们虚心一点,诚恳一点,合拍会变成一座学校,当然不是单向的,是双向的,因为很多老外也在向中国学习。

提问:我想问,好莱坞项目选择中国投资的时候,什么样的公司或者投资可以被好莱坞所选择?比如《云图》这个项目为什么裘总的公司有合作的机会?

裘华顺:其实我们在谈判过程中一度谈不下去,因为麻烦问题太多了。首先还是双方的条件大家认可不认可,觉得划算不划算,又要安全还要划算,就是双赢,任何一方单方面的需求都是实现不了合拍的。

提问：台上的各位好！听了今天的论坛，我想说一句：我特别担心一个局面会出现，就是跟好莱坞这样的合作可能会出现中国足球或者中国汽车这样的局面，也就是说中国还是没有核心竞争力，中国电影的核心竞争力是什么？人家好莱坞喜欢我们的故事，喜欢我们的人物，喜欢我们的文化，但被别人拿走了，我们只是在资本层面，比如我赚钱了，但是我们真正得到了什么？

张昭：您说的非常对，你的忧虑是在座每一位的忧虑。一个国家电影竞争力真正的提高是知识产权，这是非常对的，首先对你这个问题表示感谢！第二，今天跟我的老朋友迈克尔·安德林聊天的时候，我一直强调，我们公司也有做研发的员工。实际上合拍一定要从研发入手，什么道理？要避开政治上的很多东西，你要解决两地市场的适应问题，都是要从根子上解决问题，不要计较挣钱不挣钱。只在一个项目或者十个项目上挣钱，中国电影产业仍然没有完成任务。还有一个重要的是这个产业怎么通过合拍，获得全球的后产品市场？这个才是电影产业的真正收入所在，不是票房，也不是票房的投资回报，没有知识产权哪有在后产品渠道和整个衍生产品的收入？感谢你的问题，这是中国电影十年之内最关键的问题。

提问：还有一件事需要有很强大资本的人来做，就是如何培养自己的好的编剧和好的导演。现在跟别人合拍不是跟自己人，我们本国做电影的人怎么办？应该关心这些人。

高军：实际上中国足球从娃娃抓起，中国电影从青年导演抓起，就是这么一个起点。培养新手是很累很辛苦的事，但是要有人干。我听了冯小刚导演在论坛上的发言，他说你的电影不好，不要埋怨别人，埋怨自己，但是这个话不是对所有年轻导演说。起步的时候需要扶植，人都有过童年，都有过蹒跚学步的时候，不能站着说话不腰痛。你成为大腕儿了，就飞奔，不可以。所以给青年导演提供宽松和谐的氛围，还要给他健全健康的机制，所以对青年编剧和导演，应该是四个字叫"授人以渔"。

提问：刚才讲到了《云图》的运作模式，我有两个问题，第一个这个完全由演员或者是导演加入以后，他们作为一体的股权运作，也需要一定的启动资金，你们也遇到困难,这个困难有多大?有没有可行性?推广以后可行性有多大?第二个问题就是我听说好的导演比熊猫还少,但是我也听说很多年轻导演出来没有事情做,我们只能靠国有影视机制或者国有体制培养,民营没有实力,这个东西到底由谁引领培养的通道?

戚二卫:两个问题没有关联,第一个是财务股权融资方面的问题,第二个是青年人才培养的问题。

裘华顺:第一个问题你刚才谈到《云图》前期筹备的事情,这件事跟我们没有关联,都是合伙人。《云图》的项目注册在德国。

戚二卫:是单独的公司?

裘华顺:所有的合伙人注册这个公司。

戚二卫:这个公司在项目发行结束之后自然解体吗?

裘华顺:没有,会存在,因为要收帐。《云图》筹备过程中跟我们没有关系,这个阶段过了以后才来找全球投资,跟各个国家谈判。还有刚才谈到知识产权的问题。我认为中国电影制造业就像当年的汽车工业一样,什么是自己的知识产权?如果说红旗牌是自己的知识产权,只是闷头搞研发,可能到今天我们的汽车工业跟发达国家还会有很大的差距。但是当年我们跟日本本田等发达国家先进的汽车工业结合在一起,利用他们的技术,利用他们的经验,利用他们一切的东西,发展我们自己。这只是一个过程。

通过《云图》这部电影的合作,我得到最大的收获是我们认识了这么多最专业的,最顶尖的电影人,知道好电影是怎么拍出来的。我们在两年前已经筹备拍摄《圆明园》上下集,这样中国血统的电影我们怎么完成?我一直在担心,我拿《云图》做了前面的尝试和铺垫,知道这些电影是怎么拍出来的。中国也会有很多好的导演,也会有很聪明很棒的编剧,但是双方水土不是太适应。我是浙江人,本来不习惯汉堡的味道;慢慢他们也会习惯,觉得油条大饼很好吃,都是彼此的学习和交流,这是很重要的事情。

张昭:青年导演的问题,我补充一句话,现在好莱坞电影进来,我一定要给大家鼓劲,这对于青年导演是好事。

第一,通过合拍你们可以有很多机会,学到很多非常先进的制作理念。

第二,你们对中国的社会话题、热点、年轻人、互联网时代受众的熟悉程度,是好莱坞人员根本不可能有的,这是你们最重要的手段,也是其他国家和地区比如香港导演们不可能有的。你们有条件生产出和好莱坞电影差异化最大的产品，你们有生存空间的。我特别同意高总说的，这个行业最重要的就是两件事：第一件事是建一个可持续发展的系统；第二件事就是培养一些未来的人才，两件事做好了，我们怎么利用好莱坞电影？这是我们行业要想的事，我们这些人想的事。

吴鹤沪： 我补充一点，刚才讲到国产影片的状况，从大的方面说，国家要扶持，我们要坚持，观众要支持，把国产片搞上去，培养年轻的编剧导演。我们从市场的角度，有一个建议，今年是延安文艺座谈会七十周年，毛主席说文艺工作者要深入到工农兵中去，但是现在是快餐年代，不可能这样了。电影如果拍了不是给观众看的，我们不用讨论，电影离开了观众只能变成符号。我希望年轻的编剧和导演，如果有可能的话，花点时间到电影院去，你坐在电影院的售票处，什么事都不要干，就看看买票看电影的是哪些人，可以知道观众是谁，可以知道一部影片的票房比另外一部好，看看是什么观众在选择？同时多余的时间你也观察国产电影，坐在影院里面，看看观众的第一反响。观众如果说："好看，我让同事明天来看。"我们也会加场，票房也会高，如果观众走出来说："几十块钱小意思，就是浪费我两个小时。"恐怕明天就要减场。了解了市场、观众，导演的作品和编剧的作品才可能会贴近生活。奉劝年轻的导演和编剧，不要光拍自己想拍的电影，而要拍观众想看的电影，而自己想拍和观众想看的尽可能拉近距离有所重叠，如果完全重叠你就成功了。

提问： 我想问一下吴总，上一次论坛上，有很多导演在抱怨说影院给国产影片排片太少了，最后分析可能是因为市场有利益驱动，这个肯定院线是没有任何的责任。但是我想知道，您作为院线的经营者来说，您觉得希望有一些什么样的政策来保护国产电影？让它能够跟观众更多地见面？

吴鹤沪： 我刚才说过现在电影市场繁荣了，我们是幸福地烦恼着，我们的微笑还是掩盖不住我们心头的忧伤。我们也是有社会责任感的国有企业工作人员。因此面对这些情况，有些导演发出了一些声音，简单地埋怨院线排片不给力，影院排片少，我们完全可以理解。因为我们和许多年轻的导演也是好朋友，我们只能劝说，影院不会对你产生情绪，影院也不会无缘无故把场次给好莱坞大片。

影片一定要有观众来看。实际上市场有一只无形的手在调控排片量，这个由观众决定，第一天我们一般都会给足一定的场次，观众决定第二天增加还是减少场次。

从大的方面来说有三点。第一，国家要从根本政策上给予扶持，比如说电影基金的增收，进口片和国产片是不是有所区别？比如说税收能不能区别？比如分帐比例能不能向影院倾斜以调动它的积极性等等，还有重大时期的档期的协调，也是有关系的。这是对政府方面的期望。

第二，我们电影人要坚持，不要停留在互相埋怨的阶段，我们应该少一点埋怨，多一点理解；少一点责怪，多一点交流；少拍一点自己想拍的电影，多拍一点观众想看的电影。我们的责任是要服务好，让电影尽可能吸引更多的观众，我们经常有口号是为观众找电影，为电影找观众，这是我们必须要做的。我们要以良好的服务和先进的设备设施来迎接观众。另外我们有一个重要任务，就是把市场的真实情况尽可能多地反馈给那些电影创作者、投资者，让他们了解市场。

现在国内的一些制作者有个问题，他们相对自我封闭。我们发现许多影片的投资方并不了解同一时期其他影片的状况，因此出现了由自信转化成自恋，由自恋转化成市场上的制裁，所以我们需要更多的沟通。现在我们十大院线已经召开会议，我们要改变这样的模式，由院线来召开看片会，把今年年内已经做好的以及即将完成的影片拿过来，我们一起看，请片方的人一起。我们并不是对影片评头论足，做艺术上的评定，因为我们看的时候都是国家审查通过的合格产品，我们要避免在档期上同类题材的火并，也防止过多的影片在同一天上映。比如2月14号情人节所有带"爱"字的影片全部一起上，大家都不可能占有更多的市场份额。

最后一点就是观众要支持。前几天欧锦赛正在举行，爱尔兰队和西班牙的一场比赛，0：4落后的情况下，爱尔兰队队员已经感到没什么希望了。这个时候爱尔兰的球迷全体起立，右手放在胸前，含泪唱同一首歌，为他们的球员加油。由此我想到了中国电影，不讲球迷，讲影迷，我们的国产影片在和美国大片的市场比拼中，现在暂时处于弱势，像球迷说的：输的人更需要陪伴。对于那些有艺术质量，有艺术特点的作品，是不是我们的观众能够做到每年都走进几次影院支持一下呢？我希望我们的媒体也能呼吁一下，让我们的国产影片在中国的电影市场上拥有主场的优势。

戢二卫：衷心希望吴总的呼应能够得到响应，今天的论坛就到这里，非常感谢大家的参与。如果下面还有单独的问题，几位好莱坞嘉宾和张总、吴总、裘总都在，可以做短暂的交流。谢谢大家！

高票房炮制过程全解码

2010年中国电影市场最大的变化是宣传成本的投入加大，宣传的比拼日趋白热化，手段日趋多样化。酒香还怕巷子深。一部电影诞生之后，怎样占领院线阵地、拉动观众消费甚至形成持续性影响力和自身品牌，是一个任重道远、技术含量很高的过程。宣传、营销环节中，相信业内不同的人自有一番策略。但现有经验是否能适应未来电影产业发展的需要，目前市场环境下营销思维应当如何转变，短周期内创造高票房效益，有什么门道，将引发怎样的思考？

本场论坛将从营销的必要性、营销的方法论以及营销趋势与未来，全面讨论电影营销的战略与策略。

■ 嘉宾简介

姜伟，安乐（北京）电影发行有限公司总经理

张晗，新浪娱乐主编

于冬，博纳影业集团现任总裁及创始人

刘嘉，电影票房专家

马珂，《让子弹飞》制片人

吴鹤沪，上海联合院线副总经理

派特里克·弗拉特（Patrick Frater），《亚洲电影资讯》行政总裁

主持人： 大家下午好，我今天很荣幸能够主持今天的讨论会。其实就算不做主持的话，我也很愿意来，因为今天来的这些嘉宾都是重量级的。这今年的这种电影市场情况下，他们可能会给我们带来很多不同的见解。我先一并介绍一下要来的嘉宾，博纳影业的董事长兼创始人于冬先生，《让子弹飞》的制片人马珂先生，还有一个是刘嘉女士，我要特别讲一下，她做了三十年的电影票房的研究，我作为搞发行的人，差不多每周都会跟她沟通。她对整个电影票房市场的走势非常清楚，等一下大家可以听到她精彩的演讲。

今天的主题，实际上是说我们如何将电影营销提高到一个新的高度。在2006年的时候，电影的可操作空间还非常大，一年就几部大片。到了2010年，从年初一直到年底，一共有23部大片接连上映，竞争越来越激烈，对电影的营销或者宣传提出了更高的要求。我觉得电影的宣传有三个方面的工作：首先，怎样说服媒体；其次，怎么说服院线；最后，怎么说服观众。今天就是要请嘉宾谈一下，在高票房的背后，他们是怎样看待营销这个问题的。请第一组嘉宾于冬先生和刘嘉女士上台，我们给出的题目是"《大笑江湖》的票房背后"，请嘉宾讲一下《大笑江湖》的票房是怎么做出来的。我觉得先让刘嘉女士从旁观者的角度来谈一下对《大笑江湖》票房的一些看法和认识。

刘嘉： 大家下午好，非常感谢上海电影节给我这么一个交流的机会，能够跟大家分享一些我对中国电影票房市场的观点和看法。我们都知道，去年中国电影票房超过了100亿，速度超过了我们预先想到的时间。100亿的票房是由很多影片组成的，今天我先以《大笑江湖》来切入这个话题。《大笑江湖》的总投资和营销发行费用不超过3000万，按照现在的标准来说是中等规模的影片，但最后的票房到了1.6亿，投资回报率很高。《大笑江湖》的成功有几个关键点：第一，市场定位准确。它就是一个大众的、通俗的、跟赵本山的娱乐产业相匹配的电影。用了一个很简单的广告词"123，一笑解千愁"。第二，它不是大片的形态，也不具备大片的形态，但被营销做成了大片，这也就是所谓的"造大片"。首先本山传媒集团营销的能量很大，为宣传本片他做的脱口秀节目在全国五个卫视都播出过,东三省的卫视节目隔几天就播一遍。他的营销的第二个动作比较大手笔,印了一百万份《大笑江湖》的快报在影院直投,模仿真实的报纸,吸引了观众高度的关注。第三,对市场目标的争夺上有一个区分。北方市场是比较关注的地方,甚至超过作为大本营的沈阳。小沈阳和赵本山去拉票,办了两次首映活动。最后,它在策略上其实是一种低姿态,它的压力就没有其他那么大。所以它在营销上做了一个大手笔,策略的低姿态成就了它的高票房,通过营销把这个中等形态的影片做出一个大片的规模并且得到了大片的回报,市场走势也证明了它的营销是成功。

于冬: 我们当时也没有像这么仔细地来总结一下,我觉得很多的判断其实就是我们操作市场的人做出的。第一时间我们已经决定了一个事情,很多东西在后面补充和完善。首先关于《大笑江湖》。上一年《十月围城》的时候,朱延平有一部戏叫《刺陵》,同时还有赵本山的一部电影亮相。《十月围城》最终胜出,《三枪拍案惊奇》排后,《刺陵》在后面。然后小沈阳拍出了《大笑江湖》。当时时间很紧,在春节前后。朱导拍完《刺陵》,我说十二月档你赶快做一个喜剧,也是大家很期待的。影片四月份开机,瞄准十二月档期来的。后面营销的计划,我们确实花了很多心思,确实做了很多的工作。

每年十二月,贺岁片的竞争其实也体现了一个国内电影界的年底答卷。大家很关注《让子弹飞》,觉得姜文的电影肯定是雄霸天下了。为什么冯小刚在九月开机赶一部电影出来打败姜文,这里面暗含着竞争的态势。我今天第一次说,媒体也都在,到底谁是中国电影的贺岁片冠军?九月份开机赶一部,可能是上市压力比较大,逼小刚赶快出片,小刚当时不一定要拍。还有一个就是姜文导演这一部大片出来,大家都会拭目以待。但是我觉得在这个档期里面应该有不同类型不同,为什么我们《大笑江湖》非得要十二月上?你有古装、你有赵本山、小沈阳的班底,你是一个小片,成本并不高,跟他们比起来也亏不哪里去。在这种没有压力的情况下,我们博得了十二月的机会。

相比较来讲,国内电影界之间更多是靠协调。档期资源就这么多,媒体争夺也好,院线银幕数争夺也好,最终还是要让整个产业有一个良性的发展,并不是互相消磨、消化。你想想,整个十二月没有新片,光这几部片。我们当时想一个礼拜一部,我们先上,跟凯歌导演也商量过,最后两部片叠在一起上。结果他比我们票房高一点，但我们也没输。性价比、回报率我们还高一点。如果《非诚勿扰2》打一下《让子弹飞》的话，《让子弹飞》可能得过10个亿。

姜伟： 博纳最优秀就是发行，我们第一个零点上映活动，包括第一个全亚洲同步上映活动，都是博纳做到的。我觉得博纳擅长的地方在于影片定位以及档期的选择。营销我个人觉得不简单是指宣传，还有一个整体的东西在里面，于先生在发行上能不能跟我们分享一下经验？

于冬： 多说几句，独立制片会是某一年度，或者某一阶段的亮点，但是大公司要布局全年，要对下一年度的电影做好规划。我们几个大公司每年八部、十部大片，必须对下一年度做好安排。我们暑期肯定会有大片，大的节假日都有安排。今年我们备了三部大片，一部是徐克导演的，真正的武侠片，有周迅参演，会拍成3D版本。还有两部，一部是《大魔术师》，也是贺岁大片，梁朝伟领衔主演，刚刚停机，后期也来得及做。还有王家卫导演的《一代宗师》。但是，三部片都在十二月上是不是合理的安排？我们投资商还会商量，最起码保证两部戏上映。

作为博纳公司来讲，2012年贺岁片是什么？不能等春节过后再讲，我们现在就要筹备和计划，我们还要研究对手，今年贺岁档姜文的影片肯定没有了，小刚的片子可能也来不及，能拍出来上映的就是张艺谋导演的片子。我们三部片跟他的电影错开，这是从宣传上的考虑。明年有可能要碰到姜文的电影了，甚至碰到凯歌的电影，我们都要寻求差异化，整个市场才会很丰富。

姜伟： 于冬先生已经把十二月份纳入囊中了。博纳已经变成产业链很完善的公司，而且是作为民营公司，值得在座各位去学习和借鉴。我下面想请刘嘉老师给博纳的《大笑江湖》做个点评，博纳的特点在哪里？或者说营销思路的特点是什么，您有什么样的见解？

刘嘉： 其实博纳走过了很艰难的历程，发行的板块做得越来越大。前几年，可能香港片进内地，首选就是博纳。刚才于总说，12月份《赵氏孤儿》带来的压力大，我想《大笑江湖》也给你解压了。《大笑江湖》可以看出以发行起家的公司的长处。比如说对档期的选择，对营销和市场策略的平衡都很擅长。但是，我觉得博纳在上市以后，想做全产业链，既朝上游，又朝下游，我想跟于总讨论一下，博纳要作全产业链的发展，那么发行还是不是你们核心的板块？

于冬：博纳的制片其实是为发行服务的，你给我们讲拍电影的故事，没有投资人感兴趣的，因为拍电影有不确定性，一个电影赚钱了，但是有可能同时有几部电影都在亏。但是博纳是做发行，这对美国公司来讲是他们有兴趣的。我这样理解好莱坞，好莱坞六大公司每年每家公司差不多拍12部电影，一半是自己独立出品的，一半是投资别人的，它们做全球发行。只要进入它们的发行渠道，你的票房基本上就有保证，它们在选片上非常严格。博纳今后的发展策略是制片获得稳定的支撑，同时作为开放的平台吸引独立制片公司跟我们合作，来开展发行这个业务，这样起到全年业务财报稳定的平衡，这是我们的业务模式。

我觉得最重要的是，发行通过对市场的判断，反过来影响我们的投资和制片。我现在能想到的就是和朱导的合作，他和制片紧密的合作，真正听取发行的意见。第一部样片出来以后，我们制作团队跟宣传发行团队，在影片的初剪基础上，提出新的修改意见。朱导非常好，这一点上他完全听我们的意见。朱导拍小孩子特别好，小小彬演小沈阳小时候的角色，他十几个爹死、妈死、全家死，最后说完蛋了。我跟朱导说，这是贺岁片，这个死那个死，不太好，但那个片段很好笑，如果不是贺岁片，放在任何一个地方都是一个流行语，朱导很听话，把这个拿掉了。我想换一个导演未必听你的意见。

刘嘉：我接于总的话题，刚才他说了两点：第一点，好莱坞的电影产业是以发行为主导的，我们要记住这个。第二，他爆了一个料，《大笑江湖》也是由发行主导的。

2011年结束的时候，是中国"十一五"最后一年，整个"十一五"期间中国电影产业发展非常快。非常快的是两个地方，源头和终端，我们的制片业发展很快，产量高。然后就是终端，影院建设得多。在"十一五"期间中国电影产业有什么方面是滞后的，就是发行。我们现在产业是制片在起主导作用，而不是发行。真正好的市场要以发行为主导，最近的一个案例，就是《观音山》。《观音山》一部文艺片凭什么能在三月份拿到7000万票房？其中最重要的一个原因就是发行在主导这部影片的市场运作，按发行的观点重新梳理了主题，受众和营销宣传。主题突出了范冰冰，一下把年轻观众跟影片拉近了。

刚才我想跟于总讨论这个问题，实际上我们现在中国电影产业的三大块里，发行是最薄弱的环节，而博纳是发行很有特色的公司。我也看过于总的采访，你们对项目做了一些规划，对原有的优势你们是怎么平衡的？以后这块还是不是核心的板块？我想让于总给我们讲一讲，你怎么保证你曾经有过的优势？

于冬：我们很多电影进不了院线，进不了市场，主要是发行的问题。2005年到2009年这个阶段，每年只有130部电影进入院线，包括"院线一日游"的影片，去年多一点，达到200多。我们的产量从200多部，到500多部，进入院线相对稳定。其中中影集团、博纳、华影等这几家公司占了中国发行市场的75%，还要多一点。

刘嘉：市场发行的份额还是有点高度集中，我们的发行公司还是太少？

于冬：相对来说还是有一个集中度。大家想一年就有52个星期，就算一个礼拜排4部，再多的影迷去看，市场竞争还是很残酷。像12月份一个礼拜排一部，已经是非常好的条件了。在这方面发行就起到很大的作用，很多电影拍得很好，制作也很好，但是跟发行脱节。博纳是做发行出身的，我经常跟合作伙伴来讲，现在你给我两个月时间做发行根本就不行，最少要一年。从开拍我们就要介入，越早制定发行的策略，对影片来讲胜出的机会就越大。

我们都是发行的专家，反过来看制片产业，收益率低是制约我们电影产业快速形成有规模的影片的关键点。作为发行来讲，我们要为这些影片提供更多的策略、方法、保障，这是吸引更多的投资进来的要点。一点要让产业良性发展，才能够吸引更多的资金进来。

姜伟：谢谢！其实我觉得于冬先生、刘嘉女士提出了一个很好的经验：发行先导。由我自己的经验来看，发行越早介入，你影片的制作越有力。发行是距离市场最近的，而且发行是影片最重要的环节，发行先导对小规模独立制片的公司来说，是很重要的经验。太多的电影拍完以后都不知道去了哪儿，其实能"一日游"算好的了。

于冬：为什么要早定发行策略？因为发行手里都有很多片子，策略越早定越便于协调档期，错开上映时间对大家有利。

姜伟：对，档期很重要。为什么要讲《大笑江湖》，这是一个很好的案例。

如果你去拍一个大片，花了几千万去请全明星阵容，所有的投资都是最大的，都是顶级的，你应该怎么做呢？我觉得可能是另外一个做法，下面有请马珂和新浪主编张晗一起讨论。

《让子弹飞》这是马珂做制片人的第一部电影，这个电影我自己都承认我也输给他了。从影片本身来说，那个时候我更看好《非诚勿扰2》。这个影片引起了很多的争论还有研讨。首先请张晗对《让子弹飞》做一个点评。

张晗：《让子弹飞》有这么好的票房也出乎我们的意料之外，我跟同事打赌也就5个亿。我们也在反思《让子弹飞》跟别的大片比有什么不同，有什么值得学习的？姜文的片出来以后，口碑上还可以。在口碑出来了以后，我们对这部片子是不是有一个界定？是一个好片还是一个烂片，我会认为这部片子还不够好。

媒体对一个片子报道，不能用媒体的观点来影响观众，比如说去年的《刺陵》，我的表妹就说这部片子非常好。从2009年戛纳到2010年片子上映，《让子弹飞》做了非常细致的工作。他们对这个片子做了很详细的规划，让你觉得它没有什么纰漏。

对于大片，已经到了量级了，只要按照量级层次做下来，就很稳扎了。刚刚说了很多发行的事情，我了解到整个发行投入了50万，实际上占整个片子成本的三分之一，这样一个宣传规模到了这样一个量级了，我需不需要投广吗？我觉得这一点是很多单位不太一样的想法。昨天我听江老板说，《非诚勿扰2》在之前也有一定的纠结，比如说增加2000万的增发，那你的票房会有多少？

导演放下了身段，大家知道，那一年做《太阳照常升起》的时候，姜文跟媒体是有交恶的，姜文说看不懂你再看一遍。但是在去年的《让子弹飞》里面，他我们看到的是一个与以往不一样的姜文。从各个方面来说，天时、地利、人和，拿到高票房也属正常。

姜伟：请马珂先生再回顾一下。

马珂：《让子弹飞》我们也没有做太多出乎意料的东西，我们只是想了很简单的方法，既然要拍观众喜欢看的电影，那就先挑一个简单的故事，我就挑了一个土匪、骗子的故事。既然是简单的故事，定一个什么样的类型呢？我觉得是喜剧。既然有了风格，有了故事，我们选什么演员？我就跟姜文说可能只有你能把葛优他们串在一起。有了故事，有了演员，再加上导演自己，拍个简单的故事对姜文来说不是难事。1995年《阳光灿烂的日子》他也拿过奖。我说拍一个简单的故事对你来说得心应手，后来我们找到了一些合作方。刚才于冬也说得很准确，发行是要先行的，我们的时间是早定的，既然定了也就别躲了。

我再回忆整个《让子弹飞》的过程，第一就是按步就班，第二就是稳扎稳打，第三就是讲究执行力。我们不要想能不能做到，想很容易做到，我还想把海报贴天安门上呢！那不可能的事儿。能做到是第一步，做好以后往后推，当时投了5000万，很实打实的数据。

姜伟：那有没有考虑成本？

马珂：对，当时想了得卖3.5亿才能回本。如果不这么做这部片子未必有这样的结果，因为这个片子真的是一个好东西，但是这个东西好，怎么变得更好？姜文导演之前是一个有"前科"的导演，以前的片子票房也不好，那这部怎么办？我们需要比其他的片子加几倍的投入。

姜伟：我在其他的渠道也看到马珂自己对自己的总结：如果我想做到超出我想象，或者说5个亿票房，6个亿票房，先算算宣传的覆盖面积有多大。一开始影片会算制作成本多少。我这儿来讲，不是马珂的想法，是想我先能做到的，我自己的总结，不知道你自己是不是这么想。

马珂：电影的票房取决于人次，应该尽量挖掘一年看一次电影的人。当时这部片子具备这样的素质。最后结果怎么样？当时我也不知道，可能结果出来是一个非常惊讶的数字，也有可能出来是一个很一般数字。

姜伟：我替他总结一下，马珂做了他自己该做的事情，稳扎稳打，把影片呈现给观众。从2009年开始，大型发布会就做了9场到10场，活动的费用还是很高的。大片的气势在哪里？应该有它的规律可行。没有任何一个宣传手段像电视广告这么直接。

马珂：你说得对，电影是拍给观众看的，观众接受的媒介信息渠道无非就是路牌、电视、楼宇等等。这些东西都需要提前6到8个月定，所以去年这个时候我们就全都定完了，北京最好的位置我都挑完了。

当然，钱不可能无限制地花，就算《让子弹飞》不是大片，我当时也有一个测算，5000万对我是一个上限了。我问过一些投行，他们说我投得太大了。我们去投了一些楼宇的，其实并不是很贵，只是提前定的，定完了效果就出来了，其实也没花多少钱。

姜伟： 制作成本和宣发成本有比例吗？

马珂： 一半。

姜伟： 达到制作成本的一半？

马珂： 对。

刘嘉： 《让子弹飞》有7亿票房，是现在是国产片最高的票房了。但我觉得2011年对电影产业的贡献不是票房，最主要的是发行的市场运作上提供了一个新的理念，5000万宣传广告费，当时不是为花钱而花钱，我要花这么多，是有一个测算的。5000万广告费要覆盖2亿人，假设2亿人的10%纳入观众，2000万人每张票是30块钱。很多人让我预测《让子弹飞》的票房，我说姜文的片子可能不好预测，因为前面有《太阳照常升起》，但是看到马珂说的，他是按照电影模式在做，三分之一的投资作为的宣发投入，把观众人次纳入到考虑范围内，之后的结果就是谋事在人，成事在天了。

马珂： 其实刘嘉老师说的道理，我们在课本上都能看得到。我强调一点，第一是什么片子，有没有符合宣发的片子，符合这种手段之后是不是能够执行？必须要把想做的事情完完整整地做好，比如说活动、片花，每一个活动都会提高媒体的认知度，观众的认知度。

第二计算票房的方式，将来也会像西方一样，法国、美国也是这样计算。如果是4000万人次，就15亿的票房了。要覆盖这些人次，要按照普通人的行为生活的逻辑去投放宣传。

姜伟： 我觉得马珂只说了其中的一部分做法，我们经常也说到，营销的方式可能对影片有很大的影响。我觉得在网络宣传，包括其他的方式上有一些独到之处。我想让张晗先简单点评一下，我也关注了一下微博，当然马珂对微博不是太感冒。我觉得从张晗角度来看一下，《让子弹飞》还有什么值得大家借鉴的经验？

张晗：先说说微博，《让子弹飞》不适合在微博上推广。我们之前的剧组，对微博就如同五年前去推博客的时候一样，表现出来是抵触的。《让子弹飞》里面，导演姜文最后决定还是不推微博，当然我也可以理解。比如说周润发、葛优他们微博都没有开。这跟整个片子的选择跟定位还是很有关系的，可能我们所谓的宣传上的独特手段，比较适合低成本的东西，但是对高成本的东西，还是不太适合的。

姜伟：马珂你自己觉得呢？

马珂：网络宣传对电影来说性价比很高的，但是不能光靠微博。

姜伟：其实谈到这里，我稍微给大家总结一下，大片的做法可能看起来平淡无奇，但是我觉得细节决定一切。《让子弹飞》我们已经研究了很长时间，我认为它在营销上细节做得最好，一个视频的发布、每一个用词都做得很好。所以我认为大片的营销方式，除了大投入以外，所有的成败跟细节有很大的关系，我相信马珂应该认可这个。其实很简单，在影片上映之前我电话骚扰过他半年，他细心到他认为值得沟通的朋友他就会尽量沟通。我们最近两年一两个亿的片子很多，有 300 万、400 万的观众可能就是常态。你要拿 6 个亿的票房呢？如果你想拿到超过常规影片票房的收入，一定要超过常规的投入，这个肯定是成正比的。

马珂：前提是电影故事一定要好。自己一定要了解手里做的故事、类型、导演还有演员。

姜伟：这个我同意，今天是讲发行，我把影片质量先放一边。我在跟好莱坞合作的时候，我的大老板说过一句话：《变形金刚》根本不用你发，我拉条狗来就可以发了。因为发行是增值服务，通过你的努力使你的价值在电影院得到体现，如果是以影片质量为借口，我觉得发行以外的人都可以拿影片质量来说事。

其实我们今天谈了两个大片的做法，还有中等成本影片的做法。实际上过去一个月，最大就是好莱坞的电影，《雷神》、《加勒比海盗》、《功夫熊猫》，票房都被好莱坞拿走了。未来我们国产电影一直是这样的待遇吗？我们怎样应对？下面有请吴鹤沪以及派特里克·弗拉特上台。

吴鹤沪：《让子弹飞》宣传强大，《赵氏孤儿》那时候大家都没有看到影片。结果我们在北京参加一些活动的时候，我把我们想提前上映的想法跟广电总局副局长毛羽说了，这样我们的档期最后定在12月4号，对于这个档期院线并不满意，当时《大笑江湖》是3号上映，4号是星期六，常规总是星期五。如果提前上映，就不是刚才那个情况了。

对于《让子弹飞》，我还记得12月初，马珂带着姜文在上海搞活动，那天上午在院线请一些媒体看了，由于放映的质量问题，声音不好，但是影片不错。下午见到姜文，我说这个影片会是《赵氏孤儿》的倍数。姜文当时还不满意，他说我的这部影片是《非诚勿扰2》和《赵氏孤儿》的总和。说明档期是非常重要的。

刚才刘嘉老师讲影片比档期重要，影片是第一位的，档期是第二位的。下面我要说到我想说的内容。今年1月份到4月份，大家可以从报纸上见到电影市场的情况，是低迷、萎缩的，全国去年的总票房是101亿多，我是上海电影院线的，我们这条院线票房是全国票房1/10，我们下面讲的数据就是院线的数据。今年1月份票房下降的比例是26%，2月份继续下滑22%，3月份还是下滑10%，4月份仍然是下滑4%，连续4个月的下滑，原因也非常简单。去年的前4个月有了一部《阿凡达》，没有《阿凡达》的日子里，电影市场不好过。去年年底延伸到今年4月份。团购、秒杀有一定的好处，但是打乱了电影的体系，这跟票价有一定的关系。为了维护电影市场防止恶意竞争，各类影片在上映以前都提出最低票价的限定，但是可能我们有爱国主义的情结，还不知道什么原因，我们把好莱坞大片的票价定得比较低，像现在正在放的《加勒比海盗4》、《功夫熊猫2》最低票价是15元，我们将要放的《建党伟业》定35元，实际上团购的取向还是好影片，低票价，好时间。这样一来票房还是会集中到观众想看的电影身上，因此前4个月情况并不妙。

我们五月份情况不一样，我们通常把五月称之为"红五月"，今年可能是电影市场的"红五月"，几乎一周一部影片在市场上上映。到六月总票房赶上了去年的总票房。因此，五月份很可能就是历史的转折点，但是转折点由什么造成的？还是离不开片源，片源决定市场的第一要素。来自好莱坞的影片，刚在联合院线五月份上映以后，延续到六月初时间，取得的总票房已经达到1万3500

万,占到总票房的 35%。同期 23 部影片进入市场,把好莱坞 4 部影片去掉之后,还有 19 部电影,不到市场的 15%。五月份恰恰这几部影片引领了市场的主要潮流,把我们票房提升,把前 4 个月的票房弥补过来。总量可以和去年的贺岁档,总票房是 1.5 亿万。《功夫熊猫 2》和《加勒比海盗 4》还没有满月,但是我们的《建党伟业》也要亮相了。现在我坐在马珂旁边很高兴,去年《让子弹飞》,现在让票房飞。

我们引进的好莱坞影片都是经过挑选的,都是带着市场的眼光挑选的,并不是说好莱坞所有的影片都是好影片,好莱坞也有烂片。从电影市场的角度,影片的数量要控制,控制数量,提高质量,才能确保整个市场的运作。刚才讲到前 4 个月的票房,是在院线增长的情况下,为什么会下降?因为好片太少了。我们呼吁引进好莱坞大片,同时我们也希望国产好看的影片也更多一点。

姜伟:谢谢!下一个问题也想问一下派特里克·弗拉特,因为他是研究亚洲电影市场的专家,希望他告诉我们一下,中国电影市场目前的状况?我们中国电影在亚洲的地位怎么样?

派特里克·弗拉特:大家下午好,非常感谢上海国际电影节邀请我来参加今年的论坛,去年我也来了。

我是英国人,我住在香港,也在香港工作。我在香港有一家小型的电影公司,主要是关注电影的新闻、评论、以及相关的信息数据,有关整个的亚洲的电影市场,以及全球发展趋势。我关注国际的销售发行等等,希望之后也会讨论亚洲的电影业。

先谈谈人们对于中国电影的期待,我想说一说题材和语言,更多的是关于发行以及推广、营销。我给大家带来的是积极的乐观的信息。首先我想说一说期待,中国电影究竟可以在海外赢得怎样的票房?大家知道《卧虎藏龙》已经是上亿的票房了,但那已经是十几年前的事情了。还有人说再看看张艺谋的《英雄》,这也已经是 8 年前的事了,不应该在今天再拿来评论。现在用来在国际院线,全球放映的中国影片数量越来越少了,所以要在海外获得更多的放映,更多的票房收入,机会越来越少。此外我们还要关注一点,美国的市场之所以最难以进入并不是由于美国配额的配置,而是美国公众的原因,他们不喜欢配音、看字幕,如果中国的影片在美国影片,就必须要有配音和字幕,没有其他的选择。

所以，大家要有合理的期待，不管你的电影在商业上有多好，成本有多大，在中国有多成功，在北美上映，就是另外一回事了。在过去几年中国有一些失败的案例，有一些电影在中国票房很好，但是美国电影公司放映、发行情况就不是那么好了。在这些案例当中，我们看到他们其实都没有能够很好把他们的影片推销给一些小型的发行商，或者是营销商，来帮助他们寻找一定的观众群。

说到题材和语言，好莱坞电影 5 分钟之后就会知道谁是好人，谁是坏人，好莱坞的题材故事非常精炼，在这方面好莱坞电影有很大的优势。亚洲电影的故事线索常常比较模糊，有不同的讲述方式，不同的顺序，很多时候是建立在角色上。当然，这并不是对错的问题。我们可以看到中国的四大名著，这些故事都没有清楚的脉络。此外，亚洲故事蕴含的哲理也比较保守，对于究竟谁是好人，谁是坏人，这种定义相对来说比西方更加模糊。

我想对国家广电总局提一个建议，电影可以做一个中国版和国际版，我觉得这样一来可能效果会好一点。之前有人给我做过挺奇怪的采访，他们问我什么样的题材，或者说什么样的信息是中国的影人提供给西方市场的？这个问题让我很困惑，我觉得这并不是电影的功能，他们关注的应该是故事本身。有了一个故事之后，他们才会关注故事的哲理。他们并不习惯听到一些道理。在美国，他们常常都是故事为先，娱乐为先，英雄、恶棍、好人、坏人，家庭观念也好，善恶的信息具有普遍性，并不一定说是有国别之分，在美国这种信息以娱乐的方式提供。这种一定要先提供信息、一个哲理的一种想法其实是挺奇怪的。今天我也在《人民日报》上看到一篇社论，里面提到了非常感激国家广电总局提供了非常能够引人深思的哲理。我觉得这种说法是很奇怪的。

常常听到中国影人对我说，他们关注特定的类型，像武侠片、喜剧、浪漫喜剧，有一些题材他们觉得是他们做不来的。我想建议中国的电影人，尽可能多尝试一些不同的类型。二十年前我在英国，英国人完全不想看英国的电影，他们觉得英国电影全是社会片、伦理片，没有足够的类型供你选择。经过这么多年，英国电影有更多的种类和风格了，这种偏见也逐渐消失了，所以我想建议中国的电影工作者可以尽可能多地尝试不同的类型。

再来说一说营销和推广，还有发行，我完全同意之前各位提到的观点，前期尽早准备和规划以及比较长的准备时间，我觉得你必须要清楚你的电影处于什么状态。现在看到有些电影在制作过程当中，但他们已经告诉你放映时间可能在一年之后，我觉得这点非常好，一年做一些公众活动来提升公众的观注度。亚洲电影也好，中国电影也好，完全有准备的空间，今天这个论坛上我也听到中国越来越多有这方面的工作，这是一个非常好的现象。当然可能没有办法在亚洲所有国家举办十几场《让子弹飞》的宣传活动，但是可以找专业公司、知名媒体帮你做这个工作，需要清晰和尽早的沟通。

对于中国电影业来说，必须要与国际上的公司有合作，在国内很少有专门做电影销售的公司。但是在国际上来说，这样的公司对于中国电影界非常有价值。他们是独立的公司，一旦他们选择了你的电影，他们就会花时间把你的电影推向国际市场，这样你的电影就有不一样的标志。这些公司是完全专业化的，我觉得中国影人需要和做业务拓展的人合作。

另外一点我要说的是，我们可以来看一下其他亚洲的国家，比如说印度，印度的电影业有的时候是一片混乱的，但是历史也非常的长。我觉得他们有几点做得非常好，值得我们学习。首先他们对电影做自我的发行，包括好莱坞的电影，还有印度语的电影。现在他们有自己的分销网络，在全球都有自己的销售渠道，基本上可以跟好莱坞齐平了，已经进入了十几个国家。他们花自己的钱，控制自己的明星。我希望华纳、华谊这样的公司有一个全球化的网络，这样可以减少在海外的盗版。

印度大的公司做得比较好的，就是其他分销的渠道做的好，不仅是进行自我发行，而且还可以在数码频道上进行发行，印度电影网上发行做了六七年了，用了一些自己的用户渠道，这些网站都是要付费的。包括付费下载等等这样的模式，有各种各样的业务模式。这些平台很有用，不是所有人都能去电影院的，比如说在德国一些很偏僻的地方，印度的农村地区也没有电影院，所以利用网上平台可以扩大发行的范围，收入最大。

最后，历史是有利于中国电影业的，我经常会这么讲，我们对其他国家的文化感兴趣是第一步，这是经济发展比较慢的阶段。中国经济赶上去以后，大家对中国文化会变得越来越兴趣，这是非常自然的过程，这就是我想说的。

姜伟：其实他说了非常简单的一个道理，中国电影走向国际化就是一个工业化的过程，中国电影还是有很长的路要走。我最近也注意到一些好莱坞新变化。好莱坞在1998年的《泰坦尼克号》已经拿到了很高的票房，大家可能注意到一个细节，他们已经在中国买广告了，《功夫熊猫2》已经与麦当劳有合作了，他们已经把人力、物力、精力向我们转移。刚刚我们讲了高票房如何炮制出来？如果想一下，用好莱坞的模式在中国做一个《功夫熊猫》的宣传，在近阶段来说是不可想象的，他们所有的东西都是有一个标准的。《让子弹飞》是我们电影的阶段，我们每天有两块银幕诞生，全世界都没有这个速度，我们一年会有多少块呢？今年会超过800块，速度非常快。我想提醒大家，看起来影片没有档期，实际上是发行不够，另外就是影片质量不够。

派特里克·弗拉特建议我们中国电影在海外另外搞一个版本，但是我告诉你电影局是不允许有两个版本的，这是不可能的。所以我们要从根本上拍观众能够理解的、简单的、主流的商业电影。主流观众看的电影就是你要做的。现在我们每个人发完言了，我们进入最后一个阶段。

今天对票房炮制的过程进行了一些探讨，其实大家提到了营销，跟宣传、发行有关的营销。我想问每个人，我希望每个人都能回答一下，营销在电影中到底是一个什么样的位置？你认为营销都包括什么？我希望在座专家都能对营销提出一个简单的见解。

张晗：我觉得营销不只是简简单单的宣传，营销更多时候是从影片前期策划就开始了。现在在很多的影片我先去拍，拍完再去找发行商，当你去发行的时候已经没有空间留给你了。像《让子弹飞》这样的片子，开始筹备这个项目的时候，已经把后面所有的路都想好了，什么时候发行，什么时候做档期，他可能都想好了。

我给大家的建议，要努力尝试新鲜的事物，不要只扯到微博上面。我们新浪也在开发一套系统，以后也会出现一套系统，看大家评论的好坏，来预估票价。我觉得我们电影人其实更多对科技方面的东西不太感冒，我觉得我们电影人应该对更多新鲜的东西感兴趣。

刘嘉：我觉得营销是进入市场过程当中进行再创造的非常有效的手段。一个影片本身质量好，好的营销会给它带来锦上添花。如果产品是中流的水平，一个好的营销会化腐朽为神奇。今年我跟发行公司合作，有一些公司说由于中国数字化推广非常快，发行拷贝成本大量减少了，比如说现在一部好莱坞的大片要过亿的票房，在前年必须有600个拷贝，600个拷贝就是600万资金，到今年可能只洗了 100 个到 200 个拷贝，这笔费用全部转成了营销费用。营销在下一步发展过程当中，它会起到至关重要的作用。

马珂：营销会让一般的电影变好，同时让好电影变得有无限的想象力，同时营销跟宣传本身来说，其实就是注重执行每一个细节，这是我对营销最深刻的理解。你没有一个执行，没有一个落实，任何营销都没有用。我觉得在这方面我给跟大家经验的分享，就是执行力，落实。还有，永远不要交办，永远亲自办。

吴鹤沪：我认为营销有两个前提，一个前提是影片本身值得你去营销；第二个前提要有平常心来进行营销。像刚才我说到《阿凡达》，当时档期并不好，但是成绩非常好，这样的影片值得你去营销，也会有效果。今年的《喜羊羊与灰太狼》票房也不错，希望做到国外。我们院线有自己的制片方，不会正确合理看待自己的影片，过度对自己影片充满自信，过分自信就是自恋。营销理论上是使一部影片增加扩大社会的知晓度，这和影片造成的社会影响力是相辅相成的。营销对于电影市场来说，目的就是要构成观众购票行为的产生，因此制片方面的营销是市场行为的前奏曲，发行方面是协奏曲，到了发片就是交响曲。

派特里克·弗拉特：很简单，营销和发行是相辅相成的，你要打水的话，要先从水缝里面放水进去。其实就是很简单的道理，如果你想要打更多的水，你就要放更多的水进去，电影本身要好。

姜伟：通过各位的诉说，我们知道营销不简简单单是宣传，还包括档期的选择，档期的策略。通过各位老师的发言，我个人感觉，影片的定位是最重要的，可以决定后面所有的宣传策略，决定广告投放资金的规模以及所有的发行计划，比如说拷贝数量的多少。我而且我们今天也得出一个结论：发行先导，也可以叫发行前置。

刚刚我问马珂，你宣发的比例占整个制片比例多少，他说一半，这是大片的做法。中国电影有很多的独立制片，特别希望每位嘉宾分析一下，中国市场没有细分到类型，每一个中小成本发行面临巨大的问题，现在数字化帮我们解决的问题就是拷贝。数字化给中小成本带来很大的机会，那不是你省出来的利润，是你要花出来的钱。我们在国外也有很多，比如说北京、上海、广州、深圳发行比较粗放式的，没有分首轮、二轮这种模式。

我举一些范例，比如说《将爱》、《观音山》，希望各位老师指点一下。

张晗：大家看完《将爱》了以后，《将爱》的导演在微博上会告诉身边的人这部片子都很好。如果你身边的同事告诉你说这部片子很好，你可能会受他的影响去看，这是挺重要的一点。他们在整个营销很好，这里面有意外的惊喜，《将爱》的2亿是不是还要感谢王菲和陈奕迅唱的主题曲？

很多人看完这个片子说不就是MV，有什么好看的？我觉得对于一个片子来说只要有票房，就是一个好片子。

刘嘉：对于中小型电影公司如何寻找定位？中国市场大了，但中国电影大银幕数量远远低于国际的市场，每个月几十部电影是一个常态，对中小影片的发行，很难要求合理的市场回报。我觉得首先要有所为有所不为，中国市场这么大，相当于欧洲几个国家，你的定位准确了，有的市场可以去放弃的。6月3号杭州一个民营公司拍了一部电影，叫《岁岁清明》，主打杭州的市场，思路是正确的，成功与否还有待摸索，但是两周下来票房有150万了。但是主要市场在杭州，在其他地方就不行。很多片方说我要全覆盖，全覆盖就是不覆盖。

我为什么说发行是我们的短板，我们发行的模式还停留在计划经济阶段，还是传统的模式，虽然用了数字拷贝，没准电影就是装在这个盘子里，永远没人看。

姜伟：马珂老师，中小成本是不是应该有所考虑？

马珂：电影不分大小，只分好坏。我觉得今天中国电影创造了很多的可能，把精力放在故事和题材上，我们不一定要去用大明星，我们用合适的演员，用这样的方式可能成本比较低。我相信今年会有这样的电影出来。另外一个方法，用500万去拍完了，甚至有500万去做宣传，我的目标是拿回3000万的票房。我觉得《将爱》不在这个范围内。我们有一些导演非常认真去做好的故事，跟观众贴近的故事，用合适的演员去演，但是要让大家知道有这部电影。对于院线来说也愿意上这种电影。

我觉得我们可以这样尝试，我们投资了500万的电影，500万宣发，然后卖了1个亿回来。我觉得一定要敢想，敢想的前提是什么？前提是你要对你的故事，对你的剧本有一个非常大的把握，用比较长的时间去打磨，这是最重要的。

吴鹤沪：营销所有的目的是为了在市场上得到相应的票房，一部大片不恰当的营销结果获得了小片的票房，那就是恶梦。现在我们讲中小影片的营销。中小影片有两类。一类是主旋律电影，把一个地方的好人好事拍成电影，然后在全国发行。

主旋律电影适度、适量地拍，营销不要仅仅用简单的方式。不要成为三公电影，靠发公文、发公款，用工作时间看电影。前提是符合观众的观赏度。

另一类是娱乐性影片。从当前来说，刚才说没有《阿凡达》的日子里，中小影片来了，最多一天八部上，好像举办集体婚礼一样，都没有什么票房。过去我们讲提高影片的质量，我们主创人员要学习毛主席延安文艺上的讲话，要下基层，才能拍好电影。我认为主创、投资方应该下影院，能够下影院，下到影院售票处，和售票处工作人员工作一个月，就知道哪些人看电影，然后你就知道你该拍什么影片，该用什么方式拍片，不要总是拿结婚、离婚、生孩子做题材。我们希望以符合市场规律的方式，对每部影片进行适当的宣传。

派特里克·弗拉特：我有两点要说，第一，可能和张先生想法不一样，我觉得预算和营销比例没有意义。好莱坞的目的是要充分挖掘电影的潜力，为此不息付出一切代价。第二，我们谈到独立电影，或者小成本的电影，我们还有一点没有谈到的就是，利用电影节做一个宣传，这样才能够通过电影节让大家对电影有更多的认识和兴趣。举个例子，2010 年影响中国票房的有一点，不知道大家是不是意识到了，关于《关云长》，他们在多伦多电影节上已经进行放映，然后也得到了大家的好评，我说的好评其实是说制片人，还有电影的购买商，还有其他价值链上的参与者，他们对电影都有足够的信息，他们愿意采取其他的形式来推广和宣传电影。其实电影节对小成本的电影是一个很好的销售渠道。

姜伟：其实中小成本就是马珂说的，找一个好的故事。还有张晗说的，比例不是固定的东西，精准定位很重要，是网络推销还是什么渠道，要抓住电影的定位。到刘嘉老师这边，就是有所为有所不为，什么观众是你需要的，其实《大笑江湖》有个借鉴，最早是从东北开始的，他们所有的策划都是从东北来。最后吴老师说得很重要，就是适当。

今天最后一个问题，营销有没有伤害？拿《关云长》来讲，会不会有过度营销之嫌？

张晗：《关云长》可能大家觉得没有想象中拍得那么好。我想如果动一下脑子，都不会跟《战国》绑在一起。《关云长》前两周拿了1个亿的票房，后面两个月只有6000万票房，口碑是有一定伤害的。我觉得后期应该面对大家的质疑，不能说自己的片子有多好。《关云长》把大家的期待值提得太高了，出来没那好，所以大家把你骂一顿。营销需要有艺术性。

刘嘉：我刚才才听张晗说把《关云长》跟《战国》绑在一起，我最近在研究这两个片子，初期一样，首周票房挺好的，第二周50%，还可以容忍。第三周是第二周的50%。甄子丹和姜文同时出场的时候，甄子丹黯然无光，我感觉组合有问题。我问我女儿那个人怎么样？她说那个人是张麻子，不是曹操，这部影片预计2个亿，最后只有1.6亿，开始我觉得可以超过2个亿，正常情况下首周是票房的35%左右，现在市场不能按这个情况算了。第二周我就调低了预期，我觉得跟《叶问2》差不多了，但是结果不是。我非常肯定张晗刚才说的，最大的失误绝对是过度营销，错误营销，把它下档的线路推快了，成为了票房走下坡路的助推器。

马珂：这个片子其实有点可惜，当时老姜演这个电影，大概一共拍了14天左右，我跟姜文说你占了一个便宜，姜文的确想演曹操。营销有一个错误，你们太想出奇了，你就聊关云长，不要去聊曹操跟他怎么回事儿，其实应该上映以后有一个亮点。尤其预告片剪的"我就喜欢你"这个台词的意思其实是我就喜欢你敢做敢为，有些东西需要观众自发找出来。如果要给他加一个东西，他马上往另外一个方向去想。他会觉得你在强奸他的思想，这我觉得是很可怕的。《关云长》应该规规矩矩聊一个关公。现在这个可能是冒犯了观众，所以观众把你抛弃了。

姜伟：记住不要冒犯观众。

吴鹤沪：中国股市有高开低走，中国电影为什么不可以？从外部来看。4月份上映基本同类有三部，《战国》、《关云长》、《倩女幽魂》。《关云长》选择姜文、甄子丹，最后把孙俪弄出来，电影不是单部市场的运作，是在动态中，4月份如果大家还记得，票房最好是动画片，是一个3D动画片。首批观众是营销的延续，如果营销好，首批观众又成了第二个阶段，值得一看，你必须去看。如果情况相反，就会抵消了前面产生的作用。

所以《关云长》票房是营销结果正常的反映，无所谓其他因素。

派特里克·弗拉特： 我也说几句吧！《关云长》也并不是完全失败，我没有看过这部电影，但是看过很多的影评。说到底，我觉得 1.6 亿票房，相对 2 亿并不是失败，这部电影真正的渠道在电视屏幕上，这个电影有大牌明星，而营销的策略我觉得应该更多倾向于 VCD 或 DVD 的市场，总的来说，所有中国电影人会从次级市场和辅助市场当中进一步收益。

姜伟： 谢谢！其实我们只是举一个例子，并不是否定一个电影，营销不是唯一的，营销不是一个手段。我个人来说，《关云长》到现在我也没看，我不会看一个拖着大刀满地跑的关云长，这是很综合的因素。

今天时间有限，我们就聊到这儿。大家有什么问题，可以提问。

现场对话

提问： 我想问一下投《让子弹飞》这个片子票房如何预测？

马珂： 我没有预测。当时为什么去投？因为姜文是非常优秀的导演，这就是我当时决心投的原因。我基本上没有想到什么结果，我只想过程。等我最后我觉得只要把过程做完，结果就出来了。关键还是故事好，就这么简单。

提问： 大家好，有一个问题想问一下派特里克·弗拉特先生，刚才提微博对于电影营销的作用，我们也看到许多好莱坞的电影其实在自己的官方网站不写自己的官网的名字，您从国际的角度来讲，社交的网络对电影在全球的宣传起到什么样的作用？

派特里克·弗拉特： 我所见到的好莱坞大片的官方网站还是有挺大作用的，我觉得社交网络、社交媒体可以起到辅助作用，好莱坞正在学习如何更好运用这些媒体。接下来他们仍然会花一些资金在平面广告媒体上，社交网络只是辅助的手段，可能对小成本电影来说，社交媒体作用会大一点。因为有些微博的用户希望从这些小成本电影当中截取一些小的片段，可能对小电影的作用大一点。

姜伟： 最后请每位老师讲一下对中国市场的期待？

张晗： 现在很多片方来找我们谈合作，大家有热情是好的，但是如果一个片子没有好的故事，没有好的后续口碑，观众肯定会抛弃你，片子拼的还是实力，建议片方一定要找好的故事，把片子本身做成功，这要比拍出一个烂片再做营销会好很多。

刘嘉： 我们需要在基础上加强，保证产业可持续的发展。

马珂： 电影是让人实现梦想的手段，中国的市场给电影无限的可能，我们今后的市场也是给电影人无限的想象空间，只是大家愿不愿意在想象空间发挥想象力的问题。

吴鹤沪： 我们电影每一个阶段都离不开观众，要把观众放在目标范围之内。今天相聚在这里，有电影的制片方，有外国的朋友，我们的目标是共同的，让不看电影的人进电影院看电影，让看电影的人经常到电影院看电影。

派特里克·弗拉特： 我觉得吴先生说得非常好，未来5-10年我对中国市场非常乐观，有很好的制片公司在做各种类型电影，这会继续下去。在未来5-10年会有一些崎岖坎坷，可能在制作方有点过度投资，在发行、营销方面投得不够多，而且我们需要和二三线也要有更多的投资。另外我觉得在制作方面是不是减少一定的投入，增加屏幕，这样可能走得更加稳定。

姜伟： 谢谢大家！今天的论坛到此结束，谢谢大家！

她们说：多元时代的女性制作力量

在今天的中国电影界，越来越多的女性介入电影产业中来。从台前到幕后，从制作到发行，处处都可以看到女性的身影。女性的力量已经深入到了中国电影界的各个方面，影响并制定着各种行业规则。而公众与媒体，也在逐渐把注意力停留在这些女性电影人身上。女性电影人对创作的影响有多大，对产业投资的影响有多大，她们对整个电影市场又有着什么样的梦想与野心？这些都是外界想要知道的。

本场论坛将由活跃在中国电影界一线的女性电影人为公众揭晓中国女性电影人的现状与发展潮流。

■ 嘉宾简介

欧宁，艺术家、策展人、《天南》文学双月刊主编

玛莉亚·嘉西亚·古欣娜塔（Maria Grazia Cucinotta），演员、制片人

黄真真，导演

阎柔怡，经纪人、制片人

许鞍华，导演

张婉婷，导演

崔宝珠，制片人

主持人：各位来宾大家下午好，今天不是三八妇女节，但我们却迎来了一个特别有意思的论坛，"她们说：多元时代的女性制作力量"。去年奥斯卡将最佳导演奖历史性地第一次颁给了一位女导演，这也是唯一获得奥斯卡导演奖的女导演。事实上今天的女导演也是用自己完美的作品给出了答案。而美丽的女影星更是最大的亮点，针对时代的变迁以及市场环境的转换，她们也顺时而动，随之调整创作风格与电影理念，无论是港台还是内地，国内还是国际，她们都不断地共同寻求跨地域跨风格的合作方式进行创新。今天下午的论坛也是本届电影节上唯一一个专为女性电影工作者开设的论坛，我们将跟她们探讨全球视野下的女性电影的突破。先让我们有请女性电影人的杰出代表。

欧宁：我是本次论坛主持欧宁，我先给大家介绍一下今天的六位嘉宾，我们分成两个部分，第一部分是三个导演，第二部分也是三个导演，我们先有请许鞍华导演，张婉婷导演，制片人崔宝珠，意大利演员玛莉亚·嘉西亚·古欣娜塔，导演黄真真，经纪人和制片人阎柔怡。

今天的题目主要是聚焦女性电影制作，前面我们先是由阎柔怡、黄真真和玛莉亚·嘉西亚·古欣娜塔开始第一部分的讨论，第二部分是三位香港资深的电影人的讨论。谢谢各位，有请三位导演先下台。

在开始讨论之前我先跟大家具体介绍一下每位嘉宾，第一位是玛莉亚·嘉西亚·古欣娜塔，她是意大利的演员，出道时候16岁，开始做模特，然后拍了电影《邮差》，2005年的时候开始担任制片人。

第二位是黄真真，她最早的作品是那部纪实影片《女人那话儿》，现在也拍了很多投资比较大的影片。

还有阎柔怡，她是林志玲的经纪人，也是电影导演陈正道的经纪人。目前她是刚刚完成一部她监制的影片。

今天的主题叫做"她们说——多元时代的女性制作力量"。其实经过大半个世纪的平权运动，我们今天谈的不应该是女性在电影制作里面有一些什么困难，而是女性的力量在电影这个行业里面开始越来越大。实际上通过我们之前的一些交流，都发现诸位女性电影人在电影制作这个行业里面，没有太多的困难。女性的力量不管在电影界，在办公室、职场也都有超过男士的倾向。我经常跟文化公司合作，我发现里面大多数挑大梁的都是女性的职员。可能女性比较有亲和力，沟通能力比较强，所以在今天这个时代爆发出非常强大的力量。所以2009年我接下深圳－香港城市双年展总策划的时候，我就搭建了一个全女性的策展人的队伍。从伦敦、美国、台湾请了五个女策展人工作，来彰显女性的力量，所以今天我们谈的有可能不会太过聚焦于女性的传统观点——她们会很弱，会碰到很多问题，而是在探讨女性的力量为什么这么强大。还有就是各位电影人在各自国家的电影行业里面都是非常有力量的，所以我也会特别问一些问题，把各位女性电影人在华语电影里面做的贡献表现出来。

首先我先从玛莉亚·嘉西亚·古欣娜塔开始，我有几个问题想问她，其实讲到女性的影人，我想起我特别佩服的一个导演，因为她不仅是六七十年代法国新浪潮的旗手，同时她的创造力持续的非常久，去年我看到拍她自己自传式的电影，里面表现出非常自由的方法，虽然她80多岁了，但创作力还是非常旺盛，而且法导演的手法都跟目前工业里面流行的方法很不一样。我也想问一下玛莉亚·嘉西亚·古欣娜塔，你从16岁入行，既做过模特也做过演员，也做过编剧，现在也在做制片人，在你的职业生涯里有没有对自己受影响很大的女性电影人的偶像？

玛莉亚·嘉西亚·古欣娜塔：你如果见到一个女性导演或者女性制片的时候，你很快就能理解她们。我从我母亲开始就学到了很多东西，从观众中也可以学到很多，每个人都可以告诉你们他们的想法，对他们来说那可能是一辈子的经验。我觉得非常幸运，因为我在全世界周游的时候都有机会看到各国的电影。电影不仅仅只是一部故事片，是一种交流的方式，电影跟我交流了很多东西，教会了我如何思考，如何生活。我们刚才说到女性的力量，她们没有破坏力，更真诚，所以这也是她们可以成功的原因。

欧宁：其实这几年中国也有很多影人到好莱坞发展，我想请你分享一下，你在美国工作的一些经验，在美国拍摄有什么不一样？

玛莉亚·嘉西亚·古欣娜塔：有非常大的区别，意大利和美国就很不一样，在美国洛杉矶，他们演员每个人都是导演，每个人都是编剧，所以你马上就发现，你就是在电影的世界里面生活。我在那里学到了很多东西，在那里你必须以非常专业的方式进行工作，和你竞争的人都非常智慧，非常有天分，所以你要在那里发展的话，必须要成为最优秀的。如果你想从中脱颖而出的话必须是最好的，否则不会有人注意到你。

我是比较幸运的，我的第一部片子《邮差》获得了五项奥斯卡提名，所以我一到洛杉矶，他们就给了我红地毯，所以我就比较容易地进入了这个行业，我很快就得到了最好的经纪人支持我，和最好的男演员、女演员以及导演进行合作。唯一的困难就是我有口音，他们不希望我有意大利口音，但这对我来说是最大的困难。我在美国待了八年，这八年对我来说是很好的体验，我从那里学到了很多的经验，后来我回到意大利，因为我还是想成为一个意大利演员，而且我想做意大利电影。我觉得电影不仅仅只是一部片子，是一种交流的方式，交流自己，交流文化，我还是意大利人。谢谢！

欧宁：您是第几次来中国？参加上海电影节是第一次吗？

玛莉亚·嘉西亚·古欣娜塔：我第五次来中国了。我发现中国是一个非常美好、非常优秀的地方。每年我都希望能够回到中国来，因为在这里每次都能够看到非常好的东西，这次我能够做一个评委也很高兴。这次我还有一个共同制作的片子，是中意之间第一次合作的电影，所以我也非常荣幸能够有这个机会再次来到上海。

欧宁：中国女性电影人里面有哪些你有注意到？觉得特别好的？

玛莉亚·嘉西亚·古欣娜塔：作为一个女演员我愿意和所有的中国女导演和女制片合作，希望她们在未来的作品中不要忘记我。我还看到了张婉婷女士。每次有机会和这些新的导演和演员见面的时候，我心里都会说我想跟她们合作，我想向她们以不同的方式证明自己。

欧宁：多谢玛莉亚·嘉西亚·古欣娜塔的回答。其实我还准备了一个共同的话题，到最后的时候我会问三位女性影人。第二位导演是黄真真，你可不可以介绍一下你最新的一些项目，听说你要拍一部叫做《木兰奇缘》的电影？

黄真真：对，现在在筹备一部"花木兰"，因为去年已经有一部"花木兰"，然后这个投资者就跟我说，他觉得这个题材可以再拍，所以就找我想一想从另外一个角度拍花木兰。其实我几年前已经很有兴趣，希望有机会拍一个女性的动作电影。但是一直没有机会，所以这个机会来了，我就很开心也很兴奋，希望这部戏可以找另外一个女性的角度拍一个动作还有女英雄的故事。

欧宁：我们知道你在纽约学的电影，其实香港的影业已经有很长时间的历史，你回来之后就拍了我们大家知道的那部《女人那话儿》，后来又是《男人那话儿》，你在挑战某些大家都不愿意面对的话题。其实这两个影片都给你带来了很大的争议。

黄真真：其实没有什么计划，我从纽约回香港，大概是1999年，那时候我一个电影人也不认识，我告诉人我想拍电影，很多人告诉我你是疯了，因为现在电影已经过气了，最后一班车已经走了，那我就很失望。我就找香港电影公司，当然没有人打给我。然后我就写一个计划书，那我写什么呢？因为那个时间已经离开香港七年，不太了解香港生活，但是我了解一点，就是现在香港、大陆、台湾，我们中国女性作为女性的感觉已经很不同了，不是外国人想的那么保守，所以我就拿着这个主题写了。后来因为黄百鸣想这个项目很便宜吧，又没有明星，又用DV来拍，他就打电话给我，我就拍了这个，所以其实是天时、地利、人和的东西。

欧宁：你后来拍电影的资源就越来越多了。如今也在拍一些合作的影片。在你进入这个工业之后，你拍稍微有点独立电影色彩的影片时资金的调度、演员的调度，有些什么不一样的地方？你在这样的工业里面还能够坚持自己的一些想法吗？

黄真真：不同类型的电影有不同的方向，预算大一点的，当然压力还有承担的东西比较多，但是我觉得因为我在纽约学电影的时候，毕业了我没有马上回来香港。我是希望在那边开始自己的电影事业的，但我打电话给人家，人家也不接我的电影，去公司等他也没有答案，做了很多努力，九个月我写了个剧本，寄给一家公司，什么都不可以，所以我就回到香港。回到香港就开始拍《女人那话儿》，但我想讲的就是在这个路途上我学了很多东西，因为我开始的时候好像一个独立的电影人，就好像是独立的小小的制作，很多东西我就有机会去学。我记得我拍《女人那话儿》的时候，就像一个学生电影，什么都是自己打电话找，慢慢的就多一些预算，有很专业的团队，是一个很好的过程。现在我还有很多东西要学，但起码我基本的东西是比较扎实了，所以这个成长的过程很重要。如果我一开始就有机会拍一个很好的戏，可能我会错过很多学习的机会。

欧宁： 其实今天六位女性影人中，你个人的性别意识是最自觉的。你能不能谈一下，女性的力量在这个电影行业里面它有些什么不一样？

黄真真： 其实女性很特别。第一就是女性很细心，很多东西很小的都看得到，这个细心比男人强。第二就是女人要做一个事情就是做到为止，不放弃，坚持到底，那个精神我觉得是女人天生有的，因为我们本来要生孩子，带孩子，那个是本来有的精神。所以我在电影圈也很喜欢跟女性工作，因为我觉得我很有信心会把这个事情完成。还有就是温柔，女性有很强的一面，但女性也有很温柔的地方。当然男性有很多强过我们的地方，但这几点我觉得是女性很棒的，所以现在越来越多女孩子进入电影圈是很好的事情。

欧宁： 谢谢黄真真。我们现在有一些问题问一下阎柔怡，我们大家都知道她是林志玲的经纪人，我看过一篇报道，2009年的时候林志玲在香港电影金像奖颁奖的时候，阎柔怡派了一个助手紧追着她，在媒体区那边用肢体语言提醒林志玲，鞠躬的时候遮住胸什么的，可见她对艺人的保护。特别是电影这个行业，女性艺人其实经常是被媒体和大众消费。所以她们的权益实际上是需要多加保护的，这方面经纪人的作用就是能够照顾维护旗下艺人的权益，同时做一些职业规划。我想阎柔怡能不能给大家分享一下，你作为一个金牌经纪人怎样维护旗下艺人的权利，还有就是如何规划他们的事业。

阎柔怡： 其实我还蛮同意刚才黄真真导演说的，女性真的心思比较细腻一点。比如说我经营林志玲电影这块的时候，很多时候我觉得能做的就是将心比心而已。比如说像林志玲，她其实是一个浪头上的艺人，她的一言一行会比较被媒体注意，甚至是夸大。所以我觉得我不能让媒体有机会渲染一些事情，或者说放大一些事情。那次香港金像奖比较特别的是，因为大家可能不知道背后有一个故事。她之前拍《刺陵》这个电影很久没有睡觉了，香港金像奖我们可以参加，但是她的精神不是很好。我知道她一段时间是没有出现在荧屏上了，所有的媒体可能就等着这个艺人出丑的时候，所以我们才有一个非常严密的保护。我看到媒体报道的时候也吓到，因为媒体通常报道艺人穿着打扮，可是他们说是非常惊讶经纪人会用这样的保护方式。我觉得带艺人就是带心。我有时候说什么是好的经纪人，什么是不好的经纪人？你能不能帮这个艺人赚钱，能不能帮他得到好的名声，能不能彼此商量，一起成长。如果我们可以像朋友一样待人待心，对我而言，我觉得这是作为经纪人的标准。

欧宁：其实做经纪人的工作，有很多优点，比如说很体贴周到、将心比心。可是做这个工作也要摆平很多东西，要谈判，为很多权利争取，也需要很硬的东西，碰到这种事情的时候你是怎么处理的？

阎柔怡：我觉得在场的导演都很有经验，我觉得女性有一个特质是除了细腻之外，该柔软的地方可以比男性更柔软或者更体贴更敏感。有时候我觉得霸气一定难免会有的，当一个女性要坚持起来的时候，她的坚持可能会比男性更有力。我觉得只是在这个取舍当中怎么拿捏，对我来说有时候柔软反而比坚持来的好用一点。在这个职场上尤其是面对一个团队或者一个艺人的时候，对我而言是这样子。

欧宁：除了林志玲，你也有签一些电影导演，最近还监制了一个影片《幸福额度》能不能谈一下这个工作？

阎柔怡：我自己来看我比较像资源整合者。对我而言我不太喜欢被动的，有时候我们会被动地等着一个好角色，好剧本。或者是等着人家告诉你这个电影怎么样。我有一天跟程晓东导演聊天，他就说你这么罗嗦的个性做电影的监制是比较合适的，我那时候就开始萌发小小的种子，如果有可能我可不可以做这样的事情。正好机缘巧合，我认识了台湾新生代陈正道导演，我说我手上正好有林志玲、杨佑宁，所以我就创投了我的第一个案子《幸福额度》，刚好很幸运，投资者觉得这个案子不错，可以试试看，所以《幸福额度》即将会在今年的九月上映，陈正道导演，林志玲、杨佑宁主演。

欧宁：因为这几年中国电影娱乐行业非常发达，很多年轻人想进入这个行业，甚至有大量年轻的女孩子、男孩子在做着明星梦，对这样的小孩子你有着什么样的建议？

阎柔怡：我有时候看到很多年轻人进入这个圈子，很想劝他们，或者问他们，他们到底想进这个圈子是为什么，真正是因为热情梦想，还是因为这个圈子的光彩夺目，其实进入这个圈子付出的代价和成功的努力，我觉得不是一般我们现在坐在这边清谈或者是在大荧幕前面就能想象的，真的是台上一分钟，台下十年功。当年跨进来第一步的时候，有一些年轻人可能会说大不了我们不行的时候再回去嘛，但你回去可能就是受到外面的指指点点。我觉得你要做好这些准备，进这个行业，要做就要做到顶尖，如果没有这个准备的话，你知道卖饼也可以卖出一片天，行行出状元。

欧宁： 谢谢阎柔怡的精彩回答。我今天其实准备了一个共同的问题给今天所有女性影人。作为女性除了工作之外，有时候她要面对一些人生很特别的事情，这些事情是男人不用经历的，比如说怀孕、养儿育女、家庭生活。其实在当代生活里面经常会产生工作和生活上的矛盾，而这些经常是烦恼着很多女性的问题。比如说很多演员，一结婚就息影了，退出电影这个行业了。她的职业生涯就没有办法像男性一样一直可以持续很久。面对这些问题的时候，我们台上今天的六位嘉宾是怎么看的，你们可以把自己电影的工作一直到老吗？怎么处理家庭、感情、婚姻这些问题？

玛莉亚·嘉西亚·古欣娜塔： 我有一个女儿已经九岁了，我当时不得不为她不拍摄电影，虽然是一个问题，但是一个好的问题。虽然有女儿给我造成了一些困扰，但我还是非常高兴。我怀孕之后就决定回到意大利，因为我希望我的女儿能够在意大利长大，我在怀孕期间就创立了自己的制片公司。所以我觉得不用抛头露面也有很多参与电影的方法和渠道，这也是我人生的新的一步。当然现在女儿是我生命中最重要的东西，但我没有停止工作。她三个月大的时候我又开始拍电影了，我跟她其实是开始了一种全新的生活。现在我有了这么可爱的女儿，我觉得我比以前更加完美了，我更能理解作为一名女性的含义和意义。

欧宁： 所以玛莉亚·嘉西亚·古欣娜塔是非常重视她的家庭生活的，女儿是她生命最重要的意义。我们想看看黄真真怎么回答？

黄真真： 我已经没有这个难题了。

欧宁： 为什么？

黄真真： 这几年我也有问自己，其实我不想结婚，生孩子，因为我每天所有的时间都是在拍电影。如果我从拍戏或者拍拖里只选一样，我选拍戏。不是因为我伟大，因为拍戏的感觉，这个满足感和创作的过程，和成长的过程，跟很多人一起成长、创作、工作，这个满足感很大，所以我没难题。如果我可以碰到一个人可以跟我在一起，我觉得很幸福，如果没有我也觉得很幸福。很多人很想拍戏，很多人很想当导演，没有这个机会，我有，所以我应该是很幸福了。

玛莉亚·嘉西亚·古欣娜塔： 永远不要停下来，拍电影真的不要停下来，哪怕是成家立业有了女儿还是要坚持做导演。因为做导演的时候你会变得更加的敏感，因为你会用全新的眼光看世界。

黄真真： 对，就不会那么自私。

玛莉亚·嘉西亚·古欣娜塔： 对，关键是找一个男人能配合我的这个生活节奏，那就来意大利吧。

欧宁： 真的很不容易，我看阿涅斯·瓦尔达回顾自己本人的电影生涯，她遇到了自己的老公也是电影人，又生了几个孩子，到了八十多岁还可以拍电影，还可以搞艺术。我经常在国际双年展上看到她做一些装置作品，所以她把家庭和工作处理得非常好。而且把这些东西一直贯穿到生活的终点，这个简直是太难了。我想问一下阎柔怡对这个问题的见解？

阎柔怡： 我觉得经营人生跟做艺人经纪人有一点像，都是取舍而已。我自己是不太喜欢复杂的人，我觉得婚姻像经营一家公司，要找对合伙人一起经营这个公司，可是如果没有找对这个伙伴其实你可以独自经营这个公司。我会觉得，我的能力现在比较放在我的工作上面，我觉得我没有能力经营好一个家庭或者是照顾好一个孩子。我觉得如果我没有太多的时间陪伴他们，对他们来说也不是很公平。我不会停止爱人的能力，因为我觉得这个动力也保持了我在工作上面的动力，可是我会觉得婚姻对我来说目前是比较细枝末节的事情。

欧宁： 谢谢三位对这个有点八卦和敏感的问题的回答。我自己的提问就差不多了，我想把提问的机会更多的给台下的观众，大家要是对嘉宾有什么问题可以举手。

现场对话

提问： 我认识的黄真真导演就是经常拍一些时尚电影的，我想问一下导演接下来还会走时尚的路线吗？

黄真真：你的问题是我还会继续拍时尚的电影吗？

提问：对。

黄真真：我会。但是我也希望有机会尝试不同的类型。

提问：我也问一下黄真真导演，刚才您提到您下一部的作品是《木兰传奇》？这个电影跟上一部赵薇的有什么不同？

黄真真：这个暂时定名为《木兰奇缘》，要说不同，你有没有看过《爱丽丝梦游仙境》，这个其中会有很多想象的空间，不会很传统的感觉，应该会给观众很新鲜的感觉。

提问：我想问一下台上三位女导演，内地电影的类型没有分的很细，一般现在笼统的分大片、小片；商业片、非商业片，我想作为新时代的女性导演，你们三个各喜欢什么类型的电影？你们认为我们大陆电影的类型要怎样划分才会更适合新时代女性更多地走进影院？

玛莉亚·嘉西亚·古欣娜塔：电影就是电影，每个导演拍的电影都会各不相同，各有特色，所以你要是要分类的话，其实我倒不建议用题材的方式来分，因为电影就是要传达一个信息，一个电影被导演拍出来就是传达一种概念，无论是高预算、低预算，大片、小片，只要是一个美丽的故事，引起的感觉和共鸣都是一样的。我觉得都是有表达自己愿望的感觉，我觉得这就是电影的魔力吧。

黄真真：我同意玛莉亚·嘉西亚·古欣娜塔所讲的。预算不是最重要，最重要的是每一个电影人尤其是导演，拍自己当时一定想要拍的东西，我觉得就会好。

阎柔怡：我觉得不管是现在像我自己是监制或者是经纪人，最后还是会回到这个故事是不是好看，是不是动人。比如说林志玲可以演小乔也可以演村姑，其他的只是辅助说故事的内容而已。我是这样看这个事情。

欧宁：我再问一个问题，三位影人在拍摄电影的过程中，或者各种跟电影有关的工作场合中，你们有时候身份各不一样，有时候是演员，有时候是导演，有时候经纪人，因为其实我也没有怎么进入拍片现场，可能对这个工业有一个想象，电影界等级挺严格的，男性很多，女性在这个工作场合里面怎样去实现自己的想法？这个过程中有没有一些什么经验可以跟大家分享一下？

玛莉亚·嘉西亚·古欣娜塔：其实我跟这些男性打交道就是很平常地打交道，不会觉得他是男的还是女的，是聪明还是不聪明，就是普通人打交道而已。因为如果有人不尊重你的话，他就不配你跟他讲话，可能我是来自西西里岛，可能比意大利人更加的糟糕。也就是说你自己要强硬，要保护自己，首先跟人打交道的时候他得尊重你，不管他是权利大还是小，他都是人，大家都是在互相尊重的基础上，在平等的基础上才可以打交道，这是最基本的东西。

黄真真：我在拍戏的时候发现跟男性沟通最重要是实事求是，比如说现在冷气太冷了，你可不可以调暖一点，我不会这样说，可不可以18度，可不可以15度。因为在现场作为一个导演男女没关系，所以很多时候要快一点。跟男性沟通要比较准确一点，比如说我要红色，不是这个红是那个红就指给他，就不会有误会。还有就是当我刚刚开始当导演的时候，因为我个子很小，那我就比较凶，才可以让人家听我的话。当然因为当时刚开始，现在我就会比较理性比较温柔地去解决，不用那样凶比较好。以前我常常讲一个笑话，我常常讲男的导演可以在现场哭，因为他哭大家就听他话了，但女导演不能哭，你一哭人家就觉得你不如回去煮饭吧。但到今天虽然我们说很现代，但保守的看法还在。但现在作为一个女性自己不用想这些，把自己要做的东西做好就好了。

阎柔怡：我自己在工作上面有时候不太分男性跟女性，我比较在意的是，做这个行业要将心比心，你自己讨厌人家跟你用什么样的方式沟通，你就尽量避免用这样的方式去跟别人沟通和相处，我觉得有时候我不会用比较强硬的态度，我会说：那你觉得呢？如果你的理由可以说服我，我也不一定要坚持我的做法，因为我觉得最后结论会证明一切。所以我比较赞成的是讨论的方式，或者是用比较柔软的沟通方式解决和处理一些事情。

提问：各位好，我是东方卫视"娱乐新天地"的记者。我想问一下三位，拍电影我们必须面对的事情就是票房，而且票房是检验一个电影成功或者不成功的重要标准之一。在中国可能有这样的问题，前不久有一个"偷票房"的问题，我不知道三位有没有了解，我想请问三位对这个问题怎么看，三位自己的影片有没有被"偷"的问题？

阎柔怡：什么意思？

提问：就是观众到电影院看电影了，他想看 A 电影，影院卖给他的是 B 电影的票，但他还可以看 A 电影，但钱是算在 B 电影的票房里的。

玛莉亚·嘉西亚·古欣娜塔：你说的是国内的片还是外国的片？

提问：据个人了解应该是国内的，想问玛莉亚·嘉西亚·古欣娜塔在国外有没有出现过这样的情况？

玛莉亚·嘉西亚·古欣娜塔：我们每次只有一种票，你要看这个电影就要买这个票，是不是这里大家可以买很多票可以进去选？我不知道。如果有这种情况我觉得不好，本来买了这个票就应该看这个电影，怎么会因为这个票要看另一个？其实我就压根不明白为什么有人做这样的事情，为什么在中国有这样的事情。这本来是意大利才有的，怎么会在中国有，跟黑手党一样，我在开玩笑。如果真的有这样的事情我觉得不好，因为所有正常的运作应该是透明的，我是想说从演员的角度看。因为你的电影拍出来想看到真正的票房，如果好的话会很高兴，如果上面有做手脚肯定是坏事情。

黄真真：我希望这个很快可以改变，好像玛莉亚·嘉西亚·古欣娜塔说的，票房应该是透明的。

阎柔怡：我也是第一次听说这个，谢谢这个记者提供一个情报，《幸福额度》上映的时候我们会特别的注意一下这个情况的。

提问：我想问一下黄真真导演，我觉得现在女性的年轻导演并不多，作为女性创作者你在写你自己的电影的过程当中会不会在女性人物有比较深的挖掘？因为在中国电影里面男性角色会比重大一些，可能女性角色就是一个花瓶，不是一个有丰富内心和比较复杂性格的人物，我想您在这方面会不会比较刻意地做多一点？

黄真真：我会，其实我一直在做。我不知道你有没有看过《分手说爱你》，剧本第一稿出来主角是一个男的,去选两个女的。我一看,不要,我要女的去选男的。我觉得我会比较理解女人,我会希望把这个比较完整地表现出来。因为女人是很特别的很有趣的动物,女人有时候强,有时候很嗲,像一只猫,有时候疯了骂人,女性很多面。所以我觉得在拍戏的时候可以把一个女主角在不同的层面带出来是一个很有趣的事情。

提问:我想问一下两位中国的女性影人,前面也说到了婚姻和事业的关系,但是在国内好象有一个很奇特的现象,你事业的高度越高,你婚后的感情生活幸福度就越低,比如说姚晨、章子怡,是不是她们到了一个高度婚姻生活就不太幸福?

阎柔怡:这应该不是绝对的,只是她们婚姻出了一些状况,因为婚姻最终还是两个人面对的问题,跟她工作的领域应该不是划上等号的。

黄真真:对。我没有结婚,但是我常常拍拖。所以工作很忙,跟爱情是没有关系的。

欧宁:如果没有别的提问的话我们第一个环节就到此结束,感谢台上的嘉宾。

我们接着第二部分的讨论,坐在台上的三位是香港电影非常资深的女性电影人,特别是她们每一位都大概在20世纪70年代开始她们的职业,一直到目前还活跃在华语电影圈里。所以我今天有一些问题可能会涉及早期港产片的制作,也包括今天她们的一些合拍计划。有一些问题会针对她们的电影,同时也针对她们作为女性影人的角色。

我先问一下许鞍华导演,1975年,你从伦敦学习回来以后,就跟胡金铨导演做他的副导演,其实我们都知道胡金铨的电影是一个非常男性的电影世界,他里面有暴力、武林、侠客、政治、权术、权争、历史,这样的电影我们觉得是非常男性化的,你从跟胡导演一起工作的过程中从学到了什么?或者说他的电影对你的电影有什么样的影响?

许鞍华:我一直都是胡导演的影迷,我从中学的时候就看他的《大醉侠》,因为我一直也是武侠小说迷,我10岁就开始看金庸的武侠小说。看了胡导演的电影才发现,我所知道的武侠世界是可以在电影里面看到的。我不同意你说胡导演的电影都是阳刚的。其实武侠小说跟武打电影都是蛮女性化的,都是讲情感的,这个不是像李安的《卧虎藏龙》。胡导演的意识形态是蛮主旋律的,都是讲人美好的东西，也许是歌颂这些东西，然后他的武林世界也不是很阴暗的。我一开始其实没有跟他到现场工作，我是在他公司里面做了三个月，都是做收拾、打电话这种事。胡导演其实是一个非常尊重女性的人，他从来都不会分男女，要不他也不会选我当他的助手了，有很多男生也很愿意追随他。一开始他就没有让我感觉我是一个女助手，我跟他学的东西其实都是态度方面的东西，不太是电影技巧里面的东西。

欧宁：许鞍华导演从70年代开始进入电影界，其实经过了香港新浪潮时期，也经过了港产片的黄金时代，也经历了低潮，到2000年又活跃在中国合拍片领域。你拍电影是尝试了几乎所有的类型。爱情片、伦理片、恐怖片、武侠片、纪录片都有试过。在众多的类型里面你个人最偏爱哪个类型？对哪个类型拍起来最得心应手？

许鞍华：应该是伦理片。

欧宁：但从我看你电影的角度来讲，我看《投奔怒海》的时候，里面有国仇家恨，有一种很撼动人心的历史叙事。因为这个是关于越南的，同时这个电影有一种很强的很凌厉的现实感。接着又看了你的《千言万语》，这个是关注香港社会运动的，几乎是在梳理香港社会运动的一个历史，但其实电影里面还交织着一些很细腻的感情纠葛。一方面是很宏大的，跟政治有关的电影叙事，同时还有很多动人的细节。其实这样一种类型，应该不是伦理片，这种电影我相信你在筹拍的时候要做很多调研，要收集资料，要阅读很多东西，如果筹拍这样电影的话，能不能分享一下你一般是怎么收集资料？还有你本人的阅读趣味是怎样的？

许鞍华：我很喜欢看书，也很喜欢问人家问题，这些都在早期拍的电影里派上用场。而且以前也有雄心壮志，很想拍大一点的电影。可是近几年，我越来越感觉，我对这些比较大的题材兴趣虽然有，可是因为那个制作需要很多钱，要花很长的时间去搞制作，花很多时间找资金，因为我感觉我能拍戏的时间不是很多，希望多拍几个，就找一些我觉得我想探讨的拍。其实你探讨一个题材，无论是大的题材还是小的题材，其实是一样的，不过制作不同而已，所以就拍摄小的制作，探讨一下我觉得我比较有信心有兴趣的东西。如果说还是要拍一些历史性的题材，我差不多有十年一直想拍香港跟澳门历史的戏。有曾经到处找钱。八几年有一位英国作家，他写了一本书，就是讲18世纪末的澳门历史。可是到现在还找不到钱，因为可能那个题材有点太偏门了。我也很有兴趣拍第二次世界大战以后的香港历史故事，也是投资很难找，所以就慢慢都放弃了。

欧宁：刚才你说历史题材的剧，在看完《千言万语》之后其实今天的香港社会运动有了一些新的发展，特别是"80后"的冒起，其实我觉得你平常应该有关注年轻人的事情？

许鞍华：不多于普通的市民，我不是一个专家。

欧宁：您塑造过很多女性的形象，比如《女人四十》，我觉得萧芳芳的形象可以说是华语电影史上很令人难忘的形象，到后来您又拍了《姨妈的后现代生活》、《桃姐》。其实你的女性人物是跨越不同的年龄层次，甚至不同的性别取向的。因为《得闲炒饭》那个电影有讲到女同志。在你拍了这么多电影之后，你觉得中国女性在职业、身份各方面不同时期的变化，你在不同的时期对她们的观察和你在电影世界中所塑造的是怎样的，可以跟大家分享一下吗？

许鞍华：是对女性的看法？

欧宁：对，就是在你电影里面各种各样的女性形象。

许鞍华：不是刻意的，是刚好拍的时候，那个故事大家有兴趣，然后投资人又肯投资，演员可以演，就尝试了，刚好是女性故事。他们拍了，对这个有信心，下一步也让我拍。其实我也对男性是不太了解的，因为我把他们当做女性，我的意思是我没有分，对男的和女的是一样的态度。有时候你把一个男的当成是女人，我一般都是这样对他们的，这个我会好好的研究一下，以免以后犯错。

欧宁：谢谢许导演，下面我想问一下张婉婷导演。其实我有看过你的《玻璃之城》和《岁月神偷》，特别是《玻璃之城》承载着那个年代的香港大学的回忆，特别的温暖、怀旧。《岁月神偷》好像是香港平民的精神，你的电影我其实觉得文学性挺强的，符合我们对文学的理解。我想问一下为什么你如此热衷寻找香港的记忆，还有就是对香港的这种怀旧和认同的东西是什么？

张婉婷：其实这只是这几年的心态，因为一开始我在美国读书的时候我还在拍移民三部曲，像《秋天的童话》，非法移民那种，因为我通常都是拍自己感觉最深的东西。像周润发《秋天的童话》里面的角色，拍我比较熟悉的人物。但1997年之后，我就发现香港，我一直蛮爱的地方，马上就要回归祖国了，很多人都心里很不踏实,因为那时候不知道以后会怎样。我就发现很多我以为永远都会存在的东西,可能一夜之间就没有了。有人说皇后大道东可能就是解放大道,机场要搬了,突然发现我的宿舍,我住的河东女子宿舍,大学的那个地方要拆了,我很生气,他们拆掉我的回忆,所以我发现我不能再不拍香港的故事。因为以前一直是美国,都不是香港的故事。马上就要把所有的回忆都要记下来,把它记在胶片里面,因为影片可以比我活的更久。我就拍《玻璃之城》纪念我大学的生活,在那边受殖民地教育的地方,是怎样生活的状态,我要把它记下来,然后接下来《岁月神偷》也是这样。因为香港越来越变成一个现代的城市,跟所有那些别的大城市差不多样子,只有一两条街,好像我拍永利街,才可以勉强回到香港60年代的状态,我觉得不拍以后要拍我们童年生活的机会都没有了。刚好老板肯投资,就像许鞍华说的我们这种电影找投资是蛮难的,但是那两部电影把我的记忆都留下来了,我觉得很幸福。

欧宁: 这两部电影其实像我刚才说的,风格是很温暖,很婉约的气质在里面,这样的风格很容易被贴上一个标签,是女性化的特点。但是你说这跟性别没关系,跟你的性格有关系。你可以再解释一下,最后的电影为什么是这样的风格,很婉约,充满了温暖的回忆?

张婉婷: 我觉得不是男女的问题,是性格的问题。电影就好像导演的儿女,导演是什么样的拍出来的电影就是什么样的。比如说许鞍华拍出来的电影很多元化,很多不同的东西。我没有仔细分析过我自己的电影,但我拍的东西都是我身边的朋友,我的心路历程。慢慢看回去,我拍的东西可能就是我成长的故事,而且就是我生活的地方的历史的回忆。就是从一个殖民地怎样过渡成为中国一部分的回忆。所以我觉得蛮像我的。

欧宁: 后来您又拍了《宋家三姐妹》这个电影,聚焦中国很重要的三个女性历史人物,你能不能讲一下对宋家三姐妹的理解?

张婉婷: 其实我拍电影有一些梦想在里面的,我觉得普通人一生只能活一次,但是作为一个导演我可以过很多不同的生活。比如说我突然希望可以假装我是第一夫人,那我肯定不能在现实生活中当第一夫人,所以在电影里面我可以重活在20世纪30年代,过一次第一夫人的生活。所以我觉得基本上我其实在《宋家三姐妹》那三个女人中看到很多香港那一代人了解的东西。她们三个从很小被爸爸送到美国读书，然后回到中国的时候已经长大了，变成二十多岁的女人。我看到她们很多的纪录片，她们国语就很差。而且她们回到中国以后，那是清朝的时候，清朝所有的女人在裹小脚，她们三个回到中国就是很不中不西的感觉，这种感觉也像第一次回到中国的我，觉得这个人说话、衣服都有点不中不西的感觉。所以我看到她们三个从小在外国长大的人，第一次回到祖国的时候，有一种陌生的感觉，而且她们很努力地融入那个世界，就像我们现在很努力地回到中国工作。有一定的困难，所以我从她们三个当中想了解一下中国的历史，而且透过她们虽然不一样但有类似的背景了解一下我的祖国。

欧宁：《北京乐与路》，当时有的乐手就觉得这个电影把他们的生活标签化了，说这就是中国摇滚乐的状况。今天你怎么看这个电影，重新说这个电影的时候你会怎样看自己的这部旧的作品？

张婉婷：我只是想告诉那些摇滚兄弟们，这个电影是从一个香港人的眼中看北京的摇滚，所以主角是吴彦祖，一个香港人，当然他看起来有一点奇怪，就是从我们的角度看北京的摇滚，所以跟他们自己的了解有一定的距离，但我想告诉你们，这是我们香港看他们摇滚乐队的一种视野，用不同的角度。所以不一定就是绝对的角度，因为所有的东西从不同的角度看都是不一样的，所以就尝试从香港的角度看一下吧。

欧宁：最近有什么新的电影计划吗？

张婉婷：我想拍一个中国四五十年代集体的回忆。就是《岁月神偷》的年代再往前一步。《岁月神偷》是香港六十年代集体的回忆，但我想拍一个中国四五十年代每一个家庭都有的，他们的祖先，他们的父母如果在那个时候活着的话一定会经历过的一种集体回忆。

欧宁：我们谢谢张导演的回答。接下来我要问宝珠姐，因为昨天我们聊天的时候，大家都觉得崔宝珠是电影界解决问题的专家。所以可以想像在做监制工作的时候要处理很多复杂的问题。作为一个女性监制的话，你为什么会有这么强的解决能力，这跟作为一个女性有关系吗？还是有其他的秘诀？

崔宝珠：我觉得跟性别是没有关系的，反正每一个电影都有不同的问题，而且有非常多的问题，我觉得电影是在解决问题中拍摄的，但是你说很多时候宝珠能解决问题，其实一个电影就是以导演为主，导演是电影的灵魂，作品是他的。所以我无论做监制或者制片人的时候，我的身份就是为导演排除所有的困难，我的概念就是这样。我努力解决，但没有特别的原因。

欧宁：这几年你也有到大陆拍电影，我们作为普通观众，其实对幕后的东西不是很了解。这几年香港跟大陆之间的合作很多，在行业这些制度的建设，或者是行规的建设，包括一些合约、艺人的管理、融资、市场发行这些背后的故事我们知道的不是很多。可不可以用你丰富的经验告诉大家一点这些背后的故事，而且可以对照一下香港跟大陆在这方面的一些差异？

崔宝珠：从制作说，我八十年代就跟许鞍华到大陆拍《投奔怒海》，当时因为我们一个是到一个陌生的环境，香港来的主创比较多，那时候的物资不足，很多底片、器材都是从香港运过来。其实现在从香港过来的主创没以前那么多了，中国内地美术、摄影师可选的比较多，所以现在就没分中港台的人员，都打成一片。底片冲洗也可以在内地解决。

欧宁：因为我记得昨天你谈到艺人签约，在之前香港这方面因为有一个很长历史的发展，所以这方面的规范是比较好的，可能在九十年代的时候，中国大陆这方面还不行，对照一下今天在这方面会有些什么不一样？

崔宝珠：艺人签约到现在这个年代分别真是不大了，因为现在我们中港台所有的艺人基本合约都是大同小异。现在都有经纪人公司，都有合约，而且所有的基础差不多。但每个演员也因人而异，可能需要调整一下的也有。但现在可能分别都不大。

欧宁：其实您有参与过很多大片，包括《卧虎藏龙》、《孔子》，您能不能分享一下您的经验，现在大片非常流行，每个中国导演都想拍大片，投资也挺多的，挺活跃的，在制片这块，大片小片中片有什么不一样？

崔宝珠：我其实自己觉得分别真的不是很多。大片的资金比较多，演员比较大腕一点是真的，因为资金多，可能因为考虑受欢迎程度比较高的演员可以保证票房。其实也有考虑这个问题，因为你请大腕演员他会考虑说你们的班底是怎样的，他们会考虑你的导演、摄影、美术，反正班底的考虑比较多一点。

欧宁：我最后想要宝珠姐介绍一下你的公司的一些情况，工作的一些项目。

其实我们不是很了解,特别是幕后,因为普通观众看电影都是看最后的结果,都不知道最后的运作是怎样,可不可以介绍一下?

崔宝珠:我刚刚拍完一部戏是《白蛇传说》,下面有几个剧本在发展当中,但没有具体说马上要开什么戏。

欧宁:谢谢宝珠姐,下面就进入共同问题的时间,因为你们都是很资深的电影人,作为普通的观众来讲他们特别好奇明星那么大牌,你们怎么在片场跟他们合作,怎样驾驭、调度他们,这个是我代表普通观众问你们三位的问题。

许鞍华:我觉得说的很老土就是平常心吧。就是对他们像对每一位演员一样的礼貌,根据这个合同的规范。不会因为他是大牌,或者是不知名演员,比如你是一个新人就可以随便调动他,大家都是根据工作计划行事,自己也要准时。有什么事也是照样的讲,一些大牌有经纪人,比较好一点,因为通过一个人在中间说话比较好,也许大家本来是朋友,也许是以前合作过。如果他们能做到这样的大牌,他们肯定比你机灵,你就不要想占便宜,只要很公道就可以了。

崔宝珠:可能导演跟制片人不一样,一般我们跟他们谈合作的时候,希望有一个好的故事,说服他,他喜欢,然后他会挑一个班底,最主要是导演是谁,其实他们比较重视这个剧本对他们适不适合,然后他相信你的班底出来的制作会好,他也不希望拍一个不好的电影,我觉得这样的心态比较多一点。至于其他的,可能有时候是沟通的问题,你们跟他多沟通,了解他们想法可能就比较容易。女人聊起来也亲和力比较多一点。

张婉婷:我觉得对我来说大牌比小牌、中牌更容易沟通。因为大牌本身已经对自己有信心,而且他的安全感比较高,所以你跟他说话可以很直接很真诚。我觉得所有演员其实都好像小朋友,他们其实心里有很多不安全感,因为他们要面对很多观众,在一个大银幕把自己的头放大到几百倍面对观众,所以他们内心很多不安全感。所以我觉得作为导演其实最重要要让他觉得你跟他是同一条战线的,一定会保护他,看到他有什么不对一定会改过来。而且会选他最好的一面表现在观众面前。如果你是他可以信任的一个人,而且跟他是同事,不是来指挥他,当监督不当他是朋友,这样的话我觉得绝对没有一个人是麻烦的,大牌小牌都是可以沟通的。

欧宁:第二个共同问题,我想问一下你们在片场或者剧组骂人吗?

张婉婷：我从来不骂，因为我们也不是黑社会打手，也不用骂。我找来的都是我崇拜的对象，也是我喜欢的艺术家，真的没有骂他们。但有时候要面对很多群众，几千人激烈的很混乱的一些场面，我通常找一个很凶的副导演，然后就可以了。

许鞍华：最近没怎么骂。

崔宝珠：基本没有骂，但是会抓到房间里面说他，批评一下。

欧宁：就是私底下批评？

崔宝珠：对，不公开。

欧宁：那现在进入第三个共同问题，就是刚才第一部分的时候我也有问她们三位，作为女性影人，你们在自己的职业生涯里面要处理一些工作跟家庭的问题，因为有的影人因为结婚了就离开了，家庭处理得好非常难得。就想让你们每位对这个问题做一个回应。从张导演开始吧，其实我们蛮想听听张导演跟罗启锐的八卦。

张婉婷：其实之前我也有谈过很多次恋爱了，因为他们都是受不了我的时间。后来碰到我的同学罗启锐，我觉得我蛮幸运地找到他，我可以很安心地找到一个拍档支持我。但是我觉得宝珠还是最棒的，因为她有两个孩子，因为有孩子跟没有孩子分别很大的，我也想过有孩子，但是我就先养一个东西试试看，我养了小狗，之后我去大陆拍了三个月戏，就没有见它，回来的时候已经长大了，我就叫它，它就看着我，好像说没事不要叫我，然后慢慢就变成很孤独忧郁的小狗，我就觉得我对它很不公平，所以我觉得我真的不能这样养小孩。

崔宝珠：我还是比较幸运吧，有两个小孩。但他们小时候压力还是比较大，因为那时候我们常常工作，花时间在工作上面比较多，对家里小孩的照顾可能就比较忽略一点，但好在当时我跟爸爸妈妈一起住，我上班的时候我爸爸妈妈一起照顾孩子，我的另一半也是做摄影师，所以比较体谅我工作的态度方法。

许鞍华：一问到这个问题我就很惭愧，因为我又没结婚，又没小孩，可是我真的到现在，事实就是这样的，每一个人的追求跟满足感是不一样的，必须要承认这一点。我一点都不羡慕她们当母亲，我替我妹妹看她的女儿六个小时我就快晕倒了，所以我看到小孩就很头疼，也很庆幸我不用带小孩。

欧宁：谢谢，下面我们就开放给大家提问。如果有问题请举手。

现场对话

提问：三位导演下午好，我有一个问题想请教一下你们。因为我是第一次能够跟几位沟通，之前没有跟女性导演有过这样的接触跟交流，这场又是女性导演制作力量，我就问一个相关的问题。我一直有一个疑惑，像许鞍华导演跟张婉婷导演，你们两个是具有非常鲜明作者化风格的导演，你们在创作的时候是不是有意识地以一种女性导演的身份来进行表达和叙事呢？

许鞍华：我没有。

张婉婷：我也没有。我对男人是一样公平的，我没有歧视男人，我心里面的男人蛮不错的。

提问：我的意思不是是不是区分男性跟女性，我的意思是在叙事的时候是不是有意识地以一种女性导演的视觉提醒自己我是女性，我一定通过女性的视角表现。像刚才黄真真导演就提到她拍片子的时候，故事是一个男性找两个女性，她改成女性找两个男性。

许鞍华：我没有，黄真真可能是因为她是年轻一辈。八十年代开始女性主义非常流行，她的教育和背景跟我不一样，张婉婷也比我年轻，可是我是没有这个教育的。

张婉婷：我绝对没有时间想我是男的还是女的。好像刚才说的只是性格的问题，我每次拍电影只是想我最喜欢拍哪一个题材，最喜欢拍哪一个人。但是我不会说如果我喜欢《秋天的童话》里面的周润发，因为我是女人就把他改成一个女的，因为确实是男的才成立。所以我觉得导演不要把自己局限在性别里面。

提问：我们看到去年内地出现了很多女导演，今年在市场里面出现的作品都非常的优秀，比如说《观音山》，取得了七千多万的票房，同时得到了多个奖项的认可；比如像徐静蕾拍的影片票房也过亿了，那我们今天能够请到三位也非常高兴。

宝珠姐是一个幕后的大英雄，我想问您一下，您八十年代就开始跟内地合作拍电影，您觉得在这三十年里，跟内地的合作有一个怎样的进程，或者是变化，觉得变化在哪里？

还有许鞍华导演、张婉婷导演，她们这么多年以来有变化吗？就是在作品方面。

第二个问题是针对张婉婷导演和许鞍华导演的，因为许鞍华导演的书我看过，有人给您写的《许鞍华说许鞍华》。我觉得香港人跟内地人其实是不完全一样的，您在跟记者聊天的过程里面，都是非常真性情地说出自己真实的想法。我是看到那本书里面您说到跟内地合作的经验，比如说《玉观音》这个电影，对您来说可能是比较惨痛的经验，那在两部非常好的电影之后，您又再一次跟内地的公司合作，您在心态上或者创作方面有什么不一样？

张婉婷导演我的问题是这样的，现在为什么会说是多元时代，因为许鞍华导演说过一句话，她说现在这个时代呈现出女性的特质来，有沟通的特质还有理解的特质，她觉得这个特质是女性的，您刚才说要拍的五六十年代的电影是跟内地相关的吗？或者跟宝珠姐合作的吗？

崔宝珠：其实八十年代进来之后国内很多物资不够的，很多东西从香港带过来，到了八十年代中期，那时候陆陆续续香港来的主创比较少一点，摄影师、美术开始融合在一起。到了九十年代已经没有内地香港的分别了，只要适合这个位置的我都请，没有香港内地之分。

提问：第二个问题就是您跟许鞍华导演和张婉婷导演都有过合作，这么多年以来她们有没有什么变化？

崔宝珠：其实我也不觉得有什么变化，可能是她们拍的题材不一样，因为不可以重复拍一个题材。但没有觉得她们两个有什么变化，对我来讲变化不大，可能也是我们常常有碰到，所以不特别觉得有什么不同。

许鞍华：可能你们不知道，我打从不跟宝珠合作戏就没那么好了，我第二个电影是1980年跟宝珠合作的，1981年的也是她做制片，那都是公认的我比较好的电影，没跟她合作以后就一落千丈。

张婉婷：我也是，我每次求她帮我，她都是很棒。

许鞍华：我也觉得很奇怪，到底她的秘密在哪里呢？我回想，一开始是貌不惊人，说话结结巴巴的。我现在还在想是为什么，因为她从来不会说漂亮的话。

张婉婷：她常常笑都是招牌的笑，谈笑用兵。

许鞍华：因为她有问题就解决，我感觉她是这样。我今天其实也是想听她怎么讲。

崔宝珠：只是懂得讲，因为我刚才也说，导演是电影的灵魂，我们在旁边的人是尽量替他排除困难，提供最好的制作环境，我的心态就是这样。

许鞍华：我只记得八十年代我们拍外景的时候，黑社会要收一些费用，这些人都是拿着西瓜刀一群地跑来，我们在现场是拍夜班的戏。我记得她说你跟谁谁送导演先走，我来解决这件事，我也不知道她怎么解决，我们也没管就走了。我不知道她后来怎么打发那些人，就是做这样的事。

崔宝珠：谢谢两位导演。

许鞍华：应该的。

欧宁：所以宝珠姐不说的事情两位导演都说出来了。还有没有问题？

提问：宝珠姐我们刚才都很好奇您是怎么解决的？

崔宝珠：那时候我是很懂黑社会的，跟他谈判。因为那个时候许鞍华导演是真的很聪明，因为差不多拍完，我记得是最后一个镜头，那帮人站在我们镜头前面一直要收钱，我就一直叫他过来。他站在镜头前面，许鞍华很聪明，她知道我们是最后一个镜头，最后许鞍华导演拍完的时候，就给我一个手势：拍完了。我就说赶快把所有的都撤退，让最后一个车打开门，都走掉以后，因为那个消防员掉下水嘛，我说坏了我的演员掉下水了，我要赶快送他去医院，我就马上走掉了。其实这个方法也不好，大家也不要学。

提问：各位导演好，我是华师大的研究生，我也是做女性电影研究的，我还是想围绕这个性别的议题谈一下。我很关注许鞍华导演的作品，刚才谈到你其实并没有受到女性主义的影响，其实最核心的男女不平等问题还是存在的，比如《唐山大地震》里有一个核心的情节，是救儿子还是女儿，其实解放以后，男女地位已经差不多了。但到了极端的情况下就会有差异。这个妈妈平时对儿子和女儿是一样的，但妈妈选择的还是儿子。但当我们进入婚姻、职场的时候，这些现象就会出现。我想请问许鞍华导演，对这种现代社会当中依然有性别不平等的现象有什么看法？或者我们应该用什么样的电影去抵制这样的现象？

许鞍华：好大的题目。我并不同意你一开始说的对于女性主义的分析。以男女不平等作为女性主义的解释，女性主义不是用女性的角度跟看法来创作，也许是做一件事比较细腻、理性，而不是说男女不平等的那些，这个不同意的。可是我同意像你说《唐山大地震》里潜伏性的不平等，我觉得这个不平等是普遍性的。也许现在我过了60岁，其实人家对60岁以上的人都是很歧视的，我觉得这个歧视比对女性的歧视还要厉害。因为老人真的是比较弱，女人其实比男人强壮，可是你如果老的话，我看见我妈妈86岁，走路真的需要人家扶，也没有经济能力，也真的是看不见，那种歧视，被歧视的人是觉得自己很弱，我其实比较关注这些比较严重的歧视。我作为导演，我不觉得作为女性导演受到什么歧视，可是我觉得作为一个老女人肯定是受到很多歧视的，就是说年轻人都不愿意跟你说话，觉得你落后于时代，你穿的好说你扮青春，穿得不好说你老土。所以我感觉是这样看的，我不是不愿意讲男女不平等，可是我觉得有其他更紧迫的，更让我感觉应该受到重视的不平等。

提问：您那个《天水围的夜与雾》很明显是关注对妇女的家暴问题的。我还想问一下，这个电影是你花了五年的时间拍，但最后取得的票房和艺术评价反而没有那么高。我不知道这个电影后来是怎么走的？

许鞍华：其实我觉得那个戏拍的不是那么好，另外它拍的不是让人感觉愉快的东西，人们不愿意看，就是不愿意面对。我感觉是有这些原因在里面，而且我觉得拍戏也不是搞社会学，也不是搞怎样的宣传，这个是很大的问题，我们一会儿可以再谈。

提问：另外两位导演对性别歧视有什么看法？

张婉婷：我觉得在香港真的比较幸运，从来没有什么男女不平等的感觉。你看我们香港长官很多都是女的，我们大学女生都是百分之五十多，男生都是少数了。现在她们还在想是不是要有一个反歧视男生的条例。我刚进片场的时候有一些摄影师不听我的话，但后来我想不是因为我是女的，只是我是不懂，都不知道怎么告诉他，比如我要拍一个镜头，比如我要侧面跟后面都看不见，只是中间这个人是清楚的，因为我看《阿拉伯的劳伦斯》里面一个镜头是这样的，总是在很远的点上只有他是清楚的，周边是朦胧的，我死活都要拍这个镜头，摄影师就说不行，就没再说下去了。后来我就发现原来要用很大很大的一个镜头来拍，但我只是在电视台拍一个小小的电视，所以没有这种镜头。我觉得不是我性别的问题，后来我就努力读电影，确保我以后都知道怎么问人家问题，合理的问题，不是因为我给人家歧视了。

崔宝珠：我可能从母亲的角度看《唐山大地震》两姐弟的关系，我记得母亲当时说两个都要救，但没有办法的时候，她选择救小弟弟，我从母亲的角度看不是因为是男还是女，一般母亲都比较照顾小的，所以我是从这个角度觉得她是照顾比较小的。

提问：我想请教一下，我经常感觉女性导演的身体里藏着一颗男人的心，很多男人的身体里藏着一颗女人的心，当然最高的境界我觉得是婴儿或者是老人，叫做身心合一，你们怎么看这个问题？谢谢。

张婉婷：我想是对的，因为尤其是我们做导演这个行业，有时候我就是这样讲话的，我决定也是很快的，因为在现场你基本上要做一千个以上的决定。所有人过来问你，要白还是黑，要长镜头还是短镜头，从左边拍还是右边拍，你马上要很快给答案，那个答案不一定是对的，有时候你想我答错了，但每天必须要做很多很重要的决定。我就发现这个你们可能以为是很男人的一种行为，就是当机立断的这种感觉。而且我在片场每天是这样的，我就发现不管了，反正他问你就给一个答案，反正一百个答案里面八十个是对的，这个片子就很好了。可能就锻炼出比较男性的性格。

许鞍华：我喜欢很快地决断，因为我不想考虑，我不想把一件事情想来想去，所以可以说我性格是比较急跟冲动的，我不想说这件事的好处在哪里，坏处在哪里，很少想的很清楚。

提问：我可不可以问一个多余的问题？我经常觉得李安是一个女人，他的身体里是装着一颗女人的心。其实有人说女人的身体里装着男人的心很容易当导演，男人的身体里装着女人的心也很容易当导演。

许鞍华：我觉得心是没有性别的，如果大家用男的女的来表达描述性的东西，可是作为有价值观念的语汇反而把自己的东西限制了。如果一开始就是一个女性的视角，就不能欣赏所谓男性的特质，也不是因为你不是女性就不会有，所以你说的这个是很好的。如果你说李安有女性的心，因为他东西很细腻，我同意。可如果你说他有女性的心就代表他不是那么好的导演我就不同意，是这样。

张婉婷：其实有时候都是一个人成长的过程，跟他变成怎样的一个人是很有关系的。比如说我爸很早就没了，我要很早出来养活家人，如果我爸不死可能我就会比较正常地生活，正常地嫁人。

崔宝珠：我一直不想工作，可是十年前说退休，到现在还没有退。但我觉得不是男女的问题，可能是个人性格的问题。

欧宁：其实刚才你的那个描述，男人身体里装着女人的心，本身就说明拿性别来区分已经不是一个有效的办法，因为性别在模糊。

提问：我非常喜欢瓦尔达的作品，刚才许鞍华导演也说到她的作品是非常有感情的，她特别特别的强大。我最近和那些年轻的中国女性导演也谈过，她们也想拍瓦尔达那样的电影，但我没有看到过中国的女导演做过这样的电影。在美国凯瑟琳·毕格罗得了奥斯卡奖，一个战争电影，这在以前看来是不可能的。在你们看来女性有没有可能拍出瓦尔达的电影，如果可以的话，有哪些障碍，中国什么时候可以出现瓦尔达那样的电影？

许鞍华：我觉得也是人不同，不是男女的问题。我不懂跳舞，不懂打网球这些，搞不清楚方位，那拍动作片这套尤其是香港片里面最高度技术专业化的一环就是你的方位、镜头跟动作配合特别好。我对这些动作是没有那方面的天分的，所以我觉得我去搞就不会觉得很愉快。不过我对武侠电影是很喜欢看的。所以我觉得并不是因为男女的问题。另外就是它是一个武打片我想拍成历史片，这个混不起来就很奇怪，因为你不能用同一个要求来做武打片跟历史片。

欧宁：最后一个问题。

提问： 您好，我知道许鞍华导演原来也是从电视台出来的，做了很多纪录片跟专题片，我其实代表很多的女编导或者是有意成为导演的女性问一下，怎样能够以一个比较实际的途径成为一个女导演或者是监制，先不说能够成为很好的，因为其实我知道在内地有很多文艺女青年都想走这条路的。

张婉婷： 我想最直接的方法就是先写一个剧本，因为现在我觉得市场上面好的剧本很缺乏，如果你可以努力把剧本写出来，然后死活都要说我要当那个剧本的导演，如果你的剧本是好的话，真的是感动人的，我觉得还是有机会的。而且现在网上可以拍一些片，成本也很低，我觉得现在路还是蛮多的，你只要努力做实际的东西出来，只用口讲是没用的，做一些作品出来机会比较大一点。

许鞍华： 现在还有人想当导演吗？导演作为一个明星的时代已经过去了。

提问： 其实她们不是想当明星，我不知道您知不知道内地有一个说法就是"文艺女青年"，她们自己很有表达的欲望，就像张婉婷导演一样，她有她的生活，她有一些经历想表达出来。

许鞍华： 我提议应该拿一个DV自己拍自己的电影。我觉得入行可能是作茧自缚，我不是说电影圈坏，这个游戏规则不是为了表达个人的感受的。会有很多票房的因素，制作的因素，你要拍片的话要妥协的地方很多，如果仅仅当成是一个个人的表达。

崔宝珠： 因为我是做制片的，不是导演，我觉得不管是导演也好，制片也好，我觉得要花一些时间开始从编导学起，或者从副导演学起，有一些经验，然后像张婉婷导演说的，可以自己写一个剧本拿出来给投资人或者制片人看。因为大家现在需要很多不同剧本和创意，所以大家有兴趣的话多写剧本，多拿出来大家研讨一下。

欧宁： 今天的讨论议题很有意思，像黄真真这样的影人自己的性别意识就比较强一点，可是台上的三位资深影人因为她们跨越了不同的年代，从早期的男女平权早就过渡到无性别的境界里面。感谢三位，张婉婷、许鞍华、崔宝珠。我们今天就到此为止，谢谢大家的参与。

发现下一个电影类型

2010年中国电影票房又创历史新高。在中国电影产业的高速发展中，也存在着一系列问题。有权威专家指出，现在是电影市场最好的时代，却是作品创造性最差的时代。为了迎合海外市场，大导演多以古装武打片为主要创作方向；而面对国内市场，则是只认同几类强势的电影类型。如何给中国电影的类型片市场找出一条良性的、可持续发展的道路，是一个摆在所有中国电影人面前的问题。

本论坛以"发现下一个电影类型"为核心，云集了中国电影的制作、发行等各路高手，共同为中国电影的创作走向把脉。

■ 嘉宾简介

马家辉，媒体人、专栏作家，文化评论人
杨子，中国巨力集团副董事长/执行总裁、中国巨力影视传媒有限公司总裁
宋光成，星光国际传媒集团总裁
伍士贤，导演
张京华，《经济观察报》副总编辑
文隽，导演、制片人
贾樟柯，导演
许知远，评论家
张一白，导演

主持人：各位来宾大家下午好，欢迎大家来参加我们的电影论坛，有人评价现在是电影产业最好的年代，也是成长最差的年代。中国的电影票房去年创造了历史新高，但是我们也不能忽视一个问题，创造性差，类型单一是一个最主要的问题。为了迎合海外市场，国内市场也只有屈指可数的电影类型得到认同。这里我有一组数据和大家分享，在本届上海电影节上我们观众人数的增长已经达到了30%以上，我们展映的影片是来自102个国家和地区的各种不同的片子，这种耐人寻味的片子是令人回味的。

今天我们邀请了代表着不同类型的电影导演，贾樟柯、张一白、伍士贤和文隽先生共同探讨和把脉中国电影的走向。现在我们有请香港著名的作家、文化评论家马家辉先生为我们主持今天的论坛。我要特别提及马家辉先生特别地认真，他像召开政协会议一样，邀请所有的嘉宾开了一个会，我相信今天的论坛会是非常精彩的，现在有请马家辉先生走上我们的主席台。

马家辉：谢谢唐小姐，各位好我是马家辉，来自香港，我们已经约好了，我们一见面，我和贾导演互相拍照放在微博上，提高粉丝量他不需要，我需要。欢迎大家来到这个论坛，这个题目可以分两个部分，一个是发现的部分，找到发现下一个电影类型；然后是电影类型的部分。我们谈这两个部分来综合今天的题目。我们要谈去发现下一个电影类型，当然要先了解什么叫做电影类型。

电影类型的概念在好莱坞的整个电影工业、电影制度里面有很长的历史，我们都知道有黑帮片、警匪片什么片都有。在华语世界，六七十年代已经有不同的类型片了。

我们谈到电影类型，举一个例子，什么叫电影类型。香港有一些片在内地不能演，各位有去香港偷偷看吗？像电影《肉蒲团》，一看就知道什么片，一部色情片，但是大家没有看过吗？有看过的朋友请勇敢地举手，只有你够勇敢，后面还有一位朋友，其他的都非常伪君子，一定有上网看过。我看你的造型，说你没看过，我也不太相信，我看了五遍。

因为只要看过那个片的朋友都知道，一般人都取笑这个片，你从文化研究的角度看很好玩，它也打破了类型电影的边界，我们都以为它是色情片，结果是搞笑片，也可以叫暴力片，身体的器官飞来飞去。我们怎么从这个角度看电影类型？我们知道电影类型不仅是一个内容，当它作为某一个电影类型，它从片名，电影的名字开始已经给你一个提醒了，文艺片的片名一定有爱、情、眼泪。香港的黑帮片一定是什么古惑仔，我们有一个古惑仔之父文隽在这里。从片名下来，情节、角色、服装、灯光都有一套基本上给观众的期待。

其实我个人看，电影类型是电影公司跟观众之间的默契，假如你打出一个片，不能符合观众的期待可能会出问题的，这个问题可能是非常好的可能是极端坏的，所以谈电影我们可以有很多话题。我对中国的电影不太熟悉，当然我有注意到这几年中国的电影类型不断地有新的出来，大家也在探索下一个电影类型是什么。我一直都知道，中国有一些类型电影是不能有的。像《肉蒲团》不能有，色情片不能放，鬼怪片不能放。鬼是不行，破坏和谐的据说也不能，我们在找寻下一个电影类型之前，先知道哪些电影类型在中国是没有的，在这个基础上面，我们再去找寻新的类型。

因为今天出席论坛的嘉宾，很多不仅是作为观众去发现，去看，他们是参与者。一个新的电影类型可能是由于其中一个电影人的创意而弄出来，后来其他人跟着来拍。所以从发现到打造下一个电影类型，下一个话题可以讲。

按照主办单位的安排，我们今天的论坛分两个部分，每一个部分有四位老师、四位专家和我们探讨今天的主题。

我先讲第二个部分的嘉宾，因为我怕你听完第一个部分就跑了。四位发言的嘉宾有香港的文隽大哥，有贾樟柯导演，还有评论家许知远，许知远先生最近在香港有一个评论活动，迷倒了香港的几个女记者。还有张一白导演，这是第二场的部分。第一部分请四位嘉宾上台，第一位是杨子先生，然后是宋光成先生、伍士贤导演，还有张京华先生。

第一位嘉宾杨子先生，杨子先生，我们知道他出道以来，从演员到制片，到投资者，到整个策划、推动，他都有他参与过。杨子先生是中国巨力集团的总裁。所以他这么年轻，这么完备的经验，可以给我们谈一下他的看法，对中国的电影类型，到底我们目前流行些什么？如何发现打造？就我知道，好象有一部新片是《白蛇传说》快要上映了，这个我还没有看到，可是光看电影名称，应该是一个古装片，所以我们听一下杨子先生分享他对电影类型的意见，我们欢迎杨子先生。

杨子：谢谢，刚才听马博士滔滔不绝讲这么久，而且又第一个发言，面对这么多著名的人士的确压力很大。像马博士所说的，出道涉足影视文化产业将近四年多的时间里面，我的确从演员、制片人包括灯光、摄影、导演、副导演的工作都有参与，从基本上从看一个镜头用的什么光，用什么设备，搭景花多少钱我都知道，甚至我知道更细节的，我们的那些大车司机，怎么样去偷油，一个盒饭能拿多少回扣我都清楚。不管我们自己投的戏，还是合作投的戏，巨力报出来的成本价是真实的成本价，因为我们不搞投机的把戏。中国的制片人，我们不要盲目崇拜国外的魔幻大片，比如《变形金刚》、《钢铁侠》，就像汉堡一样，它们在美国有非常成熟的市场。就像气功一样，他要用什么样的招式打出这个效果来，还要请教中国的专家。就像我们弄不懂《变形金刚》怎么变的形。我们的古装片、魔幻片是中国的主题类型，是不是已经到了饱和的状态？我觉得这只是刚刚开始。

人们问我你拍《白蛇传说》是不是过时了？我觉得并没有过时这一说，经典永远不会过时，只不过随着时间的发展，人们会用新的思想去解读。在四五十年代人们找媳妇都是胳膊粗、腿粗，身强力壮的，因为可以下地干活。现在我们找媳妇是胳膊细、脸小的，因为漂亮，因为现在的科技代替了人们的手工劳作，所以我认为类型片在中国应该是主流市场。我认为武侠的、神话的应该算是一个类型，为什么像我们拍的《白蛇传说》，宋总拍的《鸿门宴》这种片子层出不穷。因为中国毕竟积累了几千年的历史文明，美国没有这么长的历史文化的积累，没有这么多素材，没有这么多所谓的传奇和传说。我们有这样的素材土壤。所以我觉得在中国不管你拍魔幻片、神话片，还是我们的民间传说片，永远不会过时，只要拍的好看，大家一定喜欢看。

另外，其实我在中国巨力集团做副总裁做了四年，做执行总裁做了六年，突然跑到了影视文化产业，我搞这个产业和其他的老板不一样，我拿出几百万、几个亿来就砸钱，这种其实是最傻的做法。由于中国热钱的存在，有些老板们，包括制片人、监制，这些人在扰乱中国的市场经济，他们在扰乱中国电影的发展。这些人我以前在微博上写了一句话，我说现在有一批为名、为色的老板，拿着一张和明星合影的照片开始膜拜。这些制片人蒙骗演员上戏，欺骗小女孩上床，最后看着播不出去的片子欲哭无泪。这些人影响了中国的市场，扰乱了中国市场的发展，他们用高价哄抬了制片、演员的身价，真正可以拍片子的人找不到好班底、

好演员、好阵容。所以我认为中国市场的发展应该越来越多的理智的钱进入、专业的钱进入，包括我之前和伍导之前粗略地谈了几次，有好多投资者不是很专业，管好多不该管的，弄了很多不该弄的，搞得专业的人比较无语。

我认为中国电影要发展，拍什么片子不重要，中国并不缺市场缺观众，而是很多烂片伤了观众的心，中国并不缺乏票房的市场，我们作为电影人也好，行业人也好，应该思考拍出什么样的片子吸引大批的观众走向电影院。我觉得不管看到什么类型，本中之本是拍好电影、拍优秀的电影，拍值得讨论的电影，才能真正地将中国电影的市场回归观众，谢谢。

马家辉：谢谢杨子先生，下面我介绍第二位嘉宾宋光成先生，我第一次和宋先生见面，在香港已经听说了，他的造型比明星更像明星，我今天看到宋先生吓一条，他又姓宋，我以为是韩国明星来了，韩国明星一般是戴着黑框眼睛、白衬衫、黑西装，刚才杨子先生提到了，他是星光国际传媒集团的总裁。宋先生正在进行的一部片是《鸿门宴》，和《白蛇传说》有接近的地方，也有不一样的地方。我经常看到有人把神话片拍成像历史片，把历史片拍成像神话片，这是我个人的观感。

我们现在请宋先生来谈一下他对于中国电影类型的看法和经验，有请宋先生。

宋光成：谢谢马博士，谢谢上海电影节的组委会把我和杨总安在一个论坛上。杨总是圈内最高调的一个人，我是最低调的一个人，这种安排是有意的还是无意的呢？刚才杨总很多观点我是赞同的，其实现在的电影类型，大家看到我从前年开始做电影《花木兰》今年开始做《鸿门宴》，这两个都是古装题材的电影，为什么是古装题材呢？我们的国情，我们的电影制度，给我们圈了一个大框框，我们只能在这个圈子里面跳舞，我们的情色片拍不了，"赌王"、"赌圣"都拍不了，我们拼特技又拼不过好莱坞的《阿凡达》我们只能用历史中经典的桥段和传奇来演绎。古装电影有什么好处呢？像《花木兰》、《鸿门宴》大家一看就知道是什么故事，不需要再去宣传。当时《花木兰》8000多万票房的时候我给高军打电话，我说高老师我们这个票房怎么样？他说放心，绝对上1个亿，不够我给你补。《鸿门宴》这个题目也很好，这三个字至少值5000万，我们拭目以待。现在《鸿门宴》正在敦煌紧张地拍摄，我刚从敦煌赶过来，7月4号关机，11月下旬上映，应该是今年贺岁档的第一炮。

我有个朋友给我推荐了五个大纲，有一天晚上睡不着把这些大纲拿出来看，最吸引我的是《鸿门宴》。中国历史上最伟大的一场饭局，中国老百姓家喻户晓的故事，中学课本里面也知道这个桥段，"项庄舞剑，意在沛公"，我查了一晚上的资料，没有睡觉，第二天一早给我的工作人员打电话赶紧准备材料给广电总局报备，下午就拿到了拍摄许可证。后来又见到高军，他说《鸿门宴》这个题材我准备了半年，结果你抢拍了。作为制片人来讲，好的题材是特别宝贵的，我每天在找这个闪光的题材。《鸿门宴》这个题材发挥的空间特别大，中国人每天都在吃饭，而且我们中国的饭局文化是非常深厚的，把一场饭吃成一个局，我觉得这是老外想象不到的，升官发财要吃饭，朋友聚会要吃饭，求人办事也要吃饭，一个饭背后的意义不一样，刘邦、项羽说的是吃饭，实际上吃的是天下，饭完了以后天下就改变了。

对我来讲，这是古装题材可以演绎的，对投资方来讲，我认为相对比较保险。我们说现代题材的电影，大家从近两年的电影市场来讲，票房非常好的现代题材的，一个是《杜拉拉升职记》有网络小说做基础，有张导的《将爱》有电视剧做基础，还有《非常完美》有章子怡做卖点。这样的电影，导演和阵容相当不错的，像《爱出色》、《摇摆的婚约》、《无人驾驶》，包括最近的《不再让你孤单》，还有春节档的《我知女人心》。其实票房和演员阵容和投资是非常相不匹配的，这个电影，我觉得亏损相当严重。说明这一类的题材，无论你制片人还是导演都存在一定的风险，古装剧的优势在于题材非常有深度、厚度，很容易找到比较好的导演和演员，这样的题材投资量比较大，可以高举高打，从宣传、研发费用上可以花很大的投入去高举高打。现代题材的电影深度挖掘的空间非常小，我认为相当一段时间之内，我们的商业大片，古装题材的还是一个方向。

最近很多朋友也在问，你看了 2、3、4、5、6、7 吗？《功夫熊猫 2》、《变形金刚 3》、《加勒比海盗 4》、《哈利·波特 6》还有《哈利·波特 7》。我们看好莱坞的电影是从 2 到 7，但是我们中国的不一样，像《非诚勿扰 2》还是不如第一部的。但是好莱坞可以延续，我认为这是我们电影和好莱坞的差距。从制片公司来讲，为了保证生产量，我们一方面有古装的商业大片，还有中等投资的现代题材的电影。一方面是去发现更好的导演，去紧密合作。另外，我们现在每年投资的电影大概是在 4-5 部，今年已经拍摄了 2 部，还有 2 部。下半年从题材来讲一个是《神笔》，不是"神笔马良"，是现代的一个故事，要脱离"神笔马良"的故事，因为我们从现代的素材好植入。还有一个题材是《长城万里》，长城大家都知道，而且是全世界都知道的一个名词，不到长城非好汉，万里长城永不倒。每一个国外的国家元首都要到长城去走一走、看一看，大家很容易记得住，而且很容易推广的题材。我希望这个是共性的，家喻户晓的题材。《鸿门宴》今年 11 月上映，也是贺岁档的第一炮。谢谢。

马家辉：谢谢，大家可以看到《鸿门宴》有人抢拍的，香港也有，香港抢拍《金瓶梅》，可以看得出差别。刚才宋先生提出一个观念，光是拍电影类型，光是电影名字打出来已经有了保障，其实电影名字也是类型电影其中一个很重要的元素。可是往往电影类型大家有一个期待，很熟悉，反而不容易拍得好，你怎么样把框框突破，因为观众也不是笨蛋，看过很多历史的小说、漫画。这个"饭局"我记得香港拍过，还加了卡拉 OK 在里面，刘邦在唱卡拉 OK，说到怎么样突破是很容易的。伍士贤导演不仅把一种电影类型突破，还把不同的类型电影，找出一些好玩的地方，拍出它很独特的风格。我记得 2005 年有一部片《独自等待》这一部片已经突破了类型电影走在前面了。最近我听说伍士贤导演有另外一部作品叫《形影不离》是吗？伍导演的普通话比我好，广东话也比我好，英文当然比我好，他自己可以选择用任何一种语言，给我们分享一下，你怎么样处理打破类型电影的做法。我们欢迎，有请伍导演。

伍士贤：我就从一个创作者的角度来讲吧。因为毕竟我觉得两位老总已经是从运作和投资的角度去考虑了，我个人认为最大的区别在于从导演的角度考虑题材，先考虑的是有没有感觉，不管是什么类型的东西，比如说有公司找我，我看了剧本，有一些东西也许是从市场上或者从片名上已经有保证了，但是我看了剧本，脑子里没有一堆画面，我接拍这个东西，对我没有好处，对投资方也没有好处。我觉得像导演通常考虑的是怎么样去拍一个有感觉的，同时认为观众会愿意看的，或者是会喜欢的电影，这个每个人的标准肯定不一样了。我觉得之前的两位老总说的很多东西，我也挺赞同的。但是有一点，像宋总刚才提到的，我觉得现代片也可以有比较深的一面，可以拍的不止是无厘头或者是闹剧的东西，从某一些角度反过来，很多年轻人也挺愿意看都市题材的，如果拍得好的话，也是愿意去看的。如果在某一个档期全是古装片也会审美疲劳，今年也出现过几次这种情况。

从讲类型的角度来说，我觉得从整体，比如说从中国电影的发展角度来说，我觉得是必须允许有这种空间的，我们不能说前两个月哪个片子卖得特别好，所有人开始筹备一样的，像杨总说的那种热钱。由于他们不太明白很多背后的事情，营销、宣传、卡司。只是觉得这个片子卖得好我们就卖这个，这样永远会容易出现撞车。出现这种问题，对整个行业是有害的。像我的这个片子《形影不离》，其实说白了，它从类型上来说，当时我们的目的是想拍一个比较新一点感觉的东西。而故事内容上，其实它是属于剧情加一点心理悬疑，里面也有一点点动作的场面，然后有我一贯的东西，比如说台词可能会比较幽默。这种东西说白了，对于一个发行和营销的团队来说，有一定的难度，并不是把某一个东西框到某一个类型，这不是一个导演考虑的东西，不然的话我们没有办法发挥，要不然就变成永远拍一样的东西了。

我们看那些能留下来成为经典或者大家认为有突破的电影往往是打破了规矩的，而不是容易塞到一个框里的电影，我认为必须有这种空间，我认为营销、宣发——这些人可能要麻烦他们多动一动脑子，用新的一种方式去发片，因为经常可以听到，一些公司或者是营销的团队跟你说：你的片子必须是放到某一个框里才能怎样。我也明白这一点，我下一个片子其实很简单，就是一个动作片，我也不是每一部片子非要打造一个新的类型。

从我个人的经验来说，像当年我拍《独自等待》的时候，是 2004 年拍，后来 2005 年上映，那时候，我们拍的这种浪漫喜剧题材相对比较少，也算是和年轻人找到了共鸣。因为那时候由于比较新，从营销方面也遇到困惑，是搞笑的类型还是什么，我觉得观众一般不会去考虑具体这个东西是什么类型，人家大概知道是谁演的，是什么东西就 OK 了。我觉得最可怕的一种营销方式是：不是某一类的，非要把它卖成那一类的，你说是一个动作片，其实不是，人家看了就会觉得失望。

马家辉：谢谢伍导演，其实刚才听三位专家从不同的角度讲到中国的电影类型，类型电影，其实我觉得有一个部分我希望等一下有机会讨论的时候可以谈到。假如从好莱坞来看所谓电影类型的时候，跟我们刚才谈的，其实有一些不一样在于，他不是讲大片，因为不管是什么样的片，大、中、小，总有片种，但是好莱坞讲类型电影的时候，基本上是讲小片，像五十年代拍黑帮片，配合当时政府和黑帮之间很紧张的关系，整个社会的氛围背景，一年之内可能出现 300 部黑帮片。用我们的说法是粗制滥造的，可是没有关系，为什么呢？因为在整个电影市场里面，有一种观众叫类型观众，他就是挑这种片看的。

像我年轻的时候，二十岁出头，我基本上只看一种片——不是色情片，色情片年轻到老都看——我当时只看黑社会题材的，叫英雄片，我不管它有多烂我都去看，因为它给我一种安全感，我不需要动脑筋，只看我要看的部分。好莱坞讲类型电影的时候，基本上是这个概念，他说找一个导演，用很公式化的模式来拍某一种类型电影，来满足某一部分类型观众，他把他的市场养大了、养宽了，他才能去拍其他大的片，还有其他非类型的小片。它中间是有这种关系的，我们现在说拍大片、拍古装片或者是都市爱情片以外，有没有一种电影，拍出来可以陪养一批观众，这个部分对中国电影市场未来可能是蛮有影响的，等一下我们讨论的部分，我期待可以听得到。

我现在介绍下一位发言者张京华先生，他是《经济观察报》副总编辑、评论家，今天他也站在评论家的角度，给我们分享一下他对中国电影类型的想法，我们欢迎张京华先生。

张京华：谢谢，前面三位讲的都很好，他们是拍电影的，我有时候看不惯他们拍的电影。刚才这一位主持人说让我从一个评论者，或者是观众的角度聊聊我的一些想法。拍电影总希望拍好，想要寻找新的类型，但是我们拍的更多是感觉到下一个能赚钱的类型，或者是观众喜欢的，观众喜欢大家就去买票，就可以赚钱。前两位基本上你们的概念是投资人的，属于制片方的，《白蛇传说》还有《鸿门宴》这种古装片的好处是保险，大家基本上知道这个事，还有一个是回避现实，现实社会好多东西不敢讲，只能加一些古代的东西进去，大家哈哈一乐，找一个比较稳妥的古代的故事。我觉得像国外拍《哈姆雷特》各种版本，会改变故事的背景，比如让它发生在纽约。我认为市场上多数是年轻人，甚至是学生。他们更多的是看一些现代题材的。能不能把那个时候的故事，把它演绎到现代社会的场景，虽然穿的是一身西装，也在唱卡拉OK，但是我讲的是那个故事？

我对于那种用古代的故事编的电影不太以为然，就是刚才马家辉博士说的，你这个名字一出现在那，我就知道这个事大概是怎么回事，我就不太愿意看了。我喜欢看什么样的呢？比如说我喜欢看悬疑片。我最讨厌的是看过电影的人在我旁边叨咕，剧透这个最讨厌了，这一晚上的票就白买了，就想赶紧走了。

《鸿门宴》也好、《白蛇传说》也好，《花木兰》也好，基本上一说，小学课本读过，小人书也看过，我就不想看了。如果我去看的话，可能看一下其他的东西，摄影、美术之类的。如果这时候美国出一个新的，我没听到的故事，或者我不知道的故事，我可能会去看。这种情况是怎么造成的？第一，现实情况是由于种种限制，很多故事不能拍；第二，是写不好、没有特别好的故事只能找一些经典的桥段去翻拍它，而且被无数人拍过好多遍了。

宋总说有的电影一听名字就值5000万，我刚才一想这个名字可能会亏500万，有这种感觉。做一下市场调查，我们的观众是什么样的人，有没有像我这样一听名字就不想去看的？当然我认为什么样的类型我会去看？好看的类型，什么类型都可以。马家辉先生刚才说悬疑、黑帮等等，我都觉得好看；或者说一个好故事，实际上"鸿门宴"就是讲了一个特好的故事，因为这个故事特别好我们知道了。我们中国人编一个当代的好故事很难，或者说允许你拍很难。要拍一个女贪污犯包养八个男人……很难拍，你爸又不是李刚。这个东西很难，只能在我们能够接受的状况下去找好故事。至于其他的手段，摄影，色彩……我有时候也是奔着这个去看，但有些电影看了开头就知道结尾是怎么样了，这样的电影我一般不会看。如果我不知道这个电影是什么故事，过五分钟不看就不明白了，我就希望看下去。洗完澡回来还聊呢，这不会是好看的电影。

宋光成：张老师说到本身是一个家喻户晓的故事拍成电影没有新意，其实电影是在原有的历史基础上进行艺术加工，不是按照原来的故事拍，会有很多桥段，人物是和你想象中不一样的，我觉得从故事或者是人物的塑造角度会不一样，会有新意的。

张京华：这个涉及两个问题，第一，我们是否忠实于历史，这是一个事情。还有一个，纯着照那个拍没有意思，但是变化出来的东西没有逻辑，讲一个故事逻辑很重要。金庸大师的东西，给你一个时间点，元末明初，韦小宝这个人，可能没有韦小宝这个人，但是那个时代会发生这个事，但是这个故事的逻辑是存在的，但是不是那个年代，不是这个时间。有时候金庸在后面有注，什么年代有这样的人，多少给你一个历史框架，把这个故事往里套，虽然不完全是历史，但是总让你遐想，我甚至看了金庸的书，会找了历史看一遍，可以往里面套一套。添加的东西一定要新颖或者是符合逻辑的。

宋光成：我举一个简单的例子，我们受的教育和课本也好，我们对清朝时期的李鸿章、慈禧的概念已经固有了，最近我又重新看了一遍《走向共和》这个电影演绎的李鸿章，李鸿章在签卖国条约的时候，当时有一个条约是外交大臣去签，但是李鸿章说你别去签了，我去签，我来当这个卖国贼。从我们受的教育也好，历史也好，都是从当时的角度去解读这个历史人物，来看这个事情。

杨子：关于电影类型，今天的论坛非常好，意识形态的领域，只可意会，不可言传，今天的来宾给我们上了一场非常生动的电影的课，在商场里面赤橙黄绿青蓝紫，没有卖不出去的衣服。今天在座的嘉宾，第一，黑色、白色是主流，蓝色、紫色在其中，再好的电影，不论是好莱坞的电影，包括当年的《阿凡达》只能是大份额的票房，但是不能全揽。观众喜欢的类型都是好类型。

刚才我还在笑话张一白呢，我说你穿的衣服和你不搭配，以他的年纪穿紫色不合适，后来我觉得我 out 了，我发现这里面很多人穿紫色的衣服。其实这么多导演都不尽然，真正好的题材、好的类型，如果拍新片子，像伍士贤导演的新片子，大家看到的是感觉、概念、创新。张京华老师，真是人如其名，句句精华。但是我们也在探讨张京华老师的说法，《白蛇传说》是一个老生常谈的故事，但我能不能请李连杰演法海，姜武去演一个乌龟，杜汶泽去演一个鸡，杨千嬅去演一个兔子，李雪演一个蛤蟆，让很多人由人变成了动物，我们可以在不颠覆故事的情况下进行一个创新，给大家一个出其不意的东西。

马家辉：同一个题材，怎么拍，可以拍出新意？我们说电影类型实际上真的不止是谈一个电影。当我谈电影类型的时候，这是一个电影工业的概念，我们要做一个类型电影，这可能在很短期之内出现10部、20部、100部、200部，它才是一个电影类型，是电影公司、导演、制片人和观众之间的默契，一个期待，我认为这才是电影类型。我们爱看电影的人，永远在等待一个好片，但是电影类型是不同的，作为一个电影工业的概念，它往往反映了时代的变迁。

我们说回香港，六十年代是一种类型主导，七十年代、八十年代前后期接近九十年代的时候是另外一种类型主导，这和社会变迁的关系是很密切的。像张京华先生讲的，可能一个理由是，我们现实中很多框框，很多不能拍的，我们只好回头从老祖宗的故事里找好的题材，这也是因为时代的关系而出现的现象。

我们这一场发言的部分到这里，现在看有没有观众或者是媒体朋友有提问，大家有问题可以举手。

现场对话

提问：你好，我很同意刚才马博士的见解，如果我们谈类型，这个词是从好莱坞过来的，涉及一个问题是观众细分了没有。我想问一个问题，宋先生和杨先生，你们对今天的"90后"怎么看，针对他们有什么样的市场？

宋光成：其实现在的"90后"他们的生活世界里面，他们的感情、他们的爱情经历比电影更丰富、更精采。所以说他们自己本身有非常丰富精采的故事了，我觉得电影还没有他们精采。反而从我个人的角度，历史感觉离"90后"比较远，如果把历史按"90后"的视角去拍，可能有新的感觉出来，这是我个人的一点小小的看法。

杨子：是这样的，关于观众细分，我想作为我和宋总来讲，包括《白蛇传说》是我们独立投资的，实际上是我们自己来担这个荣辱和风险，在观众细分方面，我们应该做了比较充分的准备，虽然众口难调。比如说青蛇选了阿 Sa，加了很多的动漫，包括我们刚才说的狗妖、兔妖。我们尽量减少血腥、暴力，我们尽量做到观众细分，实际上中国还做不到观众细分，实际上所谓的观众细分是几个老总和主创人员做的，我们中国还做不到找一个调查公司，做非常大的样本容量的观众细分。中国一年 100 多个亿的票房产值，国产片占了 56%，但现在电影工业到来还为时过早，中国目前为期一年的票房产值，还不如一个企业一个月的营业额多。我们"新浪潮"论坛给大家创造的标题是什么呢？实际上每一个论坛都在引领中国电影时代的前进，包括电影细分时代。我认为目前大家都在探索，但是这个时代还没有真正地来临，谢谢。

提问：我想请教一下杨子先生，对于 3D 影片的发展怎么看？因为我们知道，现在已经出现了 3D 电视、3D 电脑，但是相关内容是缺失的。你觉得技术会引领一个类型的题材吗？

杨子：你问的很好，我们公司现在正在投资一个中韩合资的 3D 电影，我用的演员是文章和池珍熙等等，3D 摄影师是《汉江怪物》的摄影，后期是《龙门飞甲》的，所以将来 3D 真的是一个类型。我一开始不看好，有人跟我说过，我们视觉的 3D 技术，除了《阿凡达》之外，只能拍床戏，我看了雪山拍的很美的画面后觉得我错了，如果真的可以用 3D 来拍摄画面的话，我觉得将来越来越普及裸眼 3D。如果我们有越来越多的 3D 屏幕的话，中国观众一定会弃现在的屏幕而奔 3D。

伍士贤：我补充一下，中国的很多类型，比如说惊悚片或者是恐怖片，没有人愿意看。因为都知道在中国这种体制下鬼永远是假的，没有意思。比如说像警匪，永远不可能像拍的《绝地战警》一样，我们不能和美国所谓的类型去做一种比较。其实国外的一个名家说过，所有的电影，不管什么类型的电影，故事和产生的东西都是一样的，所谓类型这个词，是看你创作者是以什么的风格去拍，你要以一种什么样的眼光和视角去拍这个故事。实际上营销 3D，主要是缺少适合拍 3D 的剧本，如果你拍不好看的东西，用 3D 拍更不好看。

马家辉：时间的关系，这个环节要结束了，因为下面还有其他嘉宾。我们再一次谢谢四位。我们现在欢迎下一个环节的导演、评论家上台。张一白先生、贾樟柯导演、文隽大哥。我们为了争取时间，马上进行第二个环节。我是一个非常固执的人，我还是觉得谈类型电影也好，电影类型也好，真的应该从整个电影的工业情况来看，来看市场、观众的培养，还有和整个社会的关系。

假如从这个角度来看，香港在如何打造电影类型这个市场方面经验是最丰富的。我们看徐克一部古装武侠片出来之后，马上有20部片出来。香港这方面还是走在前面的。第一位请文隽先生跟我们分享一下，他对电影类型，特别是香港的电影类型，他的经验和看法，我们有请文隽先生。

文隽： 大家早上好，我坐在下面都憋不住了，因为刚才一回合，大家有一点跑题，主持人明显知道我们今天的主题是发现下一个电影类型，也趁着杨子去洗手间说一点坏话，如果3D也看作一个类型的话，他就根本不懂得电影，3D电影不是一个类型。其实我们也必须要知道，为什么要有类型片，刚才的两位投资老总，他们只是讨论他们在拍大片，当然我们知道片有分大片、小片，也分商业片、艺术片，我们在曾经有一个年代只有一种红色经典的主旋律片。但是大家完全没有发觉，尤其是中国这个电影市场，大家不知道什么叫类型片，为什么我说他们不知道什么叫类型片呢？

我特别带着一个电影手册来，里面有12个片，有一个分类叫类型，类型方面，他们不敢分的就叫剧情，只有一部《肩上蝶》分在爱情这一类里。我们不是每一个人拍片都符合要求，像两位老总，我们都是大小通吃，把票房都分了，希望全部都来，类型片是替我们去分类的，好像有一些人，像马家辉说他喜欢看英雄片，我们针对这一个类型。有一些女孩子专门爱看浪漫爱情片，有一些三四十岁的男人专门看色情片，所以一种类型片在电影市场上是很有效率的分类，可以寻找到拍这种类型的群体。他们的投资也会按每一种类型片的格局，有不一样的投资，像伍士贤导演的《独自等待》就是非常好的类型片，这是很有幽默的、现代的爱情片。

光是爱情片也有分青春、成长，有浪漫让人哭的。像主持人说的《肉蒲团》，我基本上不把3D版《肉蒲团》当成色情片了，因为色情不够，暴力有余。实际上这种色情片在香港早就有了，就像犯罪片、歌舞片、家庭片、科幻片，我之前在下面一直做功课，起码有10-20种类型，其实分的很仔细。但是我们在内地，我们基本上只有两种片，就是大片和小片。大片就是古装的，无论它是历史题材的还是魔幻的。在影厅里面排放的场次是一天放四五十场，小片根本没有空间。

曾经有一个年代小片都是个人的一些伤痕的体现，但是你很难把它变成成长片。我觉得2010年非常重要，对我们内地电影市场是一个突破，因为那一年有起码两部到三部的类型片成功。第一部就是徐静蕾的《杜拉拉升职记》，它弥补了中产爱情片的一个缺口，不像宋总说的没人看，没有，一个多亿。今年的《将爱》也是2个多亿，中产的爱情有卖座的潜力。年底有一个《风声》，它基本上是一个悬疑片，类型是以前国产片没有过的。我记得这部片是我和陈可辛一起看的，我说我们香港的导演没有办法拍这种有浓厚的年代感的悬疑片。其实《风声》有一些打擦边球，有一些审查不能通过的地方，但是它通过了。

去年还有一个《西风烈》，我记得他们希望学习好莱坞拍一个警匪动作片，实际上这部片不算是警匪，它是一个西部片，是有动作的，这部片虽然票房只有5000多万，但是是一个突破。2010年对我来说，就是让大多电影市场知道类型片是能抓到你要的观众群体。当然刚才有说今年有几部现代爱情片不卖座有种种原因，和类型是无关的。不是我们发现类型，而是我们怎么样把外国、香港、好莱坞大家已经知道市场上有的类型，让我们在内地的市场能挪过来，让我们的电影局、审查制度能通过这个类型，我们现在最大的问题不是不想拍是没法拍。比如说警匪片，我在内地北漂了二十年，最早拍的一部是《侠路英豪》是一部警匪片。之前我们香港人来的时候说，为什么我们不能拍警察是坏人？第一，警察里面不能有坏人，第二，市区里面不能开枪。我刚才这些剧本里面，钉子户不能提，因为你要制造冲突或者是戏剧性，已经磨到不能有了。在创作上不能极端化，这个类型已经不成类型了。

刚才主持人说鬼怪片，鬼是不允许的，怪是允许的。我们从小读聊斋都知道《画皮》里是一个女鬼，怎么会是妖呢？但是电影局里面说不能有鬼，就变成妖了，妖可以。杨子老总，他有鸡妖、兔妖，这和鬼有什么区别呢？我也问过，他说文隽，去年我们已经有了十几亿的人口，农村还有很大部分人口，他们很单纯的，如果说有鬼他们就相信的，估计农民只相信有鬼，不相信有妖。其实惊悚片随便一个小的，乱拍的在市场都能拿到好处。去年有一部叫《午夜心跳》就拿到三四千万的票房，最后大家看完之后原来没有鬼的。

但是这种惊悚片为什么那么粗制滥造都有3000多万票房呢？因为基本上投资的成本都相对低，没法投像美国、韩国、日本那种大型的恐怖片。但是院线都最清楚，一对拍拖的情侣看什么呢？男的带女的进去一定是看恐怖片的，对他有好处。曾经有一段时间爱情片里面同居不能拍,劈腿不能拍,都要给删掉了,你说我们的爱情片怎么办?

马家辉: 文隽大哥很健谈的,以前劈腿不行,同居不行,好像以前越不行的,现在越做,现在没有人不劈腿的。刚才文隽先生说其实很多类型片在香港、好莱坞都有,可是我们认为还可以发现,因为我们可以找寻下一个可以被允许拍的类型,我觉得这个可以多讨论。

下一个我们有请贾樟柯导演。我在香港碰到一个年轻人问他要拍电影,他想了几秒钟说,我要拍贾樟柯型的电影,很好玩的,贾樟柯型的电影是什么意思呢?我都不晓得,贾樟柯本身变成一个类型了,我们请贾樟柯导演从他自己拍片的经验,和他对电影的一些看法来跟我们分享一下今天的主题,有请贾樟柯导演。

贾樟柯: 大家好,我想接文隽老师的话题说。实际上考虑类型的时候,对导演来说这个思路上我相信大多数有创造性的,特别是给类型带来发展的导演,他们在工作的时候,并没有太多的考虑这个类型在市场上的反映。而是那个类型本身符合他想讲的主题。所以他可以借用类型来讲自己的概念。我觉得在中国像文老师说的,我们直接感受的是类型发展受到的局限,这个局限没有任何原因,就是审查的问题。我自己差不多在拍完《世界》之后写了一个剧本,这个剧本叫《踏雪寻梅》这是写的一个"性"的故事,是一个男性的"性"的旅程,他讲了现实,讲了爱情,讲了自我,也讲了女性,这个剧本写完之后送到电影局,看剧本的官员也很善意,他说小贾,这个东西不能拍,这个东西不是我管你,是制黄,触犯刑法了。我就不能拍了。

另外,我自己筹备很久的,一直想拍的电影叫《双雄会》,四五年前在香港的电影节创投已经有曝光,资金和演员都组合好了,但是一直没有开动,因为这个电影是一个间谍片,所谓双雄就是共产党和国民党,我们今天拍间谍,有对中国近现代最重要的两个政治势力之间的关系,真实的历史关系新的考量,我们在台湾、大陆搜集了非常多的资料,不能开动也是因为审查的问题。一般来说间谍就代表不同的政治势力,代表美国的势力、中共的势力、国民党的势力、日本的势力。如果想获得大陆的市场,肯定都得拍成我党的超级英雄,这也违背了创作的初衷,所以你很难发展类型,很难再往前走。包括文老师说的鬼的问题,其实鬼的形象,在中国的文化世界里一直有的。

我不明白，为什么小时候香港拍的《画皮》里面就是鬼，可以在七八十年代公演，今天就不允许有鬼了吗？难道七八十年代大家更加地无神论吗？现在制约中国电影最大的是整个文化、意识形态的"洁癖"，恐怖的不能拍、暴力的不能拍、色情的不能拍。这其实是一种幼稚，要怎么推动文化的发展，首先在这个上面扫清障碍，才能谈到发展，才能谈到发现，所谓的发现就是发明。

另外，我自己现在也在筹拍武侠片，我自己觉得，我并不把它过多地考虑成一个古装片，而是考虑成一个现代武侠，其实我觉得系统地学习武侠片是中国电影人必须的创作过程。你会发现类型本身有一个很大的发展空间，不是说形成一个类型就停止了，形成类型之后，还能再往前走，当然我自己的学习是不系统的。1949年之后，主要的武侠片的发展在香港，如果我们从七十年代学习起，那个年代我们可以看到胡金铨导演、张彻导演的电影，比如说武侠片里面的诗意和动作，他们借助京剧的动作来实现的节奏。即使是程刚导演，他也是内地忽略的导演，他的《十二金牌》，像刘家良、洪金宝武术指导进入电影界，他们的电影已经现代化了，很快地拳脚功夫就出现了，它是对武侠片的发展，包括像《洪熙官》。《洪熙官》里面有很多的动作，有一场我印象很深，洪熙官的太太是一个武侠高手，严咏春，她要给丈夫洗衣服，就和他不停地过招，等洪熙官变成光膀子之后她才开始洗衣服。传统的武侠片把更多的动作贯穿到剧情里面。

武侠片再发展到成龙、袁和平导演，这些类型不断地重组，不断地有新的类型产生，其实我们的类型是不够的，作为大陆导演来说，我们只是观众，并没有系统地研究，这个电影工业也是断裂的，不是一个承接的关系。只是到的八十年代《少林寺》之后开始允许拍武侠片和动作片才开始零零散散地拍，要想创造和发现下一个类型，还是应该从类型本身的可能性做起。徐克导演的《新蜀山剑侠传》是一个跨越，李安导演的《卧虎藏龙》本身借鉴了胡金铨导演七十年代的东西，只是人物的合理性和复杂性加强了，武侠剧也是在发展的。

同样像西部片，它也有很大的发展，我记得在五十年代伊斯特伍德有一个颠覆。所以我们目前面临最大的两个问题：一个是整个创作之路的局限，另外是我们类型经验的缺少。这十几年我们看内地的市场非常活跃，电影年产五百多部，但是你看成功的类型制作、创业制作，基本的班底都是香港来的，我们只是出一个钱，内地的电影工业变成"老子有钱"找一帮雇佣军过来。这个是一个好的事情，不是不好，但是作为一个内地导演，我们自身真的需要好好学习，包括向香港电影学习。

刚才的马博士说贾樟柯也是一个类型,我觉得真的是这样。《小武》拍完之后,从2006年开始有了监制的工作,我监制过六部电影,只有今年的一个《Hello！树先生》出现过,其他的没有。这里面一定有三陪女,也有极端的社会生存的困难。作为现状来说,它对极端的塑造非常好,但是对人物的设置和新的观察已经没有了。现在歌厅已经没有了,都跑桑拿去了,卡拉OK已经是量贩式了,已经非常干净了。我后来听很多的影评人说：我又看了一个假冒伪劣的贾樟柯电影。当我看到韩杰的《Hello！树先生》我眼前一亮,因为东北的煤矿,整个村庄下沉,整个村庄的人要搬到城里面去,这个村庄要废弃。它写的是一个多余的人,村庄基本上会忽视他的存在,没有人会从他身上获利,他处在一个可有可无的状态里面,他神奇地出现了,他开始胡说八道,就是乌鸦嘴,说什么,什么应验,他说明天要停水了,真的停水了,他变成了一个预言家,很荒诞地村里面尊称他为先生。很魔幻,也很喜剧,他在过去"小武式"的贾樟柯电影的基础上,有了新的发展。虽然整个电影或多或少有它的缺点,但是这种对类型的突破,我觉得还是很让人欣慰的。

所以我觉得其实类型的寻找和突破,一定不是拿着算盘找到的,而是拿着感情找到的,谢谢大家。

马家辉：谢谢贾樟柯类型的出现,其实也有侯孝贤型的,我们在扫除一些类型电影障碍的同时,像贾导演说,的确可以在现有的类型不断地创新和创造,我们下一位发言者是张一白导演,他的几部片就不说了。《将爱》、监制的《杜拉拉升职记》,几年前的《开往春天的地铁》等等,都是受欢迎的类型片。怎么样形容这个类型呢？假如把它界定为一个类型,它是都市爱情喜剧。

当然,我个人觉得也跟整个中国城市化、都市化的背景有关系,我们现在请张导演来分享一下他对这个话题的看法。

张一白：中午了,大家都饿了,我说几句,其实这个话题从文隽老师到贾樟柯导演,到我这里,我觉得像一个接力一样,刚才贾导演说我们的电影受到文化、政策的制约,我觉得这个是显而易见的。实际上我们现在电影类型的瓶颈还受到了市场的制约,受到了资本的制约,受到了老板的制约,这几年在电影市场像文隽老师说的,你投资越大,大历史题材、大的古装,投资越大,越能赚到钱。你投资小,反映现实的、都市的是赚不了钱的,是要赔的,他是按照投资的大小来谈，而不是类型来谈的。

所以说，在政策的制约下，本身已经很窄的一个类型片的创作就更窄了，几乎窄到无路可走了。但是又有一个问题了。大片投资五六千万或者七八千万的资源落不到更多导演的身上。这些资源只能集中到那些大导演身上，更多的导演能拍什么片子呢？这就是我们这么几年来面对的一个困境，其实这也是我这么几年来面对的困境。我要拿出一个大片来，比如说我们要拍《鸿门宴》，两年前或者是去年的我，我估计宋老板肯定不会投给我，杨老板也不会投给我，他们觉得我拍一个千八百万的就可以了。但是我们也得生存，也得吃饭，也得给电影市场提供片子。那就存在着这个问题了，有没有新的可能，有没有别的类型可以给我拍？我们有没有在类型片市场里面分得一杯羹，取得一块阵地？

这么多年来我没有办法也拿不到钱，所以只能被迫拍都市的、爱情题材的电影。但是我也在观察整个电影产业，观察电影创作，我觉得在我们身边，我相信贾樟柯导演也看到，我们很多的导演这几年真的跌跌撞撞，贾樟柯火的时候一堆人找贾樟柯，宁浩火的时候一堆人找宁浩。

贾樟柯：我最近收到的剧本十几部都是穿越类型。

张一白：都在跌跌撞撞地跟着所谓的市场在那转得一塌糊涂。所以我就在想，其实我们可以考察好莱坞的电影历史，我们去考察香港的电影历史。刚才一直在说，七八十年代是一个类型非常丰富的时代，我在贾导演的文章里面看到，他那时候迷恋的是英雄和武侠，就是动作片，我那时候喜欢看的就是所谓的文艺片还是爱情片，就是陈可辛导演的《难兄难弟》、《风尘三侠》、《秋天的童话》，也是那个时代。

马家辉：其实从你们穿着的颜色就知道，要看武侠片、要看爱情片。

张一白：我觉得，我现在拍的《杜拉拉升职记》从《开往春天的地铁》上吸收了一些剧作和类型上的经验，所以一下子就成了。很多人说你这个叫中小成本的电影，但是实际上中小成本电影也有这么多年了，中国电影市场、中国电影产业，从资本市场来说，都期望、渴望、企图在中小成本项目中出现那种能赚到钱的片子，但是大家还是不在市场和类型的细分上去考虑这件事情。

第二个问题，几年前我们聊类型，那时候觉得中国电影的救命稻草是类型，只要拍类型片，我们就能成功，整个市场就能得到拯救，整个市场就能活跃起来，就能赚到钱。其实我们现在陆陆续续有一些类型的尝试，但是，也有不成功的，甚至大部分是不成功的。那说明类型不是救命的稻草，是什么时候拍什么样的类型，你看电影史上，在哪一个时代拍哪种类型这个可能是对资本的考验，对创作者的考验。就像马博士刚才讲的，当美国黑帮片盛行的时候，大量拍，但是它总有消失的时候，可能还有另外一种类型，比如说爱情片，或者是歌舞片。

所以我觉得，就我自己个人的经验，拍《开往春天的地铁》的时候，那时候中国社会和经济都没有进步到这个程度，拍那样的片子实际上有一点早。恰好到了《杜拉拉升职记》、《将爱》的时候，白领已经成为一个文化、成为一个阶层的时候，你拍这样的电影就有市场。所以我觉得类型不是一切。

马家辉：谢谢张导演，类型当然不是一切，我预期中国的类型电影一定以高速度来增长的，为什么呢？我还是坚持以市场的概念来看，我们都知道在未来三五年，中国到处都在盖新的电影院，中国的屏幕数量大量地提高，你要有那么多的电影给它放，怎么样来尽快拍到多的电影呢？类型电影是一个很有效率的运作，从剧本到找人，人物的设定、服装、整个电影的名字，全可以高效率、一窝蜂地来拍，拍了就可以满足需求，它不一定赚大钱，但是投资上就是渔翁撒网，我拍类型电影一窝蜂地来拍，其中一二部赚钱就可以了。

今天的最后一位嘉宾是许知远先生，许知远先生是一个文化人、评论家，假如诸位去北京爱买书的话一定有一个地方要去的叫"单向街"，你出版的新书要在那边去做新书发布会，他是北京文化界的土霸王，现在跟我一样跑来上海，也跟我一样写东西，也是跟我一样古今中外无所不谈。我们欢迎许知远先生发展对中国电影的看法。

许知远：我不是非常懂电影，不知道马家辉怎么感觉，这个时代作为一个作家和知识分子是一件非常沮丧的事情，这是一个视觉、图象的时代，当然带来多重的挑战，刚才发言的时候唐女士说中国电影出现多重的发展，困境也很明显，产生了非常多好东西。我想这是过去二十年，或者是更长时间的"双刃剑"的结果。现在中国的电影有一点像"大跃进"，我们要赶英超美。我们现在谈到好莱坞模式，又有一轮赶英超美的模式。过去十年电影的发达，很大程度上，受到很多方面的限制，有审查的限制、各种各样的体制上的限制。当然也有文字上的限制，对文字、思想和出版业的审查，这是很重要的现象，思想的审查和娱乐业的死亡，产生了电影的繁荣，电影成为表达情感主要的方式。

这更像过去中国二十年的成长，是一个技术上的胜利，是一个灵魂上的缺失。现在我们谈语境的时候，会谈到资本会怎么样，技术会怎么样。我们很少会到个人怎么想这个问题，我们的精神世界是怎么样的。但是任何一个行业，一个国家不讨论这个国家的精神状况和灵魂状况，我们怎么能做出好的灵魂产品。因为每一个行业都有灵魂的一部分，如果你生活在巴黎，成为一个小说家，成为一个像巴尔扎克的人物就会成为灵魂的人物。如果你生活在八十年代末，要喊出的东西，可能会触动一代人的神经。

现在是电影的时代，尤其是上个世纪八九十年代末的时期，这个时代的情绪是以摧毁人的独立意志，降低人的灵魂水平，使它降到一个像蔬菜、水果、房子、汽车的水平，所有人成为一个物的俘虏，成为一个单向的个人，当然成为一个娱乐电影业不断消费的人。当然我们提到美国电影，好的生产有一个层级关系，必须有好的大学、好的作家、好的艺术家，才能传导到大众娱乐，当上层建筑，思想的缺失、审美的缺失、一切缺失的时候，不可能产生真正好的大众文化的。

所以我想讨论电影，有时候要跳出这个狭隘的行业，进入一个更广大的社会背景和精神背景来看这个问题，这是我更想表达的。经常谈话的时候，也有一种悲伤或者是悲哀的东西。刚才你讲到美国的电影，今年刚好是辛亥革命的一百周年。在1911年的时候，孙中山希望移植美国的共和制度到中国来，很快证明，这种表层的移植方式是浮在流沙上的大厦，如果整个社会机体是坏死的，政治制度也是有问题的。此刻也一样，我们谈了这么多电影类型的东西，没有考虑一个很大的社会背景，一样是一个空中楼阁或者是暂时性的东西，我就想说这么多。

马家辉：谢谢许知远先生，在我们开放交流之前，几位嘉宾还有其他的补充吗？

宋光成：今天这个题目，我们上半节有一点偏，我觉得在目前的市场来讲，这个题目可以再加两个字"发现下一个电影导演类型"。怎么说呢？我们现在说电影类型，刚才文隽老师谈过，现在存在的可能就是贾樟柯电影类型、张一白电影类型、冯小刚电影类型。我们现在一方面找题材，一方面找导演，导演形成一个很独特的风格，市场能够接受的风格。在发现下一个电影类型的同时，去发现下一个电影导演的类型，我觉得这是一个做法。

文隽：其实没有冲突的，为什么我们那么着急要发现这个类型呢？其实类型片才能培养一些刚出道导演拍小片。他的机会是选择他最熟的或者是最容易把握的类型，这个类型的预算或者是成本都能让投资方放心。比如说原本 300 万拍一个小片，你不可能给他 3000 万，但是可以给他拍七八百万，类型片里面有很多是七八百万的成本。反过来我们把类型导演开阔了，自然有类型片出现了，所以是没有冲突的。

马家辉：非常重要的培训，考验的平台，对新导演来说。其他朋友有提问的吗？

现场对话

提问：嘉宾好，我想请问贾樟柯导演和张一白导演，请问你们觉得 3D 电影在题材和类型上有没有什么局限性，另外你们觉得 3D 电影在中国的发展会不会成为一个主导的方向，谢谢。

贾樟柯：我对 3D 没有什么研究，所以没法回答你这个问题。

张一白：3D 我也不懂，但是我喜欢看，我觉得其实一个国家的电影，还是跟它的产业基础有关的，我们谈到类型电影的时候，我觉得我接着文隽老师的话说，类型片是培养从业人员的素质，培养从业人员的经验，培养这个国家电影工业基础的一个不可或缺的重要的学校和过程。因为我们实际上，拍电影的时候自己都知道，我们现在连最基本的服化到美术，最基本的你要拍类型电影的特效，我们都没有经验。我记得拍《好奇害死猫》的时候，就想拍一个血铺过来的镜头，谁都不知道怎么拍。我估计香港导演有经验，我们那时候没有经验，道具没经验，场地没经验，那个效果怎么都做不出来。你说血铺下来，都让化妆去干这个事情。我们到了现在能够拍 3D，能够和好莱坞电影并驾齐驱，能够这么做的时候，我觉得杨子老师正在做这方面的尝试和所谓的前驱，所以我们等着杨子老师把这个市场培养出来，把这个队伍培养出来，我们可以尝试做 3D。

马家辉：我对 3D 电影没有研究，但是有一个事情很好玩，前一段时间我去澳门替《南方都市报》华语电影传媒大奖做宣传,和澳门文化局的人聊天,我给了一个主意,是很认真的主意,他们也接纳了,可能会推行。是什么呢?我让他们弄一个电影院,从早到晚放一些 3D 的色情片,让内地的同胞们组团来看,就像他们组团到香港看 3D 版《肉蒲团》一样。我建议他们在 3D 电影院旁边弄一个三级明星蜡像馆,我们去一定拍照的。还有其他的提问吗?

提问:我特别想问一下张导演,像我这个年纪,我是 1963 年出生的,我们有一个特别印象是《李向阳》。我们中国以后就没有"李向阳"了,我们电视、电影都没有再看到"李向阳"这么一个人物,我们只看到美国的《007》,以张导演来看,中国的电视、电影界还需要"李向阳"吗?

张一白:我们不是谈类型吗?《李向阳》还是一种英雄片的类型,那是我们红色经典时代的英雄类型。其实在那个时代,李向阳这个形象对年轻人的影响相当于后来周润发演的小马哥。但是现在这个时代需不需要英雄片呢?我觉得还是需要的,至于这个英雄片怎么样产生,产生什么样的英雄,我觉得文化、政策方面需要支持。

贾樟柯:我插一句,《李向阳》这个片子和人物形象,实际上是拷贝出来的,是一部苏联电影《夏伯阳》改了一下就成为中共的英雄了。

提问:刚才大家谈到制约中国电影发展的是电影的审查制度,随着中国电影的高度发展,人们对精神需求越来越高,将来的电影类型会不会有一个突破口,电影的审查会不会放松?请李先生和文隽老师先回答。

马家辉:在文隽和李先生回答之前,许知远可以回答一下,你认为有没有突破口?

许知远:我无法猜测政权的反映,我们有一轮意识形态的回潮,像苏联在七十年代的过程。但是让我更担心的是审查已经创造出一种新的审美,不知道多少人看过乔治·奥威尔写的《1984》,相对过去的专制制度扭曲人心,现在的专制制度已经有一个新的制度,他们已经不知道人心是什么样的了,已经乐在其中了。中国已经进入这种状况了,我们现在的审查制度已经进入到我们的谈话环节,我们特别喜欢轻轻触碰一下就很颤抖的一样。这种东西已经成为一种审美,是在谎言下的审美,它要诚实地说出你内心的感受,而不是拐弯抹角的似乎轻轻地触碰一下就不行。这是对国家的伤害,如果绕来绕去,就会迷倒。现在穿越小说为什么那么受欢迎,因为我们没有能力面对现实的生活。

文隽:刚才的问题是电影界同行关注的问题,但是我不能代表官方给你回答。我要说的一点是,很多年前已经说过,审查制度的改变,应该先从开放分级制度开始。我记得2007年冯小刚导演说过,他说明年是北京奥运,说不要提到国务院,等过了奥运,到2008年过了,2009年是建国六十周年也不要提,去年2010年是上海世博也不能提,今年是建党周年,也不能提了,我不知道什么时候能提。

贾樟柯:我觉得这个提问说法我不太认同,人们越来越高的精神需要,其实是越来越低的精神需要,不怎么高。

张一白:有分的那一天,会有那一天的。

贾樟柯:张导演好悲壮啊,张导演能不能预测一下国家什么时候没有这个限制呢?

张一白:我是比较乖的,这个问题我回答不了。

马家辉:回答不了,其实尽在不言中,我看你看起来很聪明,一定听得懂。

图书在版编目（CIP）数据

我们需要怎样的电影 / 唐丽君，沈旸编著. -- 北京：世界图书出版公司北京公司，2012.12
ISBN 978-7-5100-5623-9

Ⅰ. ①我… Ⅱ. ①唐… ②沈… Ⅲ. ①电影事业—中国—文集 Ⅳ. ① K825.47 ② G852

中国版本图书馆 CIP 数据核字（2012）第 320026 号

我们需要怎样的电影（第 2 辑）

主　　编：唐丽君	执行主编：沈　旸	筹划出版：银杏树下	出版统筹：吴兴元
编辑统筹：陈草心	责任编辑：曹　佳	营销推广：ONEBOOK	装帧制造：墨白空间

出　　　版：	世界图书出版公司北京公司
出 版 人：	张跃明
发　　　行：	世界图书出版公司北京公司（北京朝内大街 137 号　邮编 100010）
销　　　售：	各地新华书店
印　　　刷：	北京正合鼎业印刷技术有限公司（北京大兴市黄村镇太福庄东口　邮编 102612）

（如存在文字不清、漏印、缺页、倒页、脱页等印装质量问题，请与承印厂联系调换。联系电话：010-61252412-8021）

开　　本：	787×1092 毫米　1/16
印　　张：	26.5　插页 4
字　　数：	483 千
版　　次：	2013 年 8 月第 1 版
印　　次：	2013 年 8 月第 1 次印刷

读者服务：	reader@hinabook.com　139-1140-1220
投稿服务：	onebook@hinabook.com　133-6631-2326
购书服务：	buy@hinabook.com　133-6657-3072
网上订购：	www.hinabook.com　（后浪官网）
拍电影网：	www.pmovie.com　（"电影学院"官网）

ISBN 978-7-5100-5623-9　　　　　　　　　　　　　　　　　　　　　定价：49.80 元

后浪出版咨询（北京）有限公司常年法律顾问：北京大成律师事务所　周天晖　copyright@hinabook.com

版权所有　翻印必究

电影学院

筹划出版：银杏树下

电影学院 001

拍电影：现代影像制作教程

（插图第6版）

定价：45.00元

电影学院 002

认识电影

（插图第11版）

定价：68.00元

电影学院 003

电影艺术：形式与风格

（插图第8版）

定价：78.00元

电影学院 004

如何写影评

（插图第6版）

定价：25.00元

电影学院 005

电影史：理论与实践

（插图修订版）

定价：36.00元

电影学院 006

电影镜头设计：从构思到银幕

（插图第2版）

定价：49.80元

电影学院 007

镜头在说话

（插图版）

定价：39.80元

电影学院 008

中国电影，你不知道的那些事儿：中国早期电影高等教育史料文献拾掇

定价：80.00元

电影学院 009

21天搞定电影剧本

定价：22.80元

电影学院 010

开拍之前：故事板的艺术

（插图第2版）

定价：36.00元

电影学院 011

编剧：步步为营

（重订本）

定价：22.80元

电影学院 012

场面调度：影像的运动

（插图第2版）

定价：49.80元

电影学院 013
纪录片也要讲故事
（第2版）
定价：39.80元

电影学院 014
高清电影摄影
（插图第3版）
定价：49.80元

电影学院 015
拆解好电影：经典场景赏析
（插图版）
定价：28.00元

电影学院 016
电影镜头入门
（插图第2版）
定价：19.80元

电影学院 017
艺术光晕中的电影
定价：26.00元

电影学院 018
你的剧本逊毙了！
100个化腐朽为神奇的对策
定价：36.00元

电影学院 019
电影制片人融资指南
（第6版）
定价：29.80元

电影学院 002-02
认识电影
（影印第12版）
定价：88.00元

电影学院 020
编剧的核心技巧
定价：22.80元

电影学院 021
电影理论读本
定价：80.00元

电影学院 003-02
电影艺术：形式与风格
（影印第8版）
定价：98.00元

电影学院 022
电影编剧创作指南
（修订版）
定价：36.00元

电影学院 023
世界电影史
（影印第2版）
定价：128.00元

电影学院 024
电影剧作问题攻略
定价：35.00元

电影学院 025
闪回：电影简史
（插图第6版）
定价：68.00元

电影学院 026
电影剧本写作基础
（修订版）
定价：35.00元

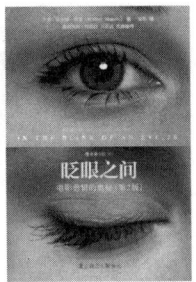

电影学院 027
以眼说话
（插图第2版）
定价：68.00元

电影学院 028
功夫片的秘密：动作导演艺术
（修订版）
定价：49.80元

电影学院 029
眨眼之间：洞悉电影剪辑的奥秘
（第2版）
定价：19.80元

电影学院 030
看电影的艺术
（影印第7版）
定价：60.00元

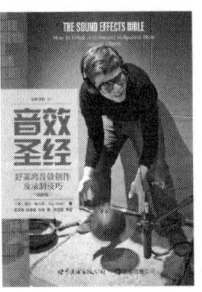

电影学院 031
影视技术基础
（插图修订第3版）
定价：68.00元

电影学院 031
音效圣经：好莱坞音效创作及录制技巧
（插图版）
定价：39.80元

电影学院 033
电影摄影照明技巧教程
（插图版）
定价：128.00元

电影学院 034
看电影的门道
（插图第2版）
定价：36.00元

电影学院 035
中国新闻纪录电影史
定价：42.00元

电影学院 036
致青年电影人的信
定价：25.00元

电影学院 037
电影语言的语法
（插图修订版）
定价：49.80元

电影学院 038
编剧的艺术

电影学院 039
看不见的剪辑
（插图版）
定价：38.00元

电影学院 040
电影研究导论
（插图第 4 版）

电影学院 041
导演创作完全手册
（插图第 4 版）

电影学院 042
拍电影 2：
全方位指导故事片创作
（插图版）

电影学院 043
简明世界电影史
（插图第 10 版）

电影学院 044
故事的道德前提：怎样掌控电影口碑与票房

电影学院 045
电影特技教程

拍电影网
www.pmovie.com
电影专业学习门户网站

集 SNS 社区、电子商务、SNS 社区于一体
覆盖编、导、演、摄、录、美、制片、发行等各环节

2007 年，后浪出版第一本电影类图书:《拍电影》。
2008 年，后浪电影学院编辑部成立。
2011年 12 月，拍电影网上线。
2012年1 月，拍电影网启用新域名。
2012年 10 月，拍电影网会员突破 1万 。